经济法文集(2013年卷)

JINGJIFA WENJI 2013 NIAN JUAN

上海市高校一流学科（法学）建设计划（经济法学科）阶段性成果

The Reform and Improvement
of Legal System of Market Supervision

市场监管法律制度的改革与完善

顾功耘 主编

北京大学出版社
PEKING UNIVERSITY PRESS

图书在版编目(CIP)数据

市场监管法律制度的改革与完善/顾功耘主编. —北京:北京大学出版社,2014.4
(经济法文集)
ISBN 978-7-301-22142-6

Ⅰ.①市… Ⅱ.①顾… Ⅲ.①市场监管-法规-研究-中国
Ⅳ.①D922.294.4

中国版本图书馆 CIP 数据核字(2014)第 059004 号

书　　名：市场监管法律制度的改革与完善
著作责任者：顾功耘　主编
策 划 编 辑：王业龙
责 任 编 辑：朱　彦　丁传斌　王业龙
标 准 书 号：ISBN 978-7-301-22142-6/D·3547
出 版 发 行：北京大学出版社
地　　　址：北京市海淀区成府路 205 号　100871
网　　　址：http://www.pup.cn　新浪官方微博:@北京大学出版社
电 子 信 箱：sdyy-2005@126.com
电　　　话：邮购部 62752015　发行部 62750672　编辑部 021-62071998
　　　　　　出版部 62754962
印　刷　者：北京大学印刷厂
经　销　者：新华书店
　　　　　　730 毫米×980 毫米　16 开本　24.75 印张　458 千字
　　　　　　2014 年 4 月第 1 版　2014 年 4 月第 1 次印刷
定　　　价：56.00 元

未经许可,不得以任何方式复制或抄袭本书之部分或全部内容。
版权所有,侵权必究
举报电话:010-62752024　电子信箱:fd@pup.pku.edu.cn

序　言

　　市场经济的良性发展离不开有效的监管。目前,我国市场经济秩序仍然很不规范,经营诚信度低,假冒伪劣屡禁不绝,侵犯知识产权行为时有发生。这些现象如果得不到有效制止,对于诚实守信的经营者是不公平的,就会产生"劣币驱逐良币"的扭曲现象,从而不利于整个国民经济的健康发展。这不仅会影响国内各种企业的正常经营,也会影响国外投资者来华投资的积极性。

　　在当前行政管理体制"简政放权"的背景下,在放权的同时,必须加强市场监管。政府职能转变中的"放"和"管"就像两个轮子,只有两个轮子都做圆了,车才能跑起来。行政审批大量减少以后,政府管理要由事前审批更多地转为事中、事后监管,即实行"宽进严管"。这种管理方式上的转变,对各级政府的主管部门都是新的考验和挑战。许多政府机关和工作人员在行政审批方面轻车熟路,但是对市场监管却存在认识不足、知识储备不足以及能力缺失等问题;同时,对建立怎样的监管体制、选择怎样的监管方式方法等也缺乏清楚的认识。为此,需要不断深化理论研究,真正建立起以有效性为核心的市场监管法律制度,实现市场的公平、公正和有序。

　　第一,通过研究,要进一步形成共识。十几年前,我们华东政法大学的《经济法教程》就已经把市场监管法列为经济法的重要组成部分。我们把这一内容作为与宏观调控法、市场秩序规制法等并列的一个部分,这在全国是开创性的。希望经济法学界对此有比较一致的认识。

　　第二,在转变政府职能的过程中,应重点研究市场监管的体制、政府监管部门的设置以及监管权的配置。何为监管?从政府到社会、公民,如何形成一个合理的监管体系?政府的监管权究竟包括什么?如何建立起合理的监管机构并分配其监管权力?如何合理设置监管边界?这些问题都需要予以明确。

　　第三,应研究市场监管的基本理念和原则。我们过去并非没有监管,相反,我们的监管部门很多,但是监管效率低下,起不到应有的作用。仅从食品监管来讲,从田头生产一直到餐桌消费,整个过程涉及的政府监管部门将近十余个,但是食品监管仍然不力,食品安全恶性事件依旧接连出现。这与监管理念、监管方式存在重大缺陷有很大关系。

第四,应研究市场监管的科学分类。目前,市场划分很细致,因此如何对市场监管进行科学分类也是一个难题。例如,目前的金融业实行严格的分业监管,其中包括证券业监管、保险业监管、银行业监管等。问题是,金融监管中存在这么多监管部门是否有必要?金融是针对虚拟经济的,那么对实体经济的监管是否也要细致划分?我个人认为,现在应将金融监管统一起来,设立一个金融监管局。同时,实体经济监管也应统一。这个问题并不是纯粹空想。在目前各地政府部门主要采取分类监管的情况下,深圳市政府却合并了原来的诸多监管部门,成立了统一的市场监管局。据我们实地调研,这个局运行得很好,值得复制与推广。

第五,应研究市场监管中的法律责任。市场监管就是要通过深入调查案件,查清事实,依据法律规定追究相关人员的法律责任。如果没有法律责任的追究,市场监管实际上就是"没有牙齿的老虎"。所以,只有将责任落实到位,监管才能真正产生效果。

正是出于以上的思考,我们华东政法大学经济法律研究院以"市场监管法律制度的改革与完善"为主题,召开了第五届经济法律高峰论坛。这次论坛,国内从事经济法研究的许多知名学者和学术新人积极撰稿参与,为推进我国市场监管法律制度的改革、完善市场监管法律制度体系建言献策。为使这些研究成果能够得以更广泛地传播,我们选择了其中的代表性论文编辑成册并予以出版。在此,我对各位专家就完善我国市场监管法律制度所提供的无私的智力支持表示深深的谢意!

顾功耘
2014 年 4 月 20 日于华政园

目 录

▶ 市场监管法律制度的理论基础

论市场监管法的概念以及使用这一概念的必要性 …………… 杨紫烜 1
市场监管权的再认识 ……………………………………………… 张士元 7
论市场监管陷入困境的缘由及其破解
　　——兼论市场监管法的(经济)行政法取向的批判与
　　补正 ………………………………… 陈乃新　谌　媚　陈阵香 13
政府职能转变与市场准入监管法存在的问题及对策研究 …… 卢炯星 20
市场监管法治的法哲学省察 ……………………………………… 蒋悟真 28
治理理念下的柔性监管论 ………………………………… 蒋建湘　李　沫 37
法律监管抑或权力监管
　　——经济法"市场监管法"定位分析 ……………………… 陈婉玲 51
论市场监管的法治与高效
　　——以广东省"两建"为例 ……………………… 李伯侨　欧阳军丽 60

▶ 多元化监管体制的构建

中小城镇消费者权益保护与政府监管机制构建的实证
　　研究 …………………………………………………… 文　新　覃景柏 68
电信民营化与自由化之冲突及其对监管的挑战
　　——两岸比较参鉴 ……………………………… 刘孔中　王红霞 79
论行业组织的自律管理权 ……………………………… 沈贵明　王　晶 95
论行业协会自律监管的软法路径 ………………………………… 季奎明 111
论行业协会参与市场监管的法律困境与路径选择 …………… 罗艳辉 123
垄断行业的监管及其与反垄断执法的协调 …………………… 王先林 132

▶ 食品监管法律制度的完善

美国的惩罚性赔偿制度对完善我国市场监管法的借鉴
　　——以我国《食品安全法》"十倍惩罚性赔偿"制度的完善为
　　中心 ································· 邢会强　142
论选择性执法的法律规制
　　——兼及我国食品安全监管约束 ················ 施圣杰　153

▶ 金融监管法律制度的改革与走向

中央与地方政府金融监管权配置研究 ········ 杨　松　郭金良　162
金融监管机构问责：原则与实践
　　Eva Hüpkes　Marc Quintyn　Michael W. Taylor/张建伟　李　程 译　177
系统性金融风险监管的立法完善 ················ 刘庆飞　201
金融消费安全的法律规制 ···················· 钱玉文　212
美国金融衍生品交易立法的嬗变
　　——兼论2008年信用危机的法律根源 ············ 陈秧秧　237
论公开主义与实质主义
　　——我国证券法基本理念的选择 ··············· 周　珺　252
上市公司收购法律制度：现状、问题及变革 ············ 郑　彧　264
我国证券市场的治理模式与律师角色
　　——对2006—2012年A股发行人律师的实证研究 ······ 程金华　281
论受托资产管理之运营行为监管
　　——以渣打银行与宋文洲纠纷为例 ·············· 赵意奋　322
论非正规金融监管的理念与界限 ················· 姚一博　338
第二代保险偿付能力监管体系建设初探 ·············· 李媛媛　346

▶ 研究综述

市场监管法律制度理论研究综述 ············ 平　娜　薛　晟　358

论市场监管法的概念以及使用这一概念的必要性

杨紫烜[*]

内容摘要:市场监管,是指法定的国家机关对市场准入与退出以及市场经营主体在其存续期间的运营进行的监督和管理。市场监管法,是指调整法定的国家机关在进行市场监督、管理过程中发生的经济关系的法律规范的总称。使用"市场监管法"这一概念的必要性:市场监管法是经济法体系中一个独立而重要的法的部门,这是使用"市场监管法"这一概念的根本原因;"市场监管法"是准确表达概念的语言形式;使用"市场监管法"这一概念具有政策、法律上的充分依据。

关键词:监管 市场监管 市场监管法 必要性

这次研讨会的主题是"市场监管法律制度的改革与完善"。笔者认为,某一种法律制度,是指调整某一类社会关系的法律规范的总称。那么,什么是市场监管法律制度呢?应该说,市场监管法律制度是由市场监管法律规范组成的,而市场监管法律规范的调整对象是市场监督管理关系。所以,市场监管法律制度,是指调整市场监督管理关系的法律规范的总称。市场监管法律制度也就是市场监管法,"市场监管法"是"市场监管法律制度"的简称。所以,这次研讨会使用的"市场监管法律制度"这一概念,实际上使用了"市场监管法"这一概念。多年来,笔者在经济法的论著中,经常使用"市场监管法"这一概念。这同经济法学界许多学者所使用的"市场规制法"等概念,既有联系又有区别。那么,应怎样

---

[*] 杨紫烜:北京大学法学院教授。

理解市场监管法的概念以及为什么要使用这一概念呢？这是有必要通过深入研究讨论，进一步明确的经济法理论中的重要问题。下面，笔者从两个方面进行论述：

一、市场监管法的概念

（一）什么是市场监管

1. 关于"市场监管"这一语词的使用

"市场监管"这一语词是准确表达概念的语言形式，它不易使人对其思想内容产生误解；同时，使用这一语词，是具有政策和法律上的充分依据的。

可以说，使用"市场监管"这一语词，比使用"市场规制"这一语词要好。因为对于"规制"这一语词的不同理解，直接影响到对于"市场规制"这一语词的理解，而有些理解显然不妥。满达人教授指出："中国古籍记载：'规制，法则也'，《唐书·韦述传》'规制遂定'；《宋史·李神福传》'无规制远近失叙'；《昌协·自表训至正阳记》'规所谓八角殿规制甚奇'。"①在现代汉语中，"规制"的含义有三：一是规则制度（名词），如加强金融业的规则制度建设；二是规范制约（动词），如加强对劳动力市场的规范制约和引导；三是（建筑物的）规模形制（名词），如赵州石拱桥规模形制十分宏大。② 在日本，有斐阁于1980年10月出版《法律学全集》。对其中金泽良雄的著作《经济法》，满达人教授使用的译名为《经济法概论》，刘瑞复教授使用的译名为《当代经济法》。满达人教授将第四章的章名译为"经济法中的规制"，在"规制的概念"中说："在这里可将这种'国家的干预'换言为'规制'一词"③。刘瑞复教授将第四章的章名译为"经济法的调整"，在"调整的概念"中说："可以把'国家干预'用'调整'一词来代替"④。有的学者说："经济法的对象是对于经济活动的干预或规制"；"经济法的特点"之一是"指导性或曰'规制'性。⑤ 在该学者看来，"规制"即"干预"，"规制"也是"指导"。有的学者是这样理解"规制"的含义的："'规制'之语义有'规整''制约'和'使有条理'的含义，是利用外部一定的强制力量对某一事物（或行为）偏

---

① 满达人：《现代日本经济法律制度》，兰州大学出版社1998年版，第2021页。
② 参见李行健主编：《现代汉语规范词典》，外语教学与研究出版社、语文出版社2004年版，第491页。
③ 〔日〕金泽良雄：《经济法概论》，满达人译，甘肃人民出版社1985年版，第45页。
④ 〔日〕金泽良雄：《当代经济法》，刘瑞复译，辽宁人民出版社1988年版，第32页。
⑤ 参见辽宁大学日本研究所：《日本经济法概要》，地质出版社1982年版，第5、10—11页。

离应有状态的矫正和规范。"①有的学者认为:"规制,作动词,源于英语 regulate,指根据规则、原则或法律所进行的控制和引导。译成汉语时,在社会科学方面的文献中,常常译成'规制''管制''监管''调节'等。"②人们对于"规制"这一语词的上述种种不同看法,导致出现对于"市场规制"这一语词的多种不同理解。例如,将"市场规制"理解为市场法则、市场规则制度、市场规范制约、市场国家干预、市场调整、市场干预、市场指导、市场规整、市场制约、市场控制、市场引导、市场管制、市场调节等。其中,有些理解与"市场监管"的含义相去甚远,显然不妥;有些理解虽与"市场监管"的含义具有不同程度的相同或相近之处,但仍有一定的差别。

2. 市场监管的定义

市场监管,是指法定的国家机关对市场准入与退出以及市场经营主体在其存续期间的运营进行的监督和管理。这一定义指明了市场监管主体是"法定的国家机关",即依法赋予市场监督管理职权的主体。市场监管的对象包括两个方面:一是尚未进入市场的个人和组织及其业务准入市场、已经进入市场的市场经营主体及其业务退出市场;二是市场经营主体在其存续期间的运营。这里说的"运营",是指周而复始地开展业务活动。这里说的"监督和管理",是指监察、督促和管辖、治理。

(二) 什么是市场监管法

1. 关于"市场监管法"这一语词的使用

在经济法学界,许多学者分别使用的"市场监管法""市场管理法""市场规制法""市场调控法""市场障碍排除法""市场秩序维护法""市场秩序规制法""市场运行法""市场运行规制法"等语词,想表达的大体上是同一个概念。在这些语词中,有的合适,有的有一定道理,有的值得商榷。

那么,应该怎样评析对于上述语词的使用呢?究竟使用何种语词才是准确表达概念的语言形式呢?笔者认为,需要指出以下几点:一是使用"市场监管法"这一语词,是准确表达概念的语言形式,并且具有政策、法律上的充分依据。二是使用"市场管理法"这一语词也是可以的,它与"市场监管法"的基本含义相同。其区别是:前者,"管理"是从广义上讲的,包括了计划、组织、指挥、调节和

---

① 李昌麒主编:《经济法学》,法律出版社2007年版,第227页。
② 张守文主编:《经济法学》(第五版),北京大学出版社2012年版,第214页。

监督五个职能;①后者,将"监督"职能从上述五个职能中单列出来,与"管理"并列,这里的"管理"是从狭义上讲的。将"市场管理法"改为"市场监管法",提高了市场监督的地位,适应了改变监督不力、加强监督工作的客观要求。三是使用"市场规制法"这一语词是有道理的,但是以不使用为好。因为人们对于"规制""市场规制"这两个语词有多种不同看法,必然会导致对"市场规制法"这一语词的不同理解。四是使用"市场调控法"这一语词,易与"宏观调控法"相混淆。例如,本应属于宏观调控法范围的价格调控法,就很可能被视为"市场调控法"的内容。五是使用"市场障碍排除法"这一语词,值得商榷。因为在提出这一语词的学者看来,"市场障碍,即限制竞争和不正当竞争"。这样,"市场障碍排除法"实际上就是指"竞争法",而"市场障碍排除法"或"竞争法"是不包括本来属于市场监管法范围的消费者权益保护法、产品质量法等在内的。六是使用"市场秩序维护法"这一语词,不利于明确经济法与民法的界限。因为属于民法范围的合同法等也具有维护市场秩序的功能。七是使用"市场秩序规制法"这一语词,也不恰当。因为它不仅使用了"规制"这一容易引起歧义的语词,而且使用"市场秩序规制法"这一语词不利于明确经济法与民法的界限。八是使用"市场运行法"这一语词,不妥。因为它包括了市场交易法、市场监管法两方面的内容,而市场交易法属于民法的范围,将"市场运行法"视为经济法的组成部分,混淆了经济法与民法的界限。九是使用"市场运行规制法"这一语词,同样不妥。因为这不仅包括了"规制"这一容易引起歧义的语词,而且包括了使用"市场运行法"这一语词的不足之处。

2. 市场监管法的定义

要明确市场监管法的概念,需要对市场监管法下一个科学的定义;要对市场监管法下一个科学的定义,必须搞清楚市场监管法的调整对象。笔者认为,市场监管法的调整对象,是法定的国家机关在进行市场监督、管理过程中发生的经济关系,简称"市场监督管理关系",即市场监管关系。为什么市场监管关系应该由经济法调整呢?因为实行社会主义市场经济,应该形成统一、开放、竞争、有序的现代市场体系,充分发挥市场机制的作用,要求各种生产要素自由流动,坚决打破条条块块的分割、封锁和垄断,不能允许市场交易行为扰乱市场经济秩序。这就需要国家协调,加强市场监督管理。

---

① 参见中国国民经济管理学研究会《国民经济管理学》编写组:《国民经济管理学》,山东人民出版社1982年版,第9页;湖北省《政治经济学》编写组:《政治经济学》,湖北人民出版社1983年版,第284页;王永治编著:《国民经济管理概论》(修订本),北京大学出版社1988年版,第2页;种明钊主编:《经济法概论》,四川人民出版社1990年版,第3—5页;杨紫烜、徐杰主编:《经济法学》,北京大学出版社1991年版,第6页。

市场监管法，是指调整法定的国家机关在进行市场监督、管理过程中发生的经济关系的法律规范的总称。这个定义有四个基本含义：一是市场监管法属于法的范畴。因为它同其他法一样，都是由法律规范组成的。二是市场监管法属于国内法体系。因为组成市场监管法的法律规范调整市场监管关系，是在本国经济运行过程中发生的；对这种经济运行的协调是一个国家的协调；市场监管法律规范是由一个国家制定或认可的。三是市场监管法属于经济法体系。因为市场监管法调整的市场监管关系属于经济法调整对象的范围，调整市场监管关系的市场监管法律规范属于经济法规范的范围。四是市场监管法又不同于同属于经济法体系的宏观调控法。因为作为市场监管法调整对象的市场监管关系，不同于作为宏观调控法调整对象的宏观调控关系。

市场监管法具有适用于各类市场的市场监管一般法和适用于具体市场的市场监管特别法之分。前者包括市场准入与退出法、竞争法、消费者权益保护法、产品质量法等；后者包括广告监管法、房地产监管法、金融监管法等。

二、使用"市场监管法"这一概念的必要性

（一）使用"市场监管法"这一概念的根本原因

从经济法学上看，使用"市场监管法"这一概念的必要性决定于该法是经济法体系中一个独立而重要的法的部门。这是使用"市场监管法"这一概念的根本原因。

市场监管法是不是一个独立的法的部门，取决于它是否具有特定的调整对象。市场监管法属于哪一个法的部门的体系，取决于它的调整对象属于哪一个法的部门的调整对象的范围。由于市场监管法具有特定的调整对象，其调整对象属于经济法调整对象的范围，因此市场监管法是经济法体系中一个独立的法的部门。

一个法的部门的重要性如何，取决于该法作用的大小。市场监管法之所以是一个重要的法的部门，是由于它发挥着重要作用：一方面，它为规范市场活动主体及其业务准入与退出市场的行为提供法律依据，为规范市场活动主体存续期间的运营行为提供法律依据；另一方面，它又为规范市场监管主体的市场监管行为提供法律依据。因此，市场监管法的创制和实施，有助于保护市场活动主体的合法权益，维护市场经济秩序，保障经济安全，实现市场功能，促进经济社会发展。

(二)"市场监管法"是准确表达概念的语言形式

从逻辑学上看,任何概念都是通过语词表达的,概念是语词的思想内容,语词是概念的语言表达形式。如前所述,同"市场管理法""市场规制法""市场调控法""市场障碍排除法""市场秩序维护法""市场秩序规制法""市场运行法""市场运行规制法"等语词相比较,"市场监管法"是准确表达概念的语言形式,它不易使人对其思想内容产生误解。

(三)使用"市场监管法"这一概念具有政策、法律上的充分依据

从制定党和国家的政策性文件以及国家的法律法规的实践上看,使用"市场监管法"这一概念具有政策、法律上的充分依据。多年来,在党和国家的政策性文件以及国家的法律法规中经常使用"监管""监督管理""市场监管"这些概念。例如:

《中共中央关于建立社会主义市场经济体制若干问题的决定》(1993年11月14日通过)、《中共中央关于完善社会主义市场经济体制若干问题的决定》(2003年10月14日通过)、《中共中央关于制定国民经济和社会发展第十一个五年规划的建议》(2005年10月11日通过)、《中共中央关于制定国民经济和社会发展第十二个五年规划的建议》(2010年10月18日通过)、《中国共产党第十八次全国代表大会报告》(2012年11月8日通过)和《中华人民共和国国民经济和社会发展第十二个五年规划纲要》(2011年3月16日)均多处使用了"监管"的概念。党中央的上述第一个决定和十二五规划纲要还使用了"监督管理"的概念。党中央的上述第二个决定、关于制定第十一个五年规划的建议、关于制定第十二个五年规划的建议和十二五规划纲要还使用了"市场监管"这一概念。

《中华人民共和国证券投资基金法》(2012年通过)第十三章是"监督管理";《中华人民共和国证券法》(2005年修订)第十章是"证券监督管理机构";《中华人民共和国银行业监督管理法》(2006年修改)的名称中使用了"监督管理"的概念;《中华人民共和国保险法》(2009年修订)第六章是"保险业监督管理";《国有企业财产监督管理条例》(1994年7月24日颁布)这个行政法规的名称中使用了"监督管理"的概念;等等。

此外,需要说明的是,以上这些政策性文件以及国家的法律法规都没有使用"规制""市场规制"的概念。

市场监管权的再认识

张士元*

内容摘要：在当前经济形势下，必须加强对市场监管权的深入研究，通过对市场监管权的完善，保障并促进市场健康有序地运行和发展。为此，必须强化市场监管权的理念，进一步明确市场监管权的权力范围，完善市场监管权的权力结构，科学合理地配置市场监管主体的构成。本文建议国家组建全国市场监管委员会及地方各级市场监管委员会，以加强对市场监管的领导与协调，并在政府职能转变过程中加强市场监管。文章还强调，在强化市场监管权的同时，要充分发挥其他社会力量的作用，共同参与市场监督。

关键词：市场监管　市场监管权　市场监管委员会　强化

笔者在1986年写过一篇《试论国家机构的经济职权与间接控制的法律调整》，发表在《中南政法学院学报》复刊号上，时光流逝，转眼近三十年了。在这篇文章里，笔者着重论述了国家的经济职权及其实现的方式，也较集中地讲到经济监管权的问题，对经济监管权的性质、职权的构成、经济监管机构的设置等问题进行了论述。时过境迁，这些年，我国的四个现代化建设、改革开放和法制建设均取得了举世瞩目的伟大成就。当然，在前进的道路上有许多新问题，我们所处的国内外经济环境还是十分严峻的，其中对市场监管的缺失就是亟待解决的问题之一。因此，加强对市场监管权的深入研究，以强化对市场的监管，就具有重要的理论意义和紧迫的实践价值。本文仅就市场监管权的有关问题提几点看法。

---

* 张士元：北方工业大学经济法研究所教授。

一、宏观经济形势要求我们必须强化市场监管

静观形势,目前乃至今后相当长的一段时间内,我们所面临的经济环境和法律环境是十分严峻的。2008年次贷危机以来,整个世界被金融危机导致的实体经济危机、社会动乱、国际政治的右倾化困扰,同时生态危机、各类自然灾害也纷纷袭来,再加上不同形式、不同规模的局部战争的进行,世界政治、经济格局必将发生深刻、重大的变化。我们必须从战略上、全局上洞察、认识、了解、分析经济状况入手,在看到所取得的成就及诸多有利因素和有利条件的同时,也要看到所面临的困难和深层次矛盾。在这些矛盾和问题中,市场监管的缺失和金融监管法律的边缘化较为突出。市场监管的缺失主要表现在:食品安全、生产安全、农资及其他生产资料安全、交通安全等事故频发,假冒伪劣商品及虚假广告充斥,各类诈骗特别是金融诈骗屡禁不止,电子垃圾泛滥,等等。金融监管法律的边缘化反映为:各国的金融监管法律起不到应有的作用,《巴塞尔协议》应对全球银行业危机乏力,号称世界上最严格监管法案的《多德—弗兰克法案》也未能完全化解"山姆大叔"的困境。我们更应该注意到,在实现"新四化"征途中,突出的问题之一就是实体经济领域发生的各类经济违法犯罪案件严重地危害市场运行的安全,损害了消费者的合法权益,时刻扰乱着国家的政治经济生活。这种局面向我国的市场监管制度发出了严峻的挑战。因此,现实向人们提出了以强化市场监管体系为中心的市场监管法律制度的改革与完善的课题。

二、提高市场监管权的理念是强化市场监管权的中心环节

市场监管权是国家经济职权的重要组成部分。国家机构的经济职权是国家管理国民经济职能在法律上的体现,是一种宏观调控权,它包括经济决策权、经济立法权、经济协调权、经济监督权等经济职权,而市场监管权则是经济监督权的重要内容。市场监管权是国家权力机关和国家行政机关及其所属有关职能部门,如财政、金融、审计、质量、计量、城市管理和工商行政管理等部门,对国民经济活动进行规制和监察的权力,属于宏观调控权中一项十分重要的权力。因此,市场监管权绝不仅仅是对市场的一般监管这样的"小打小闹",它还应该包括从国家最高权力机关到各级国家权力机关所享有的对市场监管的权力,也包括从最高国家行政机关到各级国家行政机关及其所属有关职能部门所享有的对市场监管的权力。过去我们在对市场监管权的重要地位及其所涵盖的权力范围认识上有所偏颇,对其地位的重要性认识不足;在执行与实施上则给力不够,对市

的监管措施往往不能有效地到位。

国家根据宪法的基本要求,把整个国民经济活动纳入社会主义市场经济体制,在市场经济运行过程中实现资源的优化配置。同时,国家通过经济职权的行使,对整个国民经济活动按部门和地区进行以间接控制为主的宏观调控,而市场监管权就是宏观调控权的重要内容。国家制定和颁布分门别类的法律和行政法规,特别是各类经济法律、经济法规和其他调整经济关系的规范性文件,规定这些职能由哪些主体行使、怎么行使,通过这些法律法规的授权确认各类、各级国家机构在国民经济管理活动中所享有的权力和承担的责任,从而形成了它们的经济职权。所以说,国家机构的经济职权是国家领导和组织经济建设的职能在法律上的体现。国家管理经济的职能主要是对国民经济宏观上的决策和管理,因此国家机构的经济职权主要体现为国家对国民经济宏观上的调控权。在宏观调控权的构成体系中,相当一部分活动及其相关权力是对整个国民经济活动及市场运行的规制和监察,从而形成了市场监管权。市场监管权的特点体现在以下几个方面:

(1)市场监管权作为国家经济职权的重要组成部分,同样要作用于国民经济管理和市场运行的整个领域,它是涉及全国范围的整体权力;

(2)市场监管权是法律授予的,是依法产生的,国家机关既不能任意转让,也不得超越法律规定的限度而滥用;

(3)规定市场监管权的法律基本上属于强制性的规范,享有市场监管权的国家机关依法行使职权时,无须有关方面的同意和认可,它所涉及的单位和个人必须执行且不得随意改变;

(4)市场监管权是权责一致的,即国家机关享有对市场进行监管的权力,同时也承担着恪尽职守的义务,必须严格依法正确行使而不得滥用;

(5)市场监管权为享有市场监管权的国家机关所独有,它是一种专属的职务权限,不同于企业、事业单位、其他社会组织和个人所享有的经济权利。

我们在强调强化市场监管权的权力意识时,应该从国家经济职权的高度,从对整个国民经济管理的全局和对全国大市场进行监管的角度,确认市场监管权的重要地位。

三、明确市场监管权的权力结构对市场监管权的完善具有重要意义

市场监管权作为国家机构经济职权的重要组成部分,是一项涉及整个国民经济活动的整体权力,其涵盖的领域十分广泛,其内容也极其丰富。它作用于国

民经济活动的大市场,既有宏观调控方面的内容,也涉及市场经济活动的微观领域。因此,进一步确认市场监管权的结构与范围,对市场监管权的完善是至关重要的。具体来讲,市场监管权主要由以下几方面权力构成:

(1) 财政监管权,这是指国家权力机关及有关职能部门在组织社会生产要素的分配和再分配过程中实施的一种经济上的监管权力。它主要包括对财政预决算、税收、资源及有关资产管理等方面的监管,以保证国民经济的综合平衡、国家财政收支任务的完成以及国民经济的可持续发展。

(2) 金融监管权,包括国家权力机关对中央银行所颁布并实施的货币政策执行情况的监管,也包括金融监管部门对银行业、证券业、保险业及其他金融业的监管。在金融活动领域,它还包括国家的金融机关对信贷、货币收支以及转账结算等微观金融活动所实施的监管。

(3) 会计监管权,这是依法行使会计职权的主体对有关经济法主体的款项收支、财物收发存用、各项资金的增减、债权债务的发生以及结算的合法性和有效性进行的监管。

(4) 审计监管权,这是国家审计机关对被审计单位的财政资金、信贷资金及其所反映的会计记录、会计报表、会计行为和财产的经营效益所进行的一种经济监管。

(5) 经济行政监管权,这是指有关主管部门和工商行政管理机关对企业和有关经营者的资质、市场准入及退出、经济合同、产品质量、商品价格、标准计量、知识产权的管理、市场竞争及反垄断等经济活动所进行的监督、检查。

通过这些权力的行使,可以保障市场经济活动合法、有序、顺利地进行。上述市场监管权都是通过国家制定有关经济法律,授予专门机构享有并行使的。

四、为强化市场监管,建议增设国家市场监管委员会

科学合理地配置市场监管机构,对于市场监管权的行使有着十分重要的意义。市场监管机构包括各级国家权力机关、国家行政机关以及行使专项监管权的专门机关。它们的根本任务在于,发现和纠正乃至制止一切违反法律法规的行为以及危害和破坏社会主义市场经济秩序的活动。市场监管权的行使主要是对经济领域的生产、流通、消费和分配等各个环节实行严格、全面、系统的管理和监察。

鉴于近几年经济体制改革过程中出现的新情况、新问题以及今后发展的趋势,必须进一步建立和健全我国的市场监管组织。在大力加强审计、统计、标准、质量、工商管理等经济监管机构职能的同时,为加强市场监管权的行使以及对全

国市场监管工作的领导、管理和协调,可考虑设立国家市场监管委员会,各省、自治区、直辖市也应设立地方各级市场监管委员会。它们分别是全国人民代表大会常务委员会和地方各级人民代表大会常务委员会的派出机构,并由国务院和各级人民政府领导,从而与有关市场监管职能机构一起组成我国的市场监管组织体系。为排除各类行政机构对市场监管工作的不当或非法干预,可通过法定的权限和程序授予各级市场监管委员会独立的市场监管权。与此同时,必须进一步加强市场监管法律的制定。为保证国民经济活动的顺利进行,保证各类市场监管法律的有效实施,保证各部门、各单位严格执法、守法,并追究当事人的违法责任,国家要完善市场监管法律体系,使各类市场监管活动依法进行、协调配合。特别是对经济体制改革和经济活动中出现的新问题,对尚无法律制度进行调整和制约的经济关系,国家更应抓紧制定经济法律和法规。

五、在转换政府职能过程中,提高依法行政的能力,以加强市场监管

在过去很长一段时间里,国家在管理国民经济时,侧重于经济决策权和经济行政权(特别是行政审批权)的运用,而对市场监管权的使用,在认识上缺乏足够的重视,在运用手段上不够充分、成熟。近年来,随着经济体制改革的逐步深入,法制观念的加强,依法执政水平的提高,我们在市场监管权的行使上有了很大的加强并取得了明显的效果。但是,总的看来,对经济监管权的运用,包括经济监管权的理念、范围、内容、手段、立法措施等均还需要完备。从经济体制改革的要求和发展趋势来看,我们必须进一步转换政府机构的职能,把对国民经济和市场的管理,在完善宏观调控体系的同时,逐步由以直接控制为主过渡到以间接调控为主,完善市场监管权的体系,更好地运用经济手段和法律手段,并采取必要的行政手段控制和调节经济运行。这样,从法律角度而言,我们必须适当地、逐步地减少直接控制权的行使,充实市场监管权的内容,完善市场监管权的体系,加强市场监管权的运用,使其成为调节经济关系、制约经济活动的重要手段。这是一项艰巨、复杂的系统工程。党的十八大明确提出,要转换政府职能,把市场能管的交给市场。政府实际上已经下放了一百多项行政审批权力给市场,这样就加大了市场监管的任务和责任。为了提高市场监管权的效力,应进一步完善规范市场监管权的法律体系,适应政府职能转换的需要,明确哪些权力应该加强、哪些权力应该弱化,对有关的法律法规进行修、改、立、废,并注意与相关法律法规的协调,建立一套门类齐全、结构严谨、各个环节和层次成龙配套、和谐一致的规范市场监管权的法律体系。同时,有关执法部门要进一步提高市场监管权

的法制理念,提高执法水平,并注意做好与有关部门的协调与配合。

六、在强化市场监管权的同时,应充分发挥其他社会力量的作用,共同参与市场监督

社会力量是加强市场监管的一支重要力量和一项重要内容。这里所说的"社会力量"主要是指各类社会中介组织和广大人民群众,并不享有市场监管权。然而,社会力量既是国民经济活动的参与者,又是社会生产要素重要的消费者。作为有关法律关系的主体,社会中介组织和人民群众在特定法律关系中享有一定的权利和义务。同时,社会中介组织和人民群众存在或生存于社会生产、生活的第一线,了解和熟悉国民经济活动和市场运行情况,又是联系有关国家职能部门的纽带,因此对市场运行状况有较多的发言权。根据宪法和有关法律的规定,社会力量享有监督国民经济活动和市场运行状况的权利。社会力量中的中介组织,有的是以营利为目的,从事中间服务的中介组织,如各类事务所、评估机构及服务公司等;有的是以服务于社会公共利益为宗旨,从事中间服务的中介组织,如各类行业协会、商会、同业公会、公证机构、仲裁机构等。在上述中介组织之外,还有许多社会团体、其他群众组织和广大的人民群众。社会力量有权通过各种渠道反映自身或其成员及广大人民群众的意见和要求,为保护其成员和人民群众的合法权益而进行经济监督。例如,消费者协会等组织通过法定的渠道和形式,反映消费者的意见和要求,为保护消费者权益所进行的经济监督;有关的宣传媒体和舆论工具为反映人民群众的愿望和要求所进行的舆论监督;广大人民群众对国家机关、经济组织的经济管理活动和生产经营活动所进行的监督等。这里应特别强调的是,人民群众是社会经济监督的重要主体,他们享有广泛的监督权利。我们在强化政府职能部门的市场监管权的同时,必须充分发挥其他社会力量对市场的监督作用。

论市场监管陷入困境的缘由及其破解

——兼论市场监管法的(经济)行政法取向的批判与补正

陈乃新　谌　媚　陈阵香*

内容摘要：我国的市场监管已陷入困境，其主要表现是：市场秩序得不到有效的治理，市场经济的恶性事件层出不穷；市场监管法反映市场经济规律有误，市场监管失灵。究其原因，一是由于市场监管法存在严重的(经济)行政法取向，政府对市场的监管混同于行政干预，不适应市场经济尤其是竞争全球化的要求；二是对以资本为基础的经济、政治和文化缺乏认识，法治理念仍然停留在以土地为基础的经济、政治和文化，现代法治理念严重缺失。对于市场监管陷入困境，我们必须予以破解：第一，必须建立合作共赢的现代法治理念，冲破单纯的自利占有的传统法治理念的束缚；第二，必须改变市场监管法的(经济)行政法取向，把市场监管法建设成(行政)经济法，使政府只能作为经济法主体在履行为社会整体增量利益做贡献的义务时，享有获得相应的利益的权利，从而促进市场经营主体与市场监管主体合作共赢的发展公平，保障社会主义市场经济的更好运行和在全球市场竞争中胜出。

关键词：市场监管　(经济)行政法　现代法治理念　合作共赢　(行政)经济法

市场监管是国家保护市场经营主体合法权益，维护市场秩序，促进市场经济

---

* 陈乃新：湘潭大学法学院教授。谌媚、陈阵香：湘潭大学法学院硕士研究生。

正常运转的重要手段。为了使市场监管发挥好这种功能,我国已经制定了许多市场监管方面的法律法规。但是,以市场监管方面的法律法规为主要渊源的市场监管法在现实生活中并没有很好地起到这种作用。相反,我国的市场监管可以说已陷入了困境。这里,我们试就市场监管陷入困境的缘由及其破解谈点看法,其中主要是对我国市场监管法的(经济)行政法取向有所批判,并希望能从中找到补正的方法,以利于构建合作共赢的市场秩序,保障市场经营的公平正义,实现我国的法治目标。

一、市场监管陷入困境的缘由

我国自改革开放以来,已经逐渐形成了市场经济体制。从本质上说,这就是党和国家将自己所控制的资源向资本开放,由资本对我国的资源进行市场化开发,使我国的经济融入全球化,沿着人类社会的发展大道前进。那么,我们能否通过这种市场经济体制达到社会主义的现代化呢?事实上,这还有待于我们构建一种适合于中国国情的市场经济体制。其中,很重要的一环是,我们必须有完善的市场监管体系,保障市场经营主体能够得到市场经营的公平正义,能够在合作共赢的市场秩序中得到共同发展。但是,现在我们的市场监管出现的问题很多:一是在财富创造领域,滥用资源、污染环境和生产假冒伪劣产品的恶性事件频频发生;二是在市场竞争领域,不正当竞争、垄断和各种不诚信交易的欺诈行为屡禁不止;三是在生活消费领域,消费者权益受损日益严重,全体人口的生活质量面临下降危险。从实体经济到虚拟经济,都存在着市场监管已陷入困境的状况。我们要问:市场监管为什么不能遏制"劣币驱逐良币",市场秩序紊乱的态势呢?我们认为,其缘由主要有两点:一是制度有瑕疵;二是认识还欠缺。

(一)市场监管法存在着(经济)行政法取向的瑕疵

我国现行的市场监管法主要分为三类:第一类是政府对财富创造领域监管的立法,这主要是对滥用自然资源监管、破坏和污染环境监管、侵害劳动者合法权益监管等的立法。这一领域的立法大都是由国务院相应的行政机构实施监管的。第二类是政府对市场竞争领域监管的立法,这主要包括反不正当竞争、反垄断等的立法,以及虚拟经济领域的商业银行业监管、证券业监管、保险业监管等的立法。这一领域的立法在我国也是由国务院相应的行政机构实施监管的。第三类是政府对生活消费领域监管的立法,这主要包括消费者权益保护法、产品质量法、食品和药品安全法等的立法。这一领域的立法也大都由国务院相应的行政机构实施监管。我国市场监管法对监管体制的规定大都是由国家行政机关实施监管,对监管机制的规定大都是由国家行政机关通过对行政相对人采取行政处罚的手段实施监管。

从我国市场监管法对监管体制和监管机制的规定来看,市场监管法基本上属于(经济)行政法的范畴。换言之,市场监管法不过是涉及经济的行政法而已。但是,行政法调整的是行政管理关系。事实上,市场监管主体与市场经营主体(受监管主体)之间的关系本来不属于行政管理关系,而是一种宏观的经济管理关系,是国家与国民合作提高整个国民经济效益,增强本国的国际市场竞争力,属于对财富的共创共享关系。这种关系实际上是在以社会化生产为基础的市场经济已经发展到经济全球化、全球市场化、市场竞争化阶段形成和发展起来的。此时,每一个国家不仅是一个政治体,也是一个经济体。例如,我国属于新兴经济体,美国属于发达经济体。就我国而言,国家并不只是通过立法、行政和司法等手段,处理存量利益或既得利益矛盾,维持社会秩序和保障社会稳定,还要作为整个国民经济的管理者,通过市场监管、宏观调控等活动,与国民进行合作以创造财富,并在激烈的国际竞争中实现财富增长,最终分享所创造的财富、分担风险和损失,以谋求增量利益和发展利益。

这就是说,在现代社会,国家除了应当向国民提供维持社会秩序和保障社会稳定的公共物品和公共服务,并与国民进行某种交易,向国民收取费用,即存在着传统的行政管理关系,并由行政法予以调整外,与国民还存在着一种合作创造财富、竞争实现财富和分享所创造的财富的经济管理关系。政府作为国家的一种机构,也参与了这种经济管理关系,而这种经济管理关系是由经济法进行调整的。前者的价值目标主要是保障人们对既得利益和存量利益的公平正义,对政府而言,主要是应当少花钱多办事,提高工作效率的问题。后者的价值目标主要是保障人们对发展利益和增量利益的公平正义,对政府而言,作为经济法主体,"依法作为和不作为对于经济社会的发展做出了贡献,就应依法获得相应的利益,即在增量利益的总和之中占有一个相对合理的比例"[①]。这就是说,政府的市场监管行为只能以整个国民经济的效益为中心,政府只有在履行了有利于提高整个国民经济效益,也即有了更多的发展利益和增量利益的义务后,才能具有分享这种增量利益的权利。这是必须被遵行的一项经济法的基本原则。因此,我国业已形成的市场监管法实际上已陷入(经济)行政法的窠臼,其瑕疵是:虽对维稳有些作用,但对促进经济社会发展效果却不佳。

---

① 杨紫烜:《国家协调论》,北京大学出版社 2009 年版,第 361 页。

（二）对以资本为基础的经济、政治、文化的认识有欠缺

我国已经实行社会主义市场经济,对市场进行监管是实行市场经济的应有之义。这是因为,在市场经济中,资本以逐利为目的,在生产领域,它不惜以破坏资源、污染环境为代价;在竞争领域,它不惜采取种种不正当竞争和垄断手段;在消费领域,它不惜以假冒伪劣商品损害消费者利益等,谋取自己的利润最大化。实行市场监管的目的是,把资本追逐眼前利润的最大化引导到可持续的利润最大化上来,以实现劳、资、政三方的共赢。国家应当通过制定相应的市场监管法对市场进行监管,为经济和社会发展服务。这种服务既不属于民事行为,也不属于行政行为。现在,市场经营主体各自自发地进行营利活动,必然导致生产过剩的经济危机,需要国家以应对经济危机为例作些说明:当经济危机到来时,国家财政收入也会因此减少,这使得国家作为市场管理主体对市场经营主体实行经济管理包括监管具有了某种正当性,因为国家财政收入的减少是市场经营主体以营利为目的的行为造成的。但是,国家对市场经营主体进行监管,以弥补国家财政收入的减少,既不能通过对市场经营主体追究民事侵权责任和违约责任实现,因为市场经营主体并没有侵犯国家的财产权和人身权,也没有民事合同和违约行为,而且其自身在经济危机到来时也遭受了严重损失;也不适用国家行政管理,即国家不能以市场监管为由,禁止市场经营主体的逐利行为,也不能通过增加行政征收解决国家财政收入减少的问题等,因为市场经营主体以逐利为目的,在市场经济中是具有正当性、合法性的经济行为,并不是一种行政违法行为。那么,国家对市场经营主体的监管是什么呢？此时,实际上,国家是作为市场管理主体与市场经营主体合作,以应对危机,共克时艰,使市场经营主体恢复普遍的、可持续的利润最大化状态,由此促进整个国民经济的增长,从而增加国家财政收入。所以,对于以资本为基础的经济、政治和文化,我们应当有超民事与超行政的认识,由此创建经济法理念,从传统的以土地为基础的经济、政治和文化,即单纯的自利占有的法治理念中解放出来,形成共同发展的新兴法治理念,而这正是我们所欠缺的一种理念。欠缺这种理念的市场监管法必定难以在市场经济中奏效,而且国家若对市场监管实行行政监管,那么可能增加市场经营主体的成本,甚至威胁到其财产权益的安全,这样就可能造成我国已积累起来的资本因财产安全和难以持续赢利而流失。

二、市场监管应采纳合作共赢、发展公平的现代法治理念

要纠正市场监管法存在的(经济)行政法取向,首先应冲破传统的自利占有的法治理念的束缚,建立合作共赢、发展公平的现代法治理念。

自利占有的法治理念,是一种以人性本恶为基本假设,以罚惩恶、以恶治恶的法治理念,它反映了以土地为基础的经济、政治与文化。我们已经形成的民法、商法、行政法和刑法以及相应的诉讼法,就是贯彻这种法治理念的。这些法要么是保护人们的财产权、人身权等既有的私权利益,维护人们的自利占有型利益,并假设他人会侵犯这种利益,从而要对这种侵害行为追究法律责任;要么是保护人们既得的公权利益,包括立法、行政、司法等公权利益,也假设人们会侵犯这种公权利益,并对这种行为进行法律追究。但是,这些法对于人们既有的私权利益和公权利益却不追究原罪。这种自利占有的法治理念已经不足以满足以社会化生产为基础的市场经济的需要。

在以社会化生产为基础的市场经济中,人与人之间进行合作以创造财富,并且在创造财富的合作组织之间展开竞争,因此一种合作关系和竞争关系发展起来,而且派生出合作和竞争中实现的物质利益如何分享的关系。这不但在一国之内是如此,而且在国与国之间也是如此。调整这种关系的法律,包括经济法和社会法,也随之产生和发展起来了。经济法和社会法采纳的法治理念在以人性本恶为基本假设的基础上加进了以人性本善的基本假设,即人与人之间在自利占有的基础上还存在合作共赢的一面。因此,法治加进了以奖扬善、以善促善的理念。我们认为,市场监管法作为经济法的一个组成部分,就是国家与其国民进行合作并参与国际竞争,最终共享合作和竞争的成果,实现发展公平的法律。当今世界就存在着国与国之间的这种法治理念和相应的法制的竞争。换言之,哪个国家与国民的合作关系调整得好,就能在国际竞争中胜出。当然,国际竞争也应该以纳入法制轨道为条件,否则在国际社会中就会充满不正当竞争和垄断,"劣币驱逐良币",整个世界也会崩溃。

那么,我国现有的市场监管法为什么没有采纳这种现代法治理念,而是仍然体现了传统的法治理念?其直接原因与我国在制定《民法通则》时存在某种理论失误有关。当时制定《民法通则》的立法解释强调民法调整平等主体之间的财产关系和人身关系,而把不是平等主体之间的关系,例如政府对经济的管理关系,国家与企业、企业与职工的关系,由经济法、行政法调整。这一立法解释实际上超出了《民法通则》第2条规定的范围。该条只规定"中华人民共和国民法调整平等主体的公民之间、法人之间、公民和法人之间的财产关系和人身关系",并不调整平等主体之间的一切关系。因此,立法机构不能断言经济法、行政法只涉及不是平等主体之间关系的调整。《民法通则》的立法解释断言,经济法、行政法调整的不是平等主体之间的关系。这也就排除了它们调整平等主体之间某些关系的可能性,让民法垄断了对平等主体之间一切关系的调整。这种解释虽然在当时强调对财产权的法律保护,从而对我国招商引资、开展市场交易有积极作用,但也显露出在逻辑上的非科学性。

事实上,人类从事经济活动,主要有两大类:一类是人们对财产或物(存在于人体以外、人力所得以支配并能满足人类社会生活需要的有体物和自然力[①])的占有、交易、继承等,调整人们在这类经济活动中所发生的财产关系(包括财产归属、流转和继承等关系),在历史上主要是靠民法、商法、行政法和刑法以及相应的诉讼法进行的;另一类是人们利用民法中所指称的"财产或物",人类所难以支配的阳光、空气、水和地底矿产资源等,以及存在于人体以内的劳动能力,进行财富的合作创造、竞争实现和生活消费所发生的社会关系,这类关系从人类社会采用以社会化生产为基础的市场经济的方式以来已经大大发展起来了。这类关系也含有大量的平等主体之间的社会关系。例如,人与人的合作关系、市场竞争关系以及对合作并在竞争中实现的成果的分享关系等,都是平等主体之间的关系。这些社会关系已经超出了民法调整的范围,在现代社会是由经济法调整的。此外,运用自己的劳动力改造民法所指称的"财产或物",进行财富创造的人们,与非因自身主观原因而不劳动或少劳动的各种特殊群体(包括老人、小孩、残疾人士、灾难受害者等)之间,也存在着一种平等主体之间的关系。由于前者利用了人类所共有而又难以支配的自然资源等,且这种利用必会造成更多的环境影响,从而影响到后者的利益而需承担更多的社会责任,所以这类关系在现代社会通常要用社会法来调整。根据这种分析,我们应当摒弃《民法通则》的立法解释中某些不科学的东西,在完全承认民法、商法、行政法和刑法以及相应的诉讼法存在的必要性同时,必须关注经济法、社会法等,规范人们进行财富的合作创造、竞争实现和生活消费的行为,以及劳动者与各种特殊群体之间为实现共同发展而实施的互帮互助行为。这样,我们就会建立起合作共赢、发展公平的现代法治理念,并由此促进我国法制的进化,包括市场监管法的完善。

三、按照(行政)经济法的现代法治理念将市场监管法改为市场活动服务法

改革开放以来,我国实行社会主义市场经济,由此融入了经济全球化。在这个大背景下,我国与其他国家一样,对从事市场活动的主体,都需要国家给以必要的服务。当今世界,在国际市场竞争中,国家对市场活动服务能力的大小和水平的高低,成了衡量一国市场经济的国际竞争力的重要因素。尤其是美国等西

---

① 参见梁慧星主编:《中国物权法研究(上)》,法律出版社1998年版,第34页。

方发达国家,更是注重国家在市场经济中对市场活动主体的服务,基本上扬弃了传统的行政监管模式,从而更好地保障了市场活动主体的利润最大化普遍地、可持续地实现;同时,国家也在为整个国民经济利润最大化服务的过程中实现了财政收入的最大化。这种经验是不可忽视的,它也体现了我国实践市场经济的成熟性和管理市场经济的国际竞争力水平。中国共产党在历史上也有成功的经验可以沿用。例如,在新民主主义革命中,中国共产党进行了军民一致、官兵一致的相互合作以增强战斗能力,从而共享胜利果实。这种经验在当今的国际市场竞争中也可以采用,只不过现在的国家与国民的合作表现在财富的创造、市场的竞争和生活的消费等领域而已,其原理实质上是相通的。

考虑到这种因素,建议我国现行的市场监管法对监管体制和机制的规定作重大的修订,不再沿用传统的行政监管体制与机制,而把从事市场活动管理的主体从行使行政权力以直接保障既得的公权利益中解放出来,让这种管理主体也参与到市场竞争中去,使这种主体与市场活动主体形成一种合作关系;同时,通过把市场监管法改造为市场活动服务法,调整这种关系,规范这些主体的行为,以真正转变政府职能。

应当说,对市场活动实行行政监管,政府为维护市场秩序而采取追究行政责任的方式惩罚市场活动主体的违法行为,存在着双重的缺陷:一方面,这可能造成政府作为市场活动的管理主体进行权力寻租的空间,或者说具有违法行为的市场主体与市场活动的管理主体可能共同分享违法所得,而市场活动守法主体的损害得不到救济;另一方面,市场活动守法主体作为利益关系人,不仅其损害得不到救济,而且也难以直接要求政府给予支持,甚至只能通过法律监督途径间接地维护自身的合法权益和市场秩序,这样便大大地增加了守法主体的维权成本。这就是说,对市场活动实行行政监管既缺乏公平性,又是不经济的。

我们应当按照(行政)经济法的现代法治理念,将市场监管法改为市场活动服务法(这需要我们有计划地、逐步地对现行的市场监管法律法规作一次清理和全面的修订),由此促进政府职能的转变,把它对市场活动的行政监管行为改成市场活动服务行为,直接支持市场活动守法主体与市场活动违法主体进行斗争,做到官民一致、官民合作,既维护市场活动守法者的权益,又构建起优胜劣汰的公平竞争秩序,消除"劣币驱逐良币"的现象,使政府只能作为经济法主体在履行为社会整体增量利益做贡献的义务时,享有获得相应的利益的权利,从而实现我国的法治目标,以促进社会主义市场经济的更好运转。

政府职能转变与市场准入监管法存在的问题及对策研究

卢炯星[*]

内容摘要：十届全国人大一次会议指出：在社会主义市场经济条件下，政府职能主要是经济调节、市场监管、社会管理和公共服务。[①] 市场监管是社会主义市场经济阶段政府的主要职能之一。目前，我国已经基本建立市场监管的法律体系。但是，在加入 WTO 后的新形势下，市场监管法还存在许多问题。特别是市场准入存在较多法律问题，需要进一步完善一般市场准入法律制度、市场准入审批监管制度、特殊市场准入监管制度等，并进一步完善市场准入监管的法律制度，建立新的市场监管法律体制。

关键词：政府职能转变　市场准入监管　监管法律创新

一、政府职能转变与政府市场监管职能

（一）我国政府职能发生的转变

政府职能是指国家行政机关依法对国家和社会公共事务进行管理时所承担

---

[*] 卢炯星：厦门大学法学院教授。
[①] 参见朱镕基 2003 年 3 月 5 日在十届全国人大一次会议上所作《政府工作报告》第九部分：坚持转变政府职能，努力建设廉洁勤政务实高效政府。

的职责和功能。其中,职责是静态的,功能是动态的。① 根据社会主义市场经济的发展和需求,特别是我国加入WTO后,政府的职责和功能也会发生相应的转变,其中政府监管是政府的重要职能之一。

1984年《中共中央关于经济体制改革的决定》指出:政府机构管理经济的主要职能是"制订经济和社会发展的战略、计划、方针和政策等职能","制订并监督执行经济法规"②等。这些职能在经济法的研究上都属于宏观调控职能和市场监管方面的职能。

1993年《中共中央关于建立社会主义市场经济体制若干问题的决定》进一步明确政府职能转变,指出:"政府管理经济的职能,主要是制订和执行宏观调控政策,……同时,要培育市场体系、监督市场运行和维护平等竞争,……管理国有资产和监督国有资产经营,实现国家的经济和社会发展目标。"这是在市场经济体制下对国家职能所作的新规定。根据以上有关政府职能的规定,政府的经济职能可以概括为三个方面:一是宏观经济调控者的职能,二是社会经济管理者的职能,三是国有资产所有者的职能。③ 这其中包括监督市场运行和维护平等竞争的职能。

党的十四大指出:转变政府职能,是上层建筑适应经济基础和促进发展的大问题。政府的职能主要是统筹规划、掌握政策、信息引导、组织协调、提供服务和检查监督。其中,为市场提供服务和市场检查监督是政府的两个主要职能。

(二) 政府职能转变与政府市场监管职能的确立

党的十六大提出:完善政府的经济调节、市场监督、社会管理和公共服务职能,减少和规范行政审批。④ 党的第十六届中央委员会第三次全体会议通过的《中共中央关于完善社会主义市场经济体制若干问题的决定》第六部分"继续改善宏观调控,加快转变政府职能"中明确提出:"转变政府经济管理职能。深化行政审批制度改革,切实把政府经济管理职能转到主要为市场主体服务和创造良好发展环境上来。"随着我国改革实践的发展,政府管理经济的职能已经由过去直接干预微观经济活动逐步转向主要从事宏观调控,组织重大基础设施建设,监督和维护市场经济秩序,为市场主体服务,创造良好的市场环境上来。

随着我国由计划经济体制向市场经济体制转变,特别是加入WTO后,经济

---

① 参见山西省经济委员会、山西省企业技术创新促进会:《政府职能转变和管理创新实现形式的探索与研究》,http://gjss.ndrc.gov.cn/cxtx/cxlt/t20050714_35489.htm,2013年7月1日访问。
② 《中共中央关于经济体制改革的决定》,1984年10月20日由中国共产党第十二届中央委员会第三次全体会议通过。
③ 参见谢望礼、彭武汉编著:《中国市场经济导论》,经济管理出版社2000年版,第234页。
④ 参见2002年11月8日江泽民代表第十五届中央委员会向党的十六大所作的报告——《全面建设小康社会,开创中国特色社会主义事业新局面——在中国共产党第十六次全国代表大会上的报告》)。

发展和经济运行方式的变化必然引起经济基础的变化,社会主义市场经济体制已成为政府管理制度创新的经济基础。对此,十届全国人大一次会议指出:在社会主义市场经济条件下,政府职能主要是经济调节、市场监管、社会管理和公共服务。① 市场监管法是社会主义市场经济的重要法律,存在于市场经济体制发展过程之中,越来越发挥重要的作用。

二、我国市场准入监管法的立法现状

(一)市场准入监管法

市场监管是政府管理经济的一种重要职能。政府为弥补市场失灵,通过制定并实施一系列行为规则,对市场主体经营行为、交易行为和竞争行为进行引导规范和监督管理,维护正常的市场秩序,促进市场健康和可持续发展的过程。市场监管法是调整在国家进行市场监督管理过程中发生的经济关系的法律规范的总称。② 市场监管法不仅是市场主体进行市场运营的准则,也是市场监管主体依法监管、持续审慎监管、有效监管的依据。

"市场准入"一词作为法律术语在我国首次使用是在1992年《中美市场准入谅解备忘录》这一双边条约中。"市场准入"的使用,从产品准入推广到机构或企业准入。市场准入监管法是调整在国家进行市场准入监督管理过程中发生的经济关系的法律规范的总称。市场准入法主要由三部分内容组成:一般市场准入法律制度、特殊市场准入法律制度和涉外市场准入法律制度。③ 这其中包括市场准入监管的法律制度。

(二)市场准入监管法的立法现状

我国市场准入监管法的立法模式是在有关法律、法规和规章中规定市场准入监管的条款。例如,食品质量安全市场准入制度主要有三个方面:法律、行政法规和部门规章。法律包括《产品质量法》《标准化法》《计量法》等;行政法规包括《工业产品生产许可证试行条例》《查处食品标签违法行为规定》《产品标识标注规定》等。此外,还有规范性文件。例如,《关于进一步加强食品质量安全监督管理工作的通知》和《加强食品质量安全监督管理工作实施意见》,确定了

---

① 参见朱镕基2003年3月5日在十届全国人大一次会议上所作《政府工作报告》第九部分:坚持转变政府职能,努力建设廉洁勤政务实高效政府。
② 参见杨紫烜主编:《经济法》,北京大学出版社、高等教育出版社2010年版,第198页。
③ 参见李昌麒主编:《经济法学》,中国政法大学出版社1999年版,第190页。

食品质量安全市场准入制度的基本框架,明确了实施食品质量安全市场准入制度的目的、职责分工、工作要求和主要工作程序。技术法规方面,为了在全国范围内统一食品生产加工企业的准入标准,规范质量技术监督部门的管理行为,国家质检总局还针对具体食品制定了食品生产许可证实施细则。例如,《大米生产许可证实施细则》《小麦粉生产许可证实施细则》《食用植物油生产许可证实施细则》《酱油生产许可证实施细则》《食醋生产许可证实施细则》等。

我国市场监管准入法的另一个模式是对某种产品、某个行业和领域直接规定市场准入监管。例如,《医疗器械产品市场准入审查规定》《公路建设市场准入规定》《中国人民银行关于外资金融机构市场准入有关问题的公告》《关于调整放宽农村地区银行业金融机构准入政策更好支持社会主义新农村建设的若干意见》《摩托车生产准入管理办法》等。但是,目前我国还没有专门的市场准入监管法。

三、我国市场准入监管法存在的主要法律问题

我国虽然已经建立了市场监管法的法律体系,但在政府职能转变后,市场监管特别是市场准入监管还存在许多法律问题。

(一)我国市场准入监管存在的审批法律问题

2013年7月,中央电视台《焦点访谈》曝光:云南省腾冲县顶风作案,置国家法令于不顾,明目张胆地搞高尔夫别墅项目;监管人员明知内情,却"大开绿灯",土地证、房产证样样齐全;开发商靠关系拿到所谓"合法手续";当地政府则视而不见,不监管,不作为,为开发商一路"开绿灯"。在国土资源部的网站上可以看到,这个项目在2010年已经被公告叫停,原因就是高尔夫项目为禁止用地项目,是典型的违法批地。按照2004年国务院《关于暂停新建高尔夫球场的通知》,这类高尔夫球场一经发现,所占耕地和林地必须全部退回。据了解,由于球场和别墅占用了林地与耕地,被国土资源部通报后,腾冲县已经撤销了高尔夫项目的用地,收回了项目的土地使用权,注销了有关行政许可证。别墅也必须在整改后才能销售。然而,明明是国土资源部公开督办查处的违法项目,明明没有依法整改,当地也声称根本没有审批过高尔夫球场和别墅,怎么能顺利建成,而且还拿到了土地证、房产证?世纪金源高尔夫别墅经国土资源部查处后的确补办了手续,但是拿到的所谓"手续"实际上是一个体育旅游项目。世纪金源高尔夫就这样摇身一变,用体育旅游项目拿到规划和土地等,继续它的高尔夫和别墅的建设和销售。近几年,借所谓"体育休闲"之名建高尔夫球场和别墅的事在全

国各地多有发生。对于这种"借名占地"的新动向,人们希望看到监管部门的新办法、新举措。①

目前,我国存在的政府审批准入监管问题比较多。上例中,云南省腾冲县将"高尔夫别墅项目"换成"体育旅游项目"。政府审批部门明知该项目2010年被国土资源部挂牌督办,属违反占地项目,却在该项目换成"体育旅游项目"后继续违法审批,没有把住审批准入监管关。另外,在用地上把大项目分拆成小项目以进行违法审批问题,也是市场准入审批监管过程中出现的突出问题。违法审批问题成为我国市场监管中极其重要而亟待解决的问题。

(二)一般市场准入监管立法存在的问题

一般市场准入监管立法层次低、分散且不统一,大多为行政法规、部门规章、地方规章。例如,《企业法人登记管理条例》《公司登记管理条例》属国务院颁布的行政法规,而大多数实施细则均为工商行政管理总局颁布的部门规章。一般市场准入监管实行实质审查制度,登记程序过于繁杂,登记内容过多,登记条件过于严格。市场准入前置条件还包括国务院或国务院办公厅发文、部委联合发文、有关主管部门发文等,另外还有地方法规和规章。市场准入门槛高,不利于培育市场竞争主体。

(三)特殊市场准入监管机构按产业设置问题

我国现行的政府监管体制受计划经济体制下经济管理部门按产业分工精细设置的影响。我国经济性监管机构的设置多采用分业监管模式,即按产业设立监管机构,由它们分别对本产业行使监管权。比如,能源领域,石油、天然气、电力、核能、水力等各自为政,彼此分割;金融领域,证监会、保监会、银监会"三足鼎立";而电信业的监管权则被分割给工信部和国家新闻出版广电总局等。这导致监管的低效率,无法形成规模效应。这种方法使得彼此有内在联系的领域或者产业被人为地分割给不同的监管机构,容易造成这些产业监管政策之间的不协调。②

(四)市场准入监管机构的监管权力配置过于分散和交叉的问题

当前,同一监管权分散在不同监管机构。除经济性监管领域分业监管模式

---

① 参见《焦点访谈曝光云南腾冲高尔夫别墅项目 政府一路开绿灯》,http://www.sun0793.com/_d276157611.htm,2013年7月3日访问。
② 参见马英娟:《大部制改革与监管组织再造——以监管权配置为中心的探讨》,载《中国行政管理》2008年第6期。

造成的监管权分散外,同一监管权被分割给不同监管机构(甚至宏观政策部门和其他执法部门)的问题也比较突出。比如,电信产业不仅由工信部和国家新闻出版广电总局共同监管,而且其监管权力还进一步被国家发展与改革委员会、国家工商总局、国家质量监督检验检疫总局、中宣部等分享。在食品监管领域,则由农业部、国家质量监督检验检疫总局、国家工商总局、卫生部、国家食品药品监督管理局以及国家标准化委员会,按照一个环节由一个部门负责的分工原则,共同行使监管权。这种"九龙治水"的分权架构不仅没有起到互相制衡的作用,反而在一定程度上加大了监管成本,降低了监管效率,同时导致争功诿过、执法责任不明确的法律后果。[①] 因此,在法律上,须解决市场准入监管机构按产业设置、监管权力配置过于分散和交叉的问题。

四、完善政府市场准入监管法的法律对策及法律创新

(一)市场准入阶段的市场监管法律完善

在市场准入阶段,市场监管法侧重于对市场主体准入资格的监管,对企业准入和各行业准入设定一定的条件标准,筛选符合准入条件的市场主体;创新制定统一的《商事登记法》,取代不同商主体的登记管理"条例"或"办法",实现商事登记制度的统一;建立以主办注册官制为中心的独立核准机制,简化审批手续;修订登记注册法律法规,赋予主办注册官登记注册权,使其依法相对独立地处理登记事项,并通过过错责任追究制度追究其违法责任;根据互联网发展,推行联合网上审批,提高市场主体市场准入的效率。市场准入须贯彻"宽进严出"的原则,即市场主体进入市场的门槛标准不宜过高,政府有义务为市场主体提供高效、便捷的服务。政府监管机构加强市场监管,一旦发现市场主体从事违法经营,危害了公平竞争秩序,要严厉处罚。

(二)关于市场准入政府审批所存在问题的解决

由于目前我国缺少对市场监管者进行监管的法律,所以需要建立对监管者进行监管的法律制度。根据我国宪法的有关规定,监督监管者的主体为全国人民代表大会(简称"人大")和地方各级人大,须发挥人大对政府机构进行监管的职能。在法律上,应赋予人大对政府审批机构的监督权。人大与同级政府之间

---

① 参见马英娟:《大部制改革与监管组织再造——以监管权配置为中心的探讨》,载《中国行政管理》2008年第6期。

存在利益关系,往往对同级政府不敢监督或放任监督。因此,须在法律上明确规定上级人大对下级政府行使审批的监督权。上级人大若发现下级政府存在违法审批问题,应及时进行纠正,对违法审批的责任人员或依法该审批而不审批的政府机关工作人员,依法进行处理或处罚,直至取消其公务员资格,以预防、避免或减少政府审批机构违法审批行为的发生。

(三) 特殊市场准入监管机构设置创新重构,整合成立新的综合性监管机构

为了适应我国市场经济新的形势发展需要,应对市场监管机构设置创新重构。例如,将原食品安全办、原食品药品监管部门、工商行政管理部门、质量技术监督部门的食品安全监管和药品管理职能进行整合,组建食品药品监督管理机构,对食品药品实行集中统一监管,同时承担本级政府食品安全委员会的具体工作。地方各级食品药品监督管理机构领导班子由同级地方党委管理,主要负责人的任免须事先征求上级业务主管部门的意见,业务上接受上级主管部门的指导。①

深圳市已在食品安全集中监管方面作出探索,将分散于原工商、质检、药监等部门的食品安全监管职能进行整合,划归给新设立的机构——市场监督管理局进行监管。

金融监管方面,我国实行分业监管模式,银监会、证监会、保监会分别对银行业、证券业、保险业进行监管。在金融业的不断发展中,我国逐步由分业监管向混业监管转化。因此,在法律上,须由中国人民银行牵头,设立金融业统一监管机构——金融业监管委员会,负责对银行业、证券业、保险业和非银行金融机构进行统一监管,保障国家对金融业的宏观调控,保证金融业稳定发展。

(四) 建立特殊市场准入监管机构有效的监管沟通协商机制

对于现行体制下特殊市场监管机构不能设置创新重构的行业和领域,根据现行体制,须加强监管机构间的协调配合。例如,对卫生、工业和信息化、人力资源和社会保障等,积极推行大部制,整合相关部门的职责;通过加强部门间的沟通协调,缓解职能交叉、重复所带来的市场监管问题。根据我国的实际情况,在有些领域,监管机构的重叠问题在所难免,通过建立有效的政府监管机构间的沟通协商机制,快速解决相关监管机构间管辖和执法不一致的问题,可以在一定程度上缓解职能交叉、重复带来的问题,逐步实现由协调监管过渡到统一监管。

---

① 参见国务院《关于地方改革完善食品药品监督管理体制的指导意见》国发〔2013〕18号。

（五）完善我国市场准入监管的立法

现代政府监管具有独立、公正、权威、专业和职权法定等特征,市场监管法的发展方向应是:制定专门的市场监管法,例如《深圳市房地产市场监管办法》,等条件成熟后,再制定全国性的《市场监管法》,完善我国监管法的法律体系。

市场监管法的主要内容应包括:市场监管法的宗旨;市场监管目标;市场监管原则;依法监管原则、安全原则、效率原则与服务原则的统一;市场监管主体;市场监管机构;市场监管机构的职责和权力配置;市场监管种类,包括市场准入监管;市场经营过程中的监管、市场退出的监管;市场监管的程序性规定;违反市场监管的法律责等。其中,政府市场准入监管的内容应包括:市场准入的条件;市场准入的审批、核准和登记;市场准入监管的内容,包括对市场商品准入、企业准入和行业准入的监管;对行业准入条件、行业标准制定、行业的内部规范、违背行业规范的惩罚、行业竞争秩序的维护等的监管;市场准入的程序;违反市场准入监管法的法律责任等。

五、结　　语

政府的市场监管目标是建立和维护良好的市场经济秩序,使市场体系中各类市场主体的行为规范化,并能自觉遵守国家法律、政策以及市场经济中的正常规则和惯例,惩罚违反市场监管法的主体。加入WTO后,我国政府职能发生转变,需要加强政府的市场监管。目前,我国市场准入监管法存在一定问题,需要进一步完善市场准入监管法律,特别要加强对市场准入审批者的监管。应创造公平竞争的市场环境,同时注重强化企业的自我管理,发挥行业协会在促进行业发展和规范、维护市场经营秩序中的重要作用,发挥消费者和社会监督的作用,形成由政府监管、企业自管、行业自律、社会监督、监督监管者相结合的长效市场监管机制,保障社会主义市场秩序规范,维护市场主体和消费者的合法权益,促进我国社会经济的健康稳定发展。

市场监管法治的法哲学省察

蒋悟真[*]

内容摘要：市场监管法是社会本位法。由于我国市场监管法淡化了追求和保障社会公共利益的法益目标，致使市场监管法治呈现出软弱性和苍白性，将市场监管主体视为一种"经济人"角色，片面、过分或单向度地强调监管机构的私法能动性，未能将其视为一种"社会人"而挖掘其主体性价值。目前，政府监管不堪重负，有待市场监管模式的多元化变革，倡导社会性规制尤其是社会中介组织的行业监管功能的发挥。从法哲学角度省察市场监管法治，有利于厘清市场监管法的本质属性，并重塑市场监管权的配置。

关键词：市场监管法　法益目标　监管主体　社会性规制　市场秩序

市场监管立法与我国市场经济几乎同步发展，加强和完善市场监管法治一直被视为经济法治的重要内容。随着市场经济的进一步发展，让市场监管法在促进和维护市场秩序过程中担当起应有的职责，是法学理论研究的重要使命。多年来，市场监管法理论研究一度陷入法律规范与制度比较研究中，虽然相关研究在规范论证场域中取得了诸多成果，但市场监管法运行中反映出来的诸多问题，如屡屡出现的不正当竞争行为、频频暴露的食品安全事故等，破坏了市场良性竞争秩序，严重侵害消费者权益，折射出市场监管法律制度实践的软弱性。因此，应对市场监管法的运行进行部门法哲学反思——穿透规则的表象，探究市场

---

[*] 蒋悟真：江西财经大学法学院教授。

监管法律制度所蕴含的价值与功能预设,重新审视市场监管权力(利)与义务的配置,以此修正市场监管立法之不足并提升市场监管的法治效率。

一、法益目标追求:从个体利益迈向社会利益

法律对某种行为进行规制必然要基于一定的利益衡量,因为"法律的功能在于调和与调节各种错综复杂和冲突的利益,……以便使各种利益中大部分或我们文化中最重要的利益得以满足,而使其他的利益最少地牺牲"①。市场监管法源于近代自由资本主义向垄断资本主义的进化,以维护社会整体利益为法益目标。作为一种利益调节工具,市场监管法对利益冲突进行调节,依据其法益目标而进行。立基于商品经济,以个人主义为本位的私法过多地强调个体利益,而往往忽略了社会公共利益。但是,垄断、不正当竞争等市场违法行为所直接侵犯的往往不是某个公民或法人的利益,而是社会公共利益——通过侵犯社会公共利益而间接侵害公民、法人的个体利益。正是对个体利益侵害的间接性,使垄断难以为个体所察觉,而且一个市场主体走向垄断的每一步,在私法看来往往是既合理又合法的逐利行为。例如,垄断阻碍科技进步,使社会停滞不前,损害了社会公共利益,但并没有直接损害具体哪个私人的利益。因此,将个体利益作为第一保护目标的私法难以满足规制违法竞争行为的需要。市场监管法立基于社会公共利益,将对市场主体行为的评价置于社会公共利益之中,只有符合社会公共利益的市场行为才能得到肯定。这样,既能承载保护社会公共利益的法益目标,又能通过保护社会公共利益而从整体上实现保护每个公民、法人利益的要求;反之,其中个体利益的保障过程必然亦是社会公共利益的实现过程。② 例如,对消费者利益的保护就体现了市场监管法维护社会公共利益的价值取向,同时也是市场监管法法益目标的深入和具体化,使市场监管法在立法的价值取向上更具针对性。这从我国当前的市场监管立法的相关条文中可

---

① 〔美〕罗斯科·庞德:《通过法律的社会控制——法律的任务》,沈宗灵、董世忠译,商务印书馆1984年版,第41页。
② 哈耶克曾指出,人们要求政府予以提供的那些最为重要的公共产品,并不是对任何特定需求的直接满足,而是对某些条件的保障,从而使个人和较小的群体在这些条件下得以享有较有利的机会以满足彼此的需求。参见〔英〕弗里德利希·冯·哈耶克:《法律、立法与自由》(第二、三卷),邓正来等译,中国大百科全书出版社2000年版,第2—3页。

以得到佐证。① 市场监管立法本身是一个公共选择过程,不完全是立法者基于理性的制度设计过程,而是不同利益主体之间博弈的过程和结果,是个体利益与社会利益综合平衡的结果。反映到社会关系上,市场监管法不仅要处理市场监管主体与被监管主体之间的市场监管关系,其监管行为所调整的竞争关系和交易关系也属于市场监管法的法律关系体系。②

社会整体利益体现为具体的法律标准,其中之一就是在权利和义务、权力和职责等行为要素和责任要素的设置上采取社会本位的立场。不像权利是一个已经类型化的、为法律所确切保护的利益形态,法益往往由于尚不具有法律上可供概括归纳的确定特质而难以类型化,它受法律保护的程度弱于权利。法益的保护无法如权利的保护那样作出合理的预期,经常呈现出一种弱保护态势。③ 因此,对社会整体利益的追求与保护,必须建构相关的特殊保障机制,以充分保护法益这种间接性的权利。④ 多年来,我们在市场监管法治的实践中,往往忽视了市场监管法规制对象所追求的法益目标。特别是社会公共利益作为一种法益,是市场规制法所要追求和保护的利益——不同于一般意义上的权利,它是一种法益性权利——一种法律应当保护且在法治实践中可能会得到保护的利益。因此,市场监管法很难对其法益目标在现实层面予以落实,执法者或司法裁判者也往往是出于对个体利益的直接维护——通过处罚相对的侵权者或危害者。

此外,市场监管法以维护社会整体利益为自己的价值追求目标。政府或管理者尽管被赋予了强大的管理职权,但由于管理机关的特殊地位,在赋予其权力的同时,还必须对其权力的行使进行约束和规范,保证其不侵犯市场主体的正当权利。由于现代社会越来越强调政府的行政服务,管理者的权力配置均应以消费者和经营者的保护和规制所需为界限,政府的权力是手段而非目的,⑤反对来

---

① 例如,我国《反不正当竞争法》第1条明确规定:"为保障社会主义市场经济健康发展,鼓励和保护公平竞争,制止不正当竞争行为,保护经营者和消费者的合法权益,制定本法。"《反垄断法》第1条也明确规定:"为了预防和制止垄断行为,保护市场公平竞争,提高经济运行效率,维护消费者利益和社会公共利益,促进社会主义市场经济健康发展,制定本法。"这两部主要的市场监管法都将维护市场秩序、保护经营者和消费者的合法权益作为一个整体纳入到立法目标体系之中,《反垄断法》更是将社会公共利益正式纳入其价值体系之中,这充分说明社会整体利益已经成为现代市场监管法的基本价值目标。

② 参见王全兴:《经济法基础理论专题研究》,中国检察出版社2002年版,第586页。

③ 参见熊谓龙:《权利,抑或法益?——一般人格权本质的再讨论》,载《比较法研究》2005年第2期。

④ 要有效实现市场监管法的价值,就必须注意各类法益的均衡保护。参见张守文:《经济法理论的重构》,人民出版社2004年版,第304页。

⑤ 参见徐孟洲、谢增毅:《论消费者及消费者保护在经济法中的地位——"以人为本"理念与经济法主体和体系的新思考》,载《现代法学》2005年第4期。

自政府的不恰当强制正是市场监管法民主价值的体现。[①] 所以,市场监管法的目的在于,平衡消费者和社会整体利益,从利益实现机制上达到利己主义和利他主义的平衡,并试图由此在市场经济条件下建立起一种个人利益、国家利益以及社会利益三者之间的均衡关系。在现代市场监管法的视野中,协调监管已成为市场监管立法的基本原则之一。[②] 一些相关法律制度的创设,突出强调以保护消费者利益为核心,出现了从规制走向协调的法治趋向。[③] 这些关乎市场秩序安全的立法目标集中体现和反映了社会整体利益的价值。如在反垄断法实施中,许多国家的反垄断法对于背叛卡特尔的行为还规定了奖励制度,即参加卡特尔的企业如果向政府自首或者告发其他企业的卡特尔行为,政府可以对它们减免罚款金额。该制度实际上是以此增强对公益性法益权利的保护。另一方面,市场监管法对程序的依赖越来越深,这直接导致了监管方式从强制走向和解,执法机制也从绝对性制裁走向相对性合作。[④] 然而,在理论上和具体的实践中,我国仍有将奖励制度当作惩罚制度、以奖励制度弥补政府监管之不足,认为这是惩罚侵权人所致,而未认识到奖励制度的目的不仅是保护消费者的合法权益,鼓励消费者同制售假冒伪劣商品的行为做斗争,而且也是保护整体的市场经济秩序,间接地维护消费者群体的整体合法权益。[⑤] 很显然,在我国当前的市场监管法治实践中,如何更好地促进社会整体利益及维护健康良好的市场秩序,使市场监管法治有效、合法,构建相关制度及程序机制,仍需要进一步探索和创设。

二、监管主体的人像:从"经济人"到"社会人"的角色转换

任何法律主体都是一定历史背景下相关联的具体的主体。把握主体的社会性、历史性的认定是理论研究的前提和出发点。法律上的"人"在社会关系中存在原型,经由法律的调整进入特定的法律关系,承载特定的法益目标,进而体现

[①] 经济民主作为经济法的基本价值目标,必然也贯彻于现代市场监管法之中。市场监管法的民主价值要求在充分尊重竞争自由的基础上,通过公众平等参与的机制,在市场范围内实现各类法益的均衡。参见王全兴:《经济法基础理论专题研究》,中国检察出版社2002年版,第237页。

[②] 有学者提炼出市场监管法的基本原则,如协调、审慎、有效和合法监管。参见吴弘、胡伟:《市场监管法论:市场监管法的基础理论与基本制度》,北京大学出版社2006年版。

[③] 以反垄断法的执行和解为例,执法机构越发选择较为和平的方式缓和其与垄断企业之间的对立,许多案件都是由监管机关和当事企业各方互相商谈、沟通,不经裁决而解决的。参见苏永钦:《经济法的挑战》,清华大学出版社2005年版,第69页。由此可见,市场监管法的法益保护方式正在从传统的行政规制转向新兴的多向协调。

[④] 参见焦海涛:《论现代反垄断法的程序依赖性》,载《现代法学》2008年第1期。

[⑤] 参见孙效敏:《奖励制度与惩罚性赔偿制度之争——评我国〈侵权责任法〉第47条》,载《政治与法律》2010年第7期。

出法律上主体的特性——法律是尊重所有主体人格尊严,赋予其独立品格和价值,还是将之人物化,将人看成手段而非目的。法律对"人"的抽象与拟制带有强烈的目的性。法律中的"人像"及其表现出来的特性,本质上是对法律理念和精神的表达。"近代民法所预设的人的模式,乃是根植于启蒙时代,尽可能地自由且平等,既理性又利己的抽象的个人,是兼容市民及商人的感受力的经济人。"①随着自由市场经济的发展,主体性不断提升,民法在强调人性解放,凸显主体对自由、公平与民主理念的追求的同时,却又走向另一极端——极端的利己主义。市场盲目性及经济危机,使得孤立的个体被异己的社会关系左右。这是一种"主体—客体"关系,将主体定格在自我中,成为一种自我中心情结。因此,这种传统法律中"人"的主体性实质上是单一主体性,是单向度的人。当私法中人的主体性过分张扬并走向极端时,法律"人"本身必然会出现自我异化。"到了19世纪末20世纪初,鉴于市场经济中弱者现象的普遍存在,垄断及不正当竞争已经严重地危及国家的政治秩序,因而法律上提倡社会利益,为公益而克服个人私利,这时期的法律主体在人自身内部出现异化,从'经济人'角色中演变为'社会人'。"②

相对于私法中的主体是由市场"经济人"塑造而来的法律角色而言,市场监管法中的"人像"是市场中"社会人"之特定类型的拟制。③ 在现代市场经济中,关于人的认知前提假设,私法与市场监管法最本质的区别是:私法中的人是个体之人,存在形态为"独"与"合";市场监管法中的人是集体之人,存在形态为"群"与"群之成员"。④ 市场监管法的建构超脱于一般民事主体的抽象平等性,承认和尊重事实层面的差异性,推崇"社会人"形象,以替代市场经济中的"经济人"角色,维护社会整体利益和良性竞争的社会秩序。市场监管法的对象是市场主体的行为,通过对市场主体的交易与竞争行为的合理规制,使其趋于理性,从而使整个市场秩序正常健康地运转起来。市场监管法规制的行为针对的恰恰是人之自利性的过分张扬,特别是对利他性的危害。例如,食品安全问题是典型的因市场失灵而导致主体自利性过度扩张,进而危害利他性的实例。对食品安全问题的规制是市场规制法通过整体经济公正性的构想,完善了私法的综合手

---

① 〔日〕星野英一:《私法中的人》,王闯译,中国法制出版社2004年版,第7页。
② 胡玉鸿:《"法律人"建构论纲》,载《中国法学》2006年第5期。
③ "社会人"假说是美国行为科学家梅奥首先提出的。现代法律中借用这一概念,旨在倡导一种人与人之间的共生性与利他性的人格拟制与塑造。在利益实现中,强调个人利益相较于社会利益的本源性。但是,个人利益必须是在尊重社会利益的基础上(对社会利益的尊重成为判断个体逐利活动合理、合法的标准),在个体与社会的良性互动中实现的。
④ 参见赵红梅:《个体之人与集体之人——私法与社会法的人像区别之解析》,载《法商研究》2009年第2期。

段,进而实现利他性。① 因此,市场监管主体只有在"社会人"形象下,立基于社会公共利益,以缔造和维护自由公平的市场竞争秩序为职责,为私人实现私人利益创造制度条件,使得每个私人都能追求实现私人利益,进而从根本上全面地促进社会公共利益的实现。这也是现代法治社会中市场监管机构应当具有的法律角色,是市场监管主体干预市场行为的权力界限所在。同时,正是市场监管主体的"社会人"定位,使得市场监管主体的多元化成为必然。因为只有在这种多元主体的互动中,才能实现对市场监管权的合理承载与配置,从而规制某一主体突破社会利益的藩篱而滥用监管权,最终保障市场监管权的合理实现。

市场监管法中"人"的主体性是指市场监管主体和被监管主体秉承和体现利他的本性,在现代市场竞争中扮演着一种"社会人"角色,而与民法上体现和追求的"经济人"理念殊异。这种不同法律人角色的主体性不可避免地表现出紧张关系。在市场监管方式或手段的选择与运用上,要缓和并克服这种张力。现代法律人在理论研究与法治实践中要超脱于以往那种门户之见,正视"经济人"与民事主体存在的合理性及现实价值,尊重"经济人"及其民事主体的意思自治,而不是单纯地运用公法上的规制尤其是惩罚手段。市场监管机构作为市场监管法中的重要主体,在追求利益的博弈过程中,已超越传统的一般抽象身份而进入现实的物质利益角色之中。在市场竞争利益的创造与分配中,社会本位理念始终是各个监管者行为角色信守的基本利益、追求目标或调制立场。因此,市场监管机构这一重要的法律主体应当立足于市场经济多元利益主体的存在,从市场经济秩序与经济社会协调发展的视角,警惕已出现的各类侵犯社会利益和妨碍市场秩序的情形,在规制市场行为的过程中,综合运用公私法调整手段,以维护社会公共利益作为自己的价值取向。

三、监管模式变革:从政府管制到社会性规制

亚当·斯密认为,市场作为一种资源配置方式,能够自动实现资源的优化配置,因为在市场中主体基于利己的动机,追求自身利益最大化的同时往往能使他比在出于真意的追求下更有效地实现、促进社会利益,进而实现各方利益的最优配置。② 然而,由于信息不对称、市场外部性、经济周期、公共产品以及垄断现象的存在,市场失灵成为必然。政府对市场进行监管,成为克服市场失灵、实现资

---

① 参见〔德〕弗里茨·里特勒:《德国经济法的任务、发展和结构》,郑友德译,载漆多俊主编:《经济法论丛》(第三卷),中国方正出版社 2000 年版,第 22 页。
② 参见〔英〕亚当·斯密:《国民财富的性质和原因的研究》(上卷),郭大力、王亚南译,商务印书馆 1972 年版,第 27 页。

源优化配置的不二选择。但是,以政府为主体的单一监管模式(政府管制)不但不能克服市场失灵,而且存在过度监管或政府失灵的风险。首先,由于客观条件的限制,"政府不管它如何精明强干,也不能明察秋毫,不能依靠自己去了解一个大国生活的一切细节。它办不到这一点,因为这样的工作超过了人力之所及"①。例如,政府因受制于执法资源(工作人员数量和能力、检测设备和技术以及经费等)的极度稀缺,导致对食品安全监管的无效率。其次,"政府及其公务人员在社会上的多重角色和身份使其在追求社会利益最大化和追求部门利益、个人利益之间存在持久的冲突"②。同时,在多元利益冲突中,政府或公务人员在抉择和执行中存在将个人利益凌驾于社会利益之上的风险。因为不管是政府还是公务人员,都有追求自身利益最大化的本性,从而发生"道德悖逆"和"逆向选择",如寻租等现象的发生。最后,政府存在被俘获的风险。"俘获理论认为政府规制是为了满足产业对规制的需要产生的,而规制机构最终会被产业所控制。"③因此,不管是在立法过程还是执法过程中,政府都有被"俘获"的风险。特别是某些利益集团为了追求自身利益最大化,使政府规制对其有利,而对政府予以"俘获",进而破坏市场秩序,损害消费者利益。政府管制之所以会出现如此多的弊端,主要在于在市场监管权配置过程中,秉持"主体—客体"思维,将政府作为权利主体,而将市场主体仅仅作为被监管主体,忽视了其应有的权利和能动性。因此,在市场监管权配置过程中,要克服政府管制的不足,既应尊重其他市场主体作为被监管主体的权利,又要发挥其作为监管主体的能动性,从而形成多元化的市场监管模式,即社会性规制。

社会性规制是指"以保障劳动者和消费者的安全、健康、卫生、环境保护、防止灾害为目的,对物品和服务的质量以及伴随着提供它们而产生的各种活动制定一定标准,并禁止、限制特定行为的规制"④。社会性规制实质上是个体、社会中介组织与政府在市场监管中,互动、合作、博弈并最终形成各方利益动态平衡与最优配置的过程。首先,社会中介组织在社会性规制中连接一般市场主体,成为其利益表达和实现机制。"多元利益的冲突与整合是市场经济条件下的重要社会特征,如果没有一种开放畅通的熔炉式的利益表达和实现机制,就会加剧多元利益的摩擦与冲突,妨碍社会稳定。"⑤社会中介组织是由各种社会主体在自

---

① 〔法〕托克维尔:《论美国的民主》,董果良译,商务印书馆1995年版,第100—101页。
② 陈奇、星罗峰:《"经济人"和"道德人"并重:行政监督中的人性理论》,载《政治与法律》2004年第1期。
③ 〔美〕W.吉帕·维斯库斯等:《反垄断与管制经济学》,陈甬军等译,机械工业出版社2004年版,第184页。
④ 〔日〕植草益:《微观规制经济学》,朱绍文等译,中国发展出版社1992年版,第22页。
⑤ 李林:《全球化时代的中国立法发展》(下),载《法治论丛》2003年第1期。

愿基础上建构的,可以利用组织优势对各主体利益进行整合,从而形成普遍认同的利益诉求。同时,在共同利益基础上,社会中介组织能够更好地协调单个市场主体之间或利益集团之间的关系。例如,对消费者投诉予以调查、调解,工会与雇主协会通过谈判缔结集体合同等。其次,政府可以通过社会中介组织获得合理的信息和服务,提高其规制的合理性。社会中介组织能够充分地了解市场主体对公共产品的需求和偏好,以自身的专业或技术优势对各种市场信息进行准确的评估、核查,从而为政府制定相关的市场监管政策提供参考,进而提高政府相关政策的公正性和可接受性。最后,社会中介组织可以对政府与市场监管有关的行为进行监督或干预。社会中介组织借助自身的信息或技术等方面的优势,参与政府决策的过程或公共政策的制定过程,制约政府监管行为,避免政府失灵。因此,社会性规制是多元主体互动的过程,各主体在市场中的权利都通过一定的渠道或机制得到了应有的尊重,而政府的公权力亦得到了应有的限制(成为有限政府),进而在动态的互动与平衡中实现了各方利益的帕累托最优。

  社会中介组织同时具有经济权力主体和经济权利主体的资格与能力,这使其在市场监管法的法权结构的互动链中扮演极其重要的角色——一方面,它将具有相同利益的市场主体集合起来,形成某种整体效应,并通过制度性的渠道将市场主体的利益诉求反映给政府部门和决策者;另一方面,社会组织通过相关信息为政府服务[①]——正日益成为新兴的社会公共事务的管理主体,与政府一起合作,共同促进社会公共利益的实现。然而,现阶段,囿于我国社会中介组织的不成熟——发展缓慢、弱小、独立性差且容易发生行政化和内部人控制等问题,[②]严重影响了社会性规制功能的有效发挥。对社会中介组织,提高其立法位阶,赋予其准公共权力应有的权能;完善监管制度,克服多头监管,以保障其独立地位;完善社会组织内部监管机制和公众参与机制,对其行为进行合理的监督,避免内部控制的发生;制定合理的、具有可行性的激励政策,如税收减免、财政支持等,以鼓励其发展,无疑为我国由市场监管向社会性规制监管模式的转化提供了有益进路。但是,社会性规制全面合理的建构、多元市场主体间的良性互动与博弈以及各方利益帕累托最优的实现,仍有待于国家、社会以及市场等多元主体的推动与促进。

[①] 参见张静:《法团主义》(修订版),中国社会科学出版社 2005 年版,第 3 页。
[②] 参见鲁篱:《行业协会经济自治权研究》,法律出版社 2003 年版,第 258 页。

四、结　　语

在市场监管的制度建设与实践中,无论是国外的经验还是我国的现实情况都已昭示,单靠"放松监管"或者"废止监管",并不能实现向市场化的转变与维护竞争秩序。① 在调整不断分化的社会关系的过程中,社会利益矛盾与冲突日益加剧,从而产生了大量的市场监管法律法规,而这一过程是由法律的正义属性与法律的形式化属性的矛盾和对立所推动的。只有明晰市场监管法的法律属性,对市场监管法所追求的法益目标及"人像"本质予以深层次的法理挖掘,才能真正找到市场监管法治失灵的原因,并在制度创设与法治实践中秉承实质正义的理念,市场监管法的运行才能真正担当起维护和保障市场健康秩序的神圣职责。但是,法律监管并不是万能的。市场秩序的维护与健康发展,从根本上仍有赖于整个市场个体的诚信与行为理性。不仅法律的规范功能的发挥依赖于市民商业道德与诚信的提高,而且法治监管的最终目的也以此为依归。"权利就是基于公平或正义等道德原则的资格"②,在此意义上,市场秩序源自于多元主体在理性和共同体道德认同基础上对权利的合理安排。因此,良性市场竞争秩序的实现应该是在法律被动监管和道德自律的共同推动下实现的。

---

① 参见盛学军:《监管失灵与市场监管权的重构》,载《现代法学》2006 年第 1 期。
② 〔美〕理查德·A. 斯皮内洛:《世纪道德:信息技术的伦理方面》,刘钢译,中央编译出版社 1999 年版,第 242 页。

治理理念下的柔性监管论

蒋建湘 李 沫*

内容摘要:监管是一种治理方式。政府监管发展与改革过程中,治理理念逐步与政府监管融合,促进了柔性监管的兴起。柔性监管代表了治理理念下政府监管的发展趋势,它既是一种理念,也是一种监管形式。作为理念的柔性监管包含了善治的基本要素,指引着我国政府监管改革的方向,并对我国的政府监管改革提出了要求。作为监管形式的柔性监管则是指政府及第三方组织基于法律法规的授权、有权主体的委托以及组织成员的认可,采用协商、合同、激励、指导等不具有强制性的方式,引导被监管主体作出或不作出一定的行为,并与被监管主体共同达成监管目的的活动。柔性监管制度在我国还远远没有建立,至少需要从监管主体制度、公开制度、参与制度和责任制度四个方面进行构建。

关键词:治理理念 柔性监管 放松监管

在任何缺乏国家监管的社会里,所有的人都会理性地得出结论:一个社会将处于永无休止的混乱状态。[①] 因此,国家监管是国家治理中一项必不可少的内容。在现代社会,国家监管主要就是国家的代表者——政府的监管,它是为了矫正市场失灵和克服市场缺陷而由政府相关主体依法对市场经济活动及相关社会

---

* 蒋建湘:中南大学法学院教授。李沫:中南大学法学院讲师。本文系国家社会科学基金一般项目(11BFX101)、教育部人文社会科学研究青年基金项目(11YJC820059)的阶段性研究成果。

① 参见〔美〕肯尼斯·F.沃伦:《政治体制中的行政法》(第三版),王丛虎等译,中国人民大学出版社 2005 年版,第 127—128 页。

问题进行监督和规制的活动。作为国家治理的一部分,政府监管的内涵必然随着治理理念的变化而变化。在当今社会,"治理"已不再只是传统意义上统治的代名词,它具有"统治"一词缺乏的重过程、注重相对方主体地位以及强调协调和互动等优点,已成为国际社会青睐的"时髦词语"。有学者赞叹道:"如果说治理是一种权力,那它表现为一种柔性且有节制的权力。"①因此,在现代话语中,治理理念下的监管也就透着一种柔性的光辉——不是简单地将被监管主体视为对象而更尊重被监管主体的意志和权利,不是生硬地使用命令和强制而更注重激励、协商等柔性(即非强制性)手段的运用,不是选择结果控制而更注重民主的过程以及被监管主体的参与等。本文正是从"治理"的这些特质和要求出发,对政府柔性监管的兴起、内涵以及我国柔性监管的确立和完善等问题进行探讨。

一、治理理念与柔性监管的兴起

(一)从统治理念到治理理念

"更少的统治,更多的治理"(Less government, more governance)已成为当前国家政府管理改革和发展的目标。从词源的角度看,英语中的"治理"(governance)一词源自拉丁语和古希腊语,原意是控制、引导和操纵,长期以来与"统治"(government)一词交叉使用,主要用于与国家公共事务相关的管理活动和政治活动。汉语中的"治理"一词,古已有之。《荀子·君道》载:"明分职,序事业,材技官能,莫不治理,则公道达而私门塞矣,公义明而私事息矣。"其词义是统治、管理,并在实践中与"统治""管理"互换使用。自20世纪90年代开始,西方政治学家和经济学家开始赋予"治理"新的含义。治理理论的创始人之一罗西瑙(J. N. Rosenau)就直言,"治理"与"政府统治"并非同义词。治理是由共同的目标所支持的,这个目标未必出自合法的以及正式规定的职责,而且它也不一定需要依靠强制力量克服挑战而使别人服从。② 全球治理委员会在1995年发表的一份题为《我们的全球伙伴关系》的研究报告中,对"治理"作了界定并明确了它的特征:治理是各种公共的或私人的个人和机构管理其共同事务的诸多方式的总和。它是使相互冲突或不同的利益得以调和并采取联合行动的持续的过程。这既包括有权迫使人们服从的正式制度安排和规则,也包括各种人们同意或以为符合其利益的非正式的制度安排。治理不是一整套规则,也不是一种活动,而

---

① 〔法〕让-皮埃尔·戈丹:《何谓治理》,钟震宇译,社会科学文献出版社2010年版,第4页。
② 参见〔美〕詹姆斯·N.罗西瑙主编:《没有政府的治理》,张胜军、刘小林等译,江西人民出版社2001年版,第4—5页。

是一个过程;治理过程的基础不是控制,而是协调;治理既涉及公共部门,也包括私人部门;治理不是一种正式的制度,而是持续的互动。① 由此可以看出,治理与统治虽然目的具有一致性,都是为了维护正常的社会秩序,但其内涵却大相径庭。治理不一定要依靠国家强制力,其主体不再仅限于政府等公共机构。治理不再仅是自上而下的命令和强制,而更强调上下互动,注重合作、协商、引导等非正式的制度安排。

(二) 治理理念与政府监管的融合

如何实现社会资源的最优配置一直是影响政府与市场关系以及政府角色定位的主要因素。治理理念逐步与政府监管融合的过程也就是政府监管发展与改革的过程。一般认为,西方国家的政府监管经历了"监管—放松监管—监管改革"的过程,这其中涉及政府与市场的关系以及政府角色定位的改变。

自由资本主义时期,西方国家对经济普遍采取自由放任态度,资源完全由市场自由配置,政府处于"守夜人"角色,其主要职能仍然是传统的统治职能,限于国防、治安、税收等领域。进入垄断资本主义后,市场失灵引发了1929年世界经济危机。在凯恩斯主义影响下,政府以强有力的姿态干预经济,设立大批监管机构,颁布众多监管法律法规,宏观经济调控和微观经济监管逐步达到鼎盛。除传统的统治职能外,政府的经济管理职能明显增强,政府的角色转化为市场的指挥者和监管者。这个时期的政府监管具有极强的命令控制色彩,治理理念也尚未形成。到了20世纪60年代末,监管失灵普遍出现,监管成本高、效率低、抑制竞争、程序烦琐以及监管俘获等问题引发了公众对政府监管的批评和质疑,而这种质疑和反思直接推动了全球范围内的政府监管改革。监管改革的核心内容是放松监管,注重监管实效。正如美国学者史普博所说,放松管制并不意味着是政府管制结束的开始,"政府管制的历史是不断变换政府行为的重点和焦点的动态过程"。在这个阶段,治理理念在不断推动政府公共管理模式的转变。就政府监管而言,市场的竞争机制和私人部门的管理手段被不断引入,政府与市场主体的关系开始缓和,政府监管的强制性色彩开始减弱。例如,美国时任总统克林顿于1993年签发了"12866号行政命令:监管计划与审查"。该命令提出:监管改革应以更集中、更有灵活性、更有力度、更有效率、个人和企业更少负担的市场化监管为目标。② 这就表明,顺应社会深刻转型而出现的治理理念正指引着政府

---

① See Commission on Global Governance, Our Global Neighborhood, Oxford University Press, 1995, pp. 23, 38.

② See Clinton, Executive Order 12866: Regulatory Planning and Review, Federal Register, Vol. 58, Oct. 4, 1993, http://www.archives.gov/federal_register/executive_orders/pdf/12866.pdf.

监管改革,并推动政府监管朝民主化、高效化和市场化的方向发展。

(三) 柔性监管是治理理念下政府监管的发展方向

放松监管浪潮下的世界各国在不断寻求政府监管的最佳理念和方式。治理理念为政府监管描绘了一幅全新的画卷,它不但打破了命令控制色彩浓厚的传统政府监管一统天下的局面,而且更符合民主行政发展的潮流。与此同时,传统政府监管由于监管形式的正式性、手段的强制性以及程序的严格性,已逐渐不敷现实监管活动之需。面对药品、环境、核能等风险社会带来的社会问题,为了达成监管目标,各国在监管实践中纷纷对传统监管理论进行修正,并不断探索和创造新的监管形式。在美国,适用非正式程序的管制活动的比重已达90%,被称为"行政活动的生命线";在德国、日本等大陆法系国家,利用没有实体法授权的"非正式行政活动"实现管制目标,也日益受到重视。[①]

美国学者斯图尔特指出,监管行政的无力主要归结于过度依赖命令和控制的监管方法——我们在过去一百多年中为达到监管目标所使用的主要方法。他同时指出了命令控制监管方法非弹性、迅速过时的特点,并坦承这种监管的实效性和回应性差,使其合法性差(此合法性应是指监管政策被公民自觉认可和服从的状态,笔者注)、问责度低。[②] 这样的监管毫无疑问不是良好的治理。治理理念指导下的政府监管,不但频繁使用"平等""参与""协商""自主"等民主化色彩浓厚的概念,而且大量采用市场领域中极为常用的合同、契约、合作、谈判、协商、激励等方式。更重要的是,它重视通过监管主体和被监管主体的共同努力实现监管目标,达到公共利益的最大化。这些内容都是与命令控制色彩浓厚的传统政府监管不相容的。笔者认为,这类具有非强制性并体现民主、协商、合作的新型政府监管可以通称为"柔性监管"。柔性监管不仅是治理理念与政府监管的最佳契合,而且将因其独特的优势而成为政府监管的重要发展方向。

二、柔性监管的界定及其主要类型

(一) 柔性监管的界定

治理理念下的柔性监管既是一种理念,也是一种监管形式。作为理念的柔

[①] 转引自唐明良、宋华琳:《行政法视野中的民营经济与政府规制改革》,载《法治研究》2007 年第 2 期。

[②] 参见〔美〕理查德·B.斯图尔特:《二十一世纪的行政法》,苏苗罕译,载《环球法律评论》2004 年夏季号。

性监管,包含了良好的治理即善治的基本要素①——合法性②、透明性、责任性、法治、回应、有效。笔者认为,可以从四个方面理解其内涵:首先,必须尊重市场理性,任何时候都不能忘记市场调节的基础地位,政府监管主体仅仅扮演辅助性的角色,监管不得取代市场,随意跨越市场与政府之间的边界。③ 这也就意味着应当减少或放松监管,实行市场化导向。其次,强调"以人为本",尊重被监管主体的权利,政府遵循"顾客至上"原则,注重监管的回应,提升监管的民主性,同时提高监管的质量。再次,注重政府监管的透明性,将政府监管纳入法治轨道,在法治框架内协调各主体之间的利益矛盾并明确政府责任,以增强政府监管的可接受性和最大认同度。最后,注重政府监管方式的灵活性、柔软性(即非强制性),通过协商、激励、指导、自我监管等方式的运用提高监管的实效。在监管实践中,不仅要求在传统政府监管基础上增加和扩大柔性监管形式的适用,同时也要求在传统政府监管的适用中融入民主、柔性的元素,例如增加听证、听取意见等被监管主体参与程序的适用,注重被监管主体的权利保障等。"理念具有力量。人们被理念(信仰、象征、教条)所强制着,这个程度超乎人们的理解。诚然,整个社会是被我们通常称作为意识形态的理念系统所形塑而成的。意识形态是一种整合性的信念系统,它对社会与社会成员,提供一种生活方式的理性化、评价'对'与'错'的标准,以及行动所需要的情感冲动。"④也就是说,理念能指导人的实践,柔性监管理念也必将指引我国的政府监管改革。

作为监管形式的柔性监管,是一种与命令控制色彩浓厚的传统监管相对应的新型监管,体现了治理理念中的权力中心多元、重协调与互动、重过程的基本特点。具体而言,柔性监管是指政府及第三方组织基于法律法规的授权、有权主体的委托以及组织成员的认可,采用协商、合同、激励、指导等不具有强制性的方式,引导被监管主体作出或不作出一定的行为,并与被监管主体共同达成监管目的的活动。较之命令控制色彩浓厚的传统监管,柔性监管有以下几个特征:

(1)监管依据既可以是法律法规的授权,也可以是有权主体的委托,还可以

---

① 参见俞可平主编:《治理与善治》,社会科学文献出版社2000年版,第9—11页。
② 该合法性是指社会秩序和权威被自觉认可和服从的性质和状态。它与法律规范没有直接的关系,从法律的角度看是合法的东西,并不必然具有合法性。只有那些被一定范围内的人们内心所体认的权威和秩序,才具有政治学中所说的"合法性"。合法性越大,善治的程度便越高。取得和增大合法性的主要途径是尽可能增加公民的共识和政治认同感。所以,善治要求有关的管理机构和管理者最大限度地协调各种公民之间以及公民与政府之间的利益矛盾,以便使公共管理活动取得公民最大限度的同意和认可。参见俞可平主编:《治理与善治》,社会科学文献出版社2000年版,第9页。
③ 参见陈云良:《中国经济法的国际化路径》,中国政法大学出版社2004年版,第221—222页。
④ 〔美〕汤姆斯·戴伊:《权力与社会——社会学导论》,柯胜文译,台北桂冠图书股份有限公司2000年版,第265页。

是特定组织成员的认可。命令控制色彩浓厚的传统政府监管的依据直接来源于法律法规。法律法规一般会明文规定政府监管的类型、适用条件、具体内容和适用程序等,以此限制监管裁量权的行使,防止对被监管主体权利的侵犯。这是依法行政对政府监管的基本要求。柔性监管则不同,除了法律法规的明确授权外,政府也可以通过委托的方式委托相关的第三方组织实施监管。该第三方组织可能是行业组织,也可能是中介组织。除此以外,行业组织和自律协会等为了规范其内部成员的行为,可以通过部分会员制订、绝大部分会员认同的规章或其他规则进行自我监管。这种形式不是政府监管的替代品,而仍属于政府监管的一种形式。

(2) 监管目的的实现并不依赖于国家强制力,而更多地尊重被监管主体的意愿,采用柔性的手段引导被监管主体自愿作出某种行为。传统政府监管将监管主体与被监管主体视为对立的两极,为达成监管目的,所以施加"不顾及施加对象是否情愿的情况下强迫对方服从一定意志的力量"①。柔性监管则不然,非强制性和自愿性是其最重要的特征,监管主体的意志不再具有绝对的权威,被监管主体的意志和利益获得了同等尊重。这样,二者的互动性增强,往往更容易在互相信任、互相合作的状态下实现监管目的。例如,激励型监管是通过经济诱因给付引导被监管主体自愿实施行为;协商性监管下,监管双方相互协商,在合意的基础上共同制定监管政策,并明确监管政策是如何实现的;行政指导也需要被监管主体的积极选择和配合。

(3) 非正式性程序得到普遍适用。前面已经提及,为了防止监管权的滥用以及保护被监管主体的合法权益,法律会明文规定命令控制色彩浓厚的传统政府监管的具体程序,包括调查、决定、实施等都必须适用正式的法律程序,并确保被监管主体和相关主体的救济机会。柔性监管则不然,如果法律规定了正式程序,往往允许适当简化以提高监管实效。此外,绝大多数柔性监管没有正式的法律程序,而大多采用以协商、和解、建议、指导为内容的非正式程序。以反垄断法上的协商机制为例,主管机关不是依据一般的反垄断执法程序对经营者展开调查直至作出处罚,而是"与企业双方以息事宁人的方式,不经裁判、处分,甚至不留记录地解决"②。

(二) 柔性监管的主要类型

近些年来,作为监管形式的柔性监管在监管实践中得到了普遍的发展,其种

---

① 周光辉:《论公共权力的强制力》,载《吉林大学社会科学学报》1995 年第 5 期。
② 苏永钦:《经济法的挑战》,清华大学出版社 2005 年版,第 69 页。

类繁多,且不断推陈出新。"规制本身的不完美趋向于催生更多的规制,而非相反。"①笔者仅阐述如下几种主要的柔性监管形式:

1. 激励型监管

激励型监管,又称"经济诱因型监管",是指行政主体使用经济诱因方式和手段间接引导市场主体作出或不作出一定的行为,以实现其既定的政策目标的行政活动方式。② 根据经济诱因的不同,激励型监管的形式很多,如减免税优惠、财政支持(财政补贴和技术开发援助等)、金融扶持(提供优惠贷款等)、优先采购、奖励、投资倾斜(对特定地区、行业、产业或企业的投资)、产品定价优惠、市场优先准入、提供经营便利、特许投标制度、区域间标杆竞争制度等。为实现对某种经济活动实施的有效激励,很多国家采用了多样化的立法,即在不同的法律中均对同一种经济活动规定了经济激励的内容,进一步促进了激励型监管在该国的普遍确立。例如,日本为了促进中小企业的技术进步,制定的与技术进步有关的法律有《中小企业振兴资金助成法》《纤维工业临时措施法》《机械工业振兴临时措施法》《中小企业基本法》《中小企业现代化促进法》《中小企业高度化资金贷款特别会计法》《中小企业指导法》《中小企业振兴事业团法》《中小承包企业振兴法》等。③ 激励型监管采用经济诱因给付的方式,符合人的趋利本性,被监管主体往往自愿实施特定行为,从而实现监管目标。

2. 协商性监管

协商性监管是指为了实现政府监管目标,监管主体与被监管主体或第三方组织在对话协商的基础上,共同制定监管政策和目标,并围绕目标的实现,以契约或其他形式明确各自的权利义务且付诸实现的监管方式。④ 协商性监管极好地体现了合作治理理念。合作治理试图围绕联合解决问题与远离控制裁量权,从而重新定位管制事业,回应对规则制定之质量、可行性与正当性连篇累牍的批评。⑤ 国外关于协商性监管的使用非常普遍,一般表现为监管主体与被监管主体之间的协商模式,也有监管主体与第三方组织的协商模式。前者如荷兰政府针对中等规模的能源用户,于 2001 年 12 月与 16 个部门的 520 家企业签署了新一轮减排二氧化碳长期协议(LTA-2),协议期限为 2001—2012 年。后者如荷兰政府与工业协会经过两年多的磋商,于 1992 年签订了减排二氧化碳的长期协议

---

① 〔英〕安东尼·奥格斯:《规制:法律形式与经济学理论》,骆梅英译,中国人民大学出版社 2008 年版,第 343 页。
② 参见李沫:《激励型监管的行政法思考》,载《政治与法律》2009 年第 10 期。
③ 参见刘伟东:《日本中小企业问题研究》,东北财经大学 2003 年博士论文。
④ 参见李沫:《协商性监管的挑战与应对》,载《社会主义研究》2012 年第 6 期。
⑤ 参见〔美〕朱迪·弗里曼:《合作治理与新行政法》,毕洪海、陈标冲译,商务印书馆 2010 年版,第 34—35 页。

(LTA),目标是使 2000 年全国的二氧化碳排放量比 1989 年减少 3%—5%。①协商性监管的优势在于,各方主体有更为广泛地直接参与、创造性地解决监管问题的机会以及避免诉讼的潜在可能。

3. 行政指导

行政指导是指行政主体针对特定的公民、法人或其他组织采用辅导、协助、劝告、建议、示范、推荐、告诫、警示等非强制性的方法或手段,促使行政相对人为或不为一定行为从而实现一定的行政目的的行为。相对于其他柔性监管,被监管主体即行政相对人对是否接受指导具有行为选择上的自主性。行政指导以其简便、灵活、任意效用的特点,充分发挥出促进、调整、预防、引导与抑制的作用,不但弥补了法治的某些空白,而且充分调动了公众参与的积极性。行政指导在日本的监管实践中极为有效,也非常盛行,在法律规定中的用语主要为"劝告""指示"和"计划"等。例如,日本《中小企业现代化促进法》第 7 条第 1 款规定:"主管大臣认为,为达到现代化计划制定的现代化目标,对于该现代化计划所制定的一定事项,即'生产或经营的规模以及方式适度化的有关事项'及'竞争正常化或改进交易关系的有关事项',特备需要从事属于该指定行业的事业之中小企业者的相互协作时,得对中小企业者或该团体提出必要的劝告。"②

4. 自我监管

一般认为,自我监管是社会自治的重要组成部分,它不同于政府监管,是由组织或协会以及企业自发组织制订规则并在内部自愿实施该规则,以达成监管目的的特殊监管形式。在自我监管中,监管的内容、监管的方式选择以及内部监督激励机制的设计均由内部成员决定,或者由企业间协商确定。自我监管不以国家强制力为后盾,而往往以"自我惩戒"③以及共同认定的规则实现对内部成员的约束,更多地体现了"自愿性""公益性"和"服务性"。其典型如行业协会的自我监管过程往往是提供服务的过程,如信息提供、经营指导、商业宣传、促进合作、设立奖励、调解和斡旋等。在德国,社会自我管制已经有较好的实践。例如,在德国媒体法领域,"为保护青少年远离危害其身心之媒体产品,各类型媒体自愿性组成管制组织,剔除危害青少年之节目、影片、录像带与网络内容,以免国家对于媒体进行管制,而有干预媒体自由之疑虑"④。

---

① 参见生延超:《环境规制的制度创新:自愿性环境协议》,载《华东经济管理》2008 年第 10 期。
② 转引自〔日〕金泽良雄:《经济法概论》,满达人译,中国法制出版社 2005 年版,第 293 页。
③ 所谓"自我惩戒",是指由组织或协会制定的或企业共同制订的仅适用于组织或协会内部成员的惩戒措施,通常有训诫、通报批评、公开谴责、暂停权利或资格、集体抵制、开除会籍等,对成员企业形成有力的威慑。
④ 詹镇荣:《德国法中"社会自我管制"机制初探》,载《政大法学评论》2004 年第 78 期。

三、柔性监管理念对我国政府监管的修正

前面已经提及,柔性监管是一种监管理念,也是一种监管形式。作为一种理念,它必然对我国的政府监管构成一种修正,并指引我国政府监管改革的方向。

(一)柔性监管理念将指引我国政府监管改革的方向

我国原有的计划经济体制可以视为一种极端的经济监管或监管的绝对过剩。自 1978 年改革开放以来,我国经济改革的总体趋势是放松监管。但是,尽管经历了三十多年的改革,供给过剩仍是我国政府监管的一个突出特征。这与我国市场经济不成熟、经济体制改革目标仍未实现有密切联系。除此以外,我国的政治体制改革步伐落后于经济体制改革也是监管供给过剩的一个重要原因。我国政府监管的另一个突出特征是监管的命令控制色彩浓厚。虽然命令控制色彩浓厚的传统监管在我国经济建设和经济转型过程中发挥了积极的作用,且这种监管在很多监管领域不可或缺,但传统监管的明显弊端,如监管实效差和民主化程度低,使其屡遭质疑和批判。监管供给过剩和监管命令控制色彩浓厚成为我国政府监管改革必须面对并急需解决的两大难题。

"中国的渐进式改革的过程表现为政府逐步放松管制的过程,即市场化改革完全可以被解释为逐步放松计划性政府管制的过程。"[①]目前,放松监管仍然是我国政府监管改革的核心内容。放松监管既表现为民营化改革,如国企改制以及公用事业领域的民营化运动;也表现为监管方式和手段的转变,"现代民主政治的理论与实践,决定了现代公共行政演变与发展的主要逻辑特征是弱化强制性行政:强制性行政渐次收缩,非强制性行政有序扩张"[②]。顺应现代民主政治的发展,我国政府监管改革总的趋势是从命令控制色彩浓厚的传统监管转变为更能实现监管目的的柔性监管。"以政府政策目标为导向的各种规制手段迅速发展,成为弥补传统行政活动方式的一个重要突破口。"[③]治理理念与政府监管相融合而形成的柔性监管理念必将成为指导我国政府监管改革的核心理念。

(二)柔性监管理念对我国政府监管改革的具体要求

作为理念的柔性监管已成为指导我国政府监管改革的核心理念,也就必然

---

① 伍装:《中国经济转型分析导论》,上海财经大学出版社 2005 年版,第 40—41 页。
② 罗豪才、宋功德:《现代行政法学与制约、激励机制》,载《中国法学》2000 年第 3 期。
③ 唐明良、宋华琳:《行政法视野中的民营经济与政府规制改革》,载《法治研究》2007 年第 2 期。

对我国政府监管改革提出新的要求:

第一,要继续放松监管。放松监管本身就是柔性监管理念的体现。我国经济的市场化程度不高,政府监管的突出特征是监管供给过剩和监管命令控制色彩浓厚。在我国的政府监管改革中,继续放松监管,重视和发挥市场的力量尤为必要。只有减少政府监管的总量,市场才能被松绑,市场创造力才能释放,经济才会显现出生机与活力。例如,近些年来,国务院不断清理、取消和下放行政审批事项。2013年4月国务院第一批先行取消和下放71项行政审批项目后,5月召开的国务院常务会议又决定再取消和下放62项行政审批事项。清理、取消和下放行政审批事项是放松监管的典型体现,也是我国经济体制改革往纵深方向发展的集中反映。继续放松监管,实现政府职能的转变,把该放的事坚决放开,把该管的事管住管好,是我国政府监管改革的核心内容。

第二,要实现命令控制色彩浓厚的传统监管的民主化和法治化。尽管我国政府监管改革中应当逐步引入和扩大柔性监管的适用,但不可否认的是,命令控制色彩浓厚的传统监管形式仍然是当前政府监管的主流,且在监管实践中不可或缺。柔性监管理念的引入并不是完全剔除和取代传统监管形式,而是对传统监管形式进行改造,推进传统监管形式的民主化、法治化进程。具体而言,传统监管形式的适用,应增加尊重被监管主体权利的内容(如获得告知、申请回避、说明理由和提出申辩的权利等),按照正当程序原则确立监管的程序(如程序公开、公众参与、听取意见、听证等),并通过制度完善实现监管中的政府责任。只有这样,才能实现政府监管的可接受性和最大认同。目前,传统的监管形式如许可、处罚、强制已经有专门的立法。应当说,这些立法已经将行政相对人合法权利的保障囊括其中,正当程序原则得到了较好的体现,政府责任也有所涉及。但是,还有众多的政府监管形式尚没有立法的细致规定。这就不仅要求通过立法完善对这些内容予以明确,更要求在监管实践中予以贯彻。

第三,要扩大柔性监管形式的适用。柔性监管形式因其灵活性、柔软性和民主性,往往能极好地回应被监管主体和公众的要求,并取得良好的监管实效。柔性监管理念下的政府监管改革必将不断扩大柔性监管的适用范围,并创新柔性监管的具体方式。就扩大适用范围而言,首先是指柔性监管向命令控制色彩浓厚的传统监管领域的渗透与扩张。例如,矿山安全等安全监管是典型的强制性监管大行其道的传统监管领域,但极为严厉的监管措施并没有有效防止安全事故的发生。监管手段的落后与僵化是其中非常重要的原因。因此,改变传统单一的监管形式,引入柔性监管极为必要且大有可为。如引入激励型监管,通过财政补贴、金融扶持、行政奖励等方式引导矿山企业进行安全生产技术的改造,真正从生产技术上解决安全隐患,这样才能从根本上解决矿山安全等安全问题。

在放松监管的前提下,柔性监管的扩张意味着命令控制色彩浓厚的传统监管适用范围的缩小,这也顺应了现代民主政治的潮流。其次,扩大柔性监管的适用范围也是针对新兴的监管领域或尚未通过立法明确纳入监管范围的领域。风险社会的到来对政府提出了新的考验,新的问题、新的风险可能随时出现,基于法律保留原则的限制,命令控制色彩浓厚的传统监管不能任意适用于新的问题。柔性监管则不然,它不受法律保留原则的限制,而且它的灵活性和实效性能使它有效地应对此类问题。就柔性监管形式的创新而言,除了前述激励型监管、协商性监管、行政指导和自我监管外,柔性监管的形式还有很多。为了提高监管实效,针对具体的问题不断创新柔性监管形式很有必要,这也是政府监管改革不断推向深入的必然选择。

四、柔性监管制度在我国的构建

柔性监管理念对我国政府监管改革提出了新的要求,但是作为监管形式的柔性监管在我国还远远没有建立。笔者认为,在我国构建柔性监管制度,需要从以下几个方面着手:

(一)监管主体制度

治理理论认为:"治理指出自政府、但又不限于政府的一套社会公共机构和行为者。"[1]也就是说,政府并非国家唯一的治理主体,各种社会公共机构、私人机构乃至私人,只要其行使的权力获得法律或公众的认可,就可能成为不同层面上的治理主体。尤其是在民营化、公共职能外包和公私合伙的模式下,治理主体的认定将会更为多样。非政府组织、非营利组织、社区组织、公民自组织等第三部门和私营机构将因与政府一起共同承担管理公共事务、提供公共服务的责任而成为治理主体。

治理主体多元化的趋势要求实现市场监管领域的"多主体监管"。在治理理念指导下的柔性监管主体不应当仅限于政府,通过授权和分权而承担某种监管职能的第三方组织完全可以成为监管主体。典型如柔性监管形式之一的协商性监管,如果有第三方组织的参加,政府监管法律关系就有可能被扩展为监管主体与第三方组织的关系以及第三方组织与被监管主体的关系。这种情况下的监管主体已不再是单一的政府,第三方组织也成为监管主体。当然,第三方组织

---

[1] 〔英〕威格里·斯托克:《作为理论的治理:五个论点》,载《国际社会科学杂志(中文版)》1999年第1期。

同时也可能是被监管的对象。总之,柔性监管中的监管权力走向分散,监管主体呈多元化趋势。这就对监管主体制度提出了新的要求。

在监管主体制度中,最为核心的是监管主体权力的配置与制衡。权力的配置以及对权力的限制构成监管主体法律制度中的主题。笔者认为,监管主体的权力配置应当遵循"监管职能—监管主体(组织或机构)—监管权力"的思路,注重三者之间的能动协调,权尽其能、权尽其效,有效调动各监管主体的积极性和主动性。值得一提的是,监管权力的分散化使得众多第三方组织成为监管主体。尤其在自我监管的情形中,这些监管主体权力的来源是成员的授权,通过内部的章程和规则确定监管主体的权力配置等。

(二) 公开制度

前面已经提到,治理不是一整套规则,也不是一种活动,而是一个过程,是一种协调,是一种持续的互动。该理念下的柔性监管也就是一个持续的互动、协调的过程。对这个过程如何进行规范?虽然部分柔性监管方式(如激励型监管中的行政补贴、行政奖励等)有或应当有法定的程序予以规范,但是大多数的柔性监管适用的随意性强、程序多元且规范性不明显。例如,协商性监管中的谈判、磋商过程就难有具体程序规范予以制约。为了防止监管主体滥用监管权,实现对监管过程的有效监督,必须将善治理念中的透明性要素贯彻到柔性监管中,将公开制度作为柔性监管的核心程序制度。

柔性监管公开制度主要包括两个方面的内容:一是监管基本信息公开,包括监管主体和被监管主体基本信息公开以及监管目标、监管依据、监管标准等的公开。例如,很多地方在开始探索企业信用监管级别评定制度。在此制度中,工商行政管理部门、行业协会等作为监管机关,按照一定的原则和标准,根据各企业的信用情况对其划分等级并予以公示。又如,有观点认为,应鼓励企业对其承担的环境保护、劳工保护、消费者保护等社会性监管的状况进行自愿性披露。以上方式是监管信息公开的典型体现,同时其本身也是一种柔性监管。二是监管过程和结果公开,包括磋商、协商、谈判、指导等过程公开,履行或执行情况公开等。以协商性监管为例,为防止信息不对称影响监管的实效,监管主体与被监管主体的磋商、谈判往往会进行多个回合,监管主体不但会公开监管目标、依据、标准等监管的基本信息,还会不断地释放出影响监管决策和执行的成本、企业家的风险偏好等信息;而被监管主体也会逐步坦承利益追求等相关信息,通过充分的信息披露,协商性监管的合意才能达成。"履行或执行信息的公开"有助于监管主体及时对被监管主体的违约或不正确行为倾向事先采取措施,如告知、警示等。同时,被监管主体的"违约及不良信息的公开"本身也是一种声誉机制,可以借助市场的力量促使被监管主体正确履约。例如,上市公司就很在乎声誉,若声誉受损,其股价将下跌。上市公司完全可能根据告知或警示等纠正其不正确行为。

(三) 参与制度

良好的治理不但体现为社会秩序和权威被自觉认可和服从,也体现为治理主体能及时回应公民的要求,而这些都可以通过参与予以实现。治理理念下柔性监管制度的建构不仅应推进监管公开,更要完善各种形式的参与制度。因为公众的有效参与不但能增强其对监管的自觉接受和最大认同,而且治理主体能够通过公众的参与知晓诉求并及时予以回应。虽然柔性监管的程序随意性大,但参与制度是不可或缺的重要程序制度。

根据参与主体的不同,笔者认为,可以将参与分为被监管主体的参与、利害关系人的参与以及公众参与。无论是柔性监管中的任一种方式,都会涉及被监管主体的利益,被监管主体的参与自不待言。由于相关研究极为丰硕,此处不再赘述。利害关系人的参与不但有利于维护其自身的权益,更能实现其对柔性监管过程和结果的监督。利害关系人的主要参与方式是陈述申辩、异议和听证,此外还有座谈会、公开质询会等。如果利害关系人的实体权利受到损害,还可以通过诉讼的方式维护其权益。值得一提的是,由于利害关系人受监管影响程度不同、知识背景不同等个体差异,其参与的动力会有明显不同,在参与制度的建构过程中,既要充分保障其直接参与的权利,如告知制度的建立;也有必要建立利益代表机制,保障其参与权的实现。广义的公众参与包括了利害关系人的参与以及社会大众的参与,由于前面已经对利害关系人的参与进行了分析,此处的公众参与仅指社会大众的参与。我国已有这方面的实践经验可供借鉴,值得一提的是公众参与中的专家参与。专家参与可以增强监管的科学性,但应保障专家独立且有效地参与,并对专家参与监管应当承担的责任等问题予以明确。

五、余 论

任何一种治理都离不开责任,责任性也是善治的基本要素。善治理论同时指出,公众,尤其是公职人员和管理机构的责任性越大,表明善治的程度越高。[①] 治理理念下的柔性监管也不能脱离责任制度。但是,毫无疑问,责任制度是柔性监管中最难定论的问题。

责任制度包含构成、归责和负担三部分,但由于柔性监管形式多样且法定性

---

① 参见俞可平主编:《治理与善治》,社会科学文献出版社2000年版,第10页。

不足,很难从中提炼出责任制度中的同质性因素并对其进行归类。也就是说,柔性监管很难确定统一的法律责任。究其原因有三:其一是监管权源的多元化。柔性监管不同于命令控制色彩浓厚的传统监管,它的监管权来源既包括法律法规的授权、有权主体的委托,也包括第三方组织成员制订和认可的章程和其他规则等。不同的权力来源可能导致行使监管权的法律责任性质不同,如行政责任、民事责任等,而其具体的责任形式更是种类繁多。其二是监管主体的多元化。柔性监管的监管主体不只是政府和法律法规授权的组织,还包括第三方组织,该第三方组织可以基于成员自愿接受而实施监管。前者承担的可能是严格意义上的法律责任,而后者基于成员自愿接受而实施的监管应如何承担责任则难以界定——如果章程或成员制订的规则里有明确的责任内容,尚有据可循;而如果没有规定或规定严重违法,那么该如何确定其责任就会成为难题。其三是监管的柔软性与形式的多样化。虽然监管的柔软性并不意味着监管主体不承担法律责任,例如可以根据法律规定、第三方组织规则中确定的以及双方约定中的形式明确监管主体的法律责任,但柔性监管形式的多样化毫无疑问又进一步增加了确定统一的法律责任的难度。例如,以行政合同形式实施的协商性监管,根据责任性质不同,责任形式就可分为缔约责任、行政合同无效责任、有效行政合同的违约责任、行政合同中的侵权责任、后行政合同责任。① 这些责任形式在其他监管中极为难见。再如,以行政指导形式实施的柔性监管,监管主体一般不承担法律责任,因为行政指导不直接产生法律效果,其产生的事实效果源自于被监管主体的自愿选择。当然,也有学者指出,在指导明显违法或不当或者提供的信息或判断错误时,监管主体应承担承认错误、赔礼道歉的责任;而在未履行法定的行政指导义务时,要承担责令履行的责任,可能还涉及补偿损失的责任等。因此,笔者认为,在柔性监管责任制度的构建过程中,最好的方式就是根据柔性监管的类型分别确定各类型监管主体的法律责任,这是需要分别加以研究的。

---

① 参见江必新:《中国行政合同法律制度:体系、内容及其构建》,载《中外法学》2012年第6期。

法律监管抑或权力监管

——经济法"市场监管法"定位分析

陈婉玲*

监管是指通过一定的规则对事物进行调节和控制,以达到正常运转的状态。法学界对监管理论的研究主要集中于对经济活动进行监管的规则体系及其执行、监管权力的正当性及其控制等方面。其中,对经济活动进行监管的规则体系属于经济法范畴,而执行、监管权力及其控制则应是行政法的体系范围。由此,经济法范畴的"市场监管法"意指对市场经济活动进行监管的一系列法律规范的总称。

一、以"法律制度"治理市场:
一个经济法不应离弃的基点

经济学家谈"监管",是以"市场失灵"的经济学原理为切入点,"把市场作为一个纯粹自由和自愿选择的自治领域",视国家与政府为一体,以"成本和收益"的理性选择着重解决经济运行合理性问题,并不强调法治经济的思维。经济学视野中的监管,就是一种市场外力量对"市场失灵"的矫正,这种力量就是与市场相对的国家(政府),因此,经济学中的监管,直指"政府监管",并未出现"市场监管法"的概念,以什么来监管市场,究竟是法律制度还是行政权力,经济学一般不予考究。法学家研究"监管"则不能不站在"法治"层面去审视问题,否则就

---

* 陈婉玲:华东政法大学科学研究院教授。

丧失了法学研究和法律科学的专业化本色。"法治立场"是法学研究的基点，"法律至上"应该是法律人不二的思维和信仰。①

我们必须以法律思维理解市场监管法的内涵与外延，即市场监管法对监管谁、谁监管和怎么监管等内容的规定。但是，在法律体系中，不同部门法对市场监管法律思维的侧重点各不相同。行政法学谈"监管"，以政府权力为核心，即行政法意义上的政府监管指"政府行政机构根据法律授权，采用特别的行政手段或准立法、准司法手段，对企业、消费者等行政相对人的行为实施直接控制的活动"②。这里的"监管活动"指的是政府的行政活动。因此，行政法虽然也以法律至上为前提，倡导依法行政，但是其监管规范重在对政府行政监管活动的调整，行政法视野中的市场监管法应落脚在规范监管主体及其监管活动的法律规范上。

经济法则不然，经济法学谈"监管"，以对市场主体及其行为的控制为目标，其监管规范以市场为对象。即在经济法视野中，市场监管法是一种秩序性制度，是法律法规通过对某些产业及其企业的价格决定、市场进入、服务质量等的控制，对市场主体及其活动进行监督和控制。可见，经济法意义上的市场监管法是规范市场主体及其行为的法律规范的总称。经济法对市场的监管，是基于法律的控制而非权力的控制，是"法律监管"而非"权力监管"。政府监管是公权力基于法律监管的需要，经授权对法律监管的具体实施、落实的活动。

经济法学与行政法学虽然都关注市场监管的法律现象，但各自范畴内法律规范涉及的监管内容的侧重点不同。诚如有学者指出的，当代社会与科学的发展使得"学科与学科之间的关系愈益因边缘重叠而相互交叉，每个学科均不存在绝对的独立性。但这丝毫不意味着，学科之间没有适当的分工。反之，这种分工对于确定科研的对象和研究的深入都是有利的。"③

二、介入市场的外部力量：法律权威而非政府权力

市场监管的正当性基础是市场运行存在缺陷并需要予以纠正。国家实行市场经济，主张自由竞争，充分发挥市场机制在资源配置中的作用。私人在正常的

---

① 虽然在我国三十多年的法学复兴过程中，法律人主动吸收社会学、经济学、语言学的营养，发展了法社会学、法经济学等新兴学科且硕果累累，但却往往不能坚守法律思维、法律语言、法律理念和法律视角，导致法学本色的迷失。
② 余晖：《管制与自律》，浙江大学出版社2008年版，第3页。
③ 陈金钊：《法律解释学——权利（权力）的张扬与方法的制约》，中国人民大学出版社2011年版，第1页。

市场运行中,依据民商法确立的基本原则和规范,可以自由地追求各自的经济目标。但是,市场是有缺陷的,其自身无法克服由于自然垄断、外部性、信息不对称、集体行动、资源稀缺等原因产生的"市场失灵"问题。当"市场失灵"危及公共利益时,则需要外部力量的介入予以解决,即国家力量的介入和干预。在法治经济背景下,国家力量首先是指法律,即通过法律制度的设计对"市场失灵"加以控制。大公司和少数人奴役人民"这种危险迫在眉睫,各国都认为必须坚定地面对这一危险,采取法律上的管制,以保证人民不受压迫和虐待"①。在现代法律体系中,经济法就是"为了达到上述目标而适用的一整套工具和支配这些工具的法律"②。在"市场失灵"需要干预状态下,"政府公权力成了最佳的选择"的传统表述实际上是国家主义枷锁束缚和法治权威未能彰显的结果。

权威是一种使人服从的力量,"人们服从某种权威,其内在追求就是一种正当性或者公正价值的追求,即基于内心的信念同意、认可或赞同某种价值。因此,权威的本质是内在的认同,不是基于外在的强制而形成。"③韦伯没有把法律看作主权者或其他什么人的命令,而认为法律是一种秩序性制度,即一定的共同体成员主观上认可的一整套规范观念。④ 法律作为共同体公认的规范,与权力相比,更具有权威性。"权力对暴力的部署在不同意人群那里会遭致不满甚至抵制。反对者可能不得不服从权力作出的决定,但是服从不等于认可。权力的强制命令可能会使人们顺从,但却得不到人们的忠诚。"⑤何况,历史已经证明:政府权力也存在"失灵"的危险。"作为一种支配性力量,权力资源是促使许多追求它的人堕入深渊的重要原因;权力的行使常以不可忍受的压制为标志,在权力统治不受制约的地方,它极易造成紧张、摩擦和突变,……在权力可通行无阻的社会,往往是权势者压迫或剥削弱者;……对自由和权利而言,最大的威胁和危险来自权力的滥用和权力的侵害;权力资源的滥用或乱用也必然要成为滋生腐败的温床。"⑥"政府失灵"凸显了行政权力的负效用,而法律是现代文明社会的最高调整体系,法治作为以法律为基本根据的社会调控方式,是满足经济发展

---

① Benjamin De Witt, The Progressive Movement, Washington: University of Washington Press, 1968, p.47.
② 〔英〕安东尼·奥格斯:《规制:法律形式与经济学理论》,骆梅英译,中国人民大学出版社2008年版,第2页。
③ 韩大元:《论宪法权威》,载《法学》2013年第5期。
④ 参见〔德〕马克斯·韦伯:《论经济与社会中的法律》,张乃根译,中国大百科全书出版社2003年版,第38页。
⑤ 〔美〕莱斯利·里普森:《政治学的重大问题"政治学导论"》(第10版),刘晓译,华夏出版社2001年版,第57—58页。
⑥ 周旺生:《法理探索》,人民出版社2005年版,第175页。

这一内在要求的理想机制。与权力治理的危害性和效果不确定性相比,法律治理具有无可争辩的正当性。法律监管是"市场经济就是法治经济"的逻辑归属,健康有序的市场应该是在法律约束下运行的市场,而不是权力约束下的市场。监管制度设计的本意是纠正"市场失灵",维护社会公益,即向市场机制注入一套规则体系作为对市场缺陷的弥补,而"现代市场经济作为一种体制的根本游戏规则就是基于法治的规则"①。"如果说传统的集权型等级体制解决利益冲突的方法是行政权力和等级制度,那么分散化法律结构解决利益冲突的方法只能是法律与法治。"②因此,选择法律治理、确立法律监管市场的理念是市场经济规范发展的根本途径。

既然经济法视野中的市场监管是一种法律监管,那么政府权力在市场监管法中究竟应处于何种地位呢?政府监管权是市场监管法制度引入的、旨在保障法律有效落实的法的实现机制。"权力是指一种能力,权力永远是控制他人的力量和能力,其特征是能直接以自己的强力迫使相对人服从自己的意志。它的特征是'我能够'(实现)。"③政府作为市场监管法的实施主体,其正当性在于拥有监管的权力。一般行政权力大多来源于宪法和组织法的一般授权,或称"固有授权",而监管权力则往往来源于特定法律法规的授权,或者来源于权力机关或上级行政机关专门决议的授权,即特别授权。④ 对市场的法律监管之所以必须引入政府权力作为执法机制,是基于对行政执法与司法执法效率比较的考量。由法庭执法纠正"市场失灵"存在一个问题,即法庭只能被动接受诉求并居中裁判,无法解决大规模诉讼中"搭便车"的问题;而依赖私人诉求不仅在搜集证据、提出控告上成本过高,而且无法维护社会利益的整体要求,特别是在单个原告所受的损害较小而原告数量却很多的情况下。引入政府监管执法则可以解决这个问题,因为法庭是中立的,无法激励其搜寻证据,监管者则可以通过主动执法,代

---

① 钱颖一:《市场与法治》,载《经济社会体制比较》2000 年第 3 期。
② 周汉华:《政府监管与行政法》,北京大学出版社 2007 年版,第 27 页。
③ 郭道晖:《道德的权力和以道德约束权力》,载《中外法学》1997 年第 4 期。
④ 在美国,独立监管机构是根据特定的法律直接设立的,其职权通常也由该法律直接授权。自 1887 年起,美国国会便开始以具体授权法案的形式设立监管机构,具体负责特定领域的监管事务。例如,根据 1887 年《州际商务法》,设立州际商务委员会,负责铁路、公路、货运及内陆海岸水运的价格监管;根据 1906 年《食品与药品法》,设立食品与药品管理局,承担食品与药品领域的监管职能,并于 1938 年修改该法,将监管权力扩大至化妆品领域,还建立了严格的市场准入制度;根据 1914 年《联邦贸易委员会法》,设立联邦贸易委员会,对消费者咨询、广告、商业行为进行监管;根据 1934 年《联邦通讯法》,设立联邦通讯委员会,专门对电信领域进行监管,并将原本由州际商务委员会监管的电话和电报业务接管过来。此外,在社会性监管领域,根据 1970 年《清洁空气法修正案》,建立了环境保护署;根据 1970 年《职业安全和健康法》,于 1971 年建立了职业安全与健康局;根据 1972 年《消费品安全法》,建立了消费品安全委员会等。这些监管机构根据国会的授权法案,获得了准立法权、行政权和准司法权,监管主体与其监管权力基本上是按同一法律同时产生的。当然,其后法律也可以对最初授予监管主体的权力进行适当调整。

替私人惩治违法行为,而且如果监管者出现问题,最终还可以由法庭保证最后的公正。

权力是法律的重要保障,也是法律的约束对象。行政监管权力的配置以及对权力的限制是行政法中的主题,必须通过宪政立法的制度安排予以实现。政府实施市场监管,服从的只是法律,而不是政府权力的权威,即贯彻或落实法律精神与法律规范。这里的"法律规范",即经济法范畴中的市场监管法。

三、市场监管法对象:市场结构利益关系而非市场监管关系

划分部门法的法理学标准主要是调整对象的不同,而影响经济法范畴中的市场监管法的属性定位并导致部门法纷争的主要原因是调整的社会关系的错位。

监管、规制和调控分别为国家干预市场的不同模式,其法律规范共同组成经济法体系。因此,作为经济法的子部门,市场监管法的理念必须与经济法的总体精神保持一致。传统经济法观念认为,经济法调整国家协调(干预、调节、调制)经济运行所产生的经济关系。基于"国家(政府)与市场关系之法"的思维路径,以弥补"市场失灵"和"政府失灵"为核心的传统理论始终认为经济法调整的社会关系是一种调制与被调制关系,国家(政府)一定是法律关系的一方主体,处于管理者、协调者、干预者、调节者地位,而与之相对的法关系的另一方主体则是被管理者、被协调者、被干预者或受调节者。与此相适应,市场监管法是调整"市场运行过程中监管主体对市场活动主体及其行为进行制约所产生的经济关系的法律规范的总称"[①]。这意味着在传统经济法学说中,市场监管关系是市场监管法的调整对象。

那么,何为"市场监管关系"?市场监管关系即监管主体与市场的关系。监管主体是市场监管关系的一方主体。从广义上讲,凡是经法律授予监管权力的行政机关和法律法规授权组织均为监管主体,无论这些监管主体为行政机关、独立监管机构还是非政府社会组织。基于政府权力的研究视角和我国监管体制的现实,本文仅限于对狭义的监管主体的探讨,即独立的监管机构以及行政机关内具有一定市场监管权的监管机构,如三大金融监管机构、食品药品监督管理部

---

① 吴弘、胡伟:《市场监管法论——市场监管法的基础理论与基本制度》,北京大学出版社2006年版,第6页。

门、工商管理机关和审计机关等,统称"政府监管"。① 政府的市场监管权是一种行政权力,市场监管法之所以依赖于政府权力的推动和实施,主要是基于对政府的优势和行政执法效率的考量。如果就此以政府市场监管活动所产生的社会关系为调整对象,以限制政府在监管市场过程中可能发生的公权力对私权的侵害为基础,推导出政府是市场监管法法律关系的一方主体的结论,自觉地把市场监管法定位为"政府与市场之法",积极地把对政府经济监管行为的规制以及政府监管市场的权力来源及权力界定(即对监管者的再监管)纳入经济法范畴,将市场监管法定位为"市场失灵与政府失灵双重监管之法",既加重了经济法的负担,也使市场监管法陷入与行政法论争的泥潭。

  作为经济法的子部门,市场监管法的调整对象仍然是市场结构利益关系,而非市场监管关系。诚如我们始终坚持的那样,经济法是经济结构利益关系协调法,政府是经济法的执行者,而不是经济法法律关系的参加者。② 市场结构利益关系作为众多纷繁复杂的经济结构利益关系的一种,③是各种生产要素通过市场进行交换、配置和组合所形成的利益关系。市场结构是市场经济运行的产物,始终存在竞争与垄断、需求与供给、有序与无序的动态矛盾,需要法律这一外部力量加以协调或矫正。市场结构即市场竞争结构,在微观领域④表现为市场主体间的竞争与协作关系。当"市场失灵"阻碍竞争或产生无序竞争时,市场主体就会呈现强质主体与弱质主体的二元结构,强质主体利用其优势损害弱质主体的利益。强质主体可能是具有垄断地位的经营者,也可能是一般的经营者;弱质主体既可能是普通的经营者,也可能是消费者。市场监管法以严密的制度设计提供维持市场的秩序性规则,从而为所有的生产要素的交换、配置和组合提供法律上的行为标准。政府作为经济法的执法者,对所有违反秩序性规则的行为予以处罚或制裁,维护市场结构中弱质主体的利益,保障市场主体能够在自由、公开、平等、竞争的环境中实现其经济利益。

  诚如日本经济法学家金泽良雄所言:"经济法不外乎是适应经济性即社会

---

  ① 三大金融监管机构虽然只具有事业单位性质,但却承担着事实上的政府监管职能,而关于社会团体、中介服务机构以及交易所这样的市场组织的非政府市场自律监管属性有专门讨论的必要。

  ② 参见陈婉玲:《经济法权力干预思维的反思——以政府角色定位为视角》,载《法学》2013年第3期。

  ③ 经济结构是国民经济系统各组成部分在资源配置过程中形成的本质联系和比例关系,不仅反映经济系统的属性联系,也反映经济系统内部各组成部门之间的变化与作用的数量变化。

  ④ 宏观领域的市场结构是市场主体和市场客体相互作用的结构,即商品的供给者和需求者之间的关系。虽然市场本身可以通过价格信号寻找"均衡价格"以调节微观的需求和供给,但市场运行过程中的总需求和总供给不平衡状态却是市场机制无法克服的。宏观调控法授权政府采取各种措施恢复市场结构的相对均衡。不过,宏观领域的市场结构利益关系不属于市场监管法的范畴,故本文不作阐述。

协调性要求的法律。即主要是为了以社会协调的方式解决有关经济循环所产生的矛盾和困难（通过市民法进行的自动调节作用的局限）的法律。"①无论从经济法产生的逻辑基础还是经济法制度的实然状态而言，经济法所调整的经济关系都是生产社会化过程中市场机制不能或无法有效协调的经济关系。"市场经济是经济法的基础，经济法是市场经济的法律保障，市场经济要求有经济法的规制或调整，经济法必须反映市场经济的要求。"②这表明，经济法是基于解决或预防市场失灵而产生的法律规则。即经济法所调整的法律关系是市场运行内在的社会关系，这些社会关系并非基于国家的协调（干预、调节、调制）行动而形成，更非国家与市场的关系。③ 经济法是法律对市场机制缺陷的回应，是法律对市场经济运行中失衡的经济结构利益关系进行协调的表现，具有典型的"市场结构利益调整法"特征。市场监管法亦然，它是为保障市场安全与秩序，为市场及其参与者设计的一整套规范的运行准则。

四、市场监管法法律规范的厘清

部门法是指按照法律规范自身的不同性质、调整社会关系的不同领域和不同方法等所划分的同类法律规范的总和。④ 调整对象的确定，将影响市场监管法经济法属性的确立。构成某一部门法的法律规范必须是同质性规范，不具有同质性的法律规范即使混合或糅合于同一类法律，也不能成为独立的法律部门。市场监管法要保有经济法子部门的地位，必须剔除其不具有经济法属性的法律规范。由于市场监管的范畴非常丰富、复杂，其内容既包括经济法性质的监管法，也包括行政法性质的监管法，"如果不注意这些区分的话，就会把一些行政

---

① 〔日〕金泽良雄：《经济法概论》，满达人译，中国法制出版社2005年，第27页。
② 张守文、于雷：《市场经济与新经济法》，北京大学出版社1993年版，第21—22页。
③ 实际上，从实然状态的经济法规范分析可以证明，经济法调整的社会关系并非国家（政府）与市场之间的关系，而是市场内部各种不同特质的市场主体相互间发生的社会关系。例如，《反不正当竞争法》以规范竞争行为的方式维护市场竞争秩序，通过反对包括商业贿赂、制售假冒产品、制作发布虚假广告、诋毁竞争对手的商业信誉和商品信誉、擅自使用他人的商标在内的不正当竞争行为，维护其他经营者与消费者的合法权益。因此，《反不正当竞争法》调整市场竞争关系，其法律关系的主体并不是政府机关，而是参与市场竞争关系的经营者以及合法权益可能遭受不正当竞争行为侵犯的消费者。《反垄断法》的制定旨在预防与制止垄断行为，保护市场公平竞争，提高经济运行效率，维护消费者利益和社会公共利益。《反垄断法》以规制经营者达成垄断协议、滥用市场支配地位以及具有或者可能具有排除与限制竞争效果的集中的方式反对垄断，促进公平竞争。由此可见，政府同样不是《反垄断法》所调整的法律关系的主体。《消费者权益保护法》《产品质量法》调整市场交换关系，其法律关系主体是强势的经营者与弱势的消费者。宏观领域的产业法、财税法、区域经济法调整的也是在国民经济整体中强质经济主体与弱质经济主体之间的利益平衡关系。
④ 参见张文显主编：《法理学》（第二版），高等教育出版社2003年版，第100页。

法的内容纳入经济法的体系,导致本来就错综复杂、聚讼已久的经济法与行政法的关系更加剪不断,理还乱。"①就像有学者戏称道:"以一种通俗的比喻——用鸡尾酒的调制方法加以说明就是:取一个调酒器,放进一份民法,用社会法色素使之着色,加进大量行政法,用一撮宏观调控法调味,撒上大量的市场规制法,随意摇晃,然后作为冷饮,并为这种法律饮料取名市场监管法。"②

这种比喻并不准确,却相当生动、形象,道出了市场监管法的尴尬,即市场监管法既囊括了经济法属性的市场监管法律规范,又包含了行政法属性的市场监管法律规范,经济法与行政法对其无休止的争夺也就在所难免了。部门法的划分是法学理论研究的一种方法,是各种具体而复杂的法律现象高度概括的结果。虽然法学理论研究往往依据某一部法律或法典确立部门法的称谓,但这并不意味着部门法的划分标准就是作为法律或法典表现形式的法律文件名称,法律规范的同质性才是部门法形成的前提条件,也是部门法划分的基本标准和依据。

但是,在立法实践中,立法者更重视法律的系统性、综合性和完整性,更注重法律实施的效果,而不会刻意追求法律规范的同质性。任何一部法律文件都可能包含多种异质性的法律规范,部门法是特定类型的同质性的法律规范的总称,而不是一部或多部法律文件的综合。经济法范畴中的市场监管法是对各种要素市场进行监管的法律规范的总称,这些法律规范必须具备的特质包括:(1)针对性——以具体要素市场(如金融市场、劳动力市场、房地产市场、技术市场、信息市场、产权市场等)为调整对象,以市场主体及其行为为监管目标,以市场安全和交易安全为价值追求。(2)强制性——以硬约束而不是软约束规范市场秩序,表现为"应当""必须"或"不得"等命令性和禁止性规范,任何违反经济法设定的秩序性规则的行为均必须承担相应的法律责任。(3)标准化——设计一系列规范标准作为市场主体及其行为准则,如各种安全标准、质量标准、技术标准和准入退出标准等,凡满足秩序性标准要求的主体及其行为,即能获得相应的资格、具备相应的权利能力;反之,其资格或能力就会受到限制,甚至被依法取缔。

经济法范畴中的市场监管法以各种市场要素交换、配置、组合所形成的市场结构利益关系为调整对象。市场监管法范畴中的法律规范同质性由针对性、强制性和标准化构成,这些秩序性规则以维护市场秩序和交易安全为整体目标。例如,我国《食品安全法》第四章为"食品生产经营",从第27条至第55条,计有30个法律条文,确立了食品生产经营的秩序性规则。该法在第27条明确了食品生产经营应当符合食品安全标准,食品生产经营的每一个环节均应当满足相

---

① 邱本:《论市场监管法的基本问题》,载《社会科学研究》2012年第3期。
② 徐清、李志勇:《论市场监管法的正当性与合理性》,载《云南大学学报(法学版)》2012年第3期。

应的法律要求。该法第28条还规定了禁止生产经营诸如用非食品原料生产的食品或者添加食品添加剂以外的化学物质和其他可能危害人体健康物质的食品,或者用回收食品作为原料生产的食品等十类食品。该法第四章30个法律规范绝大多数均符合针对性、强制性和标准化的同质性要求,均以市场主体及其行为为对象,明确规定了法律对食品生产、经营者及其行为的约束、禁止和许可,体现了鲜明的食品安全市场监管法治理念,属于典型的经济法规范。但是,第31条"县级以上质量监督、工商行政管理、食品药品监督管理部门应当依照《中华人民共和国行政许可法》的规定,审核申请人提交的本法第二十七条第一项至第四项规定要求的相关资料,必要时对申请人的生产经营场所进行现场核查;对符合规定条件的,决定准予许可;对不符合规定条件的,决定不予许可并书面说明理由",则是对食品安全监管部门职能的界定,属于行政法规范,不应将其纳入经济法范畴。

同理,证券市场监管是市场监管中运行较为成熟、制度设计最为细致、研究最为集中的。《证券法》是我国证券市场监管法律规范最为集中的一部立法,但其中仍有不属于经济法规范的条文,如第24条"国务院证券监督管理机构或者国务院授权的部门应当自受理证券发行申请文件之日起三个月内,依照法定条件和法定程序作出予以核准或者不予核准的决定,发行人根据要求补充、修改发行申请文件的时间不计算在内;不予核准的,应当说明理由",以及第十章关于证券监督管理机构职责的规定,应当被列入行政法范畴。

五、结论:经济法的市场监管是法律对市场的监管

以法律还是权力监管市场,折射的是法律治理与权力治理的博弈,归根到底是法治理念在市场经济中的培植深度的问题。随着市场经济的深入发展,以完善、细致、全面的法律监管规范、约束市场主体及其市场行为的法律现象日益引人注目。这些规范主要体现为对特定行业,进而体现为对特定市场,亦即经济学所指称的对"要素市场"的监管。极具经济法属性的各种市场监管法通过法律制度的设计和推行,约束、限制并监督管理相关市场中强势主体的行为,以达到市场和谐、交易安全的目的。由此,真正具有经济法属性的法律制度应该作用于市民社会内部,以维护社会经济秩序、协调经济结构利益关系为立法宗旨,而不是为了处理政府权力与市场权利的博弈关系。经济法应通过制度安排使市场经济结构中的强弱利益关系趋于平衡,不应把经济法法律关系的主体锁定为以政府为一方,更不能认为经济法调整的社会关系是一种规制与被规制、调控与被调控、监管与被监管的关系。

论市场监管的法治与高效

——以广东省"两建"为例

李伯侨　欧阳军丽*

内容摘要：市场监管体制有其内在运行机理,政府在市场监管的决策和执行中可以实现法治与效率的平衡。但是,滞后的法律文件会引导政府作出错误决策,群众立法决策性参与不足、监管机关职权交叉容易导致政府监管效率低下。这些问题都制约着广东省"两建"工作的进一步推进。由此,本文结合广东省"两建"的做法,在分析阻碍法治与效率平衡的因素的基础之上,提出依法及时进行法律文件的清理、扩大群众参与监管活动的范围和优化政府部门职能配置的建议。

关键词：市场监管　法治　高效　两建

市场经济是法治经济,法治保障市场经济平稳运行,而市场经济的高效趋向又促使政府在市场监管中增强效率意识。经济市场化的过程应当是有序的,市场经济秩序需要政府的支持和增进。与计划经济相比,市场经济的秩序主要依靠市场规则确立、维持和发展。① 完善的市场监管需要多方的参与,政府在其中大有作为。政府在进行市场监管决策和执法的过程中,都需要考虑到法治与高效的平衡。法律文件的制定依据必须合法合理,制定过程需要遵循特定的法律

---

* 李伯侨：暨南大学法学院/知识产权学院教授。欧阳军丽：暨南大学法学院/知识产权学院硕士研究生。

① 参见肖金明：《法治行政的逻辑》,中国政法大学出版社2004年版,第13—14页。

程序,实施时也必须依法执行。法治与市场相结合,意味着政府需要以较高的行政效率保障市场监管不会阻碍市场的良性运转。

一、市场监管体制中法治与高效的平衡

政府进行市场监管所具有的法治内涵有三:一是政府在进行立法和决策的过程中依照法定的程序,在涉及民众利益的问题上充分汲取民意;二是政府在进行市场监管的过程中采用合法手段,整顿市场秩序,净化市场风气;三是政府进行市场监管的结果是可以通过法律文件合理预期的,也具有法定性。高效的市场监管首先意味着政府在决策时,能在有效配置部门职能的基础上,以较高效率通过完整的监管方案,并告知利害关系人;同时,也意味着政府在执法过程中不拖泥带水,在承担责任时不相互推诿。实际上,市场监管的法治与高效之间存在微妙的平衡。这主要表现在,法律文件的制定是为了规范市场经济行为,而以市场为本的监管活动需要以保障市场良性运转为前提。简而言之,法治本质上包含着高效的趋向。在市场监管中,法律文件制定和规制的效率同时也影响着市场的发展动向。因此,政府需要在保障法治的前提下,提高决策和执法的效率。

现实中,法治与高效的平衡常常被打破。一方面,政府进行市场监管的内部决策程序烦琐、各监管部门职能交叉束缚了政府提高效率的途径。"尽管劳动力的划分和专业化的确使得政府有能力管理更加复杂的问题,但与此同时,它们也导致政府职能的四分五裂、职责重复和无效劳动。更为严重的是,大规模生产时代留下的这些遗产束缚了卓有才华而勤劳尽责的政府文官的手脚,大大降低了政府活动的质量和效率。"[①]另一方面,相关利益群体参与的程度较低、范围较窄,往往是政府决策实施后,进行宣传活动时,群众才对政府市场监管活动有所了解。实际上,引入群众的力量进行民主决策,开放性的对话有助于政府及时了解相关利益主体的需求以及执法中可能会遇到的阻力。政府及时预见、破解难题,有助于提高执法的效率。

二、市场监管实现法治与高效平衡的阻碍因素

(一)滞后的法律文件降低了监管的权威性

监管依据的法律文件的效力层次较低,更新慢。制度本身是一种资源,目前

---

① 〔美〕拉塞尔·M.林登:《无缝隙政府——公共部门再造指南》,汪大海等译,中国人民大学出版社2002年版,第39页。

以地方法规、规章和各种规范性文件构成的体系过于庞杂,而核心法律较少,容易造成适用上的困难。对一些迫切需要法律予以明确规定的问题,现行法律规定要么空缺,要么过于原则,缺乏可操作性。一些法律文件更新速度慢,一些过时的法律规范还没有及时修订和废止,甚至还有上位法作出了变更,而操作中仍然按照下位法的细则进行执法的情形。这些法律文件中的不利因素容易引导政府作出错误决策。新制定的规范性文件如果不符合立法趋势,也容易导致后续执法的法理依据不足。

由广东省在全国率先发起的"三打两建"活动已经进入"两建"阶段。在"三打"进行专项整治后,广东省采用社会信用体系建设和市场监管体系建设并举的方式对市场进行监管。在监管依据方面,《广东省市场监管体系建设工作方案》中提出了打造"政府负责、部门协作、行业规范、公众参与相结合的市场监管新格局",并在此基础上制定了《广东省市场监管体系建设试点工作方案》,确定以珠海、惠州、湛江、顺德作为全省市场监管体系建设的综合试点地区,以食品行业和农资行业作为重点行业监管体系建设试点,食品行业监管仍然以分段监管模式进行。然而,随着大部制改革的开始,国家机构和职权的整合已经成为不可逆转的趋势。2013年"两会"通过的机构改革方案将散落在国务院食品安全委员会办公室、国家药监局、质检总局以及工商总局等部门的食品安全监管职能整合,成立了国家食品药品监督管理总局。监管职能的变化,意味着《食品安全法》规定的分段监管模式已经终结,与之不适应的大量条款需要修改,以便为机构改革和依法行政提供法理依据。2013年6月19日,国家食品药品监督管理总局法制司发布通知,就《食品安全法》修订向全社会征求意见。国务院法制办已将《食品安全法》修订列入2013年立法一档项目。在此修法背景下,广东省在"两建"的食品行业监管中仍然以环节实行分段监管,以分段划分职能,以职能确定岗位,并不符合立法趋势。

(二)市场监管活动中的群众参与仍有局限性

立法部门、政府与各相关利益主体的开放式对话有利于政策的有效执行。斯蒂格勒对于政府加强监管的建议指出,一项公共政策的提议如果不能显示出为它所宣布的目标服务并为公众所认同和自觉遵循,这项提议就会备受批评。① 决策民主需要一定的时间代价,但是这种时间消耗最终可以在实施阶段得到充分弥补。有学者认为,民众的参与有三种功能:一是能发挥公众的主人公

---

① 参见〔美〕乔治·J.斯蒂格勒:《产业组织和政府管制》,潘振民译,上海三联书店1989年版,第179页。

作用,从而增强对自己的价值认识;二是能使集体决定更容易为个体所接受;三是能加强个别人的群体归属感,有统和的功能。① 也有学者认为,听证能实现人民直接民主,尤其赋予利害关系人参与表示意见之机会,使人民能直接参与决策机制。② 监管活动要耗费公共资源,同时可能会直接影响到公众的福利,甚至有些人会直接成为监管的对象,与自身利益发生冲突。此时,相互理解而形成关于监管标准的共识才能得到被监管者的自愿服从,政府也能将有限的监管资源用于最重要的事项上,执法过程才能得到公众的认同与支持。③ 公众对政府决策的认识和理解能极大降低政府执法中的阻力,同时也能让公众产生对政府监管的自觉认同和参与。但是,仅依靠宣传活动和认识教育不能完全产生认同,只有让民众真正融入到立法决策的多方博弈平台中,其参与感和认同感才能得到提升。

在"两建"的群众参与方面,《关于推进市场监管体系建设工作的指导意见》提出加大宣传工作力度的做法,让市场监管体系建设工作深入基层。不可否认的是,各市级单位组织的各类宣传活动的确起到了让民众了解"两建"的内涵和作用的良好效果。但是,群众的参与只局限于响应政府的活动,在其他层面上,如市场监管立法方面的听证、政府市场监管活动的再监管等,都鲜有涉及,民主决策仍然没有完全实现,相关利益主体的声音并没有完全受到法律文件制定者的关注。在"借才引智"的决策环节,多有专家意见,比如湛江市社科界在2013年6月举办了哲学政治经济学学会年会暨"两建"论坛;却少有相关利益主体的呼声,公开听证流于形式。

(三)监管机关的职权交叉导致监管效率低下

政府是有组织的权力系统。④ 科斯认为,在各自为政决策的前提下,政府管理机制的运行成本和转变成新制度的成本会提高。⑤ 斯蒂格勒进一步推导出政府运行成本增加的原因——多个部门之间的"同时聚会决策"意味着在同一时间内只能讨论决定有关立法决策问题,而放弃其他事务。多轮投票表决结果的

---

① 参见陈斯喜:《论我国立法的公众参与制度》,载《行政法学研究》1995年第1期。
② 参见罗传贤:《行政程序法基础理论》,五南图书出版公司1993年版,第185—189页。
③ 参见刘亚平:《走向监管国家——以食品安全为例》,中央编译出版社2011年版,第176—178页。
④ 参见〔美〕斯蒂芬·L.埃尔金、卡罗尔·爱德华·索乌坦主编:《新宪政论——为美好的社会涉及政治制度》,周叶谦译,三联书店1997年版,第148页。
⑤ 参见〔美〕罗纳德·哈里·科斯:《论生产的制度结构》,盛洪、陈郁译校,上海三联书店、上海人民出版社1994年版,第190—191页。

形成也降低了决策的效率。这种同时性是此类政治决策过程的主要成本负担。① 权力的分割固然能使监管职责不断细化和明晰,但却没有解决重复监管和无人监管的问题,同时还可能引发新的监管问题。分权公治模式的根本特点是,权力被分散而无法形成绝对的权威管理。② 当监管职权通过政府的增减职能和撤并机构而重新分配时,不免引发部门权力和利益的争夺战。有学者认为,我国的监管机构之间,无论横向还是纵向权力配置都存在混乱的状况,不利于政府提高监管效率。③

仅就横向职权配置而言,各部门在同一监管环节中分工不尽清晰、重复交叉,导致政出多门、管理重叠和管理缺位等现象屡屡发生。专业化和细密化的分段监管模式成了各个部门之间合作的"隐形壁垒"。本应发挥各个监管部门的专业优势的分工协作模式却加大了各个部门之间的协调成本,比如本来可以由一个政府部门进行决策的制定,现在由于有了其他部门的参与,其决策机制中不得不参考其他部门首脑的意见。在征询意见和各方协调的过程中,政府决策的效率明显降低。协调成本之外,多个部门合作决策的方式也增加了部门之间的监管成本,使得政府的治理成本水涨船高。我国目前的监管模式从表面上看,调动了许多力量,齐抓共管,但实际上没有一个部门真正对监管的最终结果负责。

"两建"虽然在推动"一支队伍办案"的执法体系改革,但实际上一个部门承担多个牵头责任、多个部门联合执法的现象仍然存在。食品行业是"两建"试点中的重点监管行业,试点的监管工作仍然采用分段、分环节监管的模式。实际上,食品链条紧密相连的自然属性与人为切断监管体制存在明显的矛盾。食品在生产、流通、销售等各环节之间总是存在着交替衔接的地带或接口,而这些地带往往导致"边界冲突事件"的发生。食品行业作为试点的重点行业之一,各个部门仍然分环节执法,无法实现高效整合行政资源的效果。深圳市市场监督管理局是整合部门资源的结果,在食品监管领域,它承担了食品生产、食品流通及餐饮和食堂等消费环节的食品安全监督管理责任。④ 这种集中权力监管的模式可以有效防止环节之间的脱节和重复执法。

---

① 参见张乃根:《法经济学——经济学视野里的法律现象》,中国政法大学出版社2003年版,第313页。
② 参见颜海娜:《食品安全监管部门间关系研究——交易费用理论的视角》,中国社会科学出版社2010年版,第137—139页。
③ 参见余晖:《中国政府监管体制的战略思考》,载《财经问题研究》2007年第12期。
④ 参见《深圳市市场监督管理局(知识产权局)主要职能》,http://www.szscjg.gov.cn/? channelid=1,2013年9月16日访问。

三、整合法律资源,实现高效的市场监管

(一) 依法及时进行法律文件的清理

法律文件的立、改、废从本质上而言是进行法的清理。新法的制定、对旧法中不符合实践的部分进行更改或者废止相关文件,都需要法的制定机关依照法定程序进行。法的清理是指有权的国家政权机关在自己的职责范围之内,对一国现存的规范性法的文件进行审查,解决这些规范性法的文件是否继续适用或是否需要加以变更(修改、补充或废止)问题的专门活动。① 如果不及时依据市场和社会的变化发展对法律文件进行清理,政府错误地引用和适用将导致政府的决策失灵,从而降低法和政府的权威性,也为市场运行增加额外的负担。法的清理实际上也是一项立法活动。享有立法权的国家机关进行的法的清理活动也只是在其权限范围之内,依照法定程序进行,一般遵循"谁制定,谁清理"的原则。

在"两建"试点重点监管的食品行业,法的制定的有关部门应该对现有的食品安全的法律、法规、规章、规范等进行有效的清理、补充和完善,理顺法律法规中有关食品安全监管的内容,厘清边界和模糊地带,尽可能解决法律体系上的混乱,保持法律的同一性。同时,立法还应该覆盖食品链条中的所有环节,确保食品安全法律体系的完整性。在食品安全监管领域,由于分段、分环节监管存在不完整覆盖和重复执法的弊端,在《食品安全法》修改中已经有被取代的立法趋势。在此大背景下,相关部门的立法中需要为将来的立法和执法转变留下余地。

(二) 扩大群众参与监管活动的范围,实现依法监管

科恩认为,民主政府无论采取间接民主还是直接民主,如果有治理权的公民处于一无所知的状态,要治理好这个政府是不可能的。② 增强政府市场监管的透明度,能使人们对政府的行为有稳定的心理预期,同时也可以敦促政府以人们"看得见的方式"实现公平、合法的市场监管。③ 扩大群众参与市场监管的范围,不仅意味着通过更多的宣传方式让民众知悉政府的行为,还意味着政府需要在制定监管规则时就纳入民众的意愿和呼声,尤其是要充分了解与监管活动直接相关的利益关系群体的意见和建议。这是尊重民意的表现,同时也是提高执行

---

① 参见周旺生:《立法学》,法律出版社2000年版,第662页。
② 参见〔美〕科恩:《论民主》,聂崇信、朱秀贤译,商务印书馆1998年版,第159页。
③ 参见陈瑞华:《程序正义论——从刑事审判角度的分析》,载《中外法学》1997年第2期。

效率的前提。听证作为汲取民意的重要方式可以在制定规则的过程中发挥作用。实际上,听证也是很多规则制定所必经的法律程序。如何让民众参与、如何扩大参与、如何鼓励参与者的热情、如何让群众的参与有所保障等,都是政府在民主决策中需要考虑的问题。效率是行政的生命,如何评价效率也是非常重要的问题。过去的效率评价模式是从行政机关的角度进行的,现在应该转变为从相对人方面认定行政主体行为的效率性。①

市场立法只是建立市场监管体制的开始,法制健全还要求执法监督机制的健全,有法不依、执法不严只会使得市场规制流于形式。② 因此,一方面,执法过程中,执法部门须以准确依据市场监管法律文件为第一要义,排除各方面的干预对执法行为的不良影响;另一方面,对于享有市场监管权的执法部门,还需要进行再监督,以防止以权谋私和徇私枉法。

(三) 优化政府职能配置,实现高效市场监管

多部门分头立法、分环节的监管体制设计,加上目前我国行政组织法的缺失、部门立法色彩浓厚等原因,我国的市场监管权力运行和在各部门之间的配置存在一系列的问题。此外,由于缺乏强有力的法制约束,在联合执法过程中容易出现"谁牵头,谁负责"与"谁组织,谁检查"的现象。③ 这种部门间的依赖心理也加大了归责难度。实际上,由于存在行政资源的竞争关系,各部门之间并没有天然的合作愿望。有学者提出,政府部门相互协调合作的动力主要来源于两个方面:一是对部门之间资源共享与监管目标之间的因果关系认识,二是上级主管部门利用等级权威推动各部门联合执法、共同监管、责任分担。④

政府职能配置实际上是各部门执法权力的配置。若要高效地完成整个行业的市场监管,首先,政府需要将各个部门的职权从联合执法中解脱出来,对各部门的职权配置进行整合,减少部门之间因联合执法而丧失的决策独立性,提高决策效率。其次,各部门间资源的电子共享平台的建立能促使监管部门走出"信息孤岛"的困境,从而降低因监管资源利用不足而导致的监管效能降低。事实上,解决这个问题最根本的做法是:将行业内的所有环节进行整合,将分散在各个部门的不同的监管职权集中于一个专业部门,提高该部门的权威性,并保障其独立地位。深圳市市场监督管理局正是借鉴了香港的经验而成立的专业执法部

---

① 参见侯怀霞、张慧平:《市场规制法律问题研究》,复旦大学出版社2011年版,第81—82页。
② 参见洪银兴:《市场秩序和规范》,上海三联书店、上海人民出版社2007年版,第478页。
③ 参见邓华:《食品安全联合执法之我见》,http://www.jxfda.gov.cn/News.shtml? p5=20675,2013年9月20日访问。
④ 参见郭智谦:《广州地区食品安全监管体制问题研究》,华南理工大学2010年硕士论文。

门,集工商行政管理、质量技术监督、知识产权、食品安全监管和价格监督检查等职权于一身,最大限度地解决了因无法分割环节而导致的部门联合执法困境,形成审批、监管、执法"三位一体"的模式。

四、结　　语

实现法治和效率的平衡考验着政府的实践智慧,同时也决定着市场经济能否平稳运行。广东省"两建"建立在"三打"整治市场秩序的基础之上,对各个职能部门的分工进行了调整,也在加紧进行法律文件的清理工作。但是,这些职能的调整并未消除政府职能交叉导致的重复监管,决策和执法效率低下的情况依然存在;市场监管相关法律文件的立、改、废效率并不高,也为政府决策的法理依据带来冲击;群众参与市场监管的广度和深度不够,也让政府执法陷入效率不高的困境。本文提出的建议只是政府提高决策和执法效率的几个方面,只有不断推进消除官僚腐败、平衡中央和地方的财权和事权等其他制度层面的改革,才能推动市场监管工作的进一步开展。

中小城镇消费者权益保护与政府监管机制构建的实证研究

文 新 覃景柏*

内容摘要:随着我国城镇化建设的推进,城镇消费者权益保护问题备受各方关注。由于经济水平、消费信息传播和消费知识水平等各方面因素的限制,中小城镇消费者的维权意识较薄弱、维权能力欠缺。面对着消费侵权新情况、新问题的不断增加,中小城镇消费者的应对行为和处理方式迥异。要确保消费者权益,就需要根据消费者的不同需求采取不同的措施,制定适应需求的政策和方法,为不同的消费者提供权益保护的规章及制度。国家保护、经营者自律和消费者觉醒是保护消费者权益的三大法宝,由此有必要建立政府有效监督及适度参与机制,探索构建中小城镇消费者多元化、便利维权的路径,增强中小城镇消费者权益保护的法律意识,逐步提高中小城镇消费者合法权益法律保护的实效,真正实现市场的公平、公正和有序。

关键词:中小城镇 消费者权益保护 政府监管机制 实证研究

与发达地区成熟的消费人群相比较,消费环境相对落后、商品质量难以保障、服务不规范等问题困扰着中小城镇消费者,其合法权益受损害的情况更为复杂,侵害后果更为严重。消费者权益保护水平与当地政府的引导和监管程度、消

---

* 文新:广西财经学院法学院副教授。覃景柏:广西来宾市兴宾区平阳镇大学生村官。

费者对权益保护的认知程度和关注程度以及权益保护的外部环境等因素密切相关。中小城镇居民对消费侵权的处理方式是各式各样的,中小城镇消费者权益保护的法律问题备受关注。2012 年 2—8 月,我们对广西壮族自治区北海市铁山港区南康镇、来宾市兴宾区平阳镇、贺州市富川瑶族自治县富阳镇、梧州市藤县古龙镇开展了中小城镇消费者权益保护现状的实证调查活动。北海市铁山港区南康镇是全国 1887 个重点镇之一,地处北部湾畔,总面积 175.4 平方公里,总人口 5.81 万。① 来宾市兴宾区平阳镇位于兴宾区的西部,总面积 198.5 平方公里,总人口 4.27 万人,镇内煤矿资源十分丰富,素有来宾"煤海之乡"之称,是兴宾区重要的煤炭生产基地。② 贺州市富川瑶族自治县富阳镇是富川瑶族自治县县委、政府所在地,是全县政治、经济、文化和交通运输中心。全镇辖区面积 205.2 平方公里,总人口 7.1 万,是富川县第一大镇,是广西壮族自治区人民政府批准的自治区 204 个重点镇之一。③ 梧州市藤县古龙镇是梧州市经济较发达的乡镇之一,具有旷远的历史文化,是苍、藤、昭三县民间经济、文化交流的中心,镇辖 32 个镇直单位,总人口 3.89 万。④ 调查对象均属中小城镇,具有一定的代表性。

本次调查以问卷调查形式进行,先后共发放调查问卷 200 份,回收有效问卷 180 份。调查对象为中小城镇居民消费者、农民消费者、学生、技工、教师等,采用规范研究和实践研究法,运用交叉性分析和联合分析,把各个独立的调查问卷所涉及的问题结合起来,使相关问题在数据上相互联系,从而发现单个分析所不能揭示的问题,在对策思考和建议上也用数据实证,提高了这方面的客观性和实践性。

一、中小城镇消费者权益保护与政府监管的状况分析

(一)中小城镇消费者对消费侵权有较强的容忍度,存在"厌讼"心理

1. 多数中小城镇消费者传统观念较强,凡事能忍则忍

中小城镇消费者购买商品或接受服务一般仅是为了满足基本生活需要,往往要求不高。实证调查数据显示,90% 的中小城镇消费者在交易中意识到自身的权益受到侵害。由于受知识水平有限、消费层次较低、信息掌握不完全等因素

---

① 数据来源:北海市铁山港区政府门户网站。
② 数据来源:来宾市兴宾区政府门户网站。
③ 数据来源:贺州市富川瑶族自治县政府门户网站。
④ 数据来源:梧州市藤县政府门户网站。

影响,10%中小城镇消费者难以意识到自己的合法权益受到侵害。

2. 中小城镇消费者对消费者协会维权重要性的认可不足

46.67%的消费者认为消费者协会在维护消费者权益方面处不可缺少的地位,41.67%的消费者认为消费者协会居于可有可无的地位,认为根本不需要消费者协会的消费者达到11.67%。

以上两项数据共同说明了目前消费者协会在中小城镇发挥的作用有限,在消费者中没有树立起良好的维权形象,同时也说明了部分消费者的维权意识依然淡薄,对法律的信任度依然不高,在生活中没有注意保护自身的合法权益。

3. 中小城镇消费者维权的放弃度高

当中小城镇消费者遭到侵权后,有31%的消费者放弃维权;有53%的消费者视侵权程度而定,轻度侵权选择放弃维权,重度侵权则选择采取措施进行维权;有16%的消费者认为无论侵权程度如何,坚决维权。这些数据清晰显示出中小城镇消费者对侵权有较强的容忍度,关键是有"厌讼"心理,在侵权后安于现状,对侵权有让步心理。

(二) 相关政府部门职能过于分散,相互推诿,中小城镇消费者投诉方向不明

中小城镇消费者缺乏应有的保存消费证据意识,在消费过程中很少索要发票等消费凭证。发生消费纠纷时,昂贵的证据鉴定费也严重影响中小城镇消费者维权的积极性和主动性。

工商、质监、卫生和农业等部门在中小城镇消费者权益保护方面的职能过于分散,往往会出现相互推诿的情形,导致中小城镇消费者在权益受到侵害时不知道向何处求助。

地方经济发展状况是影响当地居民维权状况的重要因素。消费者在维权之前一般都会考虑受损金额的大小。一般情况下,消费金额在200元以上,消费者会主动寻求救助;而消费金额在100元以下的,消费者一般都不打算理会。

(三) 消费者协会和有关部门的维权作用在乡镇等基层单位没得到很好的发挥,导致基层消费者依靠法律路径维权的期望值普遍偏低

调查数据显示,采取的维权措施中,当面解决并接受私下处理的占40%,通过各种渠道曝光的占21%,将情况反映给消费者协会的占19%,只和亲朋好友诉说的占15%,向有关行政部门申诉的占5%。这说明消费者对维权的期望值不高,维权的方式主要集中在与商家私了。当然,这一做法益于节约诉讼成本。大多数消费者在得不到补偿的情况下会放弃维权。在中小城镇,媒体信息没有那么发达,消费者遭遇侵权时向消费者协会和有关部门反映侵权情况的所占比

例较少,一般情况下只和亲友诉说。消费者协会和有关部门的维权作用在中小城镇等基层单位没得到很好的发挥,导致民众依靠法律路径维权的期望值普遍偏低。

中小城镇消费者合法权益在消费交易中损害严重。调查数据显示,消费者购买到假冒伪劣商品的情况占23%;消费者信息被当作商品买卖的情况占14%;价格欺诈,虚假标签,结果名不副实的情况占31%;在买卖中不得不遵守卖家"霸王条款"的情况占25%;合同违约,拒绝赔付的情况占5%。

中小城镇消费者的消费意向具有仿效性,普遍存在从众心理,经常出现随大流的消费现象。婚嫁、殡礼等讲究排场,盲从攀比现象严重。有的消费者贪图便宜,知假买假,用假名牌满足虚荣消费,所以有时候就干脆放弃维权。

二、导致中小城镇消费者权益保护和政府监管不力问题的原因分析

我国消费者权益的法律保护出现了二元化趋势,传统的假冒伪劣现象在农村和相对落后地区大行其道,产品缺陷致消费者伤害及食品安全事件频频发生;[①]由于经济全球一体化、信息化等的发展,网络购物等引起的纠纷也在迅速扩大,越境交易消费者纠纷所引发诉讼的法律适用等新的消费者保护盲区不断被发现。[②] 在现代社会,消费者与经营者的交易是一种非专业与专业、非知情消费者与知情消费者的关系。中小城镇消费者缺乏购买商品或接受服务的相关知识,所接受的消费信息大多是经过加工的,有促销和诱导成分,难免不被经营者操纵。各地基层政府和监管机关应注重监管职能的发挥,并进一步加强对中小城镇消费者消费知识和消费维权知识的引导和教育。

(一) 中小城镇基层政府监管缺位,维权路径难以实施

中小城镇消费者对维权的期望值较低,某种程度上反映了作为中小城镇消费者权益保护主体之一的基层政府的作用没有发挥到位。

首先,地方政府片面追求地方经济发展,忽视了对乡镇企业、个体企业生产并销售假冒伪劣产品行为的监管和处罚,导致严重危害消费者生命安全和健康安全的缺陷产品流向中小城镇消费市场。有异于大中城市高端、大型消费市场

---

① 参见丁世和:《构建社会主义和谐社会与消费维权座谈会在京召开》,载《中国工商管理研究》2007年第1期。
② 参见赵秋雁:《电子商务中消费者权益的法律保护国际比较研究》,人民出版社2010年版,第132页。

的供给,中小城镇消费者别无他法,局限于狭小的市场选择,不得不购买经营者提供的产品,接受质次价高的消费品。

其次,基层政府财力薄弱,缺少对中小城镇消费者教育和维权等方面的经费保障,有时使消费者维权工作停留在书面文件上,维权组织有名无实。

再次,中小城镇消费市场点多面广,各相关职能部门对中小城镇消费者维权也往往是鞭长莫及,力不从心,很难及时发现问题并保护其合法权益。

最后,由于地方保护主义的庇护,受害消费者投诉难、打官司难、索赔难、取证鉴定难等现象普遍存在。

(二) 中小城镇消费者维权困境类型多元化、多样化

1. 理赔程序复杂,难度大

调查数据显示,中小城镇消费者不愿维权的原因中,举证困难的有29.44%。大多数消费者不索要发票,一旦发生一般侵权问题,想理赔却很难举证。

2. 中小城镇消费者维权的经济成本高

消费者作为弱势群体需要得到司法上更多的帮助,在维权中除了程序复杂外,还有一大因素就是经济困难。消费者认为维权不仅程序复杂、时间长(占32.22%),而且耗费金钱,维权的成本高。当前中小城镇消费纠纷解决机制的不完善,使消费者需要付出过大的成本和代价以行使索赔权。这往往使消费者自认倒霉,放弃维权的权利,也就相应地助长了经营者的嚣张气焰。

3. 中小城镇消费者对诉诸公力维权失去信心

维权过程中,中小城镇消费者遭遇厂家或经营者拒不认账的有17.78%,通过交流得知消协、工商等部门不予理睬的情况占7.22%。政府行政执法部门没有认真对待消费者反映的问题,使得部分消费者对通过工商行政部门维护其合法权益的途径失去信心。

此外,其他原因占1.11%,有消费者碍于面子,担心与生产者、经营者、政府相关部门及其他消费者之间的人际关系紧张而放弃维权。

以上这些因素在不同情况下构成中小城镇消费者维权的困难和心理障碍。

(三) 网络交易侵权行为加剧,中小城镇消费者维权难以适应新变化

1. 现行消费者权益保护法律具有滞后性,消费者所享有的权利范围已很难应对网络消费出现的新情况

现行《消费者权益保护法》以法律的形式赋予消费者基本物质需求权、安全权、知情权、良好环境权、自由选择权、获得救济权、意见被听取权、监督批评权、

受教育权九项重要权利。随着市场经济和互联网及信息技术的高速发展,产生了许多新的交易方法和商品及服务项目,比如网上交易、网络虚拟财产、知识服务业、家政服务业等。这些新的交易方法和商品及服务项目的产生,必定会对经营者的行动和消费者权益的法律保护提出新的要求。网络交易中,交易双方对交易对象的认识是通过网上传播的信息及宣传图片等途径,甚至订立交易合同都是在网络中进行。由于信息沟通障碍比较大,中小城镇消费者买到名不副实的伪劣产品的情况较为常见。商家在买方下单付款后消失,或者是没有按照说明发货等损害消费者权益的情况屡屡发生。中小城镇网络消费者由于网络技术不完善、信息不对称,追索较难。中小城镇网络消费者的安全保障权、公平交易权、退换货物权、要约撤回权、个人隐私自决权的保障成为中小城镇消费者权益保护立法的新问题。

2. 中小城镇网络购物权利的保护范围狭窄,不能应景而变,消费者维权难以适应新变化

中小城镇消费者侵权事件多发生在实体交易上,而随着网络技术的进步,消费者的文化水平、生活水平逐渐提高,网上购物日益流行。调查数据显示,有52.78%的侵权事件发生在实体交易中,有14.44%的侵权事件发生在网络交易中,实体交易和网络交易侵权两者都有的侵权事件占32.78%。"网络团购这种商业模式不同于传统电子商务中的 B2B 或者 B2C 模式,而是包括了团购组织方、产品或者服务提供商、购买方三个方面。三方在团购活动中各自的权利义务不清晰,一旦出现产品质量问题,或者在服务过程中致使消费者权益受损,相关方该如何承担责任,缺乏明确的法律法规来界定。"① 因此,怎样做好网络交易规范化是当前的一项任务。只有实现网络交易规范化,才能在网络时代给中小城镇消费者带来真正的实惠和效益。

(四)限制性消费认识不足,中小城镇消费者维权路径选择具有局限性

随着物质生活水平不断提高,中小城镇居民在娱乐场所的消费也占了一定的比例。调查数据显示,消费者认为在饭店和一些娱乐场所关于"禁止自带酒水"和"最低消费"的限制是不合法的有 64.44%;有 20% 的消费者认为是合法的,他们认为这就是买卖自由,能消费就消费;有 16.56% 的消费者则认为视情况而定。即有 36% 以上的消费者对限制性消费认识模糊。我国《消费者权益保护法》明确规定消费者有自主选择权,禁止自带酒水的规定侵犯了消费者的这

---

① 《网络团购消费者权益保护状况调查报告》,http://b2b.toocle.com/detail-6037395.html,2013 年 1 月 7 日访问。

一权利,属于对消费自由的变相约束。消费者到餐饮娱乐场所消费的行为是一种民事法律活动,消费者和商家是一种民事法律关系,经营者应当遵守有关规定。酒店和餐饮娱乐场所设置最低消费或者不准自带酒水等限制性条款,是对消费者选择服务和选择商品权利的一种侵犯,是违法行为。可见,中小城镇消费者对限制性消费的认识仍然处于比较模糊的阶段,对维护自身合法权益有认识上的局限性。

经济的发展和城镇消费水平的提高,使得越来越多的中小城镇消费者有能力外出旅游观光。旅游业经营者设置超出政府规定范围的商品价格或经营性收费标准,销售、收购商品或收费的行为是一种违法行为,目前极为突出。调查数据显示,38%的消费者表示没有购买过旅游景区的昂贵消费品,其余62%的受访者表示在旅游景区购买过原本便宜而售价昂贵的商品,他们均"被迫"接受这些与外部价格相差太大的价格。维护合法权益具有认识上的局限性和城镇消费者的消费行为退让使其难以及时、到位地保护其合法消费利益。

(五)消费者协会作用难以发挥,中小城镇消费者维权的社会团体性缺失

消费者协会还没有彻底地发挥应有的作用。调查数据显示,遭到侵权后,有43%的消费者不知道消费者协会的投诉电话,有41%的消费者放弃维权。这说明了中小城镇消费者的维权意识薄弱,这也是其合法权益得不到保护的一大原因。

正如李昌麟先生所言:国家保护、经营者自律和消费者觉醒是保护消费者利益的三大法宝,而消费者本应是自己利益的最好维护者。由于知识水平、消费信息和经济水平等各方面因素的限制,导致消费者维权意识薄弱;而各地基层政府和监管机关往往只注重监管职能的发挥,忽视了对中小城镇消费者加强消费知识和消费维权知识的引导和教育。

中小城镇消费者普遍认为通过大众传播媒体的手段能够让更多的消费者了解关于消费者的权益保护问题。关于维权的手段,调查数据显示,近年来的一些电视节目如3.15晚会在维权方面起到了一定作用,有52.22%的消费者认为通过大众媒体传播可以提高维权意识,有38.33%的消费者认为可以通过大众舆论提高维权意识;而社会团体发挥的作用并不大,仅有16.67%。经营者因惧怕媒体曝光自己的负面行为产生永久性的不良结果,会丧失成群的消费者,开始加强自律,自觉为消费者提供满意的商品和服务,在一定程度上净化了市场经营秩序和消费环境。

三、完善中小城镇消费者权益保护法律路径的建议

消费者的法律保护是一个复杂的系统工程,政府监管、行业自律与消费者三者关系平衡才能有效保护消费者的合法权益。Louis L. Stern 认为,消费者的法律保护完全依赖行业自律是不够的,政府监管必须通过采取符合公众利益的措施确保行业自律的实时性和有效性,这样才能最大限度地发挥行业自我监管的潜力,而政府监管需要公众的投票与支持。[①] 在我国,仅仅一部《消费者权益保护法》是难以适应特殊群体消费者的利益保护诉求的,还需要一系列法律制度的配合和不断完善。

(一)建立政府适度参与及有效监督机制

消费者问题的产生、消费者保护法制的完善与市场经济的发生、发展相关联。我国消费者保护法制建设在很大程度上受政府的影响,需要政府制定基本的消费者政策,甚至政府直接作为法律关系的一方主体参与也是十分必要的。管理者负有保护消费者和经营者权利并监督经营者履行相应义务的职责。现代社会越来越强调政府的服务行政职能,管理者的权力配置均应以消费者和经营者的保护和规制所需为其界限,政府的权力是手段而非目的。[②]

第一,实行规范的资质管理与市场淘汰和禁入体制。政府工商、质检、卫生防疫、药品监督等部门以及安全认证机构要严把注册审批关,在产品进入市场之前,从源头上彻底地遏制假冒伪劣产品的生产。工商、质检、卫生防疫、药品监督等职能部门在产品进入市场之后,应当通力协作,各司其职,定期对产品质量抽检结果进行曝光,尽可能地预防并及时减少侵害消费权益的事情发生。

第二,设立举报有奖制度,发动社会组织和广大中小城镇消费者,积极参与市场监督检查。

第三,强化健全企业诚信经营制度,做到依法经营。

第四,严格产品信息披露制度。当消费者保护以消费者权利为保护形式出现时,消费者知情权即为最早确认的消费者权利之一。信息对消费者保护具有重要意义。应明确规定产品包装上的信息披露事项,定期或不定期进行检查监督,以防止消费者受到欺诈和不公平的待遇。

---

① 转引自赵煊:《金融消费者保护文献综述》,载《西部金融》2011 年第 3 期。
② 参见徐孟洲、谢增毅:《论消费者及消费者保护在经济法中的地位——"以人为本"理念与经济法主体和体系的新思考》,载《现代法学》2005 年第 4 期。

第五，引导有实力、有信誉的连锁商业企业集团，在逐步创造条件的基础上，向中小城镇发展业务，建立分店，占领商品流通市场，帮助中小城镇消费者明辨真伪。

第六，政府有关部门及时将违法违规的生产经营者列入"黑名单"，向社会公布，对违法违规的生产经营者限制其再入市场。职能部门在消费纠纷发生后，对于消费者的投诉要及时接受，绝不能出现互相推诿的现象。

（二）确保消费者维权路径多元化、便利性

1. 健全消费维权网络和"一会两站"制度

（1）构建到镇、到村的消费维权网络，努力做好"一会两站"的建设，力争在每个乡镇设立中小城镇消费者协会分会，在每个行政村建立"12315 联络站"和消协投诉站。

（2）聘请乡村干部、协会理事和其他社会组织消费者等担任，主要任务是开展流通领域商品质量监督、消费维权知识的宣传、投诉举报信息收集、消费争议调解、日常工作联络等。

2. 建立中小城镇消费者维权流动服务机构

（1）建立"中小城镇消费维权流动服务站"，让广大中小城镇消费者在家门口就能投诉，使消费纠纷尽早得以解决。

（2）通过减免中小城镇消费者诉讼费用的方式降低诉讼成本，在实际行动上切实保护中小城镇消费者的权益，给中小城镇消费者以权利救济的司法保护保障。

（三）简化中小城镇消费者维权纠纷审理环节

基层人民法院在审理中小城镇消费者权益争议环节应适当简化程序，相应缩短案件处理时限，尽可能地做到及早立案、及时审理、及时裁判，以提高争议解决效率，降低争议解决成本，更好地保护中小城镇消费者利益。

（四）比较借鉴域外消费者权益法律制度建设经验，将消费者权益保护立法扩展到新的消费领域

改革开放以来，为了更有效地保护广大消费者的合法权益，维护社会主义市场经济运行，我国大力加强了经济立法，尤其是出台了《产品质量法》《反不正当竞争法》《计量法》《标准化法》。可以说，我国保护消费者权益的立法已经日趋完备，但较之美、日等发达国家仍有相当大的差距。Pichard H. Buskirk 和 James T. Rothe 认为，消费者保护的目的在于保护消费者权益受到侵害时能得到合理的补偿与救济,并且消费者保护不应局限于强调生活的物质层面,而应将保护的焦点从对"生活水准"的强调转移到"生活品质"的层面上。

首先,将消费者权益保护的立法扩展到保护特殊消费者、网络交易、信用卡、环境保护等新的消费领域,引导和提高中小城镇消费者的消费层次和消费水准,有关保护中小城镇消费者权益的措施要逐渐具体化,克服水土不服的痼疾,提高其适应性及可操作性。

其次,通过立法,进一步构建和完善网络交易相关信息披露、网络交易资格认证、网络交易格式条款限制、个人评价、纠纷解决等制度。

(五)加强中小城镇消费者权益保护宣传教育工作,增强中小城镇消费者法律权益保护维权能力

要真正保护好中小城镇消费者权益,离不开中小城镇消费者自身意识的觉醒和素质的提高。"科学消费的实现,关键在于提高消费者素质。消费者自身素质的提高可以增强消费者抵制不理智、不健康消费思想的自觉性,增强环保意识与社会责任感。"[1]

第一,政府部门根据各地不同情况,有针对性地开展普法工作,使中小城镇消费者在活动中学到更多的消费者权益保护法律知识,以便更好地维护好自己的合法权益。

第二,提高法律的公信力。让中小城镇消费者了解在消费中常见的侵权方式以及应用法律维权的成功例子,增强中小城镇消费者对法律的公信力,提高消费者的维权意识,增强维权的自信心。

第三,提高科学消费教育效果。要做好涉及中小城镇消费者权益的法律法规宣传,并做好科学消费的教育工作。

第四,在消费者权益保护法方面,应进一步保持消费者申诉渠道畅通,力争形成一种利益机制,鼓励广大消费者积极同不良的经营行为做斗争,检举、揭发生产者、销售者制造、销售假冒伪劣商品的行为,使消费者与经营者之间形成更强有力的监督关系。

第五,政府及相关部门建立相关中小城镇消费者权益保护服务机构,健全相关中小城镇消费者权益保护机制,帮助中小城镇消费者在其合法权益受到侵害的情况下进行诉讼。

第六,督促基层组织或新闻媒体通过各种形式发布中小城镇消费者易懂的消费警示、消费知识等,提高中小城镇消费者的自我保护意识和能力。

---

[1] 李峻、李伍荣:《科学消费浅析》,载《消费经济》2002年第3期。

四、结　语

不可否认,《消费者权益保护法》的颁布实施不仅有力地保护了消费者的合法权益,而且在很大程度上唤醒了消费者的自我维权意识。但是,消费者问题的产生、消费者保护法制的完善与市场经济的发生、发展相关联,仍然需要加强消费者权益保护的立法工作,制定并完善消费者权益保护的法律体系,构建多元化维权路径,并将其进一步扩展到网络交易、保护特殊消费者等新的领域。政府参与甚至直接作为法律关系的一方主体十分必要,这就需要政府制定基本的消费者政策和具体的制度规范加以实现。同时,应培养中小城镇消费者的自我维权意识,使消费者权益在法律上得到切实的保障。

电信民营化与自由化之冲突及其对监管的挑战
——两岸比较参鉴

刘孔中　王红霞[*]

内容摘要：民营化与自由化改革关系密切，亦存在张力与冲突。台湾民营化后的中华电信仅短暂经历移动通信市场龙头地位不保的局面，旋即凭借剩余独占市场地位，搭配网络效益，以及民营化后的灵活营销手法，屡屡限制市场竞争，使得所有其他新进业者都仰赖其移动与固定网络，消费者权益未获应有保障，与电信自由化的政策目标相去甚远。大陆电信业改革实践中，也同样遭遇超高定价攫取超额利润、严重损害消费者利益和宽带低效掣肘产业发展无法释放带动效应等问题。两岸比较下，后民营化时代，台湾应从行业管制和公司治理两个层面进行革新：前者包括制度层面尽速开放用户回路，执法层面强化管制与加强协调；后者包括变更持股机关、强化董事会功能、明定中华电信政策任务。大陆民营化和自由化审慎缓进过程中，则宜记取民营化与自由化不可混为一谈、彻底民营化与自由化并无必然关联，批发部门功能分离应作为三大电信公司治理的基本原则，并尽速制定颁行富有前瞻性和回应三网融合的"通信传播法"。

关键词：民营化　电信自由化　监管　功能分离　用户回路　通信传播法

---

[*] 刘孔中：台湾"中央研究院"法律学研究所研究员，台湾清华大学、政治大学教授。王红霞：中南大学法学院讲师。

一、前　　言

20世纪80年代以来,伴随着技术的发展和消费需求的扩大以及对自然垄断行业的认知深化,全球电信行业掀起了电信自由化与民营化浪潮。所谓电信自由化,是指在尊重电信服务市场价格机能、减少政府不必要干预的前提下,将传统上独占电信服务业开放给其他厂商进入,以建立公平竞争的市场结构的过程。[①] 在电信自由化的过程中,电信服务业的开放视各种业务自然独占性(受市场需求规模与资讯科技发展两项因素的影响)消失的程度高低,而在顺序上有所不同。依据米尔顿·弗里德曼的理论,民营化是指政府应当尽可能允许在自由市场上发挥作用的私有企业执行经济活动,缩小政府直接参与竞争的程度,减少以政治手段决定问题的范围。[②] 萨瓦斯则将民营化分为广义与狭义两个层面。广义上,民营化是"更多地依靠民间机构,更少地依赖政府,从而满足公众的需求";狭义上,民营化是"一种政策即引进市场激励以取代对经济主体的随意的政治干预从而改进一个国家的国民经济。这意味着政府取消对无端耗费国家资源的不良国企的支持,从国企撤资放松规制以鼓励民营企业家提供产品和服务,通过合同承包、特许经营、凭单(vouchers)等形式把责任委托给在竞争市场中运营的私营公司和个人等"[③]。

电信自由化与民营化在理论上与各国的改革实践中都呈现出密切的关系。但是,两者之间的张力乃至冲突及其调和则较少受到关注和反思。本文试从发掘台湾电信民营化与自由化进程中面临的问题出发,进而探讨大陆电信业相应的困境,兼论及德国与英国电信业的改革经验,再分别对两岸各自需要的改革对策提出初步建议。

二、台湾电信市场民营化与自由化之悖反

(一) 电信民营化与自由化历程

1949年以后,台湾的电信服务由政府行政部门("交通部"前"电信总局")直接独家提供,其间仅进行用户终端设备、电信网络利用(国内出租数据电路)、

---

① 参见台湾"交通部"前"电信总局":《电信自由化白皮书》,1997年版,第1页。
② 参见〔美〕米尔顿·弗里德曼:《资本主义与自由》,张瑞玉译,商务印书馆2003年版,第7页。
③ 〔美〕E.S.萨瓦斯:《民营化与公私部门的伙伴关系》,周志忍等译,中国人民大学出版社2002年版,"中文版前言"第2页。

电信增值网络业务等小规模电信自由化。后来因为移动通信服务效率不彰,采购弊案连连,导致近百万申装户等不到门号,加之台湾申请"入世",政府开始启动电信自由化的改革;另外,为配合政治上"解严"以及促进市场经济自由化与经营绩效的提升,也开始电信事业民营化。电信业自由化始于1996年7月,公营电信公司民营化始于2000年10月,二者均历时5年时间,分别在2001年7月和2005年8月完成。整个电信自由化改革的标志性一环是1996年监管事务与经营业务的分离:"交通部"起草"中华电信股份有限公司条例"并成立"中华电信公司"(下文简称"中华电信"),自当年7月1日起概括承接前"电信总局"的营运业务,前"电信总局"从此专注于电信政策制定与市场监理,并进行基本电信服务的自由化,开放民间其他业者提供相关服务。基本电信服务自由化先是开放移动通信业务,接着于2001年7月开放固定及卫星通信业务,实现了台湾电信市场全面自由化。① 中华电信在2000年10月27日在台湾证券交易所挂牌上市,随即开始释出股份方式的民营化历程。2005年8月12日,中华电信公股持有比例降至50%以下,其民营化在形式上得以完成。②

民营化与自由化关系密切。总体上看,民营化旨在增加服务供给和提升服务质量,提高企业效率,减少公共补贴等。③ 按照台湾"公营事业移转民营条例"第1条,民营化的目的在于调整政府角色,发挥市场机能;开放产业竞争,提升事业经营效率。按照前"电信总局"1997年《电信自由化白皮书》,电信自由化的目的亦在于"建立电信市场公平竞争环境""促进电信技术进步""改善电信事业经营效率""提供高质量、多样化且价格低廉的服务"以及"诱发连锁效应,带动经济发展"。2002年,前"电信总局"再次发布《电信自由化白皮书》,进一步揭橥电信自由化政策目标及管制原则:"建构国际级经营环境,使台湾成为亚太地区电信枢纽""普及电信服务,降低数字落差""促进电信市场全面竞争,提供更创新、高质量的电信服务"以及"带动产业发展,增进全民利益"四大方向。④ 可见,公营电信公司民营化与电信业自由化在目标上多有重合,其政策意旨均在于促进公平竞争、增进消费者权益和推动产业发展。

---

① 参见台湾"交通部"前"电信总局":《电信自由化白皮书》,1997年版,第4—6页。
② 依据中华电信在台北"高等行政法院"99诉字第219号判决之上诉内容,政府从中获得大约新台币4200亿。关于中华电信民营化过程的详细说明,请见贺陈旦、刘孔中:《检讨中小学与公立图书馆数据通讯接取普及服务》,载《法令月刊》2010年第12期。
③ 参见〔美〕斯科特·沃尔斯顿:《在规制和民营化之间:改革的顺序选择——以电信行业改革为例》,费丽萍、孙宽平译,载《经济社会体制比较》2003年第3期。
④ 参见台湾"交通部"前"电信总局":《电信自由化白皮书》,1997年版,第9页;2002年版,第4页。

（二）电信市场竞争现况与问题

民营后的中华电信只在电信自由化之初经历移动通信市场龙头地位不保的短暂局面，凭借剩余独占市场地位，搭配网络效益，以及民营化后的灵活营销手法，使得所有其他新进业者都仰赖其移动网络及固定网络，市场竞争屡屡遭到限制，消费者权益未获得充分保障，与前述电信自由化的基本政策目标相去甚远。

其一，独占市内电话及因特网市场，背离"促进市场全面竞争"的自由化政策目标。前"电信总局"1993年经"公平交易委员会"（以下简称"公平会"）公告为下列相关市场之独占事业：第一类电信、数据、影像、视讯等电信基本交换与传输之行业。① 中华电信自1996年7月1日起概括承接前"电信总局"之营运业务，至今在市内电话、因特网业务等许多相关市场仍属独占事业。此外，中华电信是移动通信业务市场的主导业者，网络最完整，员工人数最多，资本额最大，不动产最多，在台湾电信市场的竞争与发展上扮演主导性的角色，但并未达到促进电信市场全面竞争的自由化政策目标。

其二，掠取超额利润，背离"价格低廉"的自由化政策目标。正因为中华电信是市内电话及因特网市场独占业者，掌握全台接取网络与上网的命脉，所以在电信自由化与民营化后每年平均合并总纯益高达466.8亿新台币，税后纯益率②平均高达24.0%，获取超额利润，③严重抵触"中华电信股份有限公司条例"第3条规定的"本企业化经营，以公平合理之费率，提供普遍、持续及稳定之高质量服务，推行电信科技研究，促进信息社会发展，增益全体国民福祉"，也不符合电信自由化促进电信市场全面竞争及"高质量、多样化且价格低廉的服务"的政策目标。

其三，宽带网络经营成效不彰，背离"带动产业发展，增进全民利益"的自由化政策目标。中华电信在宽带业务领域收费高、速率慢，建设落后于日、韩等，提供的上下行速率相去甚远，而且上行速率太慢，十分不利于用户将其创作内容上传、与他人分享其生活、形成丰富的网络社交内容、激发网民的创作以及文化创意产业的发展，也不足以进行云端技术与服务的推广与应用。高速对称宽带的全面实现，在台湾还有漫漫长路要走。同时，宽带网络市场极难进入，竞争不足，

---

① 参见"公平会"1993年2月8日公秘法字第002号。
② 税后纯益率＝税后纯益÷营业收入。
③ 2010年，日本NTT、香港电讯盈科、韩国电信的税前纯益率分别只有11.4%、13.4%、7.5%。参见张绪中：《政客的幸福建构在对年轻人的剥削》，http://www.coolloud.org.tw/node/63536，2012年9月8日访问。

市场欠缺成长的动能与诱因。中华电信始终是宽带网络的独占供应厂商,新进业者从事网络建设十分困难且耗费甚巨,无法接通最后一哩以接近最终消费者,无从获得营收,更加怯于投资宽带网络。建设恶性循环的结果是强化中华电信的独占地位,而中华电信在不断指责新进业者"不建设而只搭便车"不道德的同时,只会在不影响其营收的必要范围内从事重点而非全面的宽带网络建设,无法真正解决台湾长期以来带宽不足的严重问题。

其四,中华电信公司治理不彰。中华电信虽然完成民营化,但是"交通部"仍然持有股份近四成,完全主导其董事会。① 不过,一如许多国家和地区对于其电信事业的监督成效不彰,②"交通部"对于盈余直接缴纳"国库"、与各种"中央"及地方政治势力关系良好的中华电信,几乎不愿采取有效监督。③ 在持股及监督的共荣共生结构下,"交通部"系统性袒护中华电信:未严格审核"国有"不动产作价投资中华电信之必要性在前,④未积极将中华电信拟缴回"国库"之非营业用资产收回在后,⑤且将中华电信民营化数据一律解释为工商秘密而拒绝

---

① 中华电信公司目前置董事13人(含独立董事3人),于2010年6月18日股东常会选任。除中华电信产业公会理事长担任一席员工董事外,其余董事均由"交通部"任命。

② See Ian Walden(ed.), Telecommunications Law and Regulation, 3rd ed., Oxford University Press, 2009, p.839.

③ 更有甚者,"交通部"为免除其对中华电信的监督义务,说服"行政院"在2006年5月1日向"立法院"提出"中华电信股份有限公司条例废止案"(但条例并未因之废止)。

④ 前"电信总局"改制成立中华电信时,该公司依据"行政院"1996年2月10日台(85)孝授五字第01564号函示略以:"属电信公司业务所需部分,作价投资中华电信公司",检讨造册呈报"交通部"审核后报奉"行政院"核定作价投资予该公司。然而,"交通部"并未严格审核。因为依据"交通部"相关报告,中华电信原本曾按照"行政院"2002年8月7日颁布之"国家资产经营管理原则",拟将原作价投资该公司之低度利用、可改列为非营业用资产对价缴回"国家"的土地及建物即多达566笔(面积997,169平方公尺)与90栋(面积59,342平方公尺)。参见台湾"交通部":《中华电信公司作价投资不动产处理情形之检讨及活化措施报告》,2003年版。

⑤ "交通部"审核中华电信提出之《资产经营管理及民营化推动情形报告》后,提报"国家资产经营管理委员会"第七次会议审议,结果竟同意"中华电信拟将非营业用资产缴回国库,经与会委员及机关代表充分讨论后,认为该公司已有民股股东,不宜以减资方式办理,建议活用资产,提升资产运用效益",并未积极将中华电信拟缴回"国库"之非营业用资产收回。中华电信依该结论重新拟具报告,经"交通部"审核后,提报"国家资产经营管理委员会"第十次会议审议,虽然作成应记取教训的结论:"中华电信公司经营之资产,经检讨结果仍有部分非属业务所需,惟因公司已公开上市难以缴回国库,致资产净值虚增影响营运绩效,尔后各国营事业应记取教训,严格检讨资产应用效益,将非业务必须的资产缴回国库后,再行释股民营。"但是,事后亦未闻"交通部"追究任何承办或决策人员之责任,所谓"记取教训"只是空谷回音。参见"交通部":《中华电信公司作价投资不动产处理情形之检讨及活化措施报告》,2003年版。

公开。① 此外，"交通部"所主导之董事会除董事长以外均为兼任，且未设置常务董事，亦缺乏有实质功能的各种委员会，②成员的执行职务所必需之知识、技能及素养亦受质疑。"交通部"实难真正督导中华电信之经营，引导中华电信走出公司本位、短期获利的魔咒，使之愿意在促进台湾通信产业发展以及实现宽带信息社会做出重大贡献。

其五，管制失灵。规范台湾电信业主导业者即中华电信的机关有作为目的事业主管机关的"通信传播委员会"（NCC）以及竞争法主管机关"公平会"。NCC作为电信产业主管机关，面对中华电信妨碍公平竞争之交叉补贴、不当价格决定、拖延互连等诸多涉嫌反竞争之行为，③管制乏力。原因之一在于制度缺陷。NCC管制依据的"电信法"虽经几次修正，重点仍然以服务之提供为主，而不是以管制市场主导者滥用市场地位之行为或促进市场之公平竞争为目标，与"特定部门竞争法"相去甚远，无法提供NCC强有力的执法依据。原因之二在于怠惰监管，对当为之管制或长期延宕，或执法乏力，致使中华电信有令不行、有禁不止。"公平会"基于对NCC职权的尊重，从未将"公平法"第10条所规定之禁止独占业者滥用其独占地位适用到通信传播领域，④迄今仅基于"公平法"显失公平及不实广告规定处分过中华电信两次。⑤

综上观之，后民营化时代的中华电信独占市场、价格不公、绩效不彰之种种

---

① 本文在研究过程中，曾依据"政府信息公开法"向"交通部"提出阅览中华电信民营化过程之相关资料，但是"交通部"一律以中华电信公司表示"涉及渠等工商秘密"为理由而拒绝提供其中任何信息，完全未尽说明公开对于该公司之权利、竞争地位或其他正当利益有何侵害可言之义务，于法不合。且虽然已经被台北"高等行政法院"2012年10月24日101年度诉字第303号判决命令公开，但是"交通部"仍然坚持提起上诉，不肯公开。

② 英国电信公司设平等接取委员会（Equality of Access Board）、稽核与风险委员会（Audit and Risk Committee）、薪资委员会（Remuneration Committee）、提名与治理委员会（Nominating and Governance Committee）以及退休年金委员会（BT Pensions Committee）。

③ 详细讨论参见刘孔中：《通讯传播法——数字汇流、管制革新与法治国家》，台湾本土法学杂志，2010年版，第6章。

④ "公平会"在其对于《电信事业之规范说明》（2011年最后修正）第3点就表示：对于"第一类电信事业市场主导者"之市场力滥用行为原则上优先依据"电信法"第26条之1规定（禁止滥用市场主导地位）处理，唯倘该"第一类电信事业市场主导者"亦符合"公平交易法"（以下简称"公平法"）第5条及第5条之1规定之独占事业之认定标准，且亦会致"公平法"第10条滥用独占地位行为之构成要件，该会亦得依法调查处理。执行"公平法"之目的在于促进市场竞争，唯对于涉及"电信法"之事前规范义务，例如资费管制、网络互连、平等接取、会计分离、号码可携等，虽亦涉及竞争议题，但因"电信法"已有特别规定，原则上优先适用"电信法"处理。至于单纯之消费争议案件，例如电信资费或账单、服务质量、服务契约条件等争议事件，则宜依据"电信法"及"消费者保护法"之相关规定处理。

⑤ 第一次是因为要求电话号码簿广告用户承诺将其广告费用并入市内电话账单内收取，足以影响交易秩序之显失公平行为，违反"公平法"第24条规定，而命其二周内停止该行为。参见"公平会"1997年公处字第217号。第二次是因为"打二分钟送五分钟"促销广告对服务之价格、内容引人错误，违反"公平法"第21条第3项准用同条第1项之规定，而处以100万元罚锾。参见"公平会"2002年公处字第091059号。

已与电信自由化政策目标相去甚远,甚至发生重大矛盾,引发各界对其"游走于既公且民、不公不民的不同治理标准之间,导致事业经营的错乱,也影响市场竞争效率"的批评。① 政府因之有责任检讨其管制框架及措施,确保民营化之后中华电信配合电信自由化之政策宗旨。②

三、大陆电信民营化与自由化实践与改革方向

围绕打破邮电部独家经营体制、引入竞争、政企分开、邮电分营,大陆1994年正式成立中国联通公司,从此为基础电信服务业引入竞争。之后,为促进中国电信市场的有效竞争和履行入世承诺,在1999年、2002年、2008年相继进行了以市场结构重组为核心的三次重大调整,③并持续进行各种改革。大陆电信业改革与台湾的路径有所不同:市场化是整个改革的主轴,而自由化与民营化在整个改革中不仅时间相对滞后,而且进展有限。大陆现在形成中国电信、中国移动、中国联通三家综合业务经营的基础电信企业。目前三家企业均为上市公司,其国有股占比分别为70.9%、74.2%和57.8%,国有资本总额为2114.29亿美元。④

(一) 大陆电信业现况与问题

应当承认,大陆电信业整体上取得了长足的发展,但改革并未真正打破电信业垄断的格局:移动电话市场上中国移动一家独大、固定电话和宽带市场上中国联通与中国电信寡头垄断的市场格局,对消费者利益和产业发展造成了严重负面影响。

其一,超高定价攫取超额利润,严重损害消费者利益。数据显示,中国电信

---

① 《联合报》2011年6月1日社论《不公不民的伪民营化要检讨了》指出:"当前民营化政策最大的问题,并不在这些尚未民营化的事业,而是那些已民营化,但政府依然持有可观股权的事业。……政府指派这些事业的董事长或总经理,也不时委以政策性任务,并掌握其经营主导权,但其预算、人事、经营计划完全不受国会监督……这些半官半民的'泛公股事业'却依着执政者的政治需要,游走于既公且民、不公不民的不同治理标准之间,导致事业经营的错乱,也影响市场竞争效率。"
② 詹镇荣有相同见解。参见詹镇荣:《民营化后国家影响与管制义务之理论与实践——以组织司法化与任务私人化之基本型为中心》,载《东吴大学法律学报》2003年第1期。
③ 关于中国大陆电信业改革历程的详细阐述,参见刘孔中、王红霞:《通讯传播法新论》,法律出版社2012年版,序言第1—9页。
④ 该数据仅针对基础电信业务,是对已经上市的三大基础电信运营企业和增值电信企业的基础电信业务与增值业务的市值分析。大陆电信业资本总构成中,国有资本和公众资本(包括民资、外资等)占比情况分别为48%和52%。参见子非等:《我国电信业对民营资本开放情况》,载《人民邮电报》2012年3月13日。

企业的利润率高于20%,而其他国家不超过10%;在电信业发达的美国,利润率甚至还不到1%。之所以造成这一状况,归根结底在于电信行业的垄断。① 专家测算,综合分析内地和香港宽带价格和网速,其间相差近1000倍。另据国家信息中心信息化研究部对上海10兆宽带服务的测算,服务费相当于上海城市居民人均可支配收入的11%和农村居民人均纯收入的25%,占到全国城市居民可支配收入的18%和农民人均纯收入的60%。欧洲固定宽带服务的价格水平则不到居民平均月收入的2%。另据国际电信联盟测算,有10个国家和地区的宽带价格不到国民收入的1%。②

其二,宽带低效严重掣肘产业发展,遏制带动效应。根据国际电信联盟发布的全球互联网普及率报告,在固定宽带与移动宽带普及率方面,中国大陆分别列第53位与第71位,普及率分别为11.6%和9.5%。③ 另一方面,宽带不宽、假宽带泛滥已成不争事实。据清华大学网络中心专家对北京等地用户使用的宽带质量测试结果,带宽丢包率达到12%,上网高峰期用户实际拥有的带宽还不到所购买宽带的5%。④ 从产业本身看,现有互联网网间互联不通畅、网络接入成本居高不下。以云计算为例,由于宽带瓶颈掣肘,中国大陆的成本为美国的4倍,直接输在起跑线上。同时,由于宽带已成为带动各国经济发展的重要举措,多数国家都加速宽带普及。截至目前,全球有119个国家正在将宽带政策提升到国家层面。宽带互联网的产业升级无法完成,不仅严重限制产业发展,更掣肘相关产业带动效应,拉大中国大陆与发达国家的距离。

(二)大陆电信业市场化改革方向

2001年,中国加入世界贸易组织,履行入世后所应承担的义务亦成为推动电信市场化改革的重要动力。2005年2月,国务院发布《关于鼓励支持和引导个体私营等非公有制经济发展的若干意见》(国发〔2005〕3号,俗称"非公经济36条"),指出:"允许非公有资本进入垄断行业和领域。加快垄断行业改革,在电力、电信、铁路、民航、石油等行业和领域,进一步引入市场竞争机制。对其中的自然垄断业务,积极推进投资主体多元化,非公有资本可以参股等方式进入;对其他业务,非公有资本可以独资、合资、合作、项目融资等方式进入。"2010年

---

① 参见天则经济研究所:《八大行业垄断状况报告》,载《中国改革》2010年第12期。
② 参见姜奇平:《宽带瓶颈、民生之殇——从互联网角度看待电信改革必要性》,载《互联网周刊》2011年第5期。
③ See ITU, The State of Broadband 2012: Achieving Digital Inclusion for All, http://www.ericsson.com/res/docs/2012/the-state-of-broadband-2012.pdf.
④ 参见姜奇平:《假宽带之声又起》,载《互联网周刊》2012年第20期。

10月,国务院下发《关于鼓励和引导民间投资健康发展的若干意见》(国发〔2010〕13号,俗称"新36条"),进一步明确提出:"鼓励民间资本参与电信建设。鼓励民间资本以参股方式进入基础电信运营市场。支持民间资本开展增值电信业务。加强对电信领域垄断和不正当竞争行为的监管,促进公平竞争,推动资源共享。"2012年,大陆的市场化和民营化步伐明显加快。① 6月,工业和信息化部(工信部)颁布《关于鼓励和引导民间资本进一步进入电信业的实施意见》(下文简称《实施意见》)。《实施意见》将鼓励和引导民间资本进入电信业的重点领域扩大至八个,即移动通信转售业务试点,接入网业务试点和用户驻地网业务,网络托管业务,增值电信业务,申请通信建设相关资质,参与通信基础设施的投资、建设和运营维护,参股进入基础电信运营市场,以及参与国际竞争。其中,移动通信转售业务试点、接入网业务试点以及用户驻地网业务对民间资本的开放具有突破性意义。工信部部长苗圩明确表示,正在全国推进的"宽带中国"工程,用户驻地网将留给民营企业,②此"最后一公里"若能保留给民企,对于后续电信市场的自由化将是重要基石。同时,《实施意见》还明确了推动电信法制建设、加强对电信业的监管制度和能力建设、完善对民间资本投资电信业的服务、加强对民营电信企业参与国际竞争的支持和服务、加强指导和监督五项推动落实的保障措施。③ 2013年1月8日,工信部《移动通信转售业务试点方案》草案公布并向全国征求意见。其他的细则方案亦有望于近期出台。

与此同时,2011年以来,更为系统的整体性改革方案即电信业第五次重组问题在大陆掀起讨论热潮。以中国社会科学院信息化研究中心为代表,提出诸

---

① "非公经济36条"及"新36条"颁布之后的改革口惠而实不至。2012年年初以来,大陆至少在形式上开展了推进民营资本进入垄断行业的密集型的举措。一是各部委相继按照国务院要求出台专门针对主管行业,鼓励民资进入的实施细则;二是中央电视台制作并在核心台有规划、分阶段密集播放关于垄断行业存在的问题、此前民资进入的"弹簧门""玻璃门"等问题及其造成的损害,以及当下民资进入面临的困局等多项系列节目,客观上引导了社会舆论,力促改革共识形成。

② 参见王晓涛:《宽带"最后一公里",民企进入或破难题》,载《中国经济导报》2012年9月20日。

③ 《实施意见》提出的保障措施的具体内容包括:"(一)推动电信法制建设,完善维护国家安全、用户信息保护、网络与信息安全、规范市场竞争秩序等相关立法。加快出台试点办法和规章制度。抓紧研究出台鼓励和引导民间资本进一步进入电信业的具体事项和试点办法,以及电信业务的申请条件、期限和程序等配套政策和规定,通过多种形式和渠道及时发布,不断提高政策透明度。(二)加强对电信业的监管制度和能力建设。保护企业和用户的合法权益,培育和维护公平竞争的市场环境。加强对电信领域垄断和不正当竞争行为的监管,促进公平竞争,推动资源共享。加强对增值电信业务的应用示范和引导,鼓励中小电信企业创新。(三)完善对民间资本投资电信业的服务。积极履行行业管理服务职责,加强政策宣传,搭建与民间投资主体交流沟通的平台。进一步发挥行业协会等组织的作用,为民间资本提供政策咨询和服务,推动民间资本在电信领域健康发展。(四)加强对民营电信企业'走出去'的支持和服务。通过多种渠道和形式,为民营电信企业'走出去'争取公平的投资、贸易和优惠政策,积极为企业解决实际困难和问题。(五)加强指导和监督。督促电信企业遵守电信业相关法律法规,指导民营电信企业完善内部规章制度建设,提高自身素质和能力,依法经营,诚实守信,积极履行企业社会责任。"

多版本的重组方案。最具代表性的方案有三:方案一以三网融合为前提假定;①方案二认为三网融合现阶段不可行,为不致使改革停滞,采两网融合的前提假定;②方案三假定两网融合亦不可能,选择电信业内部网业分离的具体方案。③三者的根本差异不在于操作办法本身,而在于各方案假设的改革前提,或者说是对改革阻力有不同认识基础,而对选路径可行性产生不同判断。争论仍在继续,而最具代表性的三方案乃至其他重组方案的共同之处在于,无一例外地将电信市场化作为改革的最终目标。

四、两岸电信自由化与民营化改革之比鉴

(一)台湾后民营化时代电信自由化需要的管制革新

后民营化时代因应自由化的管制革新,应该从外部管制和内部治理两个方面同时着力。

1. 管制之革新

(1)管制用户回路出租价格并扩大开放回路及于光纤回路

同样是从政府百分百持股而走向民营化,英国和德国的电信改革经验表明,用户回路的有效开放对于打破垄断、促进竞争具有关键性意义。英国电信公司(BT)彻底的民营化并未自动带来真正的自由化,④历经双头寡占时期的反思,从以基础设施竞争为主的竞争政策跨越到以服务竞争为主的摸索,行业主管机关为破解民营却不自由的难题,采取措施诱致 BT 释放大量用户回路,并成立功能与 BT 分离的独立批发部门 Openreach。

依据英国电信主管机关通信办公室(Ofcom)电信市场调查报告(CMR)⑤,BT 在 2006 年功能分离前后三年共七年期间改革成效卓著:

---

① 详见高红冰:《第五次电信分拆与重组方案建议》,载《互联网周刊》2011 年第 5 期。
② 详见国平:《电信重组第二方案建议》,载《互联网周刊》2011 年第 23 期。
③ 详见周瞰:《电信重组第三方案建议》,载《互联网周刊》2011 年第 23 期。
④ 1981 年英国《电信法》将电信从邮政总局分离,成立英国电信公司。BT 于 1984 年 4 月 12 日正式启动民营化进程,经三次释股,实现百分百民营。1997 年,政府进一步注销特别股(仅可用于阻止 BT 被并购以及指定两席非执行董事),从此完全不干预 BT 之营运。See http://www.bt.com/archives.
⑤ 英国电信主管机关 Ofcom 为了解电信产业的营运、规模、财务状况、服务提供以及客户使用状况等,自 2004 年起每年拿出一份调查报告(CMR)作为政策规划前对产业的深度了解。自 2007 年起,以 CMR 为基础,陆续加上欧盟至少 6 个邻国、美、加、日、中等,另编一份 International Communications Market Report 年度报告,以作为参考比较之用。

项目指标	2003年	2009年	项目指标	2003年	2009年
总线路市占率	83.1%	56.7%	宽带普及率	5.4%	30.4%
用户回路市占率	82.7%	58.2%	平均宽带速率	512 Kbps	8.3Mbps
营收市占率	74.4%	55.7%	宽带电路月租费	27英镑/月	17.6英镑/月
获利能力（每股股利）	14.2便士	18.4便士			

由上表足见，用户回路的有效释出在英国实践为一场多赢格局。其一，由于大量释出用户回路，在相互竞争之下，BT投入大量资金以改善设备功能，提高宽带传输速率，用户得以用更低廉的价格取得更高速的宽带服务，英国宽带普及率快速提高，国家竞争力亦同时得以提升。其二，释出用户回路虽藉由竞争降低BT的寡占情形，致使BT的固网市占率不断下滑，但因为竞争造成的效率改进以及高价值（如宽带电路）产品开发等因素，使BT的获利能力不降反升。①

在台湾，NCC虽然在2006年底将俗称"最后一哩"的用户回路宣布为瓶颈设施，并且要求既有业者保留传输能量15%给新进业者，但是指定开放的瓶颈设施仅限定于传统铜绞线，不包括光纤，而且不管制主导业者出租铜绞线给其他业者的价格，以至于此项管制措施完全无效，没有一条用户回路开放给新进业者。② 新进业者没有用户回路可以接近最终用户，对于主导业者而言，就代表着没有竞争。中华电信既然没有竞争，滥用独占地位的行为（例如收取独占价格、价格挤压）就成为高度可能的选项，而且只在其认为必要的范围内进行投资与网络升级。

根本解决之道在于，管制用户回路出租价格并扩大开放回路及于光纤回路。首先，NCC应管制中华电信的用户回路出租价格，强制其以反映成本与利润的合理价格出租用户回路给其他业者，真正落实铜绞线用户回路的开放政策。只要有用户回路可以接近最终消费者，建立收回投资的商业模式，其他民间业者才可能积极投入宽带网络建设。③ 同时，建议NCC以通过行政指导或行政契约，以解除对中华电信不对称或高度管制为交换条件的方式，诱使中华电信建立批发部门。此外，NCC应依据"固定通信业务管理规则"第37条第4项进一步将光纤回路宣布

---

① BT 2008年每股获利能力已近23.9便士，2009年因为受到金融风暴的影响降为18.4便士。
② 详细讨论参见刘孔中：《通讯传播法——数字汇流、管制革新与法治国家》，台湾本土法学杂志，2010年版，第5章。
③ 石世豪也认为开放用户回路有助于降低新进业者营运成本，使其得以提早与市场主导者竞争。参见石世豪：《向竞争转的通讯传播汇流法制》，台北元照出版有限公司2009年版，第195页。

为瓶颈设施,①使其批发用户回路之长期总体获益大于短期零售业务减少的损失。一旦光纤网络必须而且能够以反映成本与利润的合理价格出租给其他业者,中华电信就会有诱因尽可能提升其光纤容量,达到充分的规模经济与专业建设的效益(这比其他各家业者分别去建设更有效率),有效将之提供给自身及其他业者使用,促进产业发展与竞争,增加消费者选择,满足其逐日增长的带宽需求。

(2) 执法面之改进与协调

其一,以长期行为监督取代裁罚式管制手段。NCC 作为通信传播部门之竞争法主管机关,不适合采取一般竞争法主管机关的一次性裁罚管制方式。原因有二:第一,采取一次性的裁罚管制需要作详尽的事前证据调查,费力费时,对等待救济的新进业者而言缓不济急,而且主导业者可以不断变化其市场经营行为,令 NCC 疲于奔命,调查、处分及处理后续的行政诉讼;第二,"电信法"不健全,罚则太轻,对主导业者不会产生威吓力。② Ofcom 的做法可资借鉴。Ofcom 面对 BT 用户回路释出成效不彰,不仅定出限期内 BT 应释出 150 万对用户回路之目标,同时亦表示可能依《企业法》之授权,将 BT 交付竞争委员会,调查其违反竞争法之处。BT 迫于上述压力,于 2005 年 2 月与 6 月两次自行提出有包含功能分离在内共 230 项内容的承诺书,经 Ofcom 在当年 9 月接受后正式生效。该做法使主管机关得以对主导业者全面促进市场竞争之措施进行长期深度行为监督管制,值得 NCC 效仿。

其二,阶段性协调"公平会",强化对中华电信的管制。由于"电信法"欠缺竞争规范且处罚太轻,在修订改善之前,NCC 应积极协调"公平会",强化对中华电信的管制,修改在 2010 年 11 月 3 日的协调结论,将协调之范围不再限于广电相关事业之结合申报案件、卫星广播电视节目上下架争议案件以及广播电视节目不实广告案件,改为强调"公平会"应该如何加强执行"公平法"第 10 条,③以

---

① 不过,有学者怀疑,"若贸然将光纤回路亦纳入 LLU 管制适用范围,恐使电信既有业者不愿加速网络升级,而有不可逆的政策效果"。参见周韵采:《固网宽带之开放竞争政策》,载《月旦法学杂志》2010 年第 10 期。也有学者主张:"台湾已经开始从服务竞争转向设备竞争之初,不应再走回头路而将光纤宣告为瓶颈设施。"参见王宗雄:《从分离到合作——论电信事业设备竞争之防弊与兴利》,台湾大学法律系 2011 年硕士论文。黄则儒则质疑瓶颈设施下的价格管制不足以提供业者创新与投资的充分诱因。See Zer-Rur Huang, Zugangsregulierung und Innovationsanreize im Telekommunikationsrecht, S. 108. 对于上述疑问的辩证将超出本文之范围,在此仅指出欧盟执委会 2010 年 9 月所公布《管制近用下世代接取网络建议书》已建议会员国管制机关将光纤回路列入市场主导者,以细化加以提供之义务。See Commission Recommendation of 20/09/2010 on Regulated Access to Next Generation Access Network, paras. 23, 24.

② 依据"电信法"第 62 条之 1 第 1 项第 6 款规定,违反第 26 条之 1 第 1 项规定,有不公平竞争行为者处新台币 30 万元以上 500 万元以下罚锾,并通知限期改善,届期仍未改善者,得连续处罚至改善时为止,或停止其营业之一部或全部,或废止其特许。

③ 依据"公平会"统计,截至 2012 年 10 月底,该会总共只有 9 件独占事业被处分的案件,原本即偏低。

弥补"电信法"的不足。

2. 主导业者治理之完善

除在外部管制面积极作为外,还应重视主导业者内部治理的改进。具体措施有三:

其一,变更持股机关。"交通部"在政府再造后将调整为"交通及建设部",负担更多的建设与观光职能,更不适合继续作为中华电信的控股机关,应该另外找出较为合适的其他部会。理论上,合并"经建会"与"研考会"而成立的"国家发展委员会"(简称"国发会")、"经济部国营事业管理委员会"(简称"国营会")或是"财政部",都可作为中华电信的控股机关。唯国营会虽然有管理"国营事业"的经验(尽管以管理从事制造业的"国营事业"为主),但是鉴于"经济部"多年来大力辅导通信传播制造业(例如"M台湾计划"),很容易影响其对中华电信持股的中立性。对照于德国是由联邦财政部行使对德国电信公司之股权,不是不可以"财政部"作为中华电信的控股机关,[①]不过鉴于"中华电信股份有限公司条例"仍然课予中华电信不少政策目标(如第3条),这并非"财政部"所擅长。因此,"国发会"虽然职掌为台湾整体大政方针之规划,不宜管理具体之企业,但是可能是唯一适合作为中华电信的控股机关。

其二,强化董事会功能。除变更持股督导机关外,当务之急是改革中华电信董事会。首先,应设置专业强、视野广的董事会,不以中华电信为本位,而为中华电信找出最好的功能定位与绩效评估标准,同时符合电信自由化的政策目标。其次,应要求董事会设置如用户回路委员会、批发委员会、宽带建设委员会、稽核与风险委员会等有实质功能的委员会。

其三,增加中华电信"配合电信自由化政策,促进市场竞争与产业发展"的政策目标。"交通部"分别在2007年、2009年与2010年交通年鉴三次对持有中华电信股权的态度与做法提出如下一致的说法:该公司仍负有配合"国家政策"推动整体通信基础建设之特定政策任务。然而,基于前述讨论,中华电信"配合国家政策推动整体通信基础建设"并未能嘉惠市场竞争的业者及市场竞争,故建议在"中华电信股份有限公司条例"第3条中再增加"配合电信自由化政策,促进市场竞争与产业发展"的政策目标,使其与台湾通信传播产业同步成长,共创多赢局面。

[①] 也有学者主张:"如决定像英国以竞争为导向,建议将中华电信股权完全释出,或移转股权至与电信业务无涉的财政部。"参见倪大程:《固定通信网路分离之可行性研究——以英国电信之功能分离经验为例》,台湾中正大学电讯传播研究所2010年硕士论文。

（二）大陆管制革新上的观念厘清与想象可能

在大陆电信业向民营化和自由化审慎缓进的当下，台湾电信在后民营化时代面临的问题及对策思辨，或许可以厘清大陆管制革新上的观念并激发想象空间。

其一，民营化与自由化不可混为一谈。电信民营化只是自由化的阶段，自由化才是终极目标。民营资本的进入有利于引入竞争，刺激电信业生产效率、资源配置效率和管理水准的提高，改善服务和降低资费。但是，成功的民营化不导致当然的自由化。行业特质使民营资本后发介入存在诸多障碍，亦即电信行业属资金密集和技术密集型行业，具有巨大的资本规模效应和网络规模效应，大陆国有电信运营商的资本规模和技术水准民营企业短期内难以企及。因此，更有效的监管才能使电信业实现真正的自由化，达至公平竞争和保障消费者利益。英国与德国电信民营化与电信自由化政策的互动关系均证成此理。不同之处仅在于，英国电信公司虽然100%民营化，但是仍然要靠主管机关对其诱导行为走向的管制手段才能促进市场的自由与竞争。德国则是国家继续掌控德国电信公司的主导股权，①而在《电信法》授予联邦网络署强大的行为管制权限以及独立行使职权的准司法机关地位，且联邦网络署也确实运用该项权限管制德国电信公司滥用其显著市场地位之行为。② 台湾中华电信则是反面例证。形式上民营化的中华电信未受到控股机关"交通部"、目的事业主管机关"通传会"及竞争法主管机关"公平会"有效的管制，致使台湾电信业市场竞争无法真正开展，与电信自由化政策目标相冲突，经营绩效又回到民营化前的水平，甚至成为台湾通信传播产业发展的瓶颈。诚然，民营化往往与放松管制相提并论。但是，细查之，民营化仅仅是放松市场准入之管制，而民营化后更需有效的行为管制，尤其是对主导业者的行为管制。

大陆民资进入电信业之门初开，离民营化还有一大段距离，自由化更还有漫漫长路要走，建议加大推进力道，以增加市场竞争并强化私部门的经济活力。不过，深度"民进"策略不会改变三大老牌电信运营商的市场主导地位，也不会改变其限制市场竞争的经营行为。所以，实应从正反两方面经验入手，尽早做好强化管制市场主导电信业者之法制准备。

---

① 德国电信原本由政府100%持股，经1996年、1999年、2000年释股给大众，2000年6月持股首度降到50%以下。随后，德国电信自由化的重点就放在促进市场的公平竞争上，以避免德国电信公司形成市场自由化的障碍。

② 详细讨论参见刘孔中、贺陈冉、薛景文：《民营化与国家管制之冲突与调和——以中华电信为例》，中研院法律学所"2011行政管制与行政争讼"学术研讨会（2011年11月19日）。

其二,彻底民营化与否与自由化不存在必然联系。在大陆推进民营资本进入电信领域之时,一种观点认为,打破当前大陆电信业发展瓶颈的根本之道在于国家资本完全退出,彻底的民营才能带来有实效的市场竞争。从英国的电信改革来看,虽然 BT 全部民营化,但是自由化的结果还是靠各种管制措施的配合才得以实现;在台湾,"行政院"核定政府对中华电信最适持股比率为 34%,现阶段并无再释股计划,也未曾有要求将其全部民营化的主张;至于德国电信公司,德国政府仍然持有 32% 股权,但并不影响其在电信产业发展、消费者福利、市场开放等方面的优质表现。①

对于大陆而言,三大电信公司的全部民营化在中长期都不是切实可行的目标,骤然主张只会强化执政者对于民营化的心理障碍。目前比较实际的做法是对三大电信公司进行资产合理重估,强化其公司治理效能,进一步降低政府的持股。

其三,批发部门的功能分离应当是三大国营电信公司治理的基本原则。目前,大陆关于国家出资企业的内部治理改革正在热烈讨论和摸索进行中。有观点主张采行网业分离的改革思路,而网业分离有不同的模式,包括会计分离、功能分离、结构分离和所有权分离等形式。其中,功能分离值得中国电信、中国联通借鉴。中国电信和中国联通可以尝试将运营业务分拆为两部分,一部分投资并运营电信基础设施;另一部分在网络上提供服务,和其他公司一起竞争,允许保留所有权不变。② 结构分离(拆解为法律上独立的几个主体)与功能分离(在不破坏业者法律单一性的前提下将公司以功能别分为数个独立单位)在国际实务上都曾经发生过。结构分离以美国 AT&T 决定自行拆解为八家公司为代表,③功能分离以英国电信公司的 Openreach 以及德国电信公司的批发中心为代表,都是出于业者的自愿。台湾 NCC 于 2012 年 7 月 30 日提出之"电信法"修正

---

① 若与英国、法国、意大利、西班牙——欧盟最大的四个会员国相较,德国数字用户回路(DSL)服务成长率仅次于英国,普及率仅次于法国,DSL 网络费则是最低的。参见刘孔中、贺陈冉、薛景文:《民营化与国家管制之冲突与调和—以中华电信为例》,中研院法律学所"2011 行政管制与行政争讼"学术研讨会会议论文集(2011 年 11 月 19 日)。
② 参见周瞰:《电信重组第三方案建议》,载《互联网周刊》2011 年第 23 期。
③ 美国司法部从 1949 年以来就持续对 AT&T 提起《谢尔曼法》第 2 条(实施独占)之反托拉斯诉讼。双方曾在 1956 年和 1984 年达成行政和解并签订同意命令,之后司法部就长期监督 AT&T 之行为。但是,这对 AT&T 经营的主动性形成极大的限制,同时又有被司法部进一步要求胡乱分解的风险。AT&T 于是主动建议将其拆解为八家,而与司法部再度达成行政和解并签订同意命令。详细讨论参见 Gerald Brock, The Second Information Revolution, 2003, 200 et seq.

草案第 25 条不排除强制将中华电信功能分离作为最后管制手段。①

本文则建议三大国营电信公司考虑功能分离。因为结构分离工程浩大,相对之下,功能分离一方面比较容易实行,另一方面不同功能中心间因为需要计算找补,所以必须建立成本相关之会计制度,因此有助于主管机关稽核成本、定价管制等。有鉴于英国电信公司与德国电信公司在民营化后配合主管机关确保市场有效竞争之要求,成立批发部门并大量释出用户回路而成为协助电信产业良性发展的正面因素,批发部门的功能分离应当是三大国营电信公司治理公司的基本原则。

其四,尽速制定并颁行富有前瞻性和回应三网融合的《通信传播法》。有效的管制诚然需要科学的监管建制,以导正既有主导业者滥用市场优势地位,配合电信市场自由化规制政策。但是,观诸大陆当下错综复杂的监管格局,工信部作为主管部门不仅对主导业者缺乏积极管制,迄今未开出一张罚单,其在"联通、电信反垄断案"查处中的种种表现也使其偏袒之态度昭然。② 刚刚组建不久的反垄断执法机构一来缺乏执法经验,二来对电信行业专业知识有限,也难寄望其有持续的管制作为。③ 大陆迟迟不在电信监管机构改革面和立法层面实质推进,无疑为日后将面临的更复杂的管制课题埋下巨大隐患。因此,本文建议大陆超越讨论了三十余年的电信法及传播法的个别立法规划,尽速制定并颁行富有前瞻性和回应三网融合的《通信传播法》,赋予主管部门积极维护市场竞争的权责。④

---

① "电信法"修正草案第 25 条规定:"为促进固定通信网路业务之实质有效竞争,自本法修正施行日起一定期间内,固定通信网路业务市场仍未能达成相当程度之有效竞争状况,主管机关得实行命固定通信网路业务市场主导者为业务功能分离或其他得促进实质有效竞争之必要措施,固定通信网路业务市场主导者不得规避、妨碍或拒绝。但固定通信业务网络市场主导者自行提出具体可行之促进市场有效竞争措施,经主管机关认可实行者,不在此限。前项所定一定期间、相当程度有效竞争之认定及业务功能分离或其他得促进实质有效竞争必要措施之实施方式、市场主导者应配合实施之权利义务及其他应遵行事项之办法,由主管机关定之。"其立法理由为:"固定通信业务自开放民营竞争多年以来,形式上虽有数家综合网络业务经营者存在,但由于诸多因素之影响,目前极大多数之市场仍归开放民营前之既有经营者所独占。为促进固定通信网路业务之实质有效竞争,非以法律授权主管机关对固定通信网路业务市场主导者实行必要管制措施,显已无法达到业务开放之预期效益。爰增订第一项,明定主管机关得实行之管制手段。唯如固定通信网路业务市场主导者愿意自行提出具体可行之促进市场有效竞争措施,经主管机关认可实行者,显已无必要采取最后之管制手段,爰增订但书将之排除。"

② 2011 年 11 月 9 日,央视《新闻 30 分》报道,国家发改委已就中国电信和中国联通在宽带接入和网间结算领域是否存在垄断行为展开调查。两日后,工信部直属《人民邮电报》以几近谩骂之姿态公开驳斥央视对电信、联通涉价格垄断报道。11 月 21 日,中国电信和中国联通公开认错,讽刺意味十足。

③ 2011 年热络的联通、电信反垄断案,在当年 12 月两业者递交整改报告后便几无声息,致使普遍以为对两家运营商会进行的反垄断调查不了了之。不过,在 2012 年底的一个业内论坛上,国家发改委相关负责人表示,中国电信和中国联通的反垄断调查并未结案。

④ 详细讨论参见刘孔中、王红霞:《通讯传播法新论》,法律出版社 2012 年版,第 70—73 页。

论行业组织的自律管理权

沈贵明　王　晶[*]

内容摘要：随着我国市场经济的发展，各种行业的行业组织普遍建立，人们寄希望于行业组织在维护行业内部经济实体利益方面发挥积极作用的同时，也期待着行业组织在对其成员的自律管理方面发挥重要作用。然而，从2007年方便面行业整体涨价风波，到2012年被披露的中国酒业协会隐瞒塑化剂风波，从大陆境内乳制品行业触目惊心的"三聚氰胺"事件，到台湾发生塑化剂重大食品安全事件，对行业组织自律管理作用的发挥作出了负面评价。行业组织作为市场监管的主体之一，应当如何有效行使自律管理权，是亟待解决的现实问题。本文将理性分析行业组织自律管理权的一些基本理论问题，以期有助于促进我国行业组织自律管理机制的发展与完善，使行业组织充分有效地发挥其自律管理作用。

一、原理分析：行业组织自律管理权的根源

（一）行业组织的自律管理权源自行业组织自身需要及其法律属性

1. 自律管理权是行业组织最重要的基本功能的体现

作为国家和企业之间能够承接相应职能的民间经济组织，行业组织的存在

---

[*] 沈贵明：华东政法大学经济法学院教授。王晶：华东政法大学经济法学院硕士研究生。

有两方面的意义:一方面,行业组织代表企业利益,必须有效维护企业的权益,加强自己的影响力,防止国家机构的干预以及社会对本行业的侵蚀;另一方面,社会经济事务日益繁重、复杂,由行业组织负担起部分公共管理职能可以减轻国家负担并提高公共管理的效率。美国学者莱斯特·赛拉蒙指出,这些自治性中介组织的存在是"一种历史的偶然,但也有其坚固的基础——市场机制局限中对公共需求的回应,政府机制局限中作为另一种独立的对市场缺陷的回应机制,民主社会所需要的在平等的个人中推行合作多元主义和自由的价值"①。

行业组织作为行业与行业间、行业或者企业与国家间协调的组织者以及利益的发言人,具有以下功能:第一,服务功能。会员企业提供各种有效服务是行业组织设立的主要目的之一,是行业组织应有的职责。这主要包括:参与研究和制定本行业的经济政策,促进会员之间的联系和交往,举办培训班,创办刊物等。第二,自律功能。自律是行业组织实现自我管理的重要手段。行业组织通过自律管理可以整合全行业的资源,规范全行业的秩序,维护全行业的利益。这主要包括:制定并监督执行行规行约,规范行业行为;协调同行业价格争议;开展质量检测,提高产品质量,维护行业形象;协调行业内部会员之间的关系,调节企业间矛盾和纠纷等。第三,监管职能。行业组织是企业和国家之间的桥梁和纽带,通过协助国家相关部门实施行业监管,推动行业和企业健康发展。这主要包括:参与制订、修订国家标准,组织、实施并进行监督;参与行业生产、经营许可证发放的工作,进行资质审查;国家相关部门委托的其他任务等。

行业组织的自律功能日益成为行业协会最重要的功能。在市场经济中,企业是市场的主体,是国民经济的微观活动层,而国家处于宏观层面,对微观活动层的调整不可能面面俱到。这时,为了维持微观层面市场经济的有序发展,就要依靠法律法规的约束和社会自治组织的自律机制实现。自律能够避免企业之间无谓的纷争和冲突,形成公平、有序的市场竞争环境,既维护企业的根本利益,又推动整个行业的良性发展,进而形成整个市场经济的公平竞争氛围。② 国务院办公厅2007年5月13日下发的《关于加快推进行业协会商会改革和发展的若干意见》中提出:"行政执法与行业自律相结合,是完善市场监管体制的重要内容。行业协会担负着实施行业自律的重要职责,要围绕规范市场秩序,健全各项自律性管理制度,制订并组织实施行业职业道德准则,大力推动行业诚信建设,建立完善行业自律性管理约束机制,规范会员行为,协调会员关系,维护公平竞

---

① 〔美〕莱斯特·赛拉蒙:《非营利领域及其存在的原因》,李亚平译,载李亚平、于海选编:《第三域的兴起——西方志愿工作及志愿组织理论文选》,复旦大学出版社1998年版,第40页。
② 参见谢增福:《行业协会功能研究》,中南大学2006年博士论文,第50页。

争的市场环境。"行业协会的自律功能一方面加强了行业协会的权威,避免了国家的过分介入;另一方面使得自律机制能与他律机制相协调,将行业协会所实现的自律秩序纳入既定的法律秩序中。

2. 自律管理权是行业组织存续的必然要求

亚当·斯密在《国富论》中指出:"同行的经营者们很少聚到一起,即使为行乐和消遣,其谈话内容也是以共谋诡计抬高价格而告终。"同行业者之间具有天然的卡特尔倾向,隐藏着限制竞争,损害竞争者、消费者甚至协会内部企业利益的风险。行业协会很容易忽视自律管理权,把协调权能转化为共谋的能力,实施有损于竞争者、消费者以及协会内弱小企业利益的行为,[①]比如前面所提到的方便面协会统一抬高方便面价格事件。行业组织一方面是依据国家立法进行管理或者服务的相对人,另一方面又是依据自治章程或者国家立法对其组织成员提供管理或服务的准行政主体,在其存续过程中会逐渐形成自身的意志和相应的利益,可能与其成员利益、国家利益发生冲突。行业组织的存续会对其成员意志构成约束。与国家和法律的干预相比,自律更能够有效地协调成员之间潜在的利益冲突,遏制利益失衡的不良表现,对内部成员形成有效约束,维系组织体。

3. 自律管理权是行业组织发展进步程度的重要考量指标

同行业的企业发展到一定阶段,会产生共同的利益或者要求,这就需要相互结成集团,以克服单个企业或工商业者所不能或无力从事追求最大利益的弊病。各个成员企业为了共同利益而聚到一起结成行业组织。可以说,自我利益追求是一个行业组织的初级发展表现。"不以规矩,不成方圆。"行业组织要想发展壮大,必须形成自我约束、自我管理的规则。通过制定并遵循一定的自律规则,行业组织才能走向成熟。当前,世界经济正在走向全球化,国家对微观经济的干预越来越少,行业组织的自律管理对于行业的发展正发挥着日益重要的影响。行业组织一般通过行规行约实行行业自律,帮助企业建立约束机制,为各种所有制企业平等参与竞争创造条件。行业组织能否顺应社会发展所需并形成完整的自律规则体系,是衡量一个行业组织是否具有社会积极影响的重要因素。

4. 自律管理权是行业组织对社会发挥正能量的主要途径

根据我国法律规定,企业从事经营活动,必须遵守法律法规,遵守社会公德、商业道德、诚实守信,接受国家和社会公众的监督,承担社会责任。企业利益的最大化要受到社会利益的制约,而企业往往难以自觉承担社会责任,所以通过外部力量推动企业履行社会责任是非常必要的。行业组织由本行业内的企业组

---

① 参见喻术红、周玮:《行业协会利益失衡问题及其法律规制》,载《武汉大学学报(哲学社会科学版)》2008年第1期。

成,以维护本行业的整体利益为目的。作为自律规则的制定者和实施者,行业组织通过其内部组织机构的运行及排斥企业不良经营行为、参与消费者权益保护活动等自律管理行为,规范成员行为。这有利于改善行业的整体形象,取得社会的认同和信任,并能为企业发展提供和谐的外部环境,对社会进步发挥正能量作用。

行业组织主要通过以下途径行使自律管理权,承担社会责任:第一,行业组织可以通过规章制定权的形式,制定一系列职业道德、技术标准等规则规范企业的行为;第二,行业组织可以通过实施一系列标准规则保护消费者权益,承担社会责任;第三,行业组织要自觉利用非法律处罚权对协会内不良经营企业进行相应惩罚,只有严厉地惩罚,将缺乏社会责任感的企业拒于市场之外,才能起到杀一儆百的效果;第四,行业组织应当建立企业社会责任的评价体系,督促行业自觉地承担社会责任,从而有助于社会责任的整体实现。

5. 自律管理权是行业组织成员之间意思自治的契约关系体现

自律管理权的主要来源是组织成员的团体契约。霍布斯在《利维坦》中指出:"权力的相互转让就是人们所谓的契约。"但是,这种契约应当不违反相关的法律和政策,符合社会基本道德和市场公认规则。卢梭在《社会契约论》中这样表述社会契约所要解决的根本问题:"要寻找出一种结合的形式,使它能以全部共同的力量来维护和保障每个结合者的人生和财富,并且由于这一结合而使得每一个与全体相联合的个人又只不过是在服从其本人,并且仍然像以往一样地自由。"组织成员之间的契约是组织赖以存续的法律基础。契约的履行不仅需要成员的自律,也需要组织的自律管理。在行业中,各个企业也赞同将各自的权利让渡给行业组织,使行业组织能够有足够的权力保护和促进每个企业的发展。组织成员参加自律组织,意味着自身的部分权利在约定限度内向自律组织让渡,组织凭借成员自愿让渡的权利对成员实行自律管理。当成员违反规则时,行业组织有权在其所拥有的自律管理权范围内对该成员进行惩戒,从而使其遵守行业组织内部的自律规范。①

(二) 行业组织的自律管理权源自国家对行业组织的积极干预和规范

行业组织自律管理权作用的有效发挥,既需要行业组织的理性认知和自我发展完善,也需要国家的积极干预。国家宏观调控中,一方面需要通过市场将国家宏观调控的信号传导给微观经济领域,另一方面又需要将微观经济活动主体对宏观调节信号作出的反应传回国家,并在宏观经济总体上反映出来。在这些

---

① 参见顾功耘主编:《经济法教程》,上海人民出版社2002年版,第52页。

信息不断输出、输入和反馈的过程中,难免因为市场缺陷或者其他因素的干扰,使得宏观调控信号"变形"、微观经济主体的活动信息"失真",从而造成宏观决策者的失误,无法达到预期的调控效应。在宏观和微观之间,作为信息中继站,行业组织通过自己组织的各种活动和渠道,宣传国家的方针政策,及时传播国家发出的与本行业有关的调控政策,同时广泛搜集、整理企业信息、市场动态和经济参数以及来自各方面的愿望和建议,及时地反馈给有关部门,为国家制定产业调控政策提供可靠依据,并保证调控信息的畅通。① 为了保证行业组织这个中继站的信息搜集与信息传递准确无误,以及避免别有用心者滥用这些信息造成对市场的不良影响,国家必须通过法律法规对行业组织的行为有所规制,行业组织只能在法律规定的范围内行使自律管理权。另一方面,国家监管和制裁的警示是行业自律得以建立的外部前提。多数学者认为,如果没有明确的制裁,行业自律将很难维持,即使是强有力的同行压力,也很难避免机会主义。国家制裁之所以能有效促进行业自律,是因为在国家的严格监管之下,企业所需要付出的成本远远高于行业自律的成本。企业经过一番博弈,为了避免更严厉的国家监管,往往选择主动自律。②

如果说行业组织的自律管理权源于行业组织的需要,这在法律属性上表现为通过行业组织内部契约获得,那么国家对行业组织的积极干预和规范的必要,成了行业组织自律管理权通过外部获得的法理依据。行业组织通过外部获得权力的方式主要有两种:法律授权方式和国家委托方式。

法律授予行业组织的权力有一部分是行业组织应当自主享有的,法律对行业组织享有的这些权力予以认可、保护和鼓励,如鼓励、支持体育社会团体按照其章程,组织和开展体育活动,推动体育事业的发展。法律授予行业组织的另一部分权力则是对国家行政权的转让,如《注册会计师法》授权省、自治区、直辖市注册会计师协会对参加注册会计师全国统一考试成绩合格,并从事审计业务工作两年以上的人员进行注册管理。

国家为了更好地实现宏观调控、整体决策,将部分本该由国家行使的行业事务管理权力委托给行业组织。例如,制定产业政策和发展计划是国家在对行业进行宏观管理时采取的主要手段,而国家要做好这些决策性工作,就必须有行业组织提供的资料及论证为依据,才可能作出科学的、符合行业发展规律和实际的决策。国家可以委托相关的行业组织进行前期调查与研究,组织专家论证,提出

---

① 参见朱英主编:《中国近代同业公会与当代行业协会》,中国人民大学出版社2004年版,第416页。

② 参见郭薇:《政府监管与行业自律——论行业协会在市场治理中的功能与实现条件》,南开大学2010年博士论文,第160页。

具体建议等。

国家通过行业组织的管理对行业内部经济个体进行间接干预,这是对个体经济私权自治的尊重。在计划经济时代,我国政企不分,国家以部门管理的形式对行业经济实施直接的监管。后来过渡到市场经济,政企逐步分开,国家不便再对行业经济实行直接监管。亚当·斯密曾提出"经济人"假设:个人利益是人们从事经济活动的出发点,他们追求自身利益的最大化,即个体理性。行业组织中的个体成员为了追求个体理性,也不可避免地存在一些弊病。当个体成员过于追求个体利益而与社会利益发生冲突时,国家不能直接对个体成员进行干预,而只能借助于行业组织实现对行业内部个体成员的间接干预。行业组织在对行业事务进行干预管理时,也应当避免过于追求行业组织自身的利益。我们可以将行业组织的自律管理分为三个层次:第一层次,自律管理的最低层次,这个层次的行业组织在实施自律管理时,完全以成员的利益为中心。在这一层次,行业组织的管理面面俱到,但缺乏效率。第二层次,经过上一层次后,行业组织逐渐放手,要求组织成员自我约束、自我管理,又将成员的个性放大,容易发生成员只追求自身利益而损害、违背行业利益的情况,比如三鹿奶粉等各类产品质量问题。第三层次,行业组织自律管理的最高层次,行业组织一方面要求成员自我约束,另一方面在关心行业利益的同时,关注社会责任;在行业利益与社会公共利益相冲突时,能够权衡利弊,作出有利于社会发展的正确选择。这个层次的行业组织在追求自身发展的同时关注社会发展,这才是国家对个体经济实施间接干预时所真正需要的行业组织。

二、理性思考:自律管理权的应有内容

自律管理权的内容是指行业组织依法享有的,为了整个行业的利益,对行业进行自律管理的权力构成体系。自律管理权的内容是自律管理权的具体反映。自律管理权的基本内容决定着自律管理的范围、界限以及效果。自律管理权的内容与自律管理权的实施是完善自律管理制度的两个重要方面。行业自律的内容主要包括规章制定权、监督权、惩罚权、争端解决权。建立完善的自律管理权内容体系有利于完善自律管理权,加强行业自律,也有利于各行业开拓发展空间,提高行业威信,树立社会形象。

(一)规章制定权

规章制定权是行业组织应当享有的一项重要的基本权力。首先,制定规章有利于维持组织内部秩序,是行业组织进行自律管理的重要基础。麦基弗曾说:

"任何一个团体,为了进行正常的活动以达到各自的目的,都要有一定的规章制度,约束其成员,这就是团体的法律。"[1]行业组织必须通过制定一定的规章制度进行日常管理。一系列规章制度将使行业组织的日常运作规范化、有序化,并可以对组织成员产生一定的约束作用。在制度经济学家诺斯看来,行业组织内部的规章制度属于非正式规则的范畴。他指出,社会约束体系中的大部分都是非正式规则,即便是在最发达的经济体系中,正式规则也只是决定选择的总约束中的一小部分(尽管是非常重要的部分)。[2] 行业规章的重要性由此可见一斑。离开了规章制度的行业组织只能是一盘散沙,不能对行业组织发生任何积极作用,失去了约束的组织成员反而有可能影响行业乃至社会的发展。其次,法律是一种概括的、普遍的行为规范。任何国家的任何法律都只能解决具有社会性的普遍问题,法律不可能触及社会生活的方方面面。行业组织涉及各行各业,每个行业组织都有其特殊性,法律不可能一一为不同的行业组织设立不同的规章制度。这就如同法律中只有《公司法》对公司制度作规定,而不会为每个公司都量身定做公司章程。对行业组织章程这种具有特定性、局部性的问题用法律加以规定,无疑会造成对法律成本的浪费。最后,我国目前缺乏对行业组织进行统一管理规范的法律文件。在这种情形下,为了避免行业组织的管理混乱,应当鼓励行业组织制定内部规章制度,约束内部成员的行为,维持组织内部秩序,进一步完善组织的自律管理。

制定组织规章是行业组织实施自律管理中的一项基本权力。相比之下,行业组织所制定的组织规章具有专业性与针对性,在一定条件下能够为国家制定法或者相关通用标准所吸纳。行业组织制定的规则应当是会员全部认可并自觉遵守的行为规范。按照我国《行政许可法》的规定,社会生活与经济生活中大量"可以不设行政许可"的那些"行业组织或者中介机构能够自律管理的"工作和职能,实际上就是社会组织可以发挥的作用,这些作用的载体就是组织规章。[3]

组织章程是行业组织的基本规范,是会员行为的基本准则。我国《社团登记管理条例》第15条规定:"社会团体的章程应当包括下列事项:(一)名称、住所;(二)宗旨、业务范围和活动地域;(三)会员资格及其权利、义务;(四)民主的组织管理制度,执行机构的产生程序;(五)负责人的条件和产生、罢免的程序;(六)资产管理和使用的原则;(七)章程的修改程序;(八)终止程序和终止后资产的处理;(九)应当由章程规定的其他事项。"这是我国的行业章程一般

---

[1] 转引自邹永贤等:《现代西方国家学说》,福建人民出版社1993年版,第322页。
[2] 参见〔美〕道格拉斯·C.诺斯:《制度、制度变迁与经济绩效》,刘守英译,上海三联书店1994年版,第49页。
[3] 参见傅伟光、张经:《行业协会概论》,中国工商出版社2008年版,第254页。

应具备的内容。Thomas A. Hemphill 主张,在行业规章中应该阐述的是三个主要领域或行业成员企业行为的附录:(1)经济附录,包括产品/服务特性、广告、产品间谍和信息披露;(2)环境附录,包括环境、健康、安全和产品责任议题;(3)社会政治附录,包括政治参与、行贿、慈善事业、当地社区/社团和"支持行为"(鼓励雇用和录取少数民族、弱势民族、女性等,防止种族与性别歧视的积极行动)。①

除了组织章程外,自律公约也是行业组织实施自律管理的重要依据。自律章程是一种针对会员经营行为或职业行为的道德规范,它主要以规范会员之间的不正当竞争、促进安全生产、强化会员企业的信誉和社会责任、维护行业秩序为目的。自律公约更多地体现了约束会员企业的不良市场行为,以及行业组织关注社会利益、保护消费者权益的公益性价值取向。根据上文对行业组织三个层次的划分,组织章程是每个层次的行业组织都必须具备的;自律公约并不是每个行业组织都具备的,却是第三层次的行业组织所必须具备的。

(二)监管权

监管,顾名思义,即监督管理。行业组织对组织成员进行自律管理,必须具备一定的监管权。监管权能够保证组织章程、自律公约以及各项标准和政策落到实处,是维护行业组织内部秩序的重要保证。

行业组织实施监管权的内容或途径主要是:

其一,制定行业标准和技术标准。2006年6月7日,中国家用电器维修协会在北京发布了我国首个空调维修服务自律性行业规范《房间空气调节器节能清洗维护规范》(试行),即日起在行业内试行。这一规范旨在积极引导空调节能清洗维护服务走向正轨。② 制定行业标准是促进行业自律的有效手段,行业组织可以借此设置生产门槛,从而规范组织成员的生产行为。行业组织具有一定的专业性和技术性,由行业组织制定的行业标准具有科学性。通过制定和实施行业标准、技术标准,不仅能够让消费者对产品有一个客观的评价,而且能够保证产品的质量,提高行业的整体技术水平,促进行业发展。但是,另一方面,行业标准在实践中也具有市场壁垒的功能,近来有成为大企业限制竞争的重要手段的趋势。目前我国绝大多行业只有国家标准,行业自身制定的标准很少。行政部门与行业组织相比,距离市场较远,在专业性及信息方面都相对落后,制

---

① See Thomas A. Hemphill, Self-Regulating Industry Behavior: Antitrust Limitation and Trade Association Codes of Conduct, Journal of Business Ethics, 1992, Vol. 11(12):915—920.

② 参见傅伟光、张经:《行业协会概论》,中国工商出版社2008年版,第266页。

定的标准甚至可能与国际脱轨。我国应当尽快纠正这种由国家制定标准的现状,在将标准的制定权下放给组织的时候,做好规制工作。

其二,执行市场准入规则。市场准入是指明确规定组织成员要获得在某行业或产品上从事某种活动的资格所需要的条件及程序。市场准入是行业组织对行业进行干预的起点。制定严格合理的市场准入制度,设置行业市场准入门槛,有利于规范市场主体,控制市场份额,促进整个行业的健康发展。从总体上看,由行业协会控制市场准入的门槛,大致有以下几种模式:(1)由行业协会直接发放许可。这是强行政的一种模式,在我国较为少见。(2)由政府发放许可,行业协会进行前期的资格审查。这实际上是一种合成性的行政行为,行业协会承担的是事实审查责任。(3)采取评估、确认等手段,通过引导消费者理性消费,实行"软"的控制,属于一种完全市场化的模式。[①] 行业准入权力相当于审批权。行业协会拥有准入权限的原因在于,行业组织代表其内部组织成员的集体利益,具有公法人的主体资格。在国外,相关行业的市场准入资格由相关行业组织设立,国家或相关部门只需要依据行业协会制定的准入制度进行监督即可。我国目前的市场准入方面的制度一般仍由行政机关制定,这样不仅效率低,而且可能造成与市场实际需求不符。

其三,实施日常管理权。行业组织对组织成员具有日常的经营管理职能。在我国,政府很强调行业协会的日常管理权。上海市1998年发布《关于制止低价倾销行为的试行规定》,赋予了行业协会"加强对经营者成本核算的指导""规范经营行为"等职能。[②] 日常管理权是行业组织实施有效的自律管理所必需的。通过日常管理权,行业组织能够规范组织成员日常的生产经营活动,规范市场秩序。

(三)惩罚权

行业组织享有对组织成员的处罚权,首先是为了有效规范成员的生产经营活动。科尔曼指出:"如果任何行动者不服从规范,必须对其实行惩罚,只有这样,规范方能行之有效。"[③] 只有日常监管而没有惩罚权,容易使行业组织制定的市场准入制度、技术标准、日常管理等归于无效。不难看出,惩罚权有利于促进

[①] 参见余凌云:《行业协会的自律机制——以中国安全防范产品行业协会为个案研究对象》,载《清华法律评论》2007年00期。

[②] 参见国家经贸委产业政策司编:《中国行业协会改革与探索》,中国商业出版社1999年版,第113页。

[③] 〔美〕詹姆斯·S.科尔曼:《社会理论的基础(上)》,邓方译,中国社会科学文献出版社2008年版,第314页。

行业组织的有效运作,帮助行业组织在组织成员中树立威信,规范组织内部的程序运作。其次,惩罚权由行业组织行使,更具有专业性和针对性。当争端源于一个高度团结的团体成员之间时,团体执行机制会比法院更好。大多数团体对有关自己的道德标准和争执之下的真相有更深入的了解。在市场压力下,这些团体也易于建立有效的收集信息和解决争执的机制。再次,惩罚权由行业组织内部行使,有利于提高效率。将惩罚权交由行业组织行使,一方面可以减轻有关行政机关的行政负担,节约司法成本;另一方面可以节省相关的手续费用和处理时间,提高行业组织的运转效率。最后,惩罚权由行业组织行使,有利于行业组织实现完全自治。一方面,行业组织没有自己的惩罚权,对违规者的惩处依赖于相关法律规定以及国家机关,会使行业组织产生对国家的依赖,最终使行业组织丧失其独立的自治精神;另一方面,国家机关通过相关法律对行业组织内部事务行使处罚权,难免会造成国家对行业组织内部事务的干预,从而使行业协会的自治难以实现。但是,行业组织一旦建立了自己的惩罚机制,会在更大程度上实现行业协会自治的内在要求。①

行业组织是社团,作为一个社会群体,依据习惯法上的承认以及实体上的必要性,必须有能力对成员违反群体要求的行为作出反应。② 即行业组织作为一个社团,有能力对行业组织内部违反组织要求的行为作出处罚。

行业协会基本上都规定了惩罚措施,如2013年4月26日通过的《上海中药行业行规公约》第18条规定,对严重违反公约规定的企业,视情况采取批评教育、警告、行业内通报、向政府主管部门通报、公开曝光等惩处措施,直至取消会员资格。由此可以看出,一般行业组织的惩罚机制主要是行业组织内部进行的非法律惩罚,如批评教育、内部通报、行业曝光、开除会籍等。

(四)协调与争议解决权

协调与争议解决权是行业组织对行业内部事务、组织成员之间的纠纷进行协调或调解的权力。通过行业协会协调和解决行业内争端的局限性在于两方面:一是这种调节只局限于会员之间,对非会员不具有约束力;二是这种调节必须以政府监管部门为后盾才能更好地保证其有效性,即在调节不果的情况下,可以向政府部门寻求帮助。③

首先,行业组织自律管理权应当包含协调与争议解决权。协调与争议解决

---

① 参见鲁篱:《行业协会经济自治权研究》,西南政法大学2002年博士论文,第149页。
② 参见〔德〕迪特尔·梅迪库斯:《德国民法总论》,邵建东译,法律出版社2000年版,第838页。
③ 参见郭薇:《政府监管与行业自律——论行业协会在市场治理中的功能与实现条件》,南开大学2010年博士论文。

权完善了行业组织的自治权,是其不可或缺的一部分。它与前述的规章制定权、监督权和惩罚权构成了行业组织功能完善的自治体系,这样行业组织才能实现真正意义上的自治。

其次,在行业组织内部,各组织成员之间、各组织成员与行业组织之间、整个行业与消费者之间不可避免地会发生利益等各个方面的纠纷。行业组织具有专业化和信息化优势。在我国清末的时候,商人们就更愿意受商会公断处判断,而不愿意赴审判厅诉讼,认为审判厅中充任法官者并不通晓商事,唯恐因误会而误判。[①] 将解决争议的权力赋予行业组织的益处有三:第一,可以加快争议解决,提高效率;第二,可以为争议作出良好的判断,提出最佳解决方案;第三,解决争议的过程有利于行业组织及时掌握组织成员的信用状况,从而可以优化行业组织的自律功能,有利于组织成员互帮互助。

三、现实的问题:我国行业组织自律管理权的缺憾

通过以上对行业组织自律管理权内容体系的分析,再反观我国行业组织的自律管理权,我国行业组织要实现自律管理面临着诸多障碍,涉及国家层面、行业组织层面以及成员企业层面。我国行业组织的缺憾,单从行业组织这一层面来说,从权力的来源至权力的实施、监督都存在一定的障碍,主要包括权力来源不足、行业规范缺乏可操作性、缺乏监督机制、惩戒机制缺乏力度等。

(一) 权力来源不足

从以上分析可以看出,我国行业组织自律管理权的行政色彩浓厚。行业组织所拥有的能够约束会员的自律管理权,部分来源于各会员企业对行业组织的权力让渡,部分来源于国家的委托,部分来源于法律的规定。首先,会员让渡出权力后,要接受行业组织的监督甚至惩戒,承担行业组织赋予的义务。会员企业为了维护个体的利益,出于对承担义务的逃避,往往让权不足。其次,我国关于行业组织的立法严重滞后,截至目前尚未出台关于行业协会的专门法律。我国仍是将行业组织作为普通社会团体,适用《社会团体登记管理条例》。根据该条例,可以对行业组织的发起、设立进行统一的管理,但却无法对行业组织的自律管理权等有关内容作有针对性的规定。在目前的官方文件中,只有在国务院办公厅2007年下发的36号文件中对行业组织的自律管理权有涉及。这种无法可依的局面不利于行业协会的发展,使国家、行业和企业都处于两难的境地。最

---

① 参见马敏:《商事裁判与商会——论晚清苏州商事纠纷的调处》,载《历史研究》1996年第1期。

后,从《社会团体登记管理条例》中可以看出,要成立行业组织,发起人须向登记管理机关提交章程草案。章程草案须经登记管理机关的批准方可生效。从成立章程可以看出,大部分公共管理职能和权力还掌握在国家手中;对于行业组织的相关权力,国家也没有明确放权。会员企业让权不足,无法可依,国家不放权,最终使行业组织自律管理的权力不足,弱化了行业协会的权威。

(二) 行业规范缺乏可操作性

行业组织通过自律管理权对各成员实施管理监督。从本文第二部分可以看出,行业组织的自律管理权主要由规章制定权、监管权、惩罚权以及协调与争议解决权等组成。行业组织可以制定行业规章、自律公约、行业标准、技术标准等一系列行业规范。目前在我国,基于《社会团体登记管理条例》,大部分行业组织都有相应的行业规章。但是,行业规章往往只涉及行业组织的内部组织结构等基本事项,想要借之发挥行业组织的自律管理职能有些困难。此外,我国的大部分行业标准、技术标准仍由国家行政部门制定,难免缺乏专业化和信息化优势,不一定完全符合市场需求,其执行力也存在一定的问题。

(三) 缺乏监督机制

目前,我国大部分行业协会的章程均是依照民政部门制发的"社团组织章程示范文本"填写而就。行政机关往往为了企业和社会民众的方便,起草一些类似的合同示范文本或者章程示范文本。[①] 这样形成的行业组织章程一般比较容易符合法律的规定,但是其执行性存在很大的问题。此外,组织成员企业往往以个体利益为目的,而行业协会有一定的集体理性。行业组织往往在企业个体理性与行业协会集体理性发生冲突的时候,才会主动自发地进行市场治理。在个体理性与协会集体理性没有发生冲突的日常管理活动中,或者说为了防止个体理性与协会集体理性发生冲突,行业组织也应当进行合理的市场治理。但是,我国目前的行业自律组织没有内部的自律监督机构负责监督行业规章、行业标准等,国家也不愿意放权于行业协会,行业组织制定的行业规章、标准等不能够得到有力的执行。没有强制性权力监督导致行业协会的自律职能失效。

目前,我国行业组织没有建立起对行业组织成员企业自律状况进行监督的渠道,政府也没有建立起针对行业协会组织自律状况的审查渠道。从行业组织内部来说,行业组织的成员往往基于自身的利益要求,很少主动定期将日常经营状况向行业组织报告,成员之间也不存在相互监督检举的机制。

---

① 参见傅伟光、张经:《行业协会概论》,中国工商出版社2008年版,第19页。

(四) 惩罚机制需加强力度

我国行业组织的惩戒措施主要包括批评教育、警告、行业内通报、向政府主管部门通报、公开曝光等,最严重的惩戒为取消会员资格。面对违规企业,行业组织一般首先进行隐性谈判,这种谈话一般不公开,主要是了解情况、说服教育;对初步批评教育不改正的进行行业内通报,这种惩戒仍然是批评教育,与第一种相比,公开的范围更大;对于通报批评仍不改正的可以通过媒体曝光或者建议行政处罚,也可以进行行业内的集体制裁。[①] 在我国,由于多数行业组织覆盖率较低,在同行业中缺乏影响力,在消费者中更是没有权威性,因此即使是开除会籍,也不会对违规企业在业内发展产生重大不良影响。惩戒的力度不够会弱化行业组织在行业中的权威性,对行业组织一系列规章制度的制定形成阻碍。

四、愿景与建议:行业组织自律管理权体系的完善

行业组织是国家经济生活不可或缺的一类主体,在协调国家宏观经济政策和微观经济体的利益中发挥着重大作用。在经济全球化的今天,我们应该尽快发展好行业组织,进一步巩固行业组织的自律管理权,促进行业组织的自律发展。首先,规范各行各业的日常管理、经营活动,保证行业的健康发展,提高行业的整体形象;其次,保护消费者权益,严厉打击违法违规的经营活动,净化行业环境;最后,维护社会利益,促进整个社会的和谐发展。要实现以上目的,需要对行业组织的自律管理权体系作出完善:

(一) 巩固发展行业组织的自律管理权

行业组织拥有权力的大小是完善行业自律管理权的关键所在。行业组织拥有具体、明确的自律管理权,有利于其更好地实施自我管理、自我服务、自我监督。

首先,要以行业成员的共同利益为中心。行业成员的共同利益是行业组织实现自律管理的重要基础。行业共同利益包括良好的行业权威、社会影响、科学的行业标准等。行业组织在实施自律管理的时候,要为行业成员做好服务工作,提高行业的社会权威。在面对行业危机时,行业组织应能够团结各成员积极应对,妥善处理危机,把对行业的危害降到最低。只有行业成员的共同利益得到更

---

① 参见郭薇:《政府监管与行业自律——论行业协会在市场治理中的功能与实现条件》,南开大学2010年博士论文。

好的维护,行业成员通过行业组织能够收获比个体更大的利益,行业成员才更愿意将权力让渡出来。为了使行业成员能够自愿让渡更充分的权力,行业组织唯有以行业共同利益为中心,更好地为行业成员提供服务。

其次,完善行业组织的立法。就我国目前的立法现状来说,对于行业组织没有专门的法律规定,对于行业组织的自律管理权更是鲜有涉及,只有在国务院办公厅2007年下发的36号文件《关于加快推进行业协会商会改革和发展的若干意见》中有关于"加强行业自律"的相关规定,这对目前行业组织的发展是极为不利的。要使行业组织自律管理权的内容体系更为完善,就必须通过立法,明确规定行业组织的有关权力以及行业组织与国家相关部门的关系,结束当前这种无法可依的状态。同时,相关法律应当参照行政法,明确规定国家相关部门可以将哪些权力委托给行业组织、相关的委托程序以及委托权力的实施后果归属问题等。

(二) 完善行业组织内部结构

在明确规定了行业组织的自律管理权后,还应当健全行业组织的内部组织结构。行业组织内部应当设有行业组织会员大会或者行业组织会员代表大会;在会员大会或者会员代表大会闭会期间,应当设立行业理事会,行使行业组织的部分职能;应当设立行业协会常务理事会,在理事会闭会期间行使行业协会理事会职责;行业协会可以按照相关标准设立行业协会的分支机构和代表机构。此外,还应该设立专门的自律管理部门,配备专职工作人员,使得自律工作专门化、专业化,从而保证行业组织规章、章程的有效贯彻和落实,确保行业组织的自律管理权落到实处。

(三) 逐步规范行业组织的规章制定权

我国目前相当一部分行业的技术标准等相关规范的制定权仍掌握在国家手中。如前所述,规章制定权是行业组织行使自律管理权的重要表现。国家所制定的技术标准、行业标准等往往缺乏专业性,甚至可能不符合市场的需求;而与之相比,行业组织具有专业化、信息化的优势,行业组织处在行业发展的市场环境中,能够敏锐地捕捉到市场需求的变化,由行业组织制定的标准更能契合市场的需要,符合专业性标准,省去繁杂的行政程序,提高效率。国家应当逐步将行业组织的组织规章、技术标准等的制定权下放给各行业组织,这是保证行业组织逐步享有自律管理权的重要环节。

完善了行业组织的规章制定权,行业组织在制定规章、标准时,首先应当注意保证规章标准的合理性,规章标准要适度,符合实际情况,具有实际的可操作性,不能过高或过低,否则就形同虚设。其次,还应当注意保证规章标准的完整性,形成一套完整的体系,规章标准应当涵盖行业组织内部管理活动与企业生产的方方面面。

(四)建设科学的监督惩戒机制

建立科学的监督惩戒机制,主要包括两方面内容:建立自上而下的审查机制和建立自下向上的监督机制。要建立自上而下的审查机制,政府的权力与行业组织的专业性结合在一起,政府会同行业专家一起例行审查,保证自上而下的审查渠道的科学权威。自下向上的监督机制主要包括行业组织内部成员之间的相互监督、行业组织外部来自政府及社会公众对组织成员的监督。行业组织内部可以通过设置举报箱、投诉热线、网络投诉专栏等监督检举机制,方便会员和消费者的检举。[①]

如前所述,目前行业组织的惩戒机制不能对组织成员形成较大影响,即使是最严厉的开除会籍对组织成员的影响也是有限的,惩戒机制需加强力度。要改变现状,应当强化我国行业组织的权威,增加行业组织成员被除名的成本。第一,行业组织可以对违规行为进行事前控制,采用名誉、罚金、不动产、担保人担保等不同形式建立担保制度,入会前必须签订担保协议,担保不违反自律规章中明确禁止的行为;第二,企业只要违背任意一项行业组织或者国家明令禁止的活动,就采取一系列措施限制该企业在一段期间内享受行业组织提供的服务,这种做法的前提是行业组织能够提供高质量的服务;第三,建立信息披露制度,将企业违规信息等不良记录录入企业信息数据库,并在网上公布,供公众查询,而不是将惩罚只局限于组织内部,公众一旦得到相关信息,就会作出相关的消费选择,这种做法会对违规企业产生较大的影响;第四,建立协会之间的联动机制,即违规企业一旦被开除出会,在规定时间内将不被允许加入同行业内的其他协会,这一联动机制能够增加违规企业退出行业协会的成本,对组织成员违规行为产生约束。[②]

(五)从行业组织的外部来讲:增强与国家的联系、合作

行业组织是企业与政府之间的桥梁。一方面,行业组织应当将政府的政策规定告知企业。在宏观经济不景气的情况下,政府往往会出台一系列宏观调控

---

① 参见郭薇:《政府监管与行业自律——论行业协会在市场治理中的功能与实现条件》,南开大学2010年博士论文。
② 同上。

的政策。在出台涉及行业发展的重大政策措施前,政府应当主动听取和征求有关行业协会的意见和建议,行业协会要及时将有关信息传递给组织成员。另一方面,行业组织应当与政府协商对话,积极向政府反映行业、会员诉求,提出行业发展和立法等方面的意见和建议。在国际贸易中,遇到反倾销、反补贴等情况时,要及时向政府汇报,根据政府的相关指示,组织成员积极应对,宏观层面和微观层面同时作用,以利于不利局面的顺利扭转。

论行业协会自律监管的软法路径

季奎明*

内容摘要:行业协会的市场自律监管是对政府行政监管的一种重要补充,能够适应我国加强市场监管的实际需求。在确立行业协会独立性的前提下,依据软法实施自律监管可以契合市场活动的营利性,反映经济民主的理念,满足经济一体化的需要,弥补硬法的不足。行业协会自行制定软法时,应当通过恰当的方式保障该规范文件的效力,同时避免借助行业软法限制市场竞争的情况发生。其他主体制定的经济软法也可以作为行业协会自律监管的可选依据,但是需要根据不同的类型明确其适用条件。

关键词:行业协会 自律监管 软法

一、行业协会实施自律监管的理论依据

(一) 对市场继续实施严格监管的必要性:过度监管是个假命题

亚当·斯密认为,国家经济的发展应当完全依靠市场配置资源,国家只是作为"守夜人"承担相应的辅助职责。但是,随着市场经济的不断深入发展,如果依然纯粹依靠市场的"无形之手"配置资源,妨碍竞争、外部效应、公共物品、信息偏在等问题就会突显出来,于是就产生了要求国家公权力干预市场经济的凯

---

* 季奎明:华东政法大学经济法学院讲师。

恩斯主义。时至今日，社会经济需要国家适度干预的观念已经被广泛接受，政府对市场的监管就是其中的一种重要手段。

然而，在我国经济体制改革进程放缓的背景下，有些学者开始将市场效率低下、创新不足等发展问题归因于监管部门的过度监管，进而呼吁放松管制。这种看法是对西方国家市场监管历史的误解。比如，美国证券交易委员会（SEC）在资本市场的管制上一向表现出极大的控制力。发达国家市场监管的经验告诉我们，自由的市场并不意味着削弱监管者的权力；相反，严苛的监管可以造就出民众的信任与有效的信息传递，进而形成"循法治、生效率"的优良市场环境。相比之下，中国的监管尚难以覆盖全部的市场（哪怕只是资本市场），监管的效果也不能令人满意。2013年4月以来持续发酵的"债券市场监管风暴"就是例证。诚然，放松管制确实有利于深化改革，像券商业务创新、多层次资本市场建设、民资进入门槛降低等金融改革措施就十分有利于提升我国金融业的活力。但是，也必须认识到，放松管制与加强监管是两码事，而且并不矛盾。① 国务院主持召开的2013年全国经济体制改革工作会议就指出，"权力和责任同步下放、调控和监管同步强化"。用李克强总理的语言来说，放松管制是力求"处理好政府与市场、政府与社会的关系，把该放的权力放掉"，让市场有更多创新改革的试点空间。这句话的后半段则是"把该管的事务管好"，继续着力维护市场的良好环境，确保市场的安全与稳定自然是其中应有之义。因此，放松管制与加强监管看似背道而驰，实则有不同的内涵，"过度监管"阻碍改革的看法是一种莫大的误解。

（二）行业协会自律监管是对国家监管的有益补充

市场监管确实需要进一步加强、完善，但是将实施监管的主体限定为政府则是狭隘的。首先，政府监管有无法完全避免的固有缺陷，即国家由于信息不足、滥用权力、腐败寻租等问题，同样可能在配置资源方面显得无效或低效，也就是出现了所谓的"政府失灵"。其次，监管部门的资源能力难以应对海量递增的监管任务。以证券市场的监管为例，根据中国证监会年报，截至2011年，证监会拥有工作人员2745人，而大陆上市公司2342家，债券品种640只，券商境内机构109家、境外机构135家，期货公司161家，咨询服务机构88家。现有的监管资源与结构几乎不可能施行有效的监管措施，要确保监管的"疏而不漏"，就必须大规模扩充监管资源与执法力量。再者，我国新一届政府明确将转变政府职能作为行政体制改革的核心，厘清和理顺政府与市场、政府与社会之间的关系，向

---

① 参见蒋大兴：《金融"过度监管"是个伪命题》，载《人民日报》2013年6月5日。

市场放权,发挥社会力量作用,减少对微观事务的干预,激发经济社会发展活力。为了实现这一改革目标,也需要有一种市场主体与政府之间的中介组织。

在我国的经济实践中,最重要也最常见的中介组织就是行业协会。行业协会的权力既带有管制性又带有自治性,其功能体现出对内发展和秩序并举、对外自律与自立并重的特征,拥有自律、发展、协调、互助、服务、交流、调整、制衡八项功能。[1] 行业协会对市场的自律监管不仅能减轻政府机构的工作负担,防止政府对经济的过度干预,又能利用其贴近社会、贴近市场的优势,更高效地实施市场治理,处理好众多经济问题。所以,行业协会的自律监管是介于国家干预与市场自治之间的一种可行的折中方案。

(三)自律监管的重要前提:行业协会是代表经济共同体利益的独立主体

行业协会是由单一行业的竞争者所组成的非营利性组织,不同的国家或地区大都对行业组织下了基本相近的定义,我国的立法实践中也有较明确的表述。[2] 但是,行业协会的法律主体地位究竟如何,依然是一个值得研究的理论问题,对行业协会的定位直接决定了预期中的自律监管能否真正实现。

西方的行业协会虽然在不同的国家都扮演着重要的角色,并有共同的自治传统,但从其与政府的关系定位来看,却是遵循两种不同的路径发展起来的。一般认为,行业协会与政府的关系在大陆法系国家属于同属模式,该模式强调个人让渡出权力之后对国家的绝对服从,强调国家和主权者的神圣不可侵犯。国民应当信赖政府,也应当相信为维护社会成员利益而成立的组织会发挥与政府同样的功能。因此,这些国家的行业协会被当作政府的组成部分或延伸机构,以政府助手的形象出现,与政府共同完成管理社会成员的功能,而不是偏重于对政府的制约和监督。英美法传统下发展起来的行业协会则属于斗争模式,该模式强调个人神圣的缔约者地位,更多地将社会契约看作普通私人之间的契约,认为个人权利是国家权力的来源和界限,那些在政治契约中个人没有让渡、也决不能让渡的部分才是现代民主的根基,所以国家至上的理念在英美国家从没有流行过,人们认为政府并不能完全代表公共利益。这种理念下的行业协会充当着抑制政府的角色,作为企业利益的代表与政府处于对立的地位,它主要通过与政府

---

[1] 参见王保树主编:《经济法原理》,社会科学文献出版社1999年版,第162—167页。
[2] 例如,《上海市促进行业协会发展规定》第2条规定:"本规定所称的行业协会,是指由同业企业以及其他经济组织自愿组成、实行行业服务和自律管理的非营利性社会团体。"《深圳经济特区行业协会条例》第2条规定:"本条例所称行业协会,是指依法由本市同行业的经济组织和个体工商户自愿组成的非营利的自律性的具有产业性质的经济类社团法人。"

的斗争维护和争取其成员的利益。①

我国行业协会的发展轨迹显然不同于西方的两种模式。社会主义市场经济不是由于市民社会的兴起自下而上形成的,而是一直处于国家自上而下的强力推进过程中,政治性、行政性的色彩极其浓郁。我国既存的行业协会绝大部分是为了回应政府机构的改革,由政府组建,承担原来由政府履行的对本行业的管理职责;只有一小部分是为了满足市场经济的要求自发组建的,并且这些行业协会还存在着合法性的问题。② 目前,我国的行业协会在目的追求上不能彰显成员利益,权力来源政府化、功能单一化、人员组成官僚化,严重缺失良好社会形象的塑造,③被戏称为"二政府"。如果套用大陆法系的同属模式,进一步凸显行业协会公共管理的功能,强化其行政主体的属性,不符合市场经济条件下政府体制改革的初衷。同时,英美法系模式赖以形成的政治理论与我国的观念也是异质的,斗争模式并不完全符合我国的国情,但是行业协会将协调政府监管与市场调节的关系作为主要职能,这种定位无疑是值得我国借鉴的。鉴于此,我国行业协会的理想定位应当是一种具有公私混合性质的独立法律主体:对政府而言,享有监督、协商的集体性权利;对其成员而言,享有内部管理的准权力。④只有在行业协会能真正摆脱政府"二传手"的从属地位,独立地对行业行为进行判断与管束时,自律监管才有可能实现,进而与政府监管一同构建起新的市场监管体系。

二、依据软法进行自律监管的可行性分析

(一)软法的概念与特征

政府对市场实施监管需要遵循法律的规定,作为中介组织的行业协会在对市场运行发挥规制作用的过程中同样不能违背法治的精神,这就需要为行业协会的自律监管行为确立一个准则。近年来,随着公共治理的兴起,一种不完全依靠国家立法的社会治理理念被逐步接受,"软法"也成为重要的规范依据。所谓软法,是相对于国家立法机关制定的具有标准制式的法律而言的一类规范性

---

① 参见黎军:《行业组织的行政法问题研究》,北京大学出版社2002年版,第41页。
② 参见谢海定:《中国民间组织的合法性困境》,载《法学研究》2004年第2期。
③ 参见鲁篱:《行业协会经济自治权研究》,法律出版社2003年版,第231—239页。
④ 参见单锋:《行业协会法律主体地位与市场规制权探析》,载《南京大学学报(哲学·人文科学·社会科学版)》2006年第1期。

文件,是不具有法律约束力但可能产生实际效果的行为规则。① 软法一般以文件形式确定,具有某些间接的法律影响,以产生实际的效果为目标,或者在客观上可能产生实际的效果。② 德国法社会学家卢曼提出的"系统论"结合当代社会及其规范的特质,从学理上揭示了软法对社会关系调整的必要性和适当性。③ 软法最早是在公法领域出现并得到关注的,而它所调整的现象在市场的经济活动中同样大量存在,例如章程、规约、行业标准、示范法等规范性文本并不鲜见。

软法具有三方面的本质特征:第一,软法的制定者是非国家的社会共同体,比如 UN(联合国)、WTO(世贸组织)、ILO(国际劳工组织)、WIPO(世界知识产权组织)、EU(欧盟)这样的超国家共同体,或者律师协会、医师协会、注册会计师协会等次国家共同体,乃至以企业为代表的私人组织;第二,软法虽然不具有国家强制力,但并非没有任何约束力,社会共同体的成员一旦违反,除了遭到舆论谴责、团体制裁外,常以调解或仲裁的方式处理;第三,软法与广义的"规范"之间是有界限的,一般意义上的道德、潜规则、法理、政策不属于软法,如果将软法的实施也当作法治的一部分,那么随意扩大软法外延的"泛软法主义"就会损害法治的权威,导致人们价值观念与社会秩序的混乱。④

(二) 软法之治的可能性:约束力的来源

软法既然无国家强制力作为保障,又何以约束社会共同体? 一种较有说服力的学说指出,软法效力的本源是利益导向机制:利益是人们通过社会关系表现出来的不同需要,理性人作出行为选择时需要进行利益衡量。如果人们认为违反一个法规范所获得的利益大于遵守该法规范的利益,即便这个法规范是有强制力的(分析实证主义学派观点)、正当的(自然法学派观点)、有实际约束力的(社会法学派观点)或者是得到社会成员认同的(现实主义法学派观点),也未必能得到遵行。所以,法规范对人的行为的约束力主要是依靠利益引导完成的。就这一点而言,软法与国家立法机关所制定的那些硬法并无不同,进而佐证了不少学者所支持的"软法亦法"的观点。当然,认为"软法亦法",实际上是扩张了"法"的外延,仍然存在着很大的争议。但是,如果我们从描述性的限定意义上

---

① See Snyder, Soft Law and Institutional Practice in the European Community, The Construction of Europe, Kluwer Academic Publishers, 1994, p.198.
② See Linda Senden, Soft Law, Self-Regulation and Co-Regulation in European Law: Where Do They Meet?, Electronic Journal of Comparative Law, Vol.9, Jan 2005.
③ 参见翟小波:《"软法"概念何以成立?——卢曼系统论视野内的软法》,载《郑州大学学报(哲学社会科学版)》2007年第3期。
④ 参见罗豪才、毕洪海:《通过软法的治理》,载《法学家》2006年第1期;姜明安:《软法的兴起与软法之治》,载《中国法学》2006年第2期。

使用"软法"这一概念,那么软法又确实和硬法一样都是通过利益导向机制形成约束性效果的。软法不是由国家立法机关制定的,其实施也不依赖国家强制力的保障。软法被遵行的核心原因是行为人的物质或精神利益影响了其行为的动因及选择,成员的自觉、共同体的制度约束、社会舆论所产生的动力或压力都需要融入利益导向机制才能发挥作用。因此,凡是具备利益导向机制的软法规范,不管形式多"软",都可以形成作用于社会的现实约束力;反之,凡是不具备利益导向机制的规范,不管其形式多"硬",都无实际效力可言。① 举一个市场经济中的实例来说,在欧洲治理研究所收录并公布的三百多个公司治理准则中,大部分确立了"自愿披露+市场压力"的机制。虽然这些准则不能通过司法强制力予以执行,披露与否以及披露的程度由公司自主决定,但是如果公司不按照准则的要求执行,中介组织就会实施公开批评、舆论谴责等手段,乃至发起会员的联合抵制,而投资者在获悉情况后同样可能采取不购买该公司股票的行动。② 这样的软法规范虽然不具有法律的拘束力,但是会在客观上影响当事人在经济交往中的资质、能力或机会,从而在后果上违背其追求的利益导向,起到震慑行为人的效果。

(三)依靠软法进行自律监管的合理性

1. 形成软法约束力的利益导向机制与市场活动的营利性契合

市场主体通过经济活动追求利益的最大化,这是现代社会经济发展的重要动力。前文已经论证,无论是硬法还是软法,其约束力的根本来源是利益导向机制,而软法因为缺乏国家强制力的支持,显得更为依赖利益导向机制。在不同的法域中,这种驱动当事人行为的利益可以是精神或物质利益、经济或政治利益等各种形式,尤以经济利益最为常见。市场行为在本质上均反映了市场主体对收益与风险的权衡判断,因此软法得以借助经济利益导向机制发挥制度供给的功能:首先,软法能够表达利益,即通过权利义务的设定对市场中的利益关系加以选择,对特定的利益予以肯认或否定;其次,软法能够平衡利益,即对市场中各种利益的重要程度作出评估或衡量,然后为协调利益冲突提供标准;最后,软法能够重整利益,即对市场中现实存在的不合理的利益格局进行重新塑造,使之趋于合理。

---

① 参见江必新:《论软法效力:兼论法律效力之本源》,载《中外法学》2011 年第 6 期。
② 参见邓小梅:《经济领域中的软法规律性初探》,载《武汉大学学报(哲学社会科学版)》2011 年第 6 期。

2. 软法规制体现了"经济民主"的理念

"民主"一词起源于政治领域,是指在政治决策中通过多数决定的规则而实现大部分人的权利。在市场经济不断改革深化的当下,主体的多元利益逐步显现,在经济领域也出现了民主的呼声。在经济法的视阈下,"经济民主"的内涵是给予经济主体更多的自由和尽可能多的经济平等。① 在宏观与微观的层面上,"经济民主"都强调经济决策的公众参与。② 我国正处于经济转轨、社会转型时期,以硬法为主、强调国家干预的传统经济管理方式需要在"经济民主"的理念下逐渐改变。软法的制定多采用经济共同体的成员全体参与、共同协商的方式,有利于实现在代议制立法模式下被忽略的那些市场主体在一定范围和限度内的公平、正义理想,降低社会成本,提升制度的整体正当性。③ 随着当事人主体意识的增强,市场规范借由软法形式而得到自觉遵守或适用的情形也将更多地出现。

3. 软法能适应全球经济一体化的需要

重视资源的市场配置,最大限度地调动市场主体在经济交往中的积极性,是当今世界各国共同的政策导向。特别是 20 世纪中期以后,随着经济全球化成为世界经济发展的一个强劲趋势,各国之间的经济、贸易交流进一步增多,如果没有相对统一的国际规则,不可避免地会产生许多摩擦、争议、纠纷。为了给社会主义市场经济创造良好的发展改革条件,我国于 2001 年加入世界贸易组织,与国际接轨的程度进一步加深,国内法也相应地需要与 WTO 的机制相衔接。目前看来,我国包括市场监管领域在内的不少规则依然是难以与国际接轨的,而且这些法律修改成本较大,同时涉及国家主权问题,较难作出让步。在这种情况下,如果能够通过国际经济共同体内部的协商,产生兼具开放性与包容性的软法,并且被国内的中介组织用作自律约束的准则,可以提高我国在国际上的经济竞争力。

4. 软法可以对监管的硬法规则进行有益的补充

为最大程度地发挥价值规律的市场配置功能,国家行政机关只能依照法律的规定对经济活动进行有限干预。从主观角度看,由于现代社会在经济和科技方面的迅猛发展,各种经济交往关系越来越呈现出多样性、复杂性的特点,而立法者的认识能力总是有限的,往往导致立法机关制定出来的法律跟不上社会经济发展的脚步,难以应对不断出现的新问题。从客观角度看,出于保

---

① 参见顾功耘主编:《经济法教程》(第二版),上海人民出版社 2006 年版,第 76 页。
② 参见李昌麒、卢代富主编:《经济法学》,厦门大学出版社 2010 年版,第 24 页。
③ See Orly Lobel, The New Deal: The Fall of Regulation and the Rise of Governance in Contemporary Legal Thought, 89 Minnesota Law Review, 2004.

证硬法自身安定性的需要,同样不能频繁地予以修改、补充,且立法、修法的成本很高,我国立法机关的现行运作机制也决定了制度供给不足的状态将长期存在。① 所以,目前的市场监管已经呈现出一些明显的弊端。比如,由于无法可依、规定粗略等原因,监管部门获得过大的自由裁量权,或者因法律僵化而使监管难以取得预期的效果。软法恰恰因其内容的灵活性和制定、修改程序的简便性,为改善上述困境提供了可能的途径,进而为市场的自律监管确立更多切实、明确的规则。

三、行业协会制定软法的效力保障与法律审查

从软法的形成来看,可以将其分为超国家共同体制定的软法、国家制定的软法、次国家共同体制定的软法以及私人组织自行制定的软法。行业协会属于次国家经济共同体,可以自行制定软法并予以实施,这也是目前对行业自律的基本认识。

(一) 行业协会制定的软法及其效力保障

由于硬法的缺失和市场秩序对规范的巨大需求,行业协会经常需要制定自治规则、组织章程、自律公约、业务指引、示范性法律文本等不同形式的软法,将自发的市场规则上升为正式的市场规则,并通过共同体内特有的约束机制促成相应的市场秩序。对行业协会的立"法"权,目前已经不存争议,而且这类软法的数量也逐渐增多并发挥着越来越重要的作用,比如中国保险行业协会的《保险中介机构自律公约》和《交强险承保、理赔实务规程》、中国证券业协会的《证券公司投资者适当性制度指引》和《证券公司金融衍生品柜台交易业务规范》等。

关于行业协会所制定的软法如何获得预期的效力,在各国有不同的处理方式:在德国,行业协会的自治规章作为行政法的渊源之一,直接具有法定的强制性;法国同业工会制定的规则受到政府不同程度的监督,有的要得到政府的批准才能生效,有的则只要呈报有关政府部门备案;美国行业协会的自治规章仅具有指导意义,在得到官方的认可后方具有法律效力。我国的行业协会组织正处于发展的初步阶段,其法律地位不明确、权利义务不明晰、组织不健全、功能不齐

---

① 任何立法都要经过较为缜密的前期调研、论证方能进入真正的立法程序。在正式审议时,作为我国立法机关的全国人大每年开一次会,会期一般不超过两周,通常只能制定一部(最多两部)法律;全国人大常委会每两个月开一次会,每次会期不超过十天,通常只能制定或修订两至三部法律。但是,即便是这样的密度,已经给财政、交通等方面带来了很大的压力,立法、修法的成本之高可见一斑。

备,难以保证其制定软法的严肃性与准确性,暂时无法形成完全依靠利益导向的软法约束机制,因此有必要借鉴国外对行业规章赋予效力的途径。在德、法、美等国的模式中,行业协会的自律规范都在不同程度上通过政府的认可而获得更强的效力,这也符合我国行业协会大都依附于政府的现状。笔者认为,从长远来看,对于已经能够建立较成熟的内部仲裁、制裁机制的行业,可以只要求相关的行业对软法进行备案,其实施主要仰仗利益导向机制,以巩固该行业协会相对于政府的独立性;对于欠缺上述约束机制的行业,则由政府批准相关的软法,并通过行政授权的方式赋予行业协会执行软法的权力,同时帮助、督促该行业完善内部制裁体系,逐步过渡到真正的自律规制。值得一提的是,有权审批行业软法或接受备案的政府或部门至少要拥有最低层次的行政立法权,即要求层次较高的政府部门对软法进行审查或备案,尽量避免产生另一种意义上的行政权力滥用、地方保护主义以及法律适用不统一。①

(二) 行业协会立"法"的正当性审查

行业协会制定的软法关系到本行业经济共同体的利益保护,在制定程序中一般要引入成员参与机制,向行业成员提供表达意见的途径和渠道,进而对成员的利益作出适当的安排。然而,并不是所有行业软法的制定都提供了一种成员参与的机制,有时成员企业本身也对参与软法制定缺乏足够的兴趣,而参与意见表达的人也可能未真正代表大多数成员的意见和利益。因此,行业协会制定的软法对行业共同利益的考虑和保护可能存在缺陷,其实质只是对狭隘的行业利益的维护,甚至是对行业内某些主要成员和大企业私利的保护。

如果行业协会的立"法"不具有正当性,不仅不能实现市场自律,还会产生反竞争的负面影响,主要表现为:第一,行业协会制定的软法不合理地提高了行业准入的门槛,设置了壁垒,从而降低了行业竞争,而已进入该行业的经营者会通过提高产品或服务价格的方式将行业进入成本转嫁给消费者;第二,行业协会制定的软法容易以一定的方式直接或间接地规定行业成员的产品、服务价格的确定方式,或通过其他方式促成行业成员在生产成本、产量、价格等相关信息上的沟通,从而构成限制价格竞争的协同行为;第三,行业章程中可以规定对违反行业软法的成员实施集体抵制等非法律惩罚措施,倘若使用不合理,可能损害被抵制者的合法权益;第四,行业协会制定的标准一旦被不合理地设置和使用,就会成为行业或行业中的大多数企业阻碍技术革新、抵制竞争对手的工具。所以,

---

① 参见单锋:《行业协会法律主体地位与市场规制权探析》,载《南京大学学报(哲学·人文科学·社会科学版)》2006 年第 1 期。

在支持行业协会制定软法的同时,也要及时、有效地遏制以自律为名、行限制竞争之实的协同行为。①

对行业协会立"法"的审查可采取行政备案与司法审查并举的方式。笔者认为,行业协会除了应当将章程向登记机关进行备案外,在制定软法后还应该向与该软法内容相关的国家业务主管部门(如发改委、证监会、质监局等)备案,因备案发生的争议可以提请司法审查。此外,任何主体均有权对行业协会制定的软法提出异议,通过公益诉讼的方式请求法院撤销该软法。只有通过严谨的审查机制确保正当性,软法才能作为行业协会自律监管的有效依据。

四、行业协会适用其他软法的类型与条件

行业协会除了自行制定软法以外,还可以在自律监管的过程中有意识地选择适用其他主体已经制定并公布的相关软法,弥补硬法的不足,提高市场监管的针对性与灵活性。但是,并非所有的经济软法都适合被当作自律监管的依据,根据各种软法不同的特点,行业协会在适用时会有所限制。

(一)国家制定的软法

国家可以制定经济软法,表现为行政机关制定的不具有执行力的规范文件。这些规范不是对特定时间、特定事件的具体行政指令,而是具有一定普遍适用性的规范性文件。其形式大致可以区分为两类:第一,行政机关(或执政党)订立的较为宏观的指导原则或公共政策,常以纲要、规划、意见等形式出现,比如《国民经济和社会发展第十二个五年规划纲要》《国务院关于促进企业兼并重组的意见》等;第二,行政机关对较为具体的经济事务订立的示范性或解释性的指南、准则、标准、操作备忘录、通知等,例如财政部的《企业会计准则——应用指南》、证监会的《保荐人尽职调查工作准则》与《关于规范基金管理公司设立及股权处置有关问题的通知》等。第一类宏观的软法缺乏必要的确定性,变动性又较强,难以直接作为自律监管的依据。作为中介组织的行业协会可以在自行制定软法时通过协商民主的方式体现宏观软法的主旨与导向,却没有权力直接依据国家制定的软法实施自律惩戒。因为解释与推行公共政策并不属于行业协会的职能,而应当是政府的责任,中介组织既无能力也无义务"越俎代庖"。第二类具体的软法已经包含了约束市场行为的准则,具备了确定性与可操作性,行业协会据此规制市场可以被看作对政府部门监管责任的分担与补充。但是,要注

---

① 参见屠世超:《行业自治规范的法律效力及其效力审查机制》,载《政治与法律》2009年第3期。

意这类软法与相关市场法律的协调问题,如果其中的内容违背法律的规定,甚至通过行业协会的采纳对市场形成实质性的影响,就会构成同行政部门越权立法一样的后果。

(二)超国家共同体制定的软法

在超出一个政治国家的层面上也存在国际法意义上的软法,大致包括两类:一类是国家之间签署的不具有法律性约束效力的文件,常以声明、宣言、换文、决议、指南、通知等形态出现;另一类是国际组织订立的非强制性法律规范,例如联合国国际贸易法委员会的《电子商务示范法》、经济合作与发展组织(OECD)的《公司治理原则》、巴塞尔银行委员会的《巴塞尔新资本协议》、国际交换及衍生性金融商品协会(ISDA)的《金融衍生品交易主协议及其补充协议》、国际标准化组织(ISO)制定的系列管理标准等。在经济全球化和区域经济一体化的趋势日益加快的今天,这些软法对我国市场的影响将会越来越大。① 特别是当这类软法所反映的行业标准高于国内硬法时,如果能被行业协会吸收作为自律准则,有利于推动相关市场的国际化。可是,要使国际软法在自律监管中具备足够的正当性,依然需要在行业内遵循协商民主的程序,或者在行业自治章程中给予行业协会一定的授权,尽量避免国际软法对本土环境的不适应。

(三)私人经济组织制定的软法

以企业为代表的私人经济组织在经济交往过程中除了遵循上述各类规范外,也会根据自身的实际情况制定一些章程、规则、指南、标准等具有内部约束力的规范性文件,这些文件对于该经济组织内部当然具有效力。但是,很多情况下,此类规范对企业以外利益相关者的权利义务也会产生影响。比如,国家电网公司所制定的《履行社会责任指南》,不仅仅对公司内部管理决策目标的形成、员工待遇的保障等具有约束力。假设国家电网公司对基础网络施工方提出了严格的安全生产要求,对原材料供应商确立了一个绿色的环保标准,那么这些企业以外的主体也就被动加入到了承担社会责任的体系中,使企业所制定的软法对利益相关者同样构成一定的拘束。所以,不宜将私人经济组织制定的软法只看作自我约束的规范性文件。如果一个企业制定的软法向公众进行了披露,事后却不遵守,并因此给行业内的其他企业带来消极影响,行业协会就应当有权介入处理,这也是一种基于共同体利益而进行的自律监管。

---

① 参见程信和:《硬法、软法与经济法》,载《甘肃社会科学》2007年第4期。

五、结　　语

市场经济的发展离不开有效的监管。在政府转变职能的背景下,行政机关对市场活动的干预将会逐步减少,作为中介组织的行业协会需要通过自律监管的方式发挥更大的市场调控作用。然而,自律监管同国家的行政监管一样,也应该有据、有度,"软法之治"就是一条可行的路径。研究各种软法在行业自律监管中的用途与局限,有助于我国构建起富有实效的多元化市场监管体系。

论行业协会参与市场监管的法律困境与路径选择

罗艳辉*

内容摘要:近年来,随着政府角色的转变与行业协会的发展,政府部门逐步将部分职能向行业协会转移,行业协会在承接政府职能的同时逐步参与到市场监管中来。本文从行业协会参与市场监管的法律障碍出发,分析行业协会参与市场监管的根本原因,最后对行业协会参与市场监管的路径选择提出构想。

关键词:行业协会 市场监管 困境 路径选择

行业协会是介于政府与企业之间、商品生产者与经营者之间,并为其提供服务、咨询、沟通、监督、公正、自律、协调的社会中介组织。党的十六届三中全会《关于完善社会主义市场经济体制若干问题的决定》提出,"完善行政执法、行业自律、舆论监督、群众参与相结合的市场监管体系"。党的十八大报告强调:"要按照建立中国特色社会主义行政体制目标,深入推进政企分开、政资分开、政事分开、政社分开,建设职能科学、结构优化、廉洁高效、人民满意的服务型政府。""行业自律""政社分开"的提出,为新经济环境下监管体系的创建指明了方向,也为行业组织参与市场监管提出了要求。近年来,随着政府职能的转移与中央政府积极推进政府购买行业协会服务,行业协会通过承接政府职能和为政府服务的方式参与到市场监管中来。2007 年,政府购买服务的收入占广东省全省性行业协会平均收入的 7.7%。2008 年 9 月,广东省委办公厅、省政府办公厅颁布

---

* 罗艳辉:暨南大学法学院助教。

《关于发展和规范我省社会组织的意见》,明确要求政府各部门将社会组织通过自律能够解决的 3 大类 17 项职能转移出去。同月,广东省颁布《关于发展和规范广东省社会组织的意见》,明确要求政府各部门将行规行约制定、行业准入资质资格审核、等级评定、公信证明、行业标准、行业评比、行业领域学术和科技成果评审等行业管理与协调性职能通过授权、委托及其他适当方式转移给行业协会,提出要建立政府购买服务制度。2012 年 7 月,广东省委、省政府印发《关于加快转变政府职能深化行政审批制度改革的意见》。行业协会参与市场监管是市场经济发展与政府角色转化的必然产物,是市场监管新的管理思路和管理方式。但是,由于我国正处于政府转型的过程中,行业协会发展不够完善,随之产生了一系列的法律问题,我们必须就这些存在的问题进行认真思考和梳理,并寻求解决的途径。

一、行业协会参与市场监管的法律困境

(一)立法不完善,行业协会参与市场监管缺乏合法性

我国现在关于行业协会的法律规定主要有:(1)《宪法》中关于结社自由权的规定,明确了行业协会的合法性基础;(2)相关法律中对行业协会的部分规定,这些法律不是以调整行业协会社会关系为主,包括《律师法》《注册会计师法》《体育法》《证券法》中关于行业协会的规定,对自行业协会的性质、地位、章程、会员加入、具体职责等作了规定;(3)国务院 1998 年颁布的《社会团体登记管理条例》,这是我国目前规范行业协会的主要法规,主要规定我国行业协会登记管理和监督制度,对于行业协会具体的权利义务规定较少;(4)有关行业协会的地方性法规和其他规范性法律文件,我国大多数省、市、自治区都制定了有关行业协会的地方性法规,如《上海市促进行业协会发展规定》《无锡市促进行业协会发展条例》《深圳经济特区行业协会条例》,都对行业协会作出了实体性规定。我国目前没有关于行业协会的基本法律,无法形成完整的法律体系。[①] 首先,行业协会作为一支新的监管力量兴起,上述法律法规没有明确行业协会参与市场监管的合法性地位,对于行业协会参与市场监管的法律地位、作用、职能缺乏明确界定,开展监管活动缺乏权威性,违背合法监管原则。政府在强调职能转移的同时,对于行业协会参与市场监管没有"立法先行"的保障,使得监管工作难以开展。其次,将行业协会与其他社会组织进行混同规定和管理,忽略了行业

---

① 参见周帮扬、傅大鹏:《我国行业协会立法现状分析》,载《探索与争鸣》2007 年第 4 期。

协会在市场中的独立地位,且《社会团体登记管理条例》和有关行业协会的地方性规定多为程序性规定,没有赋予行业协会实际的监管权力。最后,地区间立法不平衡,各地对于行业协会承接政府职能进行市场监管的规定不一,导致行业协会跨地区进行市场监管难以协调,外地企业接受行业协会的监管状况不一,无法进行统一的监管,也影响了监管效率。

(二)政社不分问题突出,行业协会参与市场监管缺乏独立性

经济的发展与政府角色的逐步转变使行业协会获得了一定的发展。我国大部分行业协会是随着政府机构改革和专业部门的撤销设立的,自上而下形成的行业协会与政府行业主管部门之间存在相当密切的关系,行业协会主要依靠政府行政命令开展工作,主管部门实际控制了转移给行业协会的职能。自下而上形成的行业协会的职位多由政府部门的领导干部兼任,使行业协会的定位变得非常模糊,政社不分的问题十分突出。2013年1月,曾是深圳市物管协会员工的深圳市民戴小明以行政不作为把民间组织管理局告上了法庭,他提出的诉讼理由是:国土局的退休副局长李某担任物管协会会长,违反了深圳市关于退休公务人员退出行业协会的有关规定,而民管局作为管理部门没有履行其监管职责。虽然深圳市对于公务人员兼任行业协会高管的问题已经开始进行规范,但国家公务人员在行业协会兼职的现象在我国仍然十分常见。退休公务人员担任行业协会领导职务,极其容易把行政管理职能与行业协会的职能联系到一起,将政府的管理思路、方法、要求和目的等灌输到行业协会日常事务的运行之中,行业协会功能的发挥受到政府的影响。如果我国的行业协会无法摆脱政府的任意干预,政社不分问题在短期内将无法得到有效解决。[①] 法律赋予政府部门管理社团内部事务的权利阻碍了行业协会独立地参与市场监管。行业协会参与市场监管缺乏独立性将带来如下问题:第一,行业协会参与市场监管应该是独立于政府部门的监管。行业协会在参与市场监管的过程中仍然依附于政府部门,实际上没有改变我国现在监管权力集中于政府的现状,没有独立的监管权限。也就是说,行业协会参与市场监管名存实亡。第二,由于行业协会与政府部门监管对象与监管范畴不明确,影响行业协会监管功能的发挥,容易造成监管越权、缺位、错位或者出现监管真空。第三,政社不分使得政府部门与行业协会间难以形成制衡关系,无法承接政府职能。当政府部门在市场监管中出现监管失当、相互推诿等情形时,行业协会无法通过向上级主管部门反映协调监管工作。

[①] 参见柳劲松:《行业组织市场监管职能研究》,华中师范大学出版社2009年版,第200页。

（三）行业协会自身发展不完善，监管能力不足

目前，我国行业协会的发展缺乏良好的内部发展环境，职能定位不明确，组织机构不健全，服务功能不到位，抑制了行业协会的发展；同时，行业协会进行营利活动，为了行业利益或者自身利益损害公共利益的现象屡禁不止，无法充分发挥行业协会作为政府与企业的桥梁与纽带作用。行业协会监管能力不足主要表现在：(1)行业协会自治处于起步阶段，自身建设有待完善。大多数的行业协会缺乏健全、有效、公正的运作制度与有威信的领导人、行业专家，无法在企业评估、资质审定、仲裁、指导行业企业等方面发展。审慎监管原则是市场监管法的宗旨和要求。行业协会自身发展的不完善使得其无法有效承接政府职能的转移，在参与市场监管的过程中，对于专业性的监管与具连贯性和前瞻性的问题难以掌握。(2)行业协会较少参与市场监管活动，缺乏公信力。我国行业协会的行业覆盖率低，企业参与行业协会的积极性不高。由于行业协会传统的政府依附性强，其作为"二政府"的角色深入人心，企业、消费者对于行业协会没有信任意识。由于行业协会没有处罚权，对于企业的不法行为除处以罚金、进行名誉惩罚等外无法进行实质性的惩罚，消费者在权利受到侵害后极少通过行业协会维护自身的权益。(3)行业协会经费不足，导致监管工作难以真正展开。行业协会作为非营利性组织，除了会费、社会捐赠等之外，经费来源有限。现阶段我国全国性行业协会接受的政府补助仅占年度总收入的13%。经费不足使得行业协会在参与市场监管的过程中，对于违规行为的调查、市场情况的统计等大规模的监管活动不能真正开展。行业协会作为独立于政府与企业的第三方力量，由于监管能力的不足，在参与市场监管的过程中难以公开、公平、公正、有效地监管，其作为第三方的独立监管作用难以体现。

二、行业协会参与市场监管的主要原因

市场主体作为经济人追求自身利益的最大化、企业和消费者之间信息不对称等问题容易导致"市场失灵"，而政府在监管过程中也极易出现"政府失灵"的情形。因此，行业协会作为一种民间组织，不属于政府的管理机构，而是政府与企业的桥梁和纽带。在市场经济中，政府、企业都是市场主体，政府与企业、企业与企业之间都需要打交道，因此出现了一些政府"不该管、管不了、管不好"的问题，行业协会参与市场监管有其必然性。行业协会参与市场监管是建立多元化市场监管模式的需要。

（一）行业协会参与市场监管是经济安全理论和社会责任理论发展的必然产物

经济安全理论和社会责任理论是市场监管法的理论基础。经济安全可以分为个体（企业）安全、市场安全和国民经济整体安全，经济法对经济安全也各有分工：国民经济整体安全的环境应由宏观调控法营造，实质就是供求平衡、稳定增长；个体安全则有赖微观规制法维护，实质就是单个企业的整体性、持续性在竞争发展中不被非法竞争行为损害；而市场安全就应由市场监管法保障，以消除市场过度投机、信息偏在等所致的风险。① 经济法历来强调社会本位，要求市场主体在实现个体利益时尊重社会利益，在行使个体权利时承担一定的社会责任。市场主体是否履行了这种社会责任，就成为市场监管的基本理由。2013 年 1 月，民建广东省委员会提出广东省要尽快改变食品安全单一主体监管模式，促进行业协会参与食品安全管理，并且认为行业协会可为政府和公众提供最全面、最真实的信息，能够维护食品安全和食品行业的长远利益，从而达到维护经济安全的效果。同时，也可以通过行业自律、行业协调的方式进行行业监管，监督食品企业社会责任的实现。其他行业如金融业、医药等行业协会也日益参与到行业监管中来。行业协会参与市场监管有其必然性：（1）行业协会参与市场监管是维护经济安全的需要。行业协会作为行业利益的代表，必然会防止投机行为、价格垄断、不正当竞争等损害市场安全的行为出现。在进行行业管理时，行业协会对于妨碍市场安全的行为予以制止，协调行业利益，维护经济安全。（2）行业协会参与市场监管有利于企业社会责任的实现。行业协会在监管的过程中发挥其与企业联系密切的天然优势，通过行使日常经营管理权、标准制定和实施权、非法律惩罚权等对企业社会责任的实现进行监督和管理，为政府节约了监管成本，同时也提高了监管效力。

（二）弥补政府监管的局限性

在社会主义市场经济条件下，市场对资源配置始终起着基础性作用，"市场失灵"的情况决定了政府对市场经济进行监管的必要性。由于政府监管的局限性，使其日益无法适应市场经济的发展。第一，政府监管缺乏公正性。政府监管的一个前提条件是，它应该作为社会公共利益的化身对市场运行进行公正无私的监管。然而，在实践中，少数政府官员的腐败行为、政府部门追求私利的行为却时有发生。这影响了监管的公正性，同时也极易造成地方保护主义，妨碍地区间经济的交流与发展。第二，政府监管效率低下。一方面，政府监管不能通过明

---

① 参见李跃华：《经济安全伦理：经济伦理的一个新视域》，载《湖南社会科学》2013 年第 2 期。

确价格的交换从供给对象那里直接收取费用,而主要是依靠财政支出维持其生产和经营,因此缺乏降低成本、提高效益的直接利益驱动;另一方面,政府监管体系是由政府众多机构或部门构成的,这些机构或部门间的职权划分、协调配合都影响着调控体系的运转效率。第三,政府决策的失误导致政府监管的失败。政府对社会经济活动监管的政策必须以充分可靠的信息为依据。但是,由于这种信息在无数分散的个体行为者之间发生和传递,政府很难完全占有,加之现代社会化市场经济活动的复杂性和多变性,增加了政府对信息的全面掌握和分析处理的难度。这种情况很容易导致政府决策的失误,影响政府监管的效力和效果。[①] 在近年来发生的食品安全事故,如三聚氰胺奶粉事件、双汇瘦肉精事件、广州市场的"染色紫菜"事件等中,政府所掌握的信息不足,且在监管过程中并未以实现公共利益为其根本目标,从而导致"政府失灵",地方保护主义现象严重;而掌握市场信息充分的食品行业协会及时发现了这些问题,向政府部门反映,提供专业意见与切合市场实际的建议。这说明政府监管的局限性使得监管体系需要注入新的活力,监管主体的多元化是市场监管的必然趋势。行业协会作为非营利性组织,利用其与企业联系密切、信息面广的天然优势以及对于监管成本的考量,在参与市场监管的过程中,对于降低监管成本、提高监管效率和监管的公正性有着政府监管不可替代的优势。行业协会参与市场监管弥补了政府监管的不足,对政府监管的辅助作用是市场监管发展的需要。

(三) 行业协会进行市场监管的优越性是其参与市场监管的根本原因

由于行业协会市场准入门槛的降低以及政府鼓励"一业多会"的发展,越来越多的行业协会随着经济发展的需要而形成,对内促进本行业的集体性利益,对行业进行统一的管理,优化行业结构,规范行业行为;对外与政府协商合作,反映行业意见,影响行业政策和法律法规的制定和实施,保护行业利益。这些行业协会具有联系面广、信息来源充分、地位中立、行业人才汇集的优势,在进行市场监管的过程中,其优越性得天独厚:第一,行业监管灵活性强。行业监管本身如何实施,可以方便地根据市场条件变化作出适当调整,实施灵活的、高标准的道德规范和行为准则。政府监管则具有连续性和相对的稳定性,不宜经常变化,并且一般只能规定最低标准。第二,行业协会参与市场监管有利于提高监管效率。行业监管专注于发展本行业内最佳的实践和标准,并根据经济性原则和自益原则进行市场监管,维护行业声誉。作为行业协会成员的企业一旦有违反行业规则和执业操守的行为,行业协会会依据自身权限对企业进行惩罚,增加企业的违

---

① 参见谭玲主编:《市场监管法律问题研究》,中山大学出版社 2006 年版,第 14—16 页。

约成本,从而使企业自觉遵守行业规范,行业自律有力地提高了监管效率。第三,行业协会参与市场监管的成本较低。有效的行业监管可以减少政府监管的成本,从而减轻纳税人的负担;减少法律纠纷,显著降低诉讼成本;行业监管本身的管理费用较低,会员自律程度高,监管成本低,且大部分监管成本由企业承担。在监管成本与监管收益的权衡之下,行业协会参与市场监管将达致最优的监管水平。[①]

三、行业协会参与市场监管的路径选择

政府监管和行业监管需要不同的制度环境支持,政府监管需要一个稳定、清晰、可预期的制度环境,而行业监管适宜较为详细、灵活的制度环境。行业监管既需要政府监管给予支持,也需要通过加强政府监管以保证其功能得以发挥。政府监管和行业监管不能相互代替,两者相互促进,相辅相成。在行业协会参与市场监管的必然趋势下,在行业协会发展尚不成熟的情况下,行业协会如何承接政府职能,参与市场监管,构建政府监管与行业监管协调共存的局面,值得我们深思和探索。

(一)加强立法,遵守合法监管原则,确立行业协会参与市场监管的合法地位

恩格斯指出:"在现代国家中,法不仅必须适应总的经济状况,不仅必须是它的表现,而且还必须是不因为内在矛盾而自己推翻自己的内部和谐一致的表现。"[②]我国关于行业协会的法律体系不具有内部统一性与和谐性。合法监管即监管符合法律规范,监管者主体资格的取得、权力的行使均有法律依据。我国行业协会承接政府职能参与市场监管的发展趋势,使得我国对行业协会的法律地位、权利义务、活动方式等进行全方位的立法成为必要,建立和谐统一的行业协会法律体系成为可能。首先,制定专门的行业协会法,将行业协会与其他社会组织区分开来,明确行业协会参与市场监管的主体地位及合法性,确保行业协会在市场监管中的权威性。应赋予行业协会监管权力,行业协会行使监管权力必须符合法定的条件并遵循法定的程序,对于未经法律授权或者违背法定条件和程序的行为予以规制,将行业协会的监管纳入法制轨道,使行业协会的监管能有法可依、有章可循。其次,进一步完善相关的行业协会立法以及地方性法规和其他

---

① 参见吴弘、胡伟:《市场监管法论——市场监管法的基础理论与基本制度》,北京大学出版社2006年版,第62页。
② 《马克思恩格斯选集》第4卷,人民出版社1995年版,第483页。

规范性文件。各地应根据本地区的具体情形,在秉承统一行业协会法的立法精神的同时,完善配套的行业协会法律体系。各地区、各行业在完善立法的过程中,应充分考虑上下级法律之间、地区之间、行业协会之间等的立法衔接,为全国性行业协会进行统一的市场监管创造良好的制度环境,提高监管效率。

(二) 政社分开,加强行业协会参与市场监管的独立性

事实证明,在一个法治不健全的社会,地方政府及政府部门、领导人个人的不当干预,往往会直接损害监管的公正性和客观性。[①] 长期以来,我国政社不分的问题使行业协会监管的公正性、客观性无法得到保证。我国应该坚持政社分开原则,排除政府的非法干预,努力确保监管工作的严肃性。具体而言,我国应在如下两个方面加强行业协会参与市场监管的独立性:(1) 对于公务人员担任行业协会职务的行为予以明令禁止,尽量排除政府机构及其领导人对于监管工作和监管人员的干扰。广东省广州市、深圳市等地虽然对公职人员担任行业协会职务的行为予以了规定,但并没有严格禁止,经申请和审核后仍可担任,这样仍然无法排除行政权力对于行业协会行为的过度干预。同时,应明确划分政府与行业协会的监管权限与监管对象,融合多方监管力量,协调政府监管与行业监管之间的矛盾与冲突。这样,行业监管的对象、范围、方式、程序不是依据政府的意志决定,而是依据法律规定,从而减少甚至杜绝市场监管中监管越权、缺位、错位和越位的现象,确保行业协会监管的独立性。(2) 建立和推广政府购买行业协会服务机制,融监管与服务于一体。政府购买行业协会服务机制在杜绝国家行政权力对于行业协会的恣意介入、有效改变政社不分状态的同时,行业协会也为政府提供优良的服务,政府可以减少机构设置,提高监管效率,有利于政府转型。广东省率先开始建立了政府购买行业协会服务机制,设立了政府购买服务目录和咨询平台,这种制度值得在全国逐步推广。在引导和推进行业协会监管的同时提供服务,融监管与服务于一体,一方面,为政府服务,发挥其信息面广、专业性强的优势,为政府提供优质服务;另一方面,通过对市场的监管,在为政府提供服务的过程中与政府沟通协商,向政府反映行业情况,影响政府的决策,为企业提供服务。

(三) 鼓励行业协会的发展,提高行业协会的监管能力

广东省对于可以承接政府职能转移的行业协会资质作了明确的规定,全省仅有13%的行业协会承接了政府转移的职能。因此,鼓励行业协会的发展,使

[①] 参见于淑清:《我国非政府组织发展存在的问题及原因分析》,载《生产力研究》2009年第18期。

行业协会具备承接政府职能转移的资质,提高监管能力,开展公平、公正、公开的监管活动是十分必要的。首先,我国应优化行业协会的内部发展环境和专业性建设。具体而言,明确行业协会的职能定位,健全组织机构,增强行业协会的服务功能,吸引企业加入,扩大行业覆盖面;选举有威信的领导人,聘用行业专家,对于行业协会工作人员兼职现象作出限制性规定;为企业和行业提供专业服务,对市场进行政府无法开展的专业监管。在制定行业政策时,应注意行业发展的前瞻性和连贯性,发挥行业监管灵活性的优势。其次,我国政府应加大职能转移的力度,赋予行业协会处罚权,提高行业协会监管的公信力。广东省行业协会目前承接的服务大都是很简单、收费低的服务,政府转移职能不到位,行业协会没有机会承接政府职能的转移而参与市场监管。我国政府应该加大职能转移的力度,一方面为行业协会提供参与市场监管的机会,赋予其实质的处罚权和一定的裁决权,提高其在社会中的公信力;另一方面也有利于监管体系的优化,使市场监管框架更加科学合理,适应经济发展的需要。最后,我国应减免行业协会的税费,加大财政补助力度。作为非营利性组织的行业协会经费充足,在开展市场监管的活动中,有利于灵活开展对违规行为的调查、市场统计等大型的监管活动,也减少了行业协会因为经费问题注重自身利益而追求创收和出现腐败现象,降低了对政府的依赖程度,提高了监管的效率和公正性。

四、结　　语

行业协会参与市场监管是改变我国长期以行政监管为主的监管格局的必然要求。我国在赋予行业协会监管权力的同时,缺乏监督的权力容易导致产生监管失灵的问题。因此,在我们提倡构建有限政府时,行业协会的监管权应该也是有限而明确的。我们在倡导行业协会参与市场监管的同时,应建立对行业协会监管权的制约机制。建立完善的内部控制制度和外部监督制度,一方面要求行业协会监管人员遵守行业监管的规范要求,对于监管的权限、程序进行严格的监督管理;另一方面也要增强行业监管工作的透明度,建立监管问责制度和责任制,接受社会公众的监督,对违法违规的监督行为予以规范和惩处,并追究法律责任。这样,在给予行业协会充分的市场监管权力的同时,对其权力进行有效的监督和制约,促进行业协会参与市场监管作用的发挥以及监管职能的完善。

垄断行业的监管及其与反垄断执法的协调

王先林[*]

内容摘要：自然垄断行业是最为典型的市场失灵的领域，这使得政府的监管成为必要。垄断行业的监管主要体现为市场进入监管和价格监管，并且都处于改革和发展的过程中。在现阶段，垄断行业监管与反垄断执法各有其存在的依据和优势，两者需要从多方面进行协调。

关键词：垄断行业　行业监管　反垄断执法

一、垄断行业的特点与监管的依据

一般认为，由于垄断可分为市场垄断（纯经济垄断）、自然垄断和行政垄断，因此垄断行业也可以分为纯经济垄断行业、自然垄断行业和行政垄断行业。[①] 但是，我们通常所说的垄断行业主要指的是自然垄断行业和行政垄断[②]行业，一般不包括纯经济垄断行业，主要指的是那些依靠国家特殊政策或专有技术垄断整个行业生产与经营的行业，如石油、烟草、盐业、电信、金融、供热、自来水、煤

---

[*] 王先林：上海交通大学法学院教授。本文是国家社科基金项目"垄断行业反垄断规制体系研究"（批准号10BFX067）中期成果的一部分。

[①] 参见潘胜文：《垄断行业收入分配状况分析及规制改革研究》，中国社会科学出版社2009年版，第51页。

[②] 这里的"行政垄断"属于经济学界通常所说的行政垄断或者国家垄断，与法学界通常在"滥用行政权力排除、限制竞争"意义上所说的行政垄断不同。因此，这里的"行政垄断行业"实际上是指国家或者法定垄断经营的行业。

气、电力、航空、铁路等。① 实际上,自然垄断行业与国家或者法定垄断行业往往又是结合在一起的,难以截然区分。除了国家实行专卖的烟草业、实行专营的食盐业以及在某些方面实行政策性限制的金融业外,自然垄断行业与国家或者法定垄断行业基本上是一致的。因此,通常所说的垄断行业主要是指自然垄断行业。本文所指的垄断行业也以自然垄断行业为主。

在经济学上,一般用"规模经济""范围经济""成本弱增性"三个概念定义自然垄断。② 在早期,经济学一直用规模经济定义自然垄断。规模经济是指随着产量增加,产品和服务的每一单位的长期平均成本不断下降的现象。传统理论认为,如果一种产品或服务的生产由单个厂商完成而成本最小,该产业就是自然垄断产业。③ 从整个社会的角度来看,这些业务的独家垄断有利于节约社会资源。在20世纪80年代初,以鲍莫尔、潘泽和威利格为代表的学者用成本弱增性重新定义自然垄断。所谓成本弱增性,是指一家企业提供产品或服务的成本要低于若干家企业分别提供的成本之和的情形。它既包括规模经济,又包括范围经济。这一理论要求对自然垄断的定义应该区分企业只提供一种产品或服务和同时提供多种产品或服务两种情况。在后一种情况下,决定自然垄断的是范围经济。范围经济的存在意味着一家企业同时提供多种产品或服务的成本比多家企业分别提供的成本要低。范围经济又包括提供多种产品或服务的复合供给利益与生产和分配的纵向一体化利益。在成本弱增性的理论下,"自然垄断是指这样一种生产技术特征,面对一定规模的市场需求,与两家或更多企业相比,某单个企业能够以更低的成本供应市场。自然垄断起因于规模经济或多样产品生产经济(范围经济)"④。这也意味着原来的自然垄断行业,如电信、电力、邮政、铁路、航空等,可能不再是整个行业都具有自然垄断性,而只是指包含自然垄断性业务。此类行业内存在着一个自然垄断边界,其业务可以据此细分为自然垄断性业务和可竞争业务。

除了包括规模经济、范围经济在内的成本弱增性这一基本特征以外,自然垄断行业还具有资产沉淀性或专用性、网络外部性和内部协调性等特征。其中,资产沉淀性或专用性是指传输网络及相关设备等固定投资只能用于特定行业的产品或服务,投资一旦形成就难以用于其他行业。这直接导致了自然垄断行业具有较高的市场进入壁垒。网络外部性是指每个网络用户连接到一个网络的价值

---

① 参见刘新民:《垄断行业高收入的负面影响及其治理建议》,载《中国经济周刊》2006年第44期。
② 参见李青:《自然垄断行业管制改革比较研究》,经济管理出版社2010年版,第10页。
③ 参见〔美〕W.吉帕·维斯库斯、约翰·M.弗农、小约瑟夫·E.哈林顿:《反垄断与管制经济学》,陈甬军、覃福晓译,机械工业出版社2004年版,第195页。
④ 〔美〕丹尼尔·F.史普博:《管制与市场》,余晖等译,上海三联书店1999年版,第4页。

取决于已经连接到该网络的其他用户的数量,也称为"需求方规模经济"。内部协调性是指对网络中任何连线和结点的干预都有可能影响到网络的其他元素,传输网络某一结点上的投资所获得的利益在很大程度上取决于产品或服务量及其他结点上提供服务的能力。① 这些特征进一步加强了其垄断性。

具有以上特征的自然垄断行业是最为典型的市场失灵的领域。就经济理论而言,解决这类市场失灵问题的两个基本途径是国有化和监管(或者管制、规制)②。就后者而言,这种自然垄断结构所固有的弊端表现在以下三个方面:第一,自然垄断行业存在定价悖论,即自然垄断厂商会把价格定在平均成本之上,凭借垄断地位获取垄断利益;第二,自然垄断行业存在效率悖论,即既存的垄断者没有降低成本的动力;第三,自然垄断行业的信息不对称更为严重。③ 这为在垄断行业实行监管提供了比较充分的依据。监管在自然垄断行业存在的依据就在于,在自然垄断领域中,一方面,垄断的市场结构可以实现规模经济,节约社会资源;另一方面,垄断的弊端(如低效率、高价格)对效率和公平都会产生极大的负面影响。为此,基于单纯的市场调节不足以形成有效竞争和克服垄断引发的弊端,从而产生了政府权威直接介入的需求。这种监管的作用和目的也就有两个基本方面:一方面,减少资源浪费和过度的市场进入,实现配置效率;另一方面,抑制垄断定价,维护消费者利益。

政府监管是一个受到经济学、法学和政治学等多学科关注的领域,虽然各自定义和研究的角度和侧重点并不相同,但在基本的方面是一致的。例如,有的将政府规制界定为社会公共机构依照一定的规则对企业的活动进行限制的行为;④有的将政府管制理解为政府为了克服市场失灵和实现公共利益,依据法律规则,对企业等市场主体的经济活动进行干预的行为;⑤有的将政府规制解释为具有法律地位的、相对独立的政府管制者(机构),依照一定的法规对被管制者

---

① 参见李青:《自然垄断行业管制改革比较研究》,经济管理出版社2010年版,第16—17页。
② "监管"也称为"管制"或者"规制",都译自英文"regulation",在学术界通常译为"管制"或者"规制",而在实务部门通常称为"监管"。目前,这三个概念的使用都比较普遍,可视为同一含义,原则上可根据情况互换使用。本文在引用不同文献时,尽量保留其本来的表达。在汉语词汇中,"管制"容易使人联想到我国曾长期实行的"全面经济统制",而"规制"虽可更准确地体现regulation"基于规则进行控制"的本意,但规制的含义比较广泛,即使在狭义上也往往包括反垄断在内。因此,相对来说,"监管"可更为恰当地表达在涉及自然垄断行业的政府干预行为时,尤其是在需要表达其与反垄断执法相并列的含义时。当然,"监管"本身也有广义和狭义之分。本文所涉及的自然垄断行业的监管显然是取其狭义,而不是政府机关所有行政监督与管理行为的泛称这种广义上的。
③ 参见谢地编著:《自然垄断行业国有经济调整与政府规制改革互动论》,经济科学出版社2007年版,第6页。
④ 参见〔日〕植草益:《微观规制经济学》,朱绍文等译,中国发展出版社1992年版,第1—2页。
⑤ 参见李青:《自然垄断行业管制改革比较研究》,经济管理出版社2010年版,第19页。

(主要是企业)所采取的一系列行政管理与监督行为。① 这些说法大同小异。相应地,对政府监管的分类也不完全相同,多数学者将之分为经济性监管、社会性监管和其他监管。其中,经济性监管针对自然垄断领域和严重信息不对称领域的某个具体产业;而社会性监管不以特定产业为对象,实行跨产业、全方位的监管措施。"经济性规制以防止资源配置的非效率及确保使用者的利益为目的。社会性规制以保护消费者的健康、安全和卫生,环境保护和防止灾害为目的进行。前者对进入和退出、价格、数量和品质等行为附加许可等规制。后者包括对商品及服务的品质和供给设定一定的标准、为业务的开始及商品制造设置许可制等加以禁止或限制等内容。"② 相对于那些与公平竞争有关、不直接介入经济主体决策的间接监管来说,经济性监管和社会性监管都属于直接监管。垄断行业的监管显然属于直接监管意义上的经济性监管(通常称为"行业监管"),这与属于间接监管意义上的反垄断执法相区别。

二、垄断行业监管的内容及其改革和发展

由于技术进步、市场规模及范围的变化,自然垄断的合理性及其边界是动态变化的。相应地,垄断行业监管的思想和实践也是在发展的。有学者总结道:从思想史的角度梳理,自然垄断行业政府监管理论经历了监管迷信、监管质疑、监管重构三个阶段;从监管实践看,监管改革的逻辑是:市场失灵产生监管需求,监管需求产生监管供给,监管供给过度产生监管失灵,监管失灵产生监管改革需求,监管改革需求引发监管改革实践,并集中表现为在自然垄断领域重塑旨在既规避市场失灵又防止政府失灵的监管机制。③

实际上,垄断行业监管的内容和宽严程度是不断变化的。国际上主要国家的监管政策先后经历了 20 世纪 80 年代前的监管强化期、80 年代中期至 90 年代的监管放松期以及 21 世纪第一个十年的监管重构期三个重要阶段。④ 随着凯恩斯主义的盛行、社会主义国家国有企业的兴起以及英国国有化政策的实施,20 世纪 80 年代中期以前,无论是国家、区域还是行业范围,垄断行业监管的范围不断扩大,监管的手段、措施也越来越丰富。从直接国有化到进入监管、价格

---

① 参见王俊豪:《政府管制经济学导论——基本理论及其在政府管制实践中的应用》,商务印书馆 2001 年版,第 1 页。
② 〔日〕柳川隆、川滨升编著:《竞争策略与竞争政策》,胡秋阳、李玥译,中国人民大学出版社 2013 年版,第 63 页。
③ 参加谢地、刘佳丽:《国外自然垄断行业政府监管机制研究述评》,载《经济社会体制比较》2012 年第 1 期。
④ 参见范合君、柳学信:《中国垄断行业改革的全景路径与总体趋向》,载《改革》2013 年第 5 期。

监管、服务质量监管,各种监管措施被运用到实践中。但是,随着技术进步、可竞争理论的出现、监管带来的低效率以及监管政策的失灵,促使学者与政策制定者重新审视监管的必要性,各国出现了放松监管的新浪潮。20世纪80年代以来,美国、英国等成熟市场经济国家在电信、电力、铁路、民航、石油及天然气输送、煤气、自来水等自然垄断行业的监管出现了放松趋势。放松规制的首要目的在于引入竞争机制,减少监管成本,促使企业提高效率、改进服务。放松监管包括将行业禁入改为自由进入,取消价格监管等政策,即放宽自然垄断产业中竞争性业务领域的市场准入,允许具有相应规模的企业自由竞争,形成具有活力的竞争机制。进入21世纪以来,垄断行业的发展又出现了一系列新的变化,放松监管改革带来了一系列新的问题。从美国加州大停电到英国铁路瘫痪,从电信融合新趋势到民航业重组浪潮,美国、英国、法国、日本等国家进入了监管重构期。它们一方面继续放松监管,更大范围地发挥市场在垄断行业资源配置中的作用;另一方面又要重构监管机构以应对新的监管问题。因此,世界性的监管改革浪潮虽然是以放松监管、引入竞争机制为基本特征和主要内容的,但是放松监管不是监管改革的全部。监管改革是监管的再调整,即政府对其影响企业行为的做法作出重新安排,而不是简单地取消或者放松监管,因而是放松监管与再监管的组合。①

总体来说,西方各国对自然垄断行业进行监管的手段和内容一般有市场进入监管、价格监管、投资监管、质量监管等,其中最重要的是市场进入监管和价格监管。因此,根据垄断行业监管的目标和任务,垄断行业监管的内容主要是根据市场的竞争程度控制该行业的市场进入,引导其定价行为。

市场进入监管是为防止潜在竞争者的威胁,使既存自然垄断企业无法以边际成本价格或者盈亏相抵价格维持生存,对潜在竞争者的进入进行限制,以保护既存垄断企业。监管机构一般采取发放许可证的方式,如许可制、注册制、申报制等,对产业的进入加以控制。这种方式一般适用于那些具有高额沉淀成本的自然垄断行业,目的是在避免资源浪费的同时,既保证规模经济收益和基本服务的有效供给,又防止垄断企业利用垄断地位损害公众利益。市场进入监管并不意味着不允许任何其他企业的进入,只是根据具体行业的特点进行适度的控制。同时,在对市场进入监管进行改革的背景下,还出现了所谓的"不对称监管"。即随着新企业进入原有的自然垄断部门,监管机构对新企业与原有企业采取差异化的、旨在扶持新企业的措施,主要包括:强制既存企业实现互联互通,对新进入企业实行低付费政策,新企业暂不承担普遍服务义务,以及新企业可实行更为

---

① 参见李青:《自然垄断行业管制改革比较研究》,经济管理出版社2010年版,第64—65页。

灵活的价格政策等。

价格监管是指监管机构依法对自然垄断行业的产品或服务价格的形成和运行进行监督和控制。就价格形成问题而言,在自然垄断行业中,存在严格的进入监管条件,如果对企业不实行价格监管,垄断企业就会按照利润最大化原则进行价格决策;如果追求社会总福利最大化,就需要政府进行补贴。因此,为提高资源配置效率,监管机构要对自然垄断企业实行价格监管。在监管价格下,虽然消费者剩余比理想定价要少,但垄断者的利润也得到了抑制。实践中,各国政府对自然垄断企业实行各种各样的价格监管,基本上是以平均成本定价作为基础的。价格监管模式也经历了传统价格监管、价格激励监管和放松价格监管的过程。根据各国的监管实践,回报率监管和价格上限监管是目前最具典型意义的价格规制模式。回报率监管属于传统价格监管,是以实际成本为基础,加上一定的利润作为产品的定价。实践中,通常是受监管企业首先向政府提出价格或回报率调整的申请,政府对该申请进行考察和评估,并根据价格影响因素的变化情况对其进行必要的修正,以作为某一特定时期的定价依据。价格上限监管属于价格激励监管,制定原则是行业价格上涨不能高于通货膨胀率,考虑到由技术进步带来的劳动生产率的提高,还要使行业的价格下降。在最高限价的控制下,企业可以自由地最大化其利润,即价格水平虽然受限,但价格结构不会受到限制。在我国,政府除了对民航业和电信业分别于 2004 年和 2005 年部分地采用了简单的价格上下限监管和价格上限监管外,其他产业如电力、电信、铁路以及多数城市基础设施产业的自然垄断环节仍然采用回报率监管手段或类似做法。①

20 世纪 90 年代以来,随着委托代理理论、博弈论和信息经济学等前沿经济学理论的广泛运用,在自然垄断行业监管中也发展出了激励性监管机制。其中,特许权招标机制和区域间比较机制是其代表。前者是指对自然垄断行业的某一业务的经营权采取拍卖招标的方式,以此引入竞争进行间接的监管,有效降低监管成本;后者以某区域内经营效率最高的企业为标杆,以此激励同区域内其他具有类似条件的企业提高自身的经营效率。

在我国,1978 年开始的市场化改革实际上是一个逐步放松计划性政府监管的过程,这对传统的国有自然垄断行业产生了重大的影响。有人将改革开放以来我国垄断行业的改革分为五个重要时期,即改革酝酿期(1978—1984 年)、改革启动期(1985—1993 年)、大规模改革期(1994—2004 年)、改革沉寂期(2005—2010 年)和改革重启期(2011 年至今)。到 2003 年底,除了铁路行业之

---

① 参见江山、黄勇:《论自然垄断行业价格规制与反价格垄断》,载《价格理论与实践》2011 年第 3 期。

外,其他行业逐步形成了政企分离、主辅分离、市场竞争、产权多元化以及相对独立监管的格局。2011年出台的"十二五"规划又重新对垄断行业改革提出了规划与部署。与此同时,一系列特殊事件的发生激起了社会各界要求加快垄断行业改革的呼声。以铁路行业为例,2011年,铁路行业高官腐败及事故不断的高铁把铁路行业推上了风口浪尖,各种要求铁路行业改革的声音越来越强。为此,政府出台了多个政策文件,要求对电力、电信、民航、铁路、邮政等垄断行业进行改革,沉寂多年的垄断行业改革逐步重启。特别是2013年新一轮政府机构改革中,铁道部被拆分重组,拉开了新一轮铁路行业改革的大幕。电力行业的改革也被重新提起,2003年成立的独立监管机构国家电力监管委员会也在10年后并入了国家能源局。[①] 这对我国在新形势下的垄断行业监管提出了更高的要求。总体来说,我国的垄断行业监管一方面要放松某些已经不适应形势的计划型监管,另一方面应建立市场经济体制要求的市场型监管,并真正将其建立在法治的基础上。

三、垄断行业监管与反垄断执法的协调

垄断行业监管涉及多方面的问题,例如监管法律制度的完善、监管内容和手段的改进以及监管机构的加强等。其中,在这些受到专门机构监管的垄断行业如何有效适用反垄断法就是一个非常重要的方面,而这直接涉及如何实现垄断行业监管与反垄断执法协调的问题。由于自然垄断行业在目前阶段是竞争与垄断并存的领域,反垄断法在自然垄断行业的有效适用就是要实现竞争与垄断的合理组合,因而在适用反垄断法时,这些行业比一般竞争性行业要更多地考虑到垄断的合理性。自然垄断行业的特殊性为反垄断法在其中的适用提出了更高的要求,其个案的分析更为复杂,行为定性需更加谨慎,必须以行业专业信息为基础作出判断。行业监管与反垄断执法在自然垄断行业的共同适用,很可能引发规制标准的双重化、复杂化,导致判断上的矛盾,进而损害规制的有效性、可预测性。[②] 因此,在这个领域协调行业监管与反垄断执法的关系非常重要。

从发达国家的实践来看,反垄断政策与监管政策一起构成了自然垄断领域的公共政策。对于这两种政府政策的关系,斯蒂格利茨是这样评价的:"特别行业管制法与反垄断法均以垄断为管制对象,但二者的宗旨、内容和实施手段均不同。前者以承认垄断为前提,而后者以否认垄断为前提;前者以警戒恶果的出现

---

① 参见范合君、柳学信:《中国垄断行业改革的全景路径与总体趋向》,载《改革》2013年第5期。
② 参见王先林主编:《中国反垄断法实施热点问题研究》,法律出版社2011年版,第295页。

为目标,而后者以禁止谋求和维持垄断为宗旨。"①有学者从六个方面全面比较了政府规制(监管)与竞争政策(反垄断)的关系,分别涉及监管目标与任务,监管时间,监管基本手段和方法,监管权力、程序与频率,监管所需信息类型,以及监管机关的独立性。②

进行垄断行业监管与反垄断执法的协调,首先要明确两者在基本方面的差异,进而依据各自的目标、任务和优势进行分工合作。就其要者而言,行业监管与反垄断执法的差异主要表现如下:首先,在两者所依据的法律制度的功能和目标方面。行业监管法的主要功能是适度引入竞争,在不具备竞争的条件下,严格市场准入,维护合理垄断;在改革的初期,通过按照业务类型进行的拆分,打破一体化的市场结构,为竞争创造条件;负有促进产业竞争以外的多种政策目标,因而对其领域内的垄断往往持容忍甚至支持的态度。反垄断法的主要功能是维护竞争,将市场力量视作"潜在的邪恶力量",并对此保持高度的警惕,对垄断采取严厉禁止和处罚的态度,非常重视促进竞争以实现效率的目标。其次,在两类规制机构所具有的优势方面。一般说来,行业监管机构基于与被监管行业长期的联系,掌握了有关这些行业丰富的技术、安全等方面的信息,因而具有更强的专业性。但是,它只执行行业竞争规则,往往更重视产业政策,并容易被利益集团"俘获"。反垄断机构则负责全局的反垄断执法,对竞争政策有更准确的理解,在适用反垄断法方面更具权威性,并且相对较为超脱,独立性更强,不容易被"俘获"。最后,在两者规制的时间方面。行业监管通过市场准入、规定价格上限、界定平等接入与互联互通的法律义务,侧重对企业行为的事前引导。反垄断执法虽然也有事前审查(针对经营者集中申报),但主要还是通过对垄断协议和滥用市场支配地位行为的禁止实现,侧重事后的救济。这使得行业监管通常比反垄断执法更为及时、有效。③

从根本上说,垄断行业监管与反垄断执法均要实现有效竞争和社会整体效率最大化的目标。因此,虽然两者存在诸多差异,但正是这样的目标使得它们的协调成为必要和可能。实际上,在目前垄断与竞争并存的阶段,既需要进行行业监管以克服反垄断执法所面临的困难,也需要加强反垄断执法以弥补行业监管的不足。例如,对滥用支配地位的规制,行业监管机构的存在可以弱化反垄断执法机构所面临的信息不对称;监管机构事前监督垄断经营者履行平等接入、互联

---

① 〔美〕斯蒂格利茨:《经济学》,姚开建等译,中国人民大学出版社1997年版,第386页。
② 参见肖竹:《竞争政策与政府规制——关系、协调及竞争法的制度构建》,中国法制出版社2009年版,第60—69页。
③ 例如,在2010年11月初奇虎360与腾讯之间爆发所谓的"3Q大战"期间,作为行业监管部门的工信部的介入就比反垄断执法机构快得多,尽管这不是发生在自然垄断行业。

互通的法律义务,引导其行为,可以大大减轻反垄断法对垄断经营者拒绝交易或对网络接入者实施歧视性待遇事后规制的负担。反垄断执法机构适用竞争规则也恰恰降低了监管机构被"俘获"的风险。在我国目前进一步深化垄断行业及其监管改革和加强反垄断执法的过程中,需要在《反垄断法》和相关行业法的框架下建立垄断行业监管与反垄断执法的具体协调机制。这可以着重从以下三个方面进行:

第一,明确反垄断法在垄断行业的适用原则和适用除外。这是建立垄断行业监管与反垄断执法具体协调机制的重要基础。反垄断法作为市场经济普遍性的行为规则,原则上应该适用于所有的领域。但是,基于与其他经济、社会目标协调的结果,各国反垄断法中一般也都存在适用除外的规定,其范围随着经济社会的发展而变化,总体的发展趋势是适用除外的范围逐步缩小。就自然垄断行业中的电信、电力、铁路等行业来说,早期在很多国家的反垄断法中都被作为适用除外领域,但自20世纪90年代以来又逐渐被各国废止。我国《反垄断法》也没有将自然垄断行业作为适用除外。虽然该法第7条有关于"国有经济占控制地位的关系国民经济命脉和国家安全的行业以及依法实行专营专卖的行业,国家对其经营者的合法经营活动予以保护,并对经营者的经营行为及其商品和服务的价格依法实施监管和调控,维护消费者利益,促进技术进步"的规定,但是实际上它主要起到的是一种宣示的作用。我国《反垄断法》与绝大多数国家的反垄断法一样,并不反对垄断地位或市场支配地位本身,而只反对垄断地位或市场支配地位的滥用行为。因此,包括电力电网、铁路路网、长距离输油输气管道等具有自然垄断性质的行业在内的企业享有的垄断地位或市场支配地位本身并不违法,而其滥用这种地位的行为如垄断高价、搭售等则要受到反垄断法的规制。同理,我国《反垄断法》当然要适用于自然垄断行业。不过,反垄断法的适用除外既可由反垄断法本身直接加以规定,也可以在有关特别法中加以规定。我国目前的《反垄断法》中缺乏针对其他专门法(如特定自然垄断行业法)对相关行为另有规定时的适用规则。该法草案曾有第2条第2款规定:"对本法规定的垄断行为,有关法律、行政法规另有规定的,依照其规定。"该款由于具有多方面的不合理之处而备受争议,因此后来被删除了。在这方面,可以考虑借鉴我国台湾地区"公平交易法"第46条的规定,在将来完善法律时增加这样的规定:"对本法规定的垄断行为,有关法律另有规定的,在不违背本法基本宗旨的范围内,优先适用其他法律的规定。"这样,在保证《反垄断法》普遍适用于自然垄断行业的同时,又使得有关行业法的特别规则可以优先得到适用。当然,这同时也包含了根据特定行业经济发展情况和市场竞争结构适时修改行业法的内容,以便实现垄断行业监管与反垄断执法的动态协调。

第二,合理划分垄断行业监管机构与反垄断执法机构的管辖权。这在不同的国家和不同的时期也是有不同的划分模式和制度安排的。目前主要有三种典型的模式:一是建立反垄断机构与特定行业监管机构之间的分权合作体制;二是由反垄断机构负责一般行业的反垄断执法和特定行业监管的体制;三是反垄断与行业监管混合在一起的混合体制。在混合体制下,行业监管法规要么在反垄断法中进行规定,要么更多地依据反垄断法处理自然垄断行业的事务。通常,行业监管机构被赋予反垄断职责或者在反垄断机构下内设特定的行业监管部门。垄断性行业中自然垄断业务和竞争性业务同时存在以及反垄断机构与行业监管机构的各自特点,决定了分权合作的执法体制是比较理想的模式选择。[①] 对于如何处理这个问题,在我国《反垄断法》制定过程中也是存在争议的。虽然该法草案曾经在"对本法规定的垄断行为,有关法律、行政法规规定应当由有关部门或者监管机构调查处理的,依照其规定"之后,还规定"有关部门或者监管机构应当将调查处理结果通报国务院反垄断委员会。有关部门或者监管机构对本法规定的垄断行为未调查处理的,反垄断执法机构可以调查处理。反垄断执法机构调查处理时,应当征求有关部门或者监管机构的意见",但是最后通过的《反垄断法》删除了这个规定。在这个问题仍然存在但缺乏明确规定的情况下,在现有的法律框架下还是寄希望于国务院反垄断委员会发挥其法定的协调职能。总的原则是:在保证反垄断法原则得到正确贯彻的前提下,发挥两个机构各自的优势,即反垄断机构更擅长处理对产业特定信息需求较少的质量证据案件,而行业监管机构更擅长于处理对产业专有信息要求较高的数量证据案件,并在此基础上建立双方之间的程序合作和信息共享的机制。至于我国目前的反垄断机构本身也需要协调并最终走向统一,那就属于另外一个问题了。

第三,加强对垄断行业监管机构反竞争行为的法律监督和救济。虽然行业监管机构在特定垄断行业可以更多地考虑垄断的合理性,但是其本身不能实施属于滥用行政权力排除、限制竞争的行为,否则就应根据《反垄断法》第51条的规定,由上级机关责令改正;对直接负责的主管人员和其他直接责任人员依法给予处分。反垄断执法机构可以向有关上级机关提出依法处理的建议。这虽然缺乏刚性的约束,但是它仍然意味着反垄断机构对垄断行业监管机构的反竞争行为拥有一定的法律监督和救济的权力。这在目前我国与市场经济相适应的行业监管体制机制尚未真正建立起来的情况下显得尤为重要。当然,这方面需要相关法律制度本身的进一步建立和完善。

---

① 参见王俊豪等:《中国垄断性产业管制机构的设立与运行机制》,商务印书馆2008年版,第148—152页。

美国的惩罚性赔偿制度对完善我国市场监管法的借鉴
——以我国《食品安全法》"十倍惩罚性赔偿"制度的完善为中心

邢会强[*]

内容摘要:我国《食品安全法》规定了"十倍惩罚性赔偿"制度,但该制度实施以来成效不佳。美国的惩罚性赔偿制度对威慑和阻却违法失信行为成效显著。我国市场监管法如欲发挥惩罚性赔偿制度应有的功能,既需要对现有制度作出适当改革和调整,更需要立法和司法思维的根本转变,营造一种承认和鼓励惩罚性赔偿甚至公益诉讼的制度氛围,充分发挥私人诉讼的"私人检察官"功能,促进法律的有效实施。

关键词:惩罚性赔偿 补偿性赔偿 市场监管法 食品安全法 私人诉讼

惩罚性赔偿是在补偿性赔偿的基础上,再追加一个额外的赔偿。补偿性赔偿意在弥补受害人遭受的损害;惩罚性赔偿的目的则不在于补偿受害人,而在于威慑违法行为人,以使他以及其他违法者今后不再从事类似的行为。这对于惩治当前猖獗的市场违法行为,塑造良好的市场秩序,功效甚巨。

---

[*] 邢会强:中央财经大学法学院副教授。本文为国家社会科学基金后期资助项目"走向规则的经济法原理"(13FFX009)的阶段性成果。

我国早在 1993 年制定的《消费者权益保护法》中就引入了惩罚性赔偿制度,惩罚性赔偿数额为"消费者购买商品的价款或者接受服务的费用的一倍"(第 49 条)。该惩罚性赔偿制度的实施对于遏制市场上的欺诈行为有一定作用,但是在具体的司法实践中也遭遇到了不少阻力和争执。此外,仅一倍的惩罚性赔偿倍数太低,不足以鼓励私人诉讼、遏制不法行为。因此,在该法实施了二十多年后的今天,立法机关正酝酿对这一条款进行修改、予以完善。

"三聚氰胺事件"发生后不久,鉴于《消费者权益保护法》中的"一倍惩罚性赔偿"力度不足的教训,2009 年《食品安全法》引入了"十倍惩罚性赔偿"制度(第 96 条)。自《食品安全法》实施以来,大多数国人对其实施效果并不满意,因为它并未能有效遏制食品市场上的欺诈行为。"瘦肉精""毒生姜""死猪肉""假羊肉"等愈演愈烈的食品安全事件更是印证了该法实施效果不佳。其原因是多方面的,"十倍惩罚性赔偿"未能发挥预期作用无疑是原因之一。本文拟以《食品安全法》"十倍惩罚性赔偿"制度为中心,以美国的惩罚性赔偿制度为借鉴和参考,检视我国市场监管法的私人诉讼实施机制存在的问题,并提出相应的完善建议。

一、从"十倍惩罚性赔偿"制度的实施看我国市场监管法的私人诉讼实施机制存在的问题

《食品安全法》是市场监管法的重要组成部分,通过检视"十倍惩罚性赔偿"制度的实施效果,可以小见大,发现我国市场监管法的私人诉讼实施机制普遍存在的问题。为此,笔者收集了"北大法宝"上所有原告主张适用《食品安全法》第 96 条,请求法院对被告进行"十倍惩罚性赔偿"的案件(共 110 件),进行实证研究。①

在这 110 件案件中,原告的"十倍惩罚性赔偿"主张全部获法院支持的有 30 件,和解的有 1 件,由法院酌情在十倍以下进行惩罚性赔偿的有 2 件(1 件按《消费者权益保护法》进行了一倍惩罚性赔偿,1 件按大约两倍进行了惩罚性赔偿)。以上合计 33 件,如果说它们都算原告胜诉,则胜诉率为 30%。另外的 77 件案件中,原告的惩罚性赔偿主张均未获法院支持,未获支持率达 70%,即七成的诉讼以原告"败诉"告终。

的确,《食品安全法》甫一实施,"十倍惩罚性赔偿"就催生了一批"职业举报人"或"职业打假者"。典型代表如广州的徐大江、黎钊源和上海的潘杰敏,发起

---

① 案例收集截止时间为 2013 年 6 月 6 日。如某个案件既有一审又有二审,则按一个案件计算。这 110 件案件中,未发现再审、重审案件。

或代理的案件分别是 10 件、8 件和 3 件,但绝大多数都以败诉而告终。败诉的原因是多方面的,其中最重要的一个方面是法院不承认其消费者地位。例如,在一个案例中,法院认为,因原告在诉讼中明确表示其为配合电视台录制节目,而按照电视台的要求购买涉案食品,由此可断定原告并非基于生活需要而购买,因而原告不属于消费者,不符合《食品安全法》第 96 条第 2 款的规定。① 在另一个案例中,法院认为,原告大量购物、诉讼的行为,已不是一般意义上的普通消费者的消费行为,而是以营利为目的、以诉讼为方法的非消费行为。② 显然,法院将补偿性赔偿的思维套在了惩罚性赔偿制度上,生怕原告获得额外利益。

不但"职业打假者"难以胜诉,普通消费者也难以胜诉。主要原因有:其一,证明某食品为被告所售存在困难。例如,在一个案件中,法院认为,涉案的商品在多家商场均有销售,原告提交的购物小票及发票上均没有体现产品的生产日期及批号,故原告提交的证据不足以证明其主张。③ 其二,证明涉诉食品不符合"安全标准"存在困难,甚至法官对"安全标准"的解释也不一致。在一个案件中,法院指出,食品安全国家标准系由国务院卫生行政部门对现行的食用农产品质量安全标准、食品卫生标准、食品质量标准和有关食品的行业标准等强制执行的标准予以整合后统一公布的标准。在该标准公布前,食品生产者、经营者应当按照现行食用农产品质量安全标准、食品卫生标准、食品质量标准和有关食品的行业标准生产、经营食品。原告依据的《卫生部关于进一步规范保健食品原料管理的通知》属于部门规范性文件。原告以此作为食品安全国家标准,依据不足。故原告称该产品属于不符合食品安全标准的产品并要求被告支付该产品价格十倍赔偿的主张,无事实依据。④ 其三,有的法院认为消费者请求"十倍惩罚性赔偿"必须以"造成人身、财产或者其他损害"为前提,而有的法院不要求具有此项前提。例如,在一个案件中,法院认为,从《食品安全法》第 96 条规定中的"造成人身伤害、财产或其他损害的""消费者除要求赔偿损失外"等字眼可以判断,"十倍惩罚性赔偿"的适用应具备两个重要前提:一是产品不符合食品安全标准,二是造成了损害,要两者同时具备方可适用。但是,本案中,原告根本没有食用涉案产品,根本没有发生损害。就损害结果而言,除价款及少量因索偿产生的车费、材料费损失外,原告并未主张或举证证实其存在人身或其他损害。因

---

① 参见广东省广州市中级人民法院民事判决书(2010)穗中法民一终字第 4197 号。
② 参见上海市第二中级人民法院民事裁定书(2011)沪二中民一(民)申字第 77 号。
③ 参见广东省广州市天河区人民法院民事判决书(2010)天法民一初字第 742 号。
④ 参见河南省郑州市中级人民法院民事判决书(2010)郑民一终字第 730 号。

此,原告要求被告支付十倍赔偿金不符合法定条件。① 其四,不少法院判决赔偿的前提过于严格,虚假宣传、包装不合格不在民事赔偿范围内。例如,在一个案件中,法院认为,被告的食品包装标签是否符合国家有关规定,仅属于是否追究其行政责任的问题,并不涉及民事责任的承担。②

即使原告的"十倍惩罚性赔偿"请求完全获得法院支持,由于食品的价格普遍偏低,其所获得的惩罚性赔偿数额还是十分有限的。统计表明,"十倍惩罚性赔偿"请求完全获得法院支持的 30 件案件中,惩罚性赔偿额最高为 38400 元,最低为 30 元,平均为 3586 元,中位数为 2275 元。上述数据表明,发起该类"十倍惩罚性赔偿"诉讼的预期收益为 978 元。③ 考虑到发起该类诉讼的人力、时间、诉讼费、取证费、交通费等成本,可以说发起该类诉讼基本上是"赔本买卖"。这大大降低了消费者利用此条款发起诉讼的动力。

私人诉讼(或私人执行)与公共执法是市场监管法得以有效实施的两大基本机制。国外很多国家非常重视法律的私人执行,如整个欧洲已开始出现私人执行法律的倾向。但是,从《食品安全法》"十倍惩罚性赔偿"制度的实施效果可见,法院对《食品安全法》的私人执行持保守倾向,不鼓励人们通过私人诉讼实施法律。《食品安全法》尽管给出"十倍"的"诱饵",似乎是鼓励私人诉讼,但人们一旦提起诉讼,才发现仅仅是"看上去很美"而已。

二、美国的惩罚性赔偿制度及其与我国之比较

我国的惩罚性赔偿制度借鉴于美国,美国的惩罚性赔偿制度极为发达。除极个别例外之外,④大陆法系国家大都不承认惩罚性赔偿,只认可补偿性,即赔偿总额最多只能等于而不能多于受损额。

美国法上的惩罚性赔偿,也称"示范性的赔偿"(exemplary damages)或"报复性的赔偿"(vindictive damages),是指由法庭所作出的赔偿数额超出实际的损害数额的赔偿。惩罚性赔偿的目的在于惩罚被告人"令人吃惊的不当行为"(outrageous misconduct),以阻止被告及其他人今后从事类似行为。被处以惩罚性赔偿的"非法行为"(wrongdoing)的性质与种类各异,常见的形容该类行为的词汇有"不诚信"(bad faith)、"欺诈"(fraud)、"恶意"(malice)、"难以容忍"(oppression)、"令人吃

---

① 参见广东省广州市中级人民法院民事判决书(2010)穗中法民一终字第 4196 号、广东省广州市中级人民法院民事判决书(2010)穗中法民一终字第 4197 号。
② 参见深圳市宝安区人民法院民事判决书(2010)深宝法民一初字第 2902 号。
③ 即平均数 3586 元乘以"完全获胜概率"。此类案件的"完全获胜概率" = 30 件 ÷ 110 件 = 27.27%。
④ 如我国台湾地区规定的惩罚性赔偿。

惊的或粗暴"（outrageous）、"暴力的"（violent）、"荒唐的"（wanton）、"恶劣的"（wicked）、"疏忽大意的"（reckless）等。惩罚性赔偿也被称为"准刑事"（quasi-criminal）惩罚，是介于刑事处罚与民事处罚之间的一种严厉的惩罚方式。① 根据一些判例，只有行为人的行为是故意或恶意的，或具有严重疏忽行为、明显不考虑他人安全和存在重大过失的行为，以及知道或意识到损害的高度危险的行为时，行为人才应当承担惩罚性赔偿的责任。轻微的过失行为不适用惩罚性赔偿。② 这与我国一些法院理解的惩罚性赔偿需以给当事人造成财产或人身损害为前提是不同的——购买伪劣商品的价款支出其实也是受到的损害。

在很多案例中，惩罚性赔偿的数额和倍数是惊人的。例如，在"宝马车案"③中，原告花了4万美元买了一辆新宝马车，用了9个月后才发现其中的一个零部件被重新油漆过后当成了新零件，而宝马公司并没有告知消费者。于是，该消费者起诉宝马公司，要求赔偿其损失4000美元（某零件是旧零件，相当于该汽车为九成新，因此损失为4000美元）。同时，该消费者预计与其处于同样状况的消费者大约有1000人，因此主张惩罚性赔偿400万美元（4000美元×1000）。一审法院判决宝马公司给予原告补偿性赔偿4000美元，同时给予原告惩罚性赔偿400万美元。宝马公司不服，提起上诉。二审法院将惩罚性赔偿额降低为200万美元。在该案中，惩罚性赔偿额达到了500倍。再如，在"通用汽车案"④中，一起汽车追尾事故竟引起了油箱爆炸，2名妇女和4名儿童受伤，洛杉矶最高法院的陪审团判处通用汽车公司向6名受害人支付1.07亿美元的补偿性赔偿以及48亿美元的惩罚性赔偿。赔偿数额如此巨大，是因为陪审团注意到，通用汽车公司其实早已知道了这一风险，但却不愿为每辆汽车多支付8.59美元以重新安装油箱。又如，在"埃克森石油公司污染案"⑤中，1989年3月，由于埃克森石油公司的一名船员酒后驾船，导致油轮撞礁，大约5万吨原油泄漏。一审法院判决补偿性赔偿数额为3亿美元，同时课以惩罚性赔偿50亿美元。埃克森石油公司不服，提起上诉。2008年，二审法院最终确定的惩罚性赔偿为25亿美元。2000年，在针对美国烟草公司的诉讼案中，美国前五大烟草公司被法院处以了

---

① See Punitive Damages, http://legal-dictionary.thefreedictionary.com/punitive + damages, last visited on June 9, 2013.

② 参见苏苗罕：《美国联邦政府监管中的行政罚款制度研究》，载《金融服务法研究咨询报告》（内部资料）2012年第8期。

③ See BMW of North America, Inc. v. Gore, 517 U.S. 559 (1996).

④ See Jerry White, California Jury Imposes Record $4.9 Billion Fine in GM Product Liability Case, 15 July, 1999, http://www.wsws.org/en/articles/1999/07/gm-j15.html, last visited on June 9, 2013.

⑤ See Exxon Shipping Co. v. Baker, 554 U.S. 471 (2008).

1450 亿美元的惩罚性赔偿。在"麦当劳咖啡案"①中,一名 79 岁的老妇人在麦当劳买了一杯热咖啡,因不小心而烫伤了自己,她随将麦当劳告上了法庭。法院判决麦当劳赔偿受害人医疗费 16 万美元(补偿性赔偿),同时课以惩罚性赔偿 270 万美元,相当于麦当劳两天的咖啡销售额。后来,法院裁定将惩罚性赔偿额减至 48 万美元。

以上仅是个别的比较著名的惩罚性赔偿案例,赔偿数额或赔偿倍数是极值,而不是平均数。美国学者和司法部的统计数据表明,仅有 2% 的民事案件适用了惩罚性赔偿制度,惩罚性赔偿的平均数为 3.8 万美元至 5 万美元之间。② 当然,这比我国前述 110 个案例中的平均数 3586 元人民币高出了不少,前者大约是后者的 60 至 100 倍。③ 另有美国学者的研究表明,在每千件侵权案件中,仅有 50 件通过诉讼解决,仅有 25 件的判决结果有利于原告,仅有 1.25 件获得了惩罚性赔偿。④

惩罚性赔偿是对社会成本的补偿,⑤但却判给了原告,原告获得的收益是巨大的。因此,在美国,如果能买到假货,几乎等于中了大奖。所以,也有美国学者将此类收入视为博彩收入。美国税法将惩罚性赔偿收入视为应纳税所得,要与其他收入一起缴纳个人所得税。还有的州规定,原告须将获得的惩罚性赔偿的一定比例(25%—50% 不等)直接向某家公共机构缴纳。尽管如此,起诉人通过诉讼获得的收入还是不菲。那么,像"宝马车案"中的原告那样,如果有其他消费者也遭受了与原告相同的遭遇,他是否也可以起诉并主张 500 倍甚至 1000 倍的惩罚性赔偿呢?对此,很多州规定,陪审团在对被告课以惩罚性赔偿之时,需要考虑此前作出的惩罚性赔偿判决以及被告的行为改变。如果被告已经被课以巨额惩罚性赔偿金或已经改变了其不法行为,则陪审团支持第二个起诉人的惩罚性赔偿请求的可能性就比较小。当然,他获得的补偿性赔偿不受影响。这实际上是一种"奖励第一"的机制,尽管第一与第二在实力、成本支付等方面差距很小,但其收益却差距很大。这是社会上普遍存在的一种激励机制。

惩罚性赔偿不是为了补偿原告,而是为了惩罚被告,防止被告将来继续从事类似行为。课加惩罚性赔偿的权力在于陪审团,而不在于法官。陪审团在对被告课加惩罚性赔偿数额之时,不但要考虑被告行为的可谴责性,还要考虑被告的

---

① See Liebeck v. McDonald's Restaurants, No. CV-93-02419, 1995 (N.M. Dist., Aug. 18, 1994).
② See Douglas Laycock, Modern American Remedies (Aspen, 2002), pp. 732—736.
③ 这还不包括依据《消费者权益保护法》第 49 条申请一倍惩罚性赔偿的案例。
④ See Thomas A. Eaton, David B. Mustard, and Susette M. Talarico, The Effects of Seeking Punitive Damages on the Processing of Tort Claims, The Journal of Legal Studies, Vol. 34, No. 2 (June 2005), p. 344.
⑤ 参见张守文:《经济法学》(第二版),中国人民大学出版社 2012 年版,第 100 页。

财产状况,以决定多大数额的惩罚性赔偿才具有阻吓作用。换言之,财大气粗者被课以惩罚性赔偿的数额一般都会高于普通人。惩罚性赔偿是没有上限的。在美国大多数州,除非法官认为惩罚性赔偿的数额"震动了良知"或违反了广义的正当程序保护规则,"惩罚性赔偿的上限是天空"。① 但是,近年来,各州开始对惩罚性赔偿规定上限,有的规定不超过被告净资产的一定比例(各州从10%到30%不等),有的规定不超过某个绝对的数额(例如,蒙大拿州规定不超过1000万美元,堪萨斯州规定不超过500万美元,得克萨斯州规定不超过20万美元等),有的则规定不超过补偿性赔偿额的一定比例(各州从1到5倍不等)。当然,也有的州没有规定上限。美国最高法院还没有设定一个明确的惩罚性赔偿上限。在"宝马车案"的终审判决中,美国最高法院重申,惩罚性赔偿考虑的因素包括:被告行为的(可谴责)程度;惩罚性赔偿与原告实际损害的比例;惩罚性赔偿与可能施加的民事、刑事处罚之间的区别。②

美国的惩罚性赔偿制度与我国《消费者权益保护法》《食品安全法》中的惩罚性赔偿制度相比较,无论是在适用范围上,还是在实际赔付数额上,都远远宽于或高于我国。在适用的条件上,美国又低于我国,这体现了美国严厉的法律环境。在这些表层区别的背后,是美国鼓励私人诉讼,通过私人诉讼实施法律的司法政策取向。美国"惩罚性赔偿更是增加了私人提起诉讼的动力,一些此前不被提起的违法事件就可能以法律手段提起诉讼"③。我国则是主要依靠公共执法实施法律的司法政策取向。我国不少法院不承认"职业打假者"的消费者地位的态度表明,我国是不鼓励通过私人诉讼实施法律的。不但如此,整个大陆法系都采取这一政策取向。

当然,美国的惩罚性赔偿制度也遭到不少非议,有人认为其过于严苛,将会使社会付出过度威慑和过度防范的成本;有人批评其对于公司不够友好,赔偿数额不具有可预测性;有的学者提出了这样那样的改革建议……但是,无论如何,惩罚性赔偿制度作为美国独特的法律制度,是不可能被废除的。相反,这一制度已经开始被"移植"到越来越多的国家。这显示出了惩罚性赔偿制度具有强大的生命力。我国台湾地区的"消费者保护法""公平交易法"和"证券交易法"中

---

① 参见于朝印:《美国惩罚性赔偿制度探析——兼论惩罚性赔偿制度在我国立法中的确立》,载《中国矿业大学学报(社会科学版)》2007年第4期。
② See BMW of North America, Inc. v. Gore, 517 U.S. 559 (1996).
③ 〔日〕田中英夫、竹内昭夫:《私人在法实现中的作用》,李薇译,法律出版社2006年版,第147页。

的"三倍惩罚性赔偿",①以及我国《消费者权益保护法》中的"一倍惩罚性赔偿"和《食品安全法》中的"十倍惩罚性赔偿",都是借鉴美国的结果。这是和大陆法系传统的法学理论相悖的制度和理论。以德国为代表的传统大陆法系对于公私法调整范围存在严格的划分。为保证法律体系的逻辑性和严密性,经典理论认为惩罚性因素不能被包含在民法概念范畴中。② 德国的判例认为,私法上的惩罚是不可接受的,民事责任不具有惩罚功能。③ 美国法院关于惩罚性赔偿的判决甚至会因违反公共秩序而得不到大陆法系国家法院的承认和执行。但是,近年来,这些做法正在改变,越来越多的大陆法系国家开始承认和引入惩罚性赔偿制度。

三、我国市场监管法中惩罚性赔偿制度之完善

(一) 对惩罚性赔偿制度的立法和司法理念应予以转变

我国《侵权责任法》第47条规定:"明知产品存在缺陷仍然生产、销售,造成他人死亡或者健康严重损害的,被侵权人有权请求相应的惩罚性赔偿。"该法对具体惩罚数额和倍数未加明确和限制,赋予了法官较大的自由裁量权。法官可以根据产品缺陷的致害程度、受害人的范围、生产者或销售者主观恶性的大小等决定惩罚性赔偿的数额。④ 笔者在"北大法宝"上检索时发现,自《侵权责任法》实施以来,尚未发生一起适用该条款课加惩罚性赔偿的案例。这一方面是因为该条对惩罚性赔偿的适用条件规定得比较严格;另一方面是因为法官倾向于保守,不敢轻易适用这一条款。

不但司法者倾向于保守,立法者也是比较保守的。因此,全面引入惩罚性赔偿的方案被立法者否定。我国立法者和司法者对惩罚性赔偿制度持保守态度的原因主要有以下几个方面:其一,担心会使企业背上过重的负担,不利于新产品、

---

① 我国台湾地区"消费者保护法"第51条规定:"依本法所提之诉讼,因企业经营者之故意所致之损害,消费者得请求损害额三倍以下之惩罚性赔偿金;但因过失所致之损害,得请求损害额一倍以下之惩罚性赔偿金。""公平交易法"第32条规定:"法院因前条被害人之请求,如为事业之故意行为,得依侵害情节,酌定损害额以上之赔偿。但不得超过已证明损害额之三倍。侵害人如因侵害行为受有利益者,被害人得请求专依该项利益计算损害额。""证券交易法"第157—1条第2项规定:"违反前项规定者(即内幕交易行为),应就消息未公开前其买入或卖出该股票之价格,与消息公开后十个营业日收盘平均价格之差额限度内,对善意从事相反买卖之人负损害赔偿责任;其情节重大者,法院得依善意从事相反买卖之人之请求,将责任限额提高至三倍。"

② 参见石睿:《美德两国惩罚性赔偿之当前发展》,载《法制与社会》2007年第2期。

③ 参见张新宝、李倩:《惩罚性赔偿的立法选择》,载《清华法学》2009年第4期。

④ 参见王利明主编:《〈中华人民共和国侵权责任法〉释义》,中国法制出版社2010年版,第237页。

新技术的开发。按照这一逻辑,风靡全球的苹果手机,其技术创新的诞生地应该是我国而不是美国才对。遗憾的是,我国消费者对经营者的利益让步,反而导致了经营者对消费者"上帝"地位的漠视。其二,担心企业会因惩罚性赔偿而破产,从而影响就业和经济增长。美国其实也面临这样的问题。在实践中,法院的做法通常是:考虑被告的财产状况,课加一个既使企业真正感到疼痛又不至于使企业破产的惩罚性赔偿数额。但是,如果被告的行为极其恶劣,则应使其破产,只有这样才能起到警示作用。其三,担心"心术不正"的消费者通过欺诈手段骗取高额赔偿金以及滥诉。例如,在前述110个案例中有一个案例,原告刘某诉称其在被告餐厅就餐时发现某道菜中混有人体毛发,遂诉至法院,请求"十倍惩罚性赔偿"。法院认为,混有人体毛发的食物不具备毒性,也不会对人体健康造成任何急性、亚急性或者慢性危害,原告也没有证据证明用餐后出现了任何急性、亚急性或者慢性危害,故原告请求支付十倍赔偿金的请求不符合法律规定。笔者注意到,提起该诉讼的原告刘某也提起过其他请求"十倍惩罚性赔偿"的诉讼。尽管在该案例中,被告餐厅的服务员、厨师长、楼面经理和法定代表人当面承认了食物中的毛发,但在法官看来,其实是不排除原告自己将毛发加入菜中而实施欺诈的可能性的。从法律经济学的视角看,由于验证成本极其高昂以及担心声誉受影响,被告的"承认"以及法官的"迂回"都是具有经济合理性的占优策略。法院判决消费者败诉不会激励餐厅在食物中加入毛发以欺诈消费者,但如果法院判决消费者获得"十倍惩罚性赔偿",则极有可能会激励消费者在食物中加入毛发以欺诈餐厅。① 笔者认为,这一担心尽管有道理,但不能成为一律不适用惩罚性赔偿制度的借口。

惩罚性赔偿制度的有效实施需要我国在立法和司法理念上有根本转变。惩罚性赔偿制度不在乎惩罚性赔偿金给了谁,而在乎是否对被告进行了惩罚,以及是否能遏制类似行为。惩罚性赔偿制度是一种利用私人的获利动机扫除不法行为的巧妙机制。惩罚性赔偿制度不在乎将惩罚性赔偿金给了某个原告所导致的"不公",而在乎如果没有惩罚性赔偿,被告不停止违法行为所导致的更大的"不公"。因此,惩罚性赔偿制度算的是"大账"。法官应大胆适用《侵权责任法》第47条所赋予的自由裁量权,发挥司法能动对社会的塑造功能。

(二)鼓励多种形式的公益诉讼,使之与惩罚性赔偿制度相得益彰

惩罚性赔偿制度其实与公益诉讼有暗合之处。惩罚性赔偿诉讼实际上是一种公益诉讼,惩罚性赔偿金是对提起公益诉讼者的奖赏。承认惩罚性赔偿制度

---

① 参见湖南省长沙市开福区人民法院民事判决书(2012)开民二初字第1548号。

的法律环境,自然也鼓励公益诉讼;反之,公益诉讼就步履维艰。美国允许惩罚性赔偿,也允许集团诉讼,二者适用于一切民事诉讼领域,对于维护美国的市场秩序起到了至关重要的作用。德国不承认惩罚性赔偿,也不允许集团诉讼,而是创造了团体诉讼、示范性诉讼等。团体诉讼要求胜诉的团体,其诉讼所得在扣除有关成本后,上缴财政;而一旦败诉,却要自行负担后果。由于这种反向激励,没有团体愿意提起诉讼。示范性诉讼存在着谁来充当"示范者"的问题,前期的诉讼成本由"示范者"承担,但其诉讼收益却由同类诉讼的原告共同分享。这一"搭便车"问题使得没有人愿意成为"示范者"。总之,"既要马儿跑,又要马儿不吃草"这种违背市场规律的做法注定是要失败的。集团诉讼和惩罚性赔偿作为一种利用私人的获利动机(市场机制)扫除不法行为的机制在现实中获得了成功,被越来越多的国家学习、移植——尽管不少移植因"水土不服"而并未像美国那样成功。欲使惩罚性赔偿制度真正卓有成效,我国也应该鼓励多种形式的公益诉讼,包括个人提起的惩罚性赔偿诉讼,甚至包括引入集团诉讼。只有营造一种同时承认和鼓励惩罚性赔偿和公益诉讼的制度氛围,才能真正使二者相互促进、相得益彰,充分发挥私人诉讼的"私人检察官"功能,涤荡社会上的违法失信行为,促进法律有效实施。

(三)明确基准,提高赔偿数额,以真正起到遏制和预防作用

我国《食品安全法》对于惩罚性赔偿制度的设计尚未把握住其真谛。2002年,北京一烤鸭店发生中毒事件,两顾客一死一伤,原因是点了一盘酱驴肉,里面竟有毒鼠强,顾客食用后直接晕倒在店里。[①] 如果这一案件发生在《食品安全法》实施后,死伤者的家属除了能得到伤亡的补偿性赔偿外,还能得到价值10盘酱驴肉的惩罚性赔偿。可是,这有什么用?因此,还是应回归惩罚性赔偿制度的本质,即判决的数额要真正能够对被告起到遏制和预防作用。如果非要给惩罚性赔偿设定一个上限倍数,这个倍数比照的不应是消费者支付的实际价款,而应是补偿性赔偿的数额。因此,应尽快修订《食品安全法》第96条,将"要求支付价款十倍的赔偿金"改为"要求支付所受损害十倍的赔偿金"。同时,建议立法机关修改《食品安全法》,或由最高人民法院出台司法解释统一裁判尺度,明确将价款损失、鉴定费用等算作"损害"。

(四)建立预防消费者欺诈经营者的法律机制

在美国,惩罚性赔偿具有对称性,消费者的欺诈行为也可能被判处惩罚性赔

---

① 参见马传娟:《北京一烤鸭店发生中毒事件,两顾客一死一伤》,载《京华时报》2002年6月6日。

偿。但是,我国目前的惩罚性赔偿不具有对称性,经营者可能被判处惩罚性赔偿,而消费者则不会。这种不对称性实际上降低了惩罚性赔偿的适用。因此,我国《消费者权益保护法》和《食品安全法》实际上有必要规定:如果消费者以虚构事实骗取惩罚性赔偿金,经营者也有权要求其给予相应的惩罚性赔偿。不过,法官在裁判时,应考虑被告的承受能力,对"消费者"课加的惩罚性赔偿不能与对经营者课加的惩罚性赔偿等量齐观,毕竟消费者与经营者之间存在着不对等性,对消费者采取倾斜性保护仍然是市场监管法的基本取向。当然,刑法中的敲诈勒索罪也可以作为对惩罚性赔偿滥诉的遏制手段,甚至更有必要规定诉讼欺诈罪。[1] 总之,我国在推进惩罚性赔偿制度实施的过程中,需要整体考虑建立预防消费者欺诈经营者的法律机制,为惩罚性赔偿制度的顺利实施提供一个健全的法律环境和健康的社会氛围。

---

[1] 我国刑法中尚未规定诉讼欺诈罪,新加坡和意大利的刑法中规定了此罪。

论选择性执法的法律规制

——兼及我国食品安全监管约束

施圣杰[*]

内容摘要：近年来，食品安全问题层出不穷。执法活动是保障我国食品安全的一道有力屏障，但是选择性执法的出现在一定程度上削弱了这道屏障的保护作用，其不合理性、不合法性使得食品安全的监管难以达到切实的效果。本文通过分析我国现阶段食品安全监管中选择性执法的必要性和存在的问题，运用法经济学的相关理念，从立法、执法机关、社会自律组织及行政相对人入手，提出规范我国食品安全监管中的选择性执法的相关构想。

关键词：选择性执法　食品安全　法经济学

"民以食为天。"自古以来，食品安全问题一直都是关系人民健康和国计民生的重大问题。就目前来看，我国食品安全监管最突出的特点是多部门管理，如工商、卫生、农业、质监、畜牧、粮食、蔬菜、经贸、水利水产、海关、检验检疫等都在很大程度上与食品安全监管存在着较大的联系，与此相关的法律法规多达百余部。尽管如此，一些深层次的产品质量问题却不断暴露出来，例如地沟油、苏丹红、三聚氰胺奶粉等食品安全问题层出不穷、花样百出。由此可见，法律法规的数量和规模急剧增长和扩大，而执法效益并未随着法律数量和规模的增长和扩大而有效增长；相反，有法不依、执法不严的现象极为突出。

---

[*] 施圣杰：华中农业大学文法学院硕士研究生。

一、选择性执法——法经济学之维

"选择性执法"(Selective Enforcement of Law)原本是美国法上的一个概念,通常是指警察根据经验确定执法重点,以调和立法权和警察行政权之间的冲突。① Becker 和 Stigler 从法经济学角度出发,对选择性执法进行了一般性的抽象分析,认为这是执法成本和违法损害之间边际平衡的结果,最优执法应当寻求达到执法减少的损害与因此增加的执法成本之间尽可能合适的比例关系。那种认为一切违法行为都应得到执法者的关注并采取实际行动的观念实际上是不经济的。② 法经济学主张,任何法律的制定和执行都要有利于资源配置的效益并促使其最大化。众所周知,执法有三大功能,即实施法律的功能、实现政府管理的职能、保障公民权利的功能。也就是说,执法行为可以被理解为一种解决冲突的工具。作为工具的执法行为是不可能像自然规律那样自行成就的,它必须借助一定的组织和个体予以确认和保障,即国家和社会将因此而支付必要的费用——执法者在向社会提供"公正""效益""秩序"等公共产品的过程中,国家和社会主体因此而投入的各种费用的总称(包括物质的和非物质的)——执法成本。有投入必定会有产出,将二者进行比较和评价,就形成了效益。对于执法机关而言,以较小的执法成本换取较大的执法受益是其动机之一。毋庸讳言,效益和公平的统一是所有司法、行政和执法过程所追求的目标。然而,在很多情况下,追求这两者的统一往往是"鱼与熊掌不可兼得"。毕竟我国的执法资源具有稀缺性和有限性的特点,而选择性执法的存在就是为了追求在执法领域的一种"帕累托最优"③状态。

我国学者对选择性执法的界定不一,却也存在着共同点,一般认为是执法者在考量相关因素后,对某一特定区域内的违法行为进行有选择的执行,而与此相对应的就是全面执行。21世纪,世界经济高速发展,与此同时带来的也包括公

---

① See K. C. Davis, Discretionary Justice: A Preliminary Inquiry, Baton Rouge: Louisiana State University Press, 1969, pp. 129—135.

② See Gary Becker, Crime and Punishment: An Economic Approach, 76J. Polit. Econ, 169—177(1968); Gary Becker & George J. Stigler, Law Enforcement, Malfeasance and Compensation of Enforcement, 3J. Leg. Stud. 1—18(1974); George J. Stigler, The Optimum Enforcement of Law, 78J. Polit. Econ, 526—537(1970).

③ 帕累托最优(Pareto Optimality),也称为"帕累托效率"(Pareto Efficiency),是博弈论中的重要概念,并且在经济学、工程学和社会科学中有着广泛的应用。帕累托最优是资源分配的一种理想状态,即假定固有的一群人和可分配的资源,在从一种分配状态到另一种状态的变化中,在没有使任何人境况变坏的前提下,也不可能再使某些人的处境变好。换句话说,就是不可能再改善某些人的境况,而不使任何其他人受损。

民日益增长的各种权利的需要。对于各国政府而言,则既要满足公民的各种需要,又要增强本国在世界上的竞争力。政府能做的就是不断提升自身的行政能力,既要转变职能,又要积极探索新的执法模式。由此,选择性执法应运而生。执法机关处理的事务具有广泛性和复杂性,法律条文相应地也只是一些原则性和抽象性的规定,不可能涉及日常生活中的所有具体事务。行政权涉及的范围已经延伸到了社会生活的方方面面——政治、经济、文化等各个领域。相应地,越来越多的事务需要执法者灵活、机动地处理。执法者在不违背法律的具体规定和法律精神的前提下,基于维护法律权威、促进社会稳定的需要以及对社会事务的有效管理,在多种执法方式以及法定的执法幅度内自由选择,进行选择性执法。可见,选择性执法能够提高执法机关的执法能力,以较少的资源解决较多的社会问题。这仅仅是问题的一个方面。选择性执法招致的质疑之声也不在少数,认为选择性执法违背了平等原则,是对法律权威的损害,应当严格予以禁止。这些反对之声完全忽视了选择性执法所发挥的积极作用。基于法经济学的视角,选择性执法是有其存在的合理性和合法性的。

二、选择性执法的必要性——食品安全现实之维

一提到"选择性执法",民众多对其持否定的态度,一般都认为这是由于行政执法人员的任意执法造成的。殊不知,在选择性执法中,合理与不合理、合法与不合法的选择是并存的。在某些情况下,为了实现资源的优化配置,对某些突出的、严重的食品安全案件投入更大的执法成本,以保护人民群众能吃得放心,是很值得的。不可否认,选择性执法有其非合理的一面,"一个被选择性执法扭曲的社会,不会有执法者的威信,不会有人们对法律的敬畏,也不会有真正走得长远的高尚事业。"[①]王成认为,选择性执法的出现是多种因素共同作用的结果,这些因素包括执法资源的有限性、执法者自身组织结构的欠缺、执法者与社会组织信息的不对称性以及法律规则本身的缺陷等。[②] 笔者认为,其形成原因是比较复杂的,应当具体问题具体分析,并非所有的选择性执法行为都是不合理、不合法的。

(一)法律自身具有局限性,难以形成有效监管

我国是成文法国家,社会主义法治要求我们必须严格依照法律的相关规定

[①] 张德瑞:《行政法的平等原则与行政机关的选择性执法》,载《河南社会科学》2007 年第 6 期。
[②] 参见王成:《选择性执法研究》,载《北京大学研究生学志》2007 年第 3 期。

对案件进行处理。法律自身的局限性主要表现为:第一,不合目的性;第二,不周延性;第三,模糊性;第四,滞后性。① 也就是说,首先,法律适用的是一般对象,而其特殊性则往往会被忽略掉;其次,法律并非万能的,它也存在漏洞和盲区,因为立法者本身的认识能力是存在局限的;再次,我国的法律是以语言文字的形式表现出来的,语言本身即存在模糊性,因而不同的人也许会有完全不同的理解;最后,法律的制定程序是极其复杂的,从一部法律的起草到其颁布,中间一般会经过好几年,而社会是不会停滞不前的,社会的发展变化使得一部法律一经公布就已经落后于这个时代了。正是因为法律自身所具有的局限性,使得严格意义上的完全执法是不现实的。不同的执法者对于同一食品安全案件可能会有不同的认识,也会对同一立法有自己独特的见解,由此给裁量权提供了存在的空间,从而决定了选择性执法在食品安全监管中是不可避免的。

(二) 执法资源的有限性和食品安全事故发生率的急速增长

毋庸置疑,食品安全事故的调查需要花费司法机关大量的人力、物力和财力。但是,随着食品安全事故的频繁发生,国家提供的司法资源却是相对有限的,经费成了执法中最大的制约因素。在现代社会,执法机构需要处理的并非仅仅只有与食品安全有关的案件,同时国家和政府对于执法机关不仅有数量上的要求,在质量上也有极高的标准。在此情形下,那些重大案件、引起社会广泛关注的热点案件、被领导重视的案件往往会得到最先的解决,而其他案件则相应地会受到拖延。为了缓解维护社会安定的需要和物资有限之间的紧张关系,执法机关进行有条件的选择性行政执法成为首选的解决之策。

(三) 维护社会稳定,实现食品安全事后监管

从根本上说,行政执法的目的是维护社会秩序的安定有序,而衡量一个社会的秩序是否稳定,则可通过社会公众对行政机关执法活动的信息反馈。若此类执法活动大受人民群众的欢迎,为人民群众办了实事,那么执法机关就应该在此基础上再接再厉;若人民群众的反应是排斥的,那么执法机关就应当根据反馈的信息不断地调整执法的方式和重点,以期做到符合社会公众的期盼。执法人员的执法行为应当随着社会的不同反应而不断地调整。就现实而言,往往是在发生食品安全事故后,监管部门予以事后应对。例如,在阜阳奶粉事件后对全国所有奶粉制造商进行的普查,在"瘦肉精"事件后对肉制品市场的彻查,都是基于

---

① 参见徐国栋:《民法基本原则解释:成文法局限性之克服》,中国政法大学出版社1992年版,第139—143页。

社会反馈做出的行政执法,也是我国行政机关在权衡这类事件带来的社会危害、可能引起的示范效应后做出的选择性执法。

(四)食品安全执法者自身素质的差距

行政执法是一种人为的执法行为,既然有人的因素存在,那么其不确定性也就相应地增加了。毕竟执法者对法律知识的理解与记忆、临场执法的处置与随机应变能力、执法时机的捕捉与把握等都可能会产生选择性执法的效果。此外,执法者在执法过程中可能掺杂个人私利、私人感情等,或者由于个人职业素养的缺失,可能会造成不依法办事、有法不依、执法不严、违法不究的情形。当然,这毕竟是极少部分。这类的选择性执法行为当然是与我国当前的法治理念相冲突的,也是个人职业道德缺失的表现。甚至在有些情况下,执法者的这些行为还可能构成犯罪,理应受到刑罚的制裁。对于行政机关而言,危害的不仅仅是社会秩序,也许还会危及政府机关对于社会的公信力。

三、选择性执法的缺陷分析——以我国食品安全监管为范本

我国现阶段的执法资源是有限的,并且这些有限的执法资源在各部门之间的分配也是不均衡的。比如,所谓的"强力部门"和"冷水衙门"之分,这是在同一级别不同部门之间的分配不均。当然,上下级不同部门之间的执法资源分配不均问题更是显而易见。基于此,选择性执法在我国是必不可少的,甚至可以说是我国执法的一个特色。但是,选择性执法的不足之处也日益凸显出来。

(一)相关法律制度不健全,难以规制自由裁量权

自由裁量权是法律明确赋予行政执法人员,在法律规定的范围内,在不违背立法精神和法律原则的前提下,对某一违法情形可依自身判断作出具体行政行为的权利。但是,个别执法人员罔顾法律,仅凭其主观好恶、个人心情作出判断,造成对自由裁量权的滥用。比如,对某些应予以立案的轻微案件,仅仅是以罚代刑,罚款了事。所有涉及公平、正义、合理等的法律规范都涉及执法者的自由裁量权,但是我国法律对于自由裁量权却没有特定的法规或规则进行制约。自由裁量权被喻为"行政法上的特洛伊木马",其一旦失控,将会对整个法治秩序造成极其严重的破坏。执法者的自由裁量权不是依据其个人的喜好自由行使的,而是应该在符合依法行政、遵守法定程序、遵循行政法的目的和精神的基础上,由执法者行使的"自由"裁量权。也只有这样,才是真正意义上的依法行政,才能防止少数执法人员以自由裁量权为由恣意妄为,才能切实保护我国公民、法人

和其他组织的合法权益不受侵犯。

（二）执法主体定位不正确，置利益于首位

执法机关和执法人员应当以社会利益的最大化为其全部内容和根本目的，而不能以部门利益、长官利益或者私人情谊对其自身予以定位。难以否认的是，在很多情况下，单位的利益、领导的意志甚至人情关系都会成为影响执法人员做出执法行为的要素。在执法过程中，对于涉及单位利益的情形，少罚甚至不罚；对于领导作出相应"批示"的案件，跟着领导的"批示"作出处罚或不予处罚；对于与"老熟人"有关的案件，则大事化小、小事化了。不可否认，中国社会就是一个"熟人社会"。但是，对于我国的执法而言，其弊端是不言而喻的。"熟人"意味着人情，注重"礼尚往来"，有时甚至是利大于法。今天，"熟人"在一定程度上已经阻碍了我国法治现代化的进程和市场经济的发展。首先，以人情代替竞争，淡化了竞争的激励作用。其次，它也弱化了法制的功能，以人情代替了法律的威严。某些食品经营者一而再，再而三地销售危害人体健康的食品，挑战法律的权威，最终却毫发无伤地继续其生产经营活动。这种情形尤其在我国社会主义法治还不健全的情况下是十分常见的，其危害不容忽视。

（三）执法力度不够，难以实现执法目的

行政机关行政执法决定的作出，可以根据相应的食品生产者、经营者的具体情况，在法定的幅度内自由选择，只要其决定不超出法律法规明文限定的范围，即可以被认定是合法的。它既可以在不同处罚种类之间进行选择，也可以在同一处罚种类幅度内进行选择。例如，那些销售含有苏丹红的商品的卖家无一受到行政执法的制裁。但是，根据我国《标准化法实施条例》第33条的规定，生产不符合强制性标准的产品的，处以该批产品货值金额20%至50%的罚款；销售不符合强制性标准的商品的，没收违法所得，并处以该批商品货值金额10%至20%的罚款。那些商家只是做到了最基本的，即撤下含有苏丹红的商品，却没有受到什么行政处罚。如果执法者在这种情况下给予这些商家以罚款、整顿抑或更严厉的责令停业等行政制裁，此后这些商家也会因为忌惮政府的执法行为而有所收敛。这不仅是树立法律权威的问题，更是使得那些伪劣食品无处存身的有效保障。

四、选择性执法的法律规制——规范我国食品安全监管

作为一种利弊共生的存在，只要有自由裁量权的存在，选择性执法就不可避

免。我们不能指望通过批评或指责就将其消除,而实现全面性执法。现阶段我们能够做到的,就是采取适当的措施和方法控制造成较大社会危害的那部分选择性执法,以期降低其不合理性或不合法性。

(一) 控制立法数量和立法层次,将食品安全基本法的制定作为重点

我国传统的立法思想是"有法比无法好,法多比法少好,快立法比迟立法好",正是在这种思想的指导之下,我国与食品安全相关的法律法规多达百余部,而其收效却甚微。

1. 基本法的制定有利于降低执法的机会成本

执法的机会成本是指在某一特定时期,执法者为实现一定的社会目标,可能会有多种法律规范可供选择,但是因社会经济条件的限制,不可能使这些方案全部付诸实施,而只能从中选择一项法律规范实施。由于实施一项法律规范而放弃了其他规范,就是执行此项法律规范的机会成本。通常,若守法的机会成本(守法者放弃的违法收益)高,则法律难以实施;若违法的机会成本(违法者放弃的守法收益)高,则法律易于实施。食品安全事故居高不下,与企业遵守相关法律法规成本高,而生产伪劣产品的违法成本低是分不开的。企业缴纳的质量检验费、申办生产许可证等各种证照、质量评审达标等费用巨大,使得合法经营的企业的利润要远远低于违法经营的企业。法律法规的数量越多,意味着各企业所需缴纳的费用越多。因此,需审慎制定我国食品安全的基本法。

2. 基本法的制定有利于控制执法的边际成本

按照边际成本的规律,在法律规范供给的社会需求达到饱和状态之前,没增加制定和实施一项新法律的边际成本是递减的;相反,若超过了饱和状态,随着供给的增加,其边际成本则递增。近年来,与食品安全相关的法律法规的数量有了空前的增长。有关部门囿于本部门利益,任意扩大部门的权限和范围,以"法"推行其行政意图,限制或收回宪法和基本法律赋予各行政相对人的权利,从而造成了各种法律规范泛滥、法规压过法律的现象,使得行政结构失衡,加大了行政执法的成本。当前我国食品安全存在的问题仍然是供给不足,因此有必要扩大全国人大制定基本法的调整范围,以较多的基本法取代过多的法规。同时,为了更好地规制我国的选择性执法现象,基本法的制定势在必行。

(二) 退出社会自律组织的自治领域,扩大我国的执法力量

社会自律组织,即我们通常所说的"第三部门"。众所周知,市场失灵由政府弥补,政府失灵由第三部门弥补。执法过程中,政府运用法律手段不能实现的某些功能,第三部门运用其自律性往往能够达到相对而言更好的结果。首先,第三部门的适应性更强,其组织体制和运行方式具有很大的弹性和适应性,相比政府而言能够更及时、更灵敏地作出反应。其次,效率性更强,其办事效率比政府更高,能够有效地减少政府的财政支出,使执法的整体效益实现最大化。最后,第三部门更具弥补性,能够充分体现我国执法的社会本位,更好地实现实质公平。当然,执法机关应当充分信任这些自律组织,把那些可以由自律组织自行管理的事项的执法权移交给它们并退出这些领域。比如,对2011年4月发生在上海的"染色馒头"事件,社会各界都进行了理性的思考,充分考虑到监管部门也有人手短缺的实际情况,呼吁社会力量介入食品问题的治理,并从相关的制度设计方面入手,增加有关食品安全领域的民间自律组织,重视行业协会在制定行业标准以及规范行业自律方面的作用和独立性。这样,社会自律组织就可以处于辅助地位,使执法机关"有的放矢",缩小其执法范围,也就会降低其执法成本,同时也增加了社会自律组织这一第三方的执法力量,使我国选择性执法的不合理性、不合法性越来越小。

(三) 加强与行政相对人的合作,实现互利共赢的局面

执法机关与行政相对人并不是对立的,而是能够合作以达到互利共赢的。法经济学要求达到的就是一个均衡的局面,选择性执法也是为了解决执法资源的均衡分配问题。为了取得最佳效益,执法行为必须充分考虑其他行为主体(如行政相对人)的行为。若行政相对人能够自觉且及时揭露和抵制不法行为,那么不仅可以降低执法和法律监督的成本,更有利于执法活动在社会上的开展。比如现阶段,一部法律草案制定之后才会考虑向社会公众公布并征求群众的意见,也就是说在制定过程中首先考虑的是立法者等少部分人的利益。为了加强与公众的合作与交流,我国可以建立立法听证制度。立法听证制度是指在立法过程中,为了收集、获取与立法有关的资料、信息,邀请有关政府部门、专家学者、当事人及与法律法规有利害关系的公民等到会陈述意见,为立法机关审议法律法规提供依据与参考的一种制度。又如,在保障自律的前提下,他律也是必不可少的。我们应当将行政机关内部的监督、社会监督、司法监督、媒体监督、人大政协监督、社会团体监督等结合在一起,调动社会各界力量的主动性和积极性,从而实现对选择性执法的多角度、全方位监督,从而实现与社会各界的行政相对人的密切合作。

(四) 节约使用有限的执法资源,建立有效的执法机制

执法资源可以分为硬资源和软资源。硬资源是指社会专门用于法律执行和遵守的人力、物力、财力以及机构等资源。例如,为了实施食品安全监管所配置的执法机构、执法人员和执法设备等。软资源是指人们对法律的认同感和内心支持,以及执法的社会氛围等。如今,由社会组织、国家机关工作人员或者公民个人完全以履行义务的方式推行与食品安全相关的法律法规已经越来越不现实。由政府直接掌控的执法资源是极其有限的,执法机关必须对有限的、可动用的执法资源在法律投入和经济投入之间作出合理的权衡和分配。由于执法机关一再地有法不依、执法不严,使得我国的食品安全问题层出不穷。假如我国在今后仍无法树立起执法的权威,食品安全领域的混乱局面将会愈演愈烈,因而应倡导有效执法的机制。我国应建立和严格执行食品召回制度,让造假厂商遭到严厉惩罚;同时,实施有效执法机制,即由严谨易懂、具有操作性和历史延续性及现实合理性的法律规范,国家为实施法律而提供的财政资助、健全的执法机关和有较好素质的人员,以及社会对执法的广泛认同和内心拥护等因素构成的法律实施机制。[1]

---

[1] 参见刘大洪:《法经济学视野中的经济法研究》,中国法制出版社2008年版,第49—50页。

中央与地方政府金融监管权配置研究

杨 松 郭金良[*]

内容摘要：金融监管权配置是整个金融体制的核心内容。中央与地方政府金融监管权的配置本质上是如何理解和解决单一制国家内中央与地方金融权力的划分问题。我国二元金融结构的特殊性决定了地方政府监管民间金融具有监管优势。所以，应当按照"经济宪政"的理念，在修改《宪法》和制定民间金融基本法律的前提下，确立统一金融监管模式，明确地方政府金融权的范围，赋予民间金融以法律地位，构建多元化、立体式的金融监管法律制度。

关键词：二元金融　金融监管权　金融监管权配置　民间金融

一、问题的提出

金融监管权配置以金融安全、稳定与效率为目标，以权力行使的规范性为基础，强调监管权在不同监管主体之间的合理分配，是整个金融监管体制的核心内容。从监管机构的角度考虑，我国现行的法定金融监管机构是"一行三会"，它们构成我国形式上的金融监管体制。同时，对于国有资产的监管，还包括国务院国有资产监督管理委员会（下称"国资委"）、财政部、中央汇金投资有限责任公

---

[*] 杨松：辽宁大学法学院教授。郭金良：辽宁大学法学院博士研究生。本文系杨松主持的教育部人文社会科学研究规划基金项目"银行监管权配置的法律问题研究"（11YJA820099）及教育部新世纪优秀人才支持计划"中国积极参与国际金融体系改革进程研究"（NCET-11-1010）的阶段性成果。

司等国有金融资产管理部门。地方金融监管则模式多样,主要包括游离于正规金融监管体制外的地方金融办、中小企业服务局等机构或部门。随着民间资本规模的膨胀和民间金融犯罪问题的激增,①国务院先后出台了2005年的"36条"和2010年的"新36条",以规范、引导民间资本健康发展。②党的十八大报告进一步明确了加快发展民营金融机构的重要性与紧迫性。但是,关于鼓励、引导民间资本健康发展,加快发展民营金融机构的民间金融法律制度与实体法规范体系还没有建立,还没有形成地方金融法治化。

从制度需求与供给的角度讲,以民间资本为主要资金供给的民营金融机构对我国民营经济的发展具有重大的贡献,并有一套特殊的历史演进规律。从历史的角度分析,正规金融也是从民间金融发展出来的。但是,现行的金融监管体制却没有以民间金融的特殊性为基础,建立多元的金融监管体制。从现有的研究和监管实践来看,现行金融监管体制存在的问题主要包括:一是从监管对象上看,以民营金融机构为主要民资投资对象的一类市场主体基本游离于正规金融监管体制外。二是从监管机构上看,地方金融监管机构的法律地位模糊,没有明确的法律依据。三是从监管理念和目标上看,严格监管民间金融的传统理念仍然没有改变,对引导、促进民间金融的政策没有实现具体的法制化推进。金融发展的多元化与多样化决定了金融监管的主体既包括政府监管机构,也包括行业协会、内部自律机构等主体。但是,无论是公权力,还是行业协会的监督权,以及机构内部的自律监督权,都应当在法治的框架下运行。这一方面是为权力监督提供合理的法律依据,保障监督权的有效性;另一方面是约束公权力,保证监管

---

① 根据中国人民银行《2013年5月社会融资规模数据统计报告》:1—5月社会融资规模为9.11万亿元,比上年同期多3.12万亿元。社会融资规模统计数据来源于中国人民银行、发改委、证监会、保监会、中央国债登记结算有限责任公司和银行间市场交易商协会等部门。这些都是"正规金融机构",而游离于"正规金融体制"外、以民间信用为基础的直接融资还存在很大的统计空间。社会融资的一个根本特征就是"居民原则",即持有部门和发行部门均为居民部门。这说明了民间资本投资具有相当大的规模和广阔的发展空间。以吴英案为代表的一类"民间融资犯罪",充分暴露出了我国民间金融法律规范的缺失以及民间金融法律制度的不健全,更没有形成民间金融的法治化。数据来源于中国人民银行网站:http://www.pbc.gov.cn/publish/diaochatongjisi/3172/2013/20130609085419222579137/20130609085419222579137_.html,2013年6月24日访问。

② 2005年2月25日,国务院发布国发〔2005〕3号文件,即《关于鼓励支持和引导个体私营等非公有制经济发展的若干意见》。这是我国首部以促进非公有制经济发展为主题的中央政府文件,因文件内容共36条,也被称为"非公36条"。2009年9月22日,国务院发布了《关于进一步促进中小企业发展的若干意见》(国发〔2009〕36号)。这是国家为了解决中小企业融资难、担保难以及部分扶持政策尚未落实到位等问题,而采取更加积极有效的政策措施,以帮助中小企业克服困难,转变发展方式,实现又好又快发展。2010年5月7日,国务院发布了《关于鼓励和引导民间投资健康发展的若干意见》(国发〔2010〕13号),又称"新36条"。为了更好地贯彻、落实"新36条",明确各部门的具体工作分工,2010年7月22日,国务院办公厅发布了《关于鼓励和引导民间投资健康发展重点工作分工的通知》(国办函〔2010〕120号),以此作为"新36条"的实施细则。

权行使的规范化、法治化。金融体制上的问题决定了目前金融监管权配置存在的问题主要包括：一是由于现代金融机构发展的多元化，使得"国有资产"很难界定。"一行三会"依托的法律规范与国资委国有资产管理法的协调存在问题，前者是否只是负责城市商业银行等非国有控股的金融机构？同时，国家引导、鼓励民资进入国有金融机构，那么完全由国资委监管是否符合市场规律？国资委是否有能力监管金融机构？二是地方金融监管权一直处于"一行三会"监管体制外，没有明确的法律依据。同时，地方金融监管权与中央监管权的衔接与协调也没有形成有效的法律机制，监管责任划分不明确。

因此，本文主要解决三个方面的问题：一是中央政府金融监管权的进一步明确，主要包括：重新界定中央政府金融监管权的范围，明确监管机构之间权力的划分与监管责任。二是地方政府金融监管权的规范化，主要包括：通过立法明确地方政府金融监管权、地方政府金融监管主体及其职责范围，促进地方金融监管法治化。三是建立中央与地方政府金融监管权的动态协调机制，明确常态监管与紧急监管情况下"两级"监管权的权力内容、协调程序与监管责任划分等。

二、中央与地方金融监管权配置的正当性分析

二元经济是我国经济发展中一个既普遍又特殊的客观现象。长期以来，经济学界一直认为，城乡二元经济的巨大差异性严重制约了我国整体经济的发展。① 金融是经济的核心，二元金融是研究二元经济的关键性问题。在二元金融结构下，农村金融发展中的金融资源分配不公平、融资难、监管权缺位、法律制度不完善等问题成为制约二元金融协调发展的主要问题。从根本上讲，国家一直控制着金融监管权，为了金融安全，一直不肯下放金融监管权给地方政府或非常有限地下放权力。但是，民间金融发展的特殊性决定了地方政府对民间金融具有监管优势。在二元经济协调发展与金融国际化的大背景下，国家对金融资源的绝对权力控制与对地方监管优势的需求形成"金融监管悖论"。从宪政与分权的角度分析，解决中央与地方金融监管权配置在本质上是社会主义市场经济体制下中央与地方金融权力划分的宪法保障。具体来讲，解决二元金融监管

---

① 参见冯林、王家传等：《金融资源配置差异视角的城乡二元解释》，载《农业经济问题》2013年第1期。作者认为，我国长期以来偏重于城市金融市场建设发展的制度安排，一方面导致国有金融机构在农村金融市场全面收缩、农村金融机构建设滞后、农村金融服务落后，造成农村资金大量流入城市，农村经济发展"缺血"严重的局面；另一方面也使城市金融市场信贷投入边际效率逐步降低，农村信贷投入边际效率逐步提高。金融资源配置上的缺陷直接影响了农村金融、农村经济的发展。

的关键在于国家对金融资源进行重新分配,合理下放金融监管权,明确地方金融监管机构,赋予地方金融监管机构合法的监管权,规范地方金融监管权行使,合理界定中央与地方金融监管的责任范围,为金融监管权配置提供法律依据,为二元金融发展提供充足的法律制度保障。

(一) 金融监管权配置的内涵

1. 金融监管权配置与监管权法律性质

金融监管权配置可以在不同层面上理解:从国家权力纵向分配的角度出发,可以分为中央政府与地方政府金融监管权;从权力横向分配上讲,可以分为中央层面的"一行三会"的监管权与国资委的监管权,地方层面的金融办、中小企业服务局等;从正规金融监管体制内部出发,可以分为中央银行监管权、银监会监管权、证监会监管权、保监会监管权。所以,金融监管权配置的核心内容就是权力在不同法定监管机构之间的分配。目前,学界对金融监管权配置的含义的观点主要包括:一是监管制度核心说。金融监管权配置是金融监管制度架构的核心和实质问题,具体包括规则制定权、监督检查权、强制执行权,它是研究监管权及其效果的前置性和基础性问题。① 二是监管模式核心说。有学者认为:"金融监管模式的实质是金融监管权的分配问题,金融监管权分立的目的是制衡权力的行使,从而使金融监管成为金融市场发展的重要助力而不是阻力。一般来说,分享金融监管权的监管当局包括中央银行、财政部和专门的金融监管机构等。"② 前者以监管机构为核心,强调监管权的静态配置;后者以监管目标和监管功能为核心,强调监管权的动态配置。两者虽然强调的重点不同,但本质上都强调监管权的实施效果。同时,金融监管体制是监管模式的基础,监管模式是监管体制目标实现的载体。③ 因此,金融监管权配置是国家权力在现行金融监管体制下的具体化,它以现行金融监管理念、目标和功能为基础,以金融监管法律为依据,是在最优金融监管模式下的一种权力分配。

金融监管权是金融监管机构依据法律、法规、规则对监管对象实施的监管行

---

① 参见杨松、魏晓东:《次贷危机后对银行监管权配置的法律思考》,载《法学》2010年第5期。
② 叶姗:《监督监管者:程序控管思路下的金融监管》,载《江西财经大学学报》2011年第1期。
③ 从传统意义上讲,金融监管体制主要分为高度集中统一的金融监管体制、双层多头的金融监管体制、单层多头的金融监管体制以及混合金融监管体制。这种划分主要以国家结构形式为基础,如美国是联邦制国家,实行中央与地方分权,这就形成了双层多头的金融监管体制。参见朱大旗:《金融法》,中国人民大学出版社2007年版,第128—129页。目前,世界上主要的金融监管模式包括机构监管、功能监管、综合监管和双峰监管四种。参见张晓朴、卢钊:《金融监管体制选择:国际比较、良好原则与借鉴》,载《国际金融研究》2012年第9期。我国现行的是"一行三会"式的单层多头金融监管体制,实行的是机构监管模式。

为。目前,学界对于金融监管权的性质一直存在争议,主要有四种观点:一是公权力说。有学者认为:"金融监管权是一种公权,其权力结构符合公权的基本特征,具体包括法定性、强制性和国家公共性。"① 二是强制性权力说。有学者认为:"银行监管权是具有强制性权力的机构基于法律的授权对银行的行为和资产实施干预的自由裁量权,银行监管权的主体包括行政机构、银行股东和债权人。"② 三是混合权力说。有学者认为:"我国的三大金融监管机关(银监会、证监会、保监会)既有行政主体地位,又是经济管理主体。在经济法学的视野里,作为经济管理主体,其享有金融监管权。在行政法学视野里,作为行政主体,其行使法律所赋予的行政权力。从权力内容上说行使的是金融监管权,但金融监管权却以行政权力的形式来运行。对金融监管机关而言,行政权力和经济权力分别对应其权力运行形式和权力内容两个方面,缺一不可。"③ 四是广义与狭义说。有学者认为:"金融监管权有狭义与广义之解,狭义的金融监管权指政府机构对市场中金融主体以管理和约束的权力,即一种由政府从外部施予监管的官方行为。广义的金融监管权是一个系统概念,包括各金融机构内部自律要素以及同业互律性组织的监管、社会中介组织、竞争机制等市场约束要素。"④

从现有的金融监管实践来看,金融监管范围主要包括国家监管、行业监管和机构内部自律监管三个维度。公权力说只是把金融监管权局限于国家监管层面;强制性权力说虽然考虑到金融监管的多维度,但是没有进一步区分行政权力与银行、债权人监管权的性质;混合权力说没有清楚界定金融监管权是一种什么性质的权力,它通过把金融监管权放到行政法视野和经济法视野中判断金融监管权具有两种权力属性有违背基本法理之嫌;广义与狭义说虽然将不同类型的金融监管实践都包括在内,但却割裂了金融监管权作为金融监管制度的一个核心内容。因此,金融监管权不应该只是从一个维度进行界定。"金融监管权是金融法赋予金融监管机构在法律授权的范围和幅度内,基于减少金融风险、强化金融安全的监管目标,通过自由判断、自主选择而作出的具体监管行为的权力。"⑤ 金融监管权的界定应当以监管效果为核心,包括行政主体类的公权监管和行业组织的准公权监管及内部自律监管。

---

① 程信和、张双梅:《金融监管权的法理探究——由金融危机引发的思考》,载《江西社会科学》2009年第3期。
② 杨松、魏晓东:《次贷危机后对银行监管权配置的法律思考》,载《法学》2010年第5期。
③ 石柏林、彭澎:《金融监管权控制的法学之维》,载《财经理论与实践》2009年第5期。
④ 张双梅:《金融监管权实施机制研究》,载《江西社会科学》2011年第5期。
⑤ 叶姗:《监督监管者:程序控管思路下的金融监管》,载《江西财经大学学报》2011年第1期。

2. 中央与地方金融监管权配置的模式

（1）分级监管模式

分级监管模式是指中央与地方分别享有金融监管权，国家通过设定法律的方式明确中央与地方金融监管权的内容。金融监管权分级配置的典型代表为美国。美国的信用社根据在不同的层级注册，受到不同法律的监管。"美国有州立信用社法案和联邦信用社法案之分，由信用社组织者自愿根据不同的要求登记注册为州立信用社或联邦信用社。美国的第一部信用合作社法案于1909年出现在马萨诸塞州；到1930年时，已有32个州通过了信用社合法化法案；1934年通过联邦信用社法案。"[①]同时，美国社区银行作为社会资金型金融机构的典型代表，在金融危机中遭受的损失远远小于大型金融机构。原因主要包括：一是有专业法律调整，主要是《社区再投资法》。二是监管责任明确。社区银行的监管是整个美国金融监管体制的一部分，它接受所有银行监管的标准，风险控制机制健全。三是行业自律监督体系完善。美国于1875年成立了一个有关银行业组织和专业的协会，即美国银行家协会。该协会又专门设立了社区银行分会。而后，全美范围内的独立社区银行家协会（ICBA）等组织也相继成立。

美国次贷危机引发的全球金融危机推动了各国金融监管体制的改革。从2008年《金融监管体系现代化蓝图》的提出，到2010年《多德—弗兰克华尔街改革与消费者保护法案》的出台，美国新的金融监管体制得以诞生。此次金融监管体制改革的内容主要包括以下几个方面：一是在监管框架方面，设立金融稳定监管委员会（FSOC），监管系统性风险；二是扩大美联储的监管权力，强化美联储在监管体系中的地位，同时由其监管系统重要性金融机构和金融基础设施；三是设立金融消费者保护局，加强对金融消费者的保护；四是加强问题金融机构处置机制的建设；五是加强金融监管的国际合作。改革后美国金融监管体制的重要变化就是更加强调系统重要性金融机构的监管和系统性风险的防范。《多德—弗兰克华尔街改革与消费者保护法案》将一切可能成为系统重要性金融机构的主体、任何可能引发系统性危机的风险都交由金融稳定监管委员会和美联储监管，以提高整个金融系统的稳定与安全。这种分级监管权配置模式源于联邦制的国家结构形式，该类国家实行中央政府与地方政府分权，有着权力分级的历史与社会基础，同时立法权也分级。这些决定了该类国家金融监管权实行中央与地方两级配置的必然性与正当性。

（2）统一分类监管模式

统一分类监管模式是指中央与地方金融事项统一于一个监管框架下，依据

---

① 张燕、邹维：《农村民间金融监管的国际比较》，载《南方金融》2009年第1期。

不同职能部门的职能,以金融业务类型为基础,进行统一分类监管。这种监管权配置以日本为代表。日本金融监管机构经历了多次的改革:从大藏省(1998年5月前),到直属首相府的金融监督厅(1998年6月—12月),到金融再生委员会下的金融监督厅(1998年12月—2000年6月),到金融再生委员会下的金融厅(2000年7月—2001年1月),最后到今天内阁直属的金融厅。① 这也就形成了日本现行的高度集中统一的金融监管模式。日本对民间金融监管的法律主要经历了1915年的《无尽业法》(Mujin Finance Law)和1951年的《互助银行法案》(Mutual Bank Act)。从1985年开始,日本金融顾问研究委员会倡导把互助银行转变为商业银行,并于20世纪90年代末将所有的互助银行都转化成了通常意义上的商业银行。②"日本民间金融的监管模式是以政府为主导和以非政府的自主合作为基础,强调以职能监管为主要方式的分类监管模式。随着金融监管厅的设立与运营,监管将逐渐转变成事后监督,以法律规范交易行为,促进民间金融市场的公平竞争。充分发挥各职能部门相对应的监管业务的职权分工,对民间金融市场中不同性质和类型的组织和行为进行分类监管。并且在监管内容上尽量缩小行政监管范围,不干涉被监管的民间金融组织的具体业务内容。"③至此,日本形成了金融厅全面负责、中央银行和存款保险机构共同参与、地方财务局受托监管地方金融机构的金融监管架构。

从监管模式上讲,日本金融监管权的核心领导者是金融厅,由金融厅全面负责金融监管。在日本,无论是正规金融还是民间金融,都要受金融厅的绝对监管。从监管法律上讲,正规金融与民间金融都有明确的立法,整个金融监管框架都在法律规范下运行,监管机构按照各自的职责有着明确的监管分工。这种以机构职能差异性为基础的统一分类式监管权配置模式既能够解决监管权的统一与协调问题,又能够体现地方金融监管的特殊性。

(二) 集权与分权:中央与地方权力配置关系

单一制和联邦制是现代国家结构形式的主要类型。在单一制结构形式下,中央政府集中了国家权力,将中央意志贯彻全国;地方政府的权力完全来源于中央政府授权或中央政府通过立法机构使其意志得以维护,并予以法律形式上的保护。联邦制是由两个或更多的政治实体组成的国家结构形式。分权是联邦制国家的基本权力存在形态,宪法直接规定联邦政府和地方政府的权力内容。

---

① 参见朱大旗:《金融法》,中国人民大学出版社2007年版,第30页。
② 参见张燕、邹维:《农村民间金融监管的国际比较》,载《南方金融》2009年第1期。
③ 肖琼:《我国民间金融法律制度研究》,中南大学2012年博士论文,第106页。

地方政府的权力不是来源于联邦政府,而直接来自宪法。宪政、民主、法治是联邦制国家最基本的国家治理要求。我国是典型的集权型的单一制国家。有学者认为:"在我国的权力行使实践中,中央权力指的是按照宪法与法律规定,权力行使及于全国的那些国家机关所行使的权力;而地方权力是指按照宪法与法律的规定,由地方各级国家机关所行使的权力,其权力行使也只能及于本地。"① 可以说,长期以来,我国地方权力都是依附中央权力行使的。

改革开放以后,我国中央与地方的权力配置经历了由中央集权到中央集权与地方分权相结合的演进。在这个过程中,中央与地方的关系仍然有几次反复(如20世纪80年代末至90年代中期对分税制的强化)。随着全球化的发展、深化,以及社会主义市场经济发展的需求,地方治理与地方经济的发展要求创新传统的中央集权式的权力配置模式。所以,90年代末至今,我国一直在探索、研究中央集权与地方分权的具体原则和方法。② 有学者认为,在中央与地方权力配置中,要坚持中央集权与地方分权相结合的原则,"贯彻必要的集中和适当的分散相结合的原则主要包括:第一,中央要有权威。这是地方分权的前提和基础。第二,要在实践中审慎地把握好集中与分散的'度',既要有必要的中央集权,又要有适当的地方分权。第三,要将中央与地方的权力划分逐步法制化。第四,实行有效的监督制度。"③

创新中央与地方权力配置中,以地方经济发展、中央与地方经济协调发展最具有典型性。二元经济、二元金融的协调发展,地方金融服务实体经济等问题,都要求国家从宪法的高度重新定位中央与地方在经济发展中的权力配置,这是国家经济权力的具体化问题。"经济权力是一个与社会进化、经济发展相伴的发展范畴,其由政府所担负的经济组织职能演变而来。政府经济权力是政府对公共经济事务的支配性力量,是资源、政策、利益与权力的化合与提炼。随着市场经济的深化,中央与地方经济权力配置愈发显得重要。"④ 有学者提出用"宪治"调整中央与地方政府经济权力的配置,认为"中央与地方关系矛盾应放在宪法合约、宪法制度、宪政机制层面上来解决,中央与地方经济资源、经济政策、经

---

① 徐清飞:《我国中央与地方权力配置基本理论探究——以对权力属性的分析为起点》,载《法制与社会发展》2012年第3期。
② 参见施雪华:《当代中国国家权力配置变迁的特点与趋势》,载《中国特色社会主义研究》2004年第1期。
③ 黄子毅:《中央地方权力配置与地方立法》,载《中国法学》1994年第4期。
④ 单飞跃、严颂:《经济宪政视域中的中央与地方关系——国家结构形式对经济权力配置的影响》,载《上海财经大学学报》2008年第2期。

济利益、经济权力分配关系问题的实质是宪法性、宪政性经济权力配置问题。"①这是"经济宪政"理论在中央与地方经济权力配置中的应用,它要求在国家的经济权力配置中,以民主政治的手段实施宪法和法律规则,保证权力配置的宪政要求。金融是经济的核心,中央与地方的金融权力配置关系也应当被纳入宪法进行调整。同时,经济宪政并不是要求实行联邦制国家的绝对分权。我国中央与地方的分权是建立在中国特色社会主义市场经济体制上的有限分权,是有限政府基础上的法治化分权。这种分权强调以宪法和法律为核心的分权效果,更多地关注地方权力的法治化,要求地方金融监管权的地位合法、内容合法、权力执行合法,以及监管问责有法可依。

三、我国中央与地方金融监管权配置的规范分析

二元金融结构源于二元经济。长期以来,我国国有经济与非公有制经济在经济发展中的不公平、不对等现象严重阻碍了非公有制经济的发展。其中,法律障碍主要包括与非公有制经济相关的基本法律制度不健全,特别是民间金融法律制度的欠缺,这使得民间资本发展、民营实体经济发展缺乏必要的法律保障。金融监管权法律体系是一个以宪法为基准,以基本法律为主体,以其他行政法规、规章为重要补充的立体化结构。因此,中央与地方金融监管权配置的规范分析的内容主要包括:国家对不同结构金融制度的宪法定位,国家对金融立法权的法律保障,金融立法机构的法律规定,以及金融监管权行使与责任的规范等。

(一)《宪法》对非公有制经济的保护

我国现行《宪法》第11条确立了非公有制经济在我国经济体制中的法律地位。该条第1款规定:"在法律规定范围内的个体经济、私营经济等非公有制经济,是社会主义市场经济的重要组成部分。"第2款规定:"国家保护个体经济、私营经济等非公有制经济的合法的权利和利益。国家鼓励、支持和引导非公有制经济的发展,并对非公有制经济依法实行监督和管理。"这体现了国家对非公有制经济的态度。从形式上看,该条将非公有制经济发展的保障提高到宪法高度,并持积极、肯定的态度。但是,《宪法》没有具体规定如何发展非公有制经济,只是原则性地说"在法律规定范围内"。这种原则性的规定,一方面造成中

---

① 单飞跃、严颂:《经济宪政视域中的中央与地方关系——国家结构形式对经济权力配置的影响》,载《上海财经大学学报》2008年第2期。

央监管非公有制经济权力配置的模糊,另一方面也没有明确地方政府的权力内容。同时,该法对于长期游离在体制外的民间金融也没有本质上的界定。民间金融作为民营经济的重要组成部分,为民营经济发展提供了大量的资金需求。所以,应该从宪法的高度将民间金融、地方金融合法化。这是法治国家实现民间金融正规化、完成中央与地方金融监管权配置的根本保障。

(二)《立法法》关于金融立法权的规定

金融立法权是享有立法权的机构根据社会经济发展的需要,对金融事项进行立法的权力,包括国家立法权和地方立法权。根据我国《立法法》第 8 条第 8 项的规定,"基本经济制度以及财政、税收、海关、金融和外贸的基本制度"只能制定法律。所以,金融基本制度只能制定法律,而金融监管权配置作为金融体制的核心内容,其基本权力配置也应当通过制定法律实现。同时,《立法法》还规定了授权立法的情况,其第 9 条规定:"本法第八条规定的事项尚未制定法律的,全国人民代表大会及其常务委员会有权作出决定,授权国务院可以根据实际需要,对其中的部分事项先制定行政法规,但是有关犯罪和刑罚、对公民政治权利的剥夺和限制人身自由的强制措施和处罚、司法制度等事项除外。"因此,在金融监管基本法律还没有制定的情况下,国务院还享有授权立法的权力。我国基本上沿用这种"先行先试"的授权立法模式,即当一项制度完全成熟时,再通过法律加以规范。但是,二元金融的基本制度既关系到国家经济发展的平衡,又关系到国家金融的安全问题,是完善社会主义市场经济中的重大问题,应当通过法律确定中央与地方金融权力的基本法律问题。

(三)我国金融监管基本法律的现状与存在的问题

2003 年《银行业监督管理法》的通过标志着我国现行"一行三会"分业监管体制的正式确立和银监法、证券法、保险法金融监管基本法体系的形成。2008 年金融危机后,在强调中央银行货币政策职能的同时,其宏观金融稳定的职能受到各国的重视。我国金融监管体制的变迁是政府主导型的,从其发展历程看,大致可以分为三个阶段:第一,体制的形成与发展阶段(1984—1994 年)。我国真正意义上的金融监管体制的形成始于 1984 年的金融体制改革。第二,体制改革与调整阶段(1995—2003 年)。《中国人民银行法》《商业银行法》等一系列金融基本法律法规的出台,进一步明确了央行和中国银监会的监管责任和权力,以立法形式确立了分业监管模式。第三,创新与完善阶段(2004 年至今)。金融全球化与金融危机推进了金融监管创新与完善的步伐。2008 年,国务院公布了《中国人民银行主要职责、内设机构和人员编制规定》,明确提出了在国务院领导下,央行会同银监会、证监会、保监会建立金融监管协调机制,确立了分业监管协调机制。从现有的研究来看,①我国现行的金融监管体制存在的问题主要包括:分业监管体制不能有效监管整体性金融风险,监管机构之间缺乏监管协调配合,地方金融监管真空,金融监管立法滞后于金融创新,金融监管法律制度不完善,金融监管理念陈旧、方法落后,以及国资委、国有金融资产管理部门(财政部、中央汇金公司)与"一行三会"之间的监管权界限模糊等。权力是制度运行的核心,金融监管权的合理配置是金融监管体制有效运行的关键。目前,我国金融监管体制欠缺创新式的顶层设计:一是法定核心监管机构的缺位,包括:不能有效防范金融系统整体风险,监管理念落后,监管立法滞后于金融创新;二是监管权重叠与监管真空,地方金融法律地位缺失,地方政府金融监管权的内容缺少法律的明确规定,静态的中央与地方金融监管责任划分没有形成,动态的金融监管权协调也缺少制度保障。

我国现有的金融监管法律基本上都是以国有经济主体为范本进行的立法。所以,二元金融结构下,金融基本制度的完善需要单独制定民间金融法,确立民间金融的法律地位,按需确定地方金融监管机构,明确"一行三会"对地方金融监管权的内容,明确中央与地方金融监管责任划分等。地方金融机构具有多样性和特殊性,并非通过一部法律就能够完成某一类金融机构的监管。例如,民营金融机构中,民营银行、信用担保公司、小额贷款公司等的准入监管、运营监管、风险监管、退出监管等都具有差异性。民营银行兼具民营与银行的双重特征,更加强调中国银监会地方机构的监管责任;信用担保公司与小额贷款公司具有地方特色,中小企业服务局、金融办更具有监管优势。因此,应当根据二元金融的特殊性制定金融基本法律,等条件成熟时,再将地方金融逐渐转化。这方面可以借鉴日本对民间金融的立法规范,即从《无尽业法》到《互助银行法案》,最后转化为正规的商业银行。

我国地方金融监管法律制度缺位已经成为不争的事实。从研究范围上界定,地方金融与民间金融、非国有金融在使用上基本相同。本文除有特殊说明

---

① 关于我国现行分业监管体制存在的问题的研究主要包括:胡滨认为,我国金融监管现阶段面临的突出问题包括分业监管体制造成的监管真空、监管套利、整体风险防范,金融监管法律体系存在空缺,对投资者、金融消费者保护不足,金融市场行政管制过严,抑制金融创新等。参见胡滨:《中国金融监管体制的特征与发展》,载《中国金融》2012年第9期。李成、涂永前认为,金融监管法治方面的问题是造成我国金融监管体制缺陷的核心原因,具体包括金融监管法律制度不够健全,金融监管目标、内容及方式存在缺陷,金融监管信息不透明,各监管机构之间缺乏统一协调机制,对金融消费者的利益保护远远不够等几个方面。参见李成、涂永前:《"后金融危机时代"我国金融监管体制的完善》,载《南京审计学院学报》2011年第1期。

外,对三者在使用上不作具体区分,即坚持二元金融结构框架。① 我国政府对民间金融的态度有较大转变:由最初的打压、限制到默许、放任,再到规范、引导、适时管理。民间金融的日益活跃对我国现行金融监管体制形成了严峻的挑战。在实践中,民间金融能够起到弥补正规金融缺位、服务中小民营企业融资的作用,但是由于现行金融监管法律制度不健全,常常导致地方金融监管混乱的现状。实践中,民营金融机构和起到同等重要作用的准金融机构的监管问题是这种现状的集中表现。在我国现行"一行三会"的金融监管体制和法律框架下考察,地方政府金融监管法律制度存在的问题主要表现在以下几个方面:第一,地方政府的监管权缺少法律依据。这使得地方金融监管缺少基本的法律前提。第二,缺少必要的地方政府金融监管立法权。中央直接掌控国家金融的历史观念根深蒂固,国家对地方政府金融监管权一直没有予以下放,这给地方政府实施金融监管造成阻碍,地方政府缺少必要的民营金融机构的核准权。第三,长期的体制外运行,导致地方政府金融监管机构的风险预防与处置机制不健全,金融监管人才匮乏,金融创新产品监管方法滞后,不能与中央一级的监管机构之间形成有效的信息交流与监管协调。第四,监管职能的分散与冲突。地方金融管理体制有重复监管和监管盲区并存现象。例如,银监局负责监管农村信用社,但地方政府也委托省信用联合社负责农村信用社的高管任命、业务监管等。

四、我国中央与地方金融监管权配置改革的法律建议

金融监管体制实质上就是确定监管主体、监管受体、监管组织结构及监管责任等内容,其核心问题是法定监管权配置的有效制度安排。在2008年金融危机之前,国外的研究已经表明,分权式的金融监管模式具有监管低效、监管真空、监管重复的特征。金融危机后,各国从国家整体金融稳定和系统性风险防范的角度出发,都进行了金融体制改革,金融监管权开始重新集中于一个监管机构。我国中央政府与地方政府金融监管模式的创新路径:一是建立以中国人民银行为核心的统一、分层监管模式;二是完善宏观审慎政策框架,维护金融稳定;三是建立中央银行与金融监管机构之间的信息共享机制;四是从国家层面为地方政府金融管理进行责权定位,差异化管理地方金融与准金融领域的职能。

---

① 对于地方金融的使用,有学者认为,地方金融包括地方法人金融机构和准金融机构,如农村信用社、农村合作银行、农村商业银行、城市商业银行、村镇银行、小额贷款公司等。参见钟海英:《我国地方金融管理体制改革研究》,载《南方金融》2013年第2期。

(一) 明确中央与地方政府金融监管权的范围

中央与地方政府金融监管权划分的关键在于监管权优化配置,即中央一级监管机构的监管权范围与地方政府监管权范围的合理划分。该部分主要以现行金融监管体制的完善为基础,结合民间金融监管的特殊性,分析监管机构之间的权力配置与协调,具体包括:中央政府与地方政府监管的配置与协调,具体监管机构之间、监管机构上下级之间的监管权配置。特别是要明确财政部、国资委与银监会之间的监管权配置与协调,明确地方金融办在民营金融机构监管上的监管职权与监管责任,做好金融监管的顶层设计,即构建统一监管理念下的双层金融监管体制。具体设计内容为:

1. 现行金融监管体制的改革

在现行"一行三会"的监管体制基础上,由国务院领导,成立国家金融监管委员会,主要职责是:负责各监管机构之间的协调,为重大金融监管问题的决策提供交流共享平台,并享有最终决定权,以解决"备忘录式的协调机制"的协调无效问题。由于国家金融监管委员会地位的特殊性,所以其法律地位的确定不宜通过修改《银行业监督管理法》等专业法的方式推进,而应该在《中国人民银行法》的修改中进行。这是因为,中央银行本身就具有维护国家宏观金融稳定的职能。国家金融监管委员会的成立,标志着整个金融监管结构统一在一个监管法律框架下,形成统一的金融监管体制。国有金融机构与民营金融机构历史发展背景与服务对象的差异性,以及民间金融的特殊性,决定了必须形成中央与地方的双层金融监管模式。

享有中央一级金融监管权的法定机构为"一行三会",它们负责监管现行的"正规金融",同时其监管权力与责任的范围实现对地方金融监管的延伸,具体内容包括:一是地方金融风险监管权。该项权力的实施者主要是地方金融监管局,如银监局应该与地方金融办确立金融风险审查机制,由银监局负责定期向中国银监会汇报地方金融风险与金融创新情况,按季度绘制各地方的金融稳定报告。二是监管方法与技术的指导帮助、风险处置与防范机制联动责任。要通过修改《银行业监督管理法》等分业监管法的方式,确定中央监管机构在该问题上的具体责任。

2. 地方金融监管机构的确立

地方政府的主要金融监管机构应当是地方金融办,原因主要包括以下几个方面:第一,从地方金融办组建的历史及背景角度考虑。金融办组建的历史背景包括经济发展的强烈需求、金融体制改革不断深化的结果、金融创新的产物等。地方金融办的使命主要包括三个方面:一是地方金融机构改革的组织者;二是地方新型金融机构(或准金融机构)和金融国资的监管者;三是地方投融资体系的建设者。第二,从地方金融办的职能上考虑。地方金融办的职能:一是协调金融机构服务地方建设,即要为地方经济社会发展服好务,围绕中心,服务大局;二是协调地方政府服务金融机构,即要为金融机构的发展服好务,创造良好的环境。要探索建立一整套工作规范,把地方金融办、金融管理机构、商业性金融机构很好地凝聚在一起,形成有效的合作局面。地方金融办的历史背景和具备的职能决定了其监管权的范围主要包括三个方面:一是引导民营金融机构服务实体经济发展,规范、创新风险预防与处置机制,强调监管安全;二是创新市场化的监管方法,提高民营金融机构的监管效率;三是配合中央一级金融监管机构进行系统性风险监管,维护国家金融稳定与安全。

(二)地方政府金融监管权的法律保障

地方政府金融监管权法律保障的内容主要包括以下几个方面:第一,必须赋予地方金融办对民营金融机构的全面监督管理权,使其有能力为民间金融提供全方位的金融监管服务,引导民营金融机构服务实体经济。同时,民营金融机构是民间资本参与市场运行的主要载体,规范民营金融机构发展也是推进民间金融正规化的主要途径,要实现对民营金融机构的"无缝隙"监管。第二,赋予地方金融监管机构必要的金融立法权和民营金融机构核准权。结合地方金融发展的具体情况,下放中央金融监管权。同时,地方金融监管机构应当制定具体的实施细则,针对村镇银行、小额贷款公司、信用担保公司、投资公司、典当行、私募基金公司等不同类型的民营金融机构制定相应的准入监管规范。第三,提高地方金融监管机构的风险监管能力,健全地方金融风险防范与处置机制。参照国有金融机构风险监管的核心原则,结合地方金融的实际情况,分步骤实现金融风险标准的对接。同时,积极引进金融监管人才,加强金融创新产品监管方法的研究,建立与中央一级的监管机构之间有效的信息交流与监管协调。第四,地方金融监管职能的集中与配置。地方金融监管的复杂性主要体现在民营金融机构类型的多样化上,所以要建立地方金融办主监管制度,由地方金融办负责协调地方金融监管,以及定期向中央银行汇报地方金融整体性风险的防范情况。

(三)我国中央与地方金融监管权配置改革的立法建议

从法律制定的稳定性、实施的灵活性相结合的角度考虑,应当从法律、行政法规、规章等不同位阶和层次立法上进行中央与地方金融监管权配置的改革。通过多层次、立体化的法律改革建议,保障二元金融结构下的监管公平与监管效率,为金融服务实体经济提供充足的法律保障。首先,修改《宪法》,明确地方金融的法律含义,从宪政高度明确二元金融的法律地位,为立法机构行使民间金融立法权提供法律依据。其次,修改《中国人民银行法》,以宏观审慎监管为理念,建立统一金融监管机构,赋予该机构监管系统性风险、协调监管机构行为的权力,为统一分层金融监管体制的构建提供法律基础。最后,构建地方金融监管法律体系。从结合现实需要及长远考虑,未来需要制定《民间金融监管法》,以其作为民间金融监管的基本法,在法律上明确规定民间金融监管的理念、目标、机构、方式、责任等内容。此外,鉴于民间金融发展的多样化和民营金融机构监管的灵活性,有必要制定《典当业法》《农村合作金融法》《农业保险条例(法)》《村镇银行法》《小额贷款公司条例》《放贷人条例》《信用担保机构条例》《私募股权投资基金管理办法》等法律、法规、条例,为地方金融监管提供充足的法律保障。

金融监管机构问责:原则与实践

Eva Hüpkes Marc Quintyn Michael W. Taylor/张建伟 李程 译*

内容摘要:政策制定者对于授予金融部门监管机构独立性的担忧与不安,在很大程度上其实是源于对问责概念及其复杂性缺乏准确认知。本文赋予了金融监管问责安排以可操作性内容,也许对监管机构独立性建设与实践能够起到一定的促进作用。文章首先论述了问责的作用与功能;然后指出了金融部门监管机构的独有特征,并阐明了问责安排与货币政策相比所具有的更多的复杂性;最后讨论了能够最好地确保问责目标和独立性实现的更具体的制度安排。

关键词:金融监管 监管机构 公共行政问责

一、引　言

与中央银行的独立性问题在学术界和政策层面都得到广泛的认可不同,各界对金融部门监管机构(后文有时称"监管机构"(RSAs))的独立性问题仍存在

---

* Eva Hüpkes:瑞士联邦银行委员会监管处处长。Marc Quintyn:国际货币基金组织货币与金融体系部顾问。Michael W. Taylor:香港货币监管局主管。本文观点不代表瑞士联邦银行委员会的观点。感谢 Charles Goodhart、Peter Hayward、Rosa Lastra、Tony Lybek、Andrea Maechler 和国际货币基金组织研讨会的其他参与者所提出的宝贵意见和建议。

张建伟:复旦大学法学院教授。李程:复旦大学法学院硕士研究生。

很大分歧与争议。尽管有大量的实证研究结果表明,金融部门监管机构的独立性①对于金融体系的稳健运行大有裨益,②但政策制定者仍不愿意赋予金融监管部门足够的独立性。

在某种程度上,这种迟疑来源于一种真正的担忧,即如果组织不善,独立的监管机构会不会演变成"一个非选举产生的第四政府部门"(Majone,1993),而且该部门往往不受宪政体系下分权制衡原则的约束。在监管机构的具体案例中,由于监管行为所涉及的往往是一些高度政治化问题(如救助或关闭某家银行),有的甚至还可能影响私人产权的保护,所以赋予其独立性也就可能被看作一种过大的权力下放。另外,"监管俘获"理论(Stigler,1971)也对这场争议产生了重要影响。该理论认为,在缺乏适当的政治监督和控制下,监管机构往往会将某些行业利益置于广大消费者利益之上。

同时,Alesina和Tabellini通过正式化模型指出(2004),政策制定者不愿意赋予监管机构独立性,还可能有其自身利益方面的考量。模型解释说,政治家之所以选择保留而不是把独立性下放至监管机构,是因为此项职能很有可能有助于他们寻租、获得竞选捐款、贿赂或带来再分配效应(会在下次选举时获益)。这个解释与保持对监管机构的控制这一政策偏好是高度一致的。在世界很多地方,政治阶层仍然偏好将金融体系视为再分配政策(指定贷款和关系贷款)的工具,目的是从特定金融部门中寻租(政策或关系银行)。因此,他们仍然渴望通过正式或非正式地干涉监管程序或予以监管宽容等手段介入金融监管活动。③

如果不愿意授予金融部门监管机构独立性的真正原因是确保这些机构更多地受制于宪政的制衡机制,那么本文的目的就在于试图对问责观念、独立性和问责性的交互作用以及对问责机制的合理设计作出新的阐释。我们相信,对这些问题的清晰理解必将有助于阐明问责的本质,从而打消政策层面在赋予监管机构独立性问题上的犹豫态度。

虽然人们已经广泛认识到建立问责安排的必要性,但在实践中采纳问责安排往往还是存在诸多困难。"问责"是一个较为虚幻、涉及面宽且十分复杂的概

---

① 虽然本文主要关注的是银行业监管机构,但文中主要观点也可同样适用于其他类型的金融监管机构。虽然监管机构这个术语可以在不同的监管任务下体现出不同的内涵,但往往也是可以交替使用的。

② 有效银行监管的巴塞尔核心原则首次在1997年提出,这是银行监管机构为增强其独立性而发布的第一份官方文件。此前,学界对此问题一直兴味索然。Lastra(1996)和Goodhart(1998)曾提到监管机构独立的必要性问题。Quintyn和Taylor(2003)则首次系统地讨论了监管独立性的案例。Das、Quintyn和Chenard(2004)则为此命题提供了一些经验主义支持。

③ O'Neil Brown和Dinc(2004)对这个命题提出了强有力的经验主义支持。他们以新兴市场国家为例,发现经营失败的银行在大选前并没有被政府接管,也没有失去其营业许可证。

念。更重要的是,正如我们所探讨的,问责往往被错误地看成与独立性相左的事情。的确,独立性和问责常常被混淆在一起,造成我们经常所说的在它们之间存在某种"替代"关系,而本文通过研究则发现,这种"替代"关系实际上是不存在的。

本文研究的主题是,机构独立性并不意味着建立一个不对任何人负责的管理部门。也就是说,让监管机构受制于政府机关之间的相互制衡机制,并不必然与机构独立性相矛盾,合理的问责安排甚至可以是与机构自主性相辅相成的。合理的问责安排反过来可以使独立性产生实效,而不合理的问责安排则会破坏监管机构的独立性。当然,如果通过法律上的问责安排赋予第三方实际的控制权或影响力,那么这个问责安排也可能是不合理的。

政治控制的标准理论(源于委托—代理理论)将授权行为定义为双方订立契约的行为。按照这个思路,问责问题可以被理解为传统的确保合同履行的委托代理问题。然而,这个概念框架往往又使得机构独立性处于左右两难的境地:要么由监管机构自身决定是否符合契约(独立),要么由其他机构或组织作决定(控制)。那么,由此面临的困境就是,如果由监管机构自身作决定,那么它就很难对自己履行的行为负责,也就是成了"非选举产生的第四政府部门"(unelected fourth branch of government);而如果由其他机构或组织作决定,那么该监管机构又势必丧失其真正的独立地位。由此可见,这些先前的分析大多是从"替代"角度阐述独立性和问责之间关系的。

这种分析独立性和问责之间关系的方法是有缺陷的,它抑制了问责机制功效的充分发挥。独立性和问责之间的"替代性"观点甚至严重扭曲了二者之间的真实关系,是对有关合理问责安排问题的误解。

监管机构的问责不能被简单地理解为委托人和代理人之间的纵向关系。我们必须认识到,问责和控制并不是一回事。也就是说,独立性并不是绝对的。监管机构既然可以被赋予权力,那么在需要的时候,也就可以对之采取补救或纠正行动。因此,与单纯的控制不同,问责的目的是建立一套互补的交叉检查机制的网络(Majone,1994)。问责是通过控制工具的组合建立起来的,在这种方法下,没有人可以单独控制独立监管机构。但是,实际上,该监管机构又一定是处于某种控制之下的(Moe,1987)。因此,有必要重新认识问责关系及其机制构成的复杂性。

这种复杂性尤其适用于金融监管机构,金融监管机构不可避免地会在一个多委托人环境中运作,通常面临不确定的多重目标,并且在被监督实体中具有不可测量性。简而言之,对于不同的问题,问责会有不同的维度和答案:向谁问责?用何种手段问责?环境不同,对这个问题的回答也会各异。因此,为了加强监管机构的独立性和治理,就必须给予问责乃至合理问责安排以更多的关注。

本文的结构如下:第二部分分析了问责的角色与职能;第三部分讨论了监管机构不同于中央银行(只看作货币政策当局)的特殊性,并且介绍了问责安排的一个更大的需求和复杂水平;第四部分鉴于前两章的结论,提出了问责安排的设计;第五部分对本文内容作出总结。

二、问责的作用与功能

《牛津英语词典》将"问责"定义为"负有对其行为作出解释的义务;责任"。其中,"责任"被定义为"从法律上或道德上有义务处理好某事或完成某项事务;对损失或失败有遭受责难的义务"。很明显,此定义里隐含的意思是:被问责的人或机构被赋予了一项使命,他必须为这个目标向问责人(指令的下达人)负责,同时接受问责人的指令和授权。也就是说,传统的问责理念主要包含两个要素:(1)要求审查被问责人实际履行职责的绩效,确切地说,要"坚决地加以问责";(2)要求被问责人为失败而承担责任,进而改正错误,以防止未来再次发生类似的事情。

不过,在现代,问责观念已经发生了很大变化,其含义也有所拓展。[①] 社会政治环境的变化引起了问责关系的改变。在现代民主社会,传统的纵向问责关系已经由多委托人的多重横向关系所补充。尤其是参与式民主的出现,媒体所扮演的角色越来越重要,保持市民和市民社会参与监管机构的需求,这些都直接影响了监管机构的工作(其自身也变得更加复杂),使问责关系也变得更加多样化和多元化。正如 Behn(2001)指出的,和过去相比,问责涉及的范围愈加广泛了。这时,进行适当、合理的问责安排,就可以在提供监管机构合法性与提高监管机构治理和绩效方面扮演催化剂的角色。

在这种背景下,对独立的监管机构进行问责,一般来说可以实现如下四项主要功能:(1)提供公共监督;(2)维持和提高合法性;(3)提升机构治理能力;(4)增强机构绩效。[②] 对于问责安排的这四项职能的认知,将在很大程度上有助于在法学家(问责的政治维度)和经济学家(绩效)对问责理念的混淆和分歧之间架起一座沟通的桥梁(Lastra,2001,2004)。

---

① 详尽的论述和分析见 Romzek(1996、1997)、Behn(2001)和 Bovens(2004)的观点。
② 按照本文观点,Bovens(2004)列出的五项职能中的一项——提供公共宣泄渠道并不重要。然而,对于处理比如系统性银行危机这样的事件,它还是可以发挥重要作用的。

(一)提供公共监督

此功能是问责的经典职能。在历史上,议会和立法者的职能之一都是监督政府行政部门履行职能的情况。在独立监管机构的例子中,政府下放权力并不是放弃权力,而往往意味着授权实施结果的最终责任由委托人承担,比如立法权或行政权。这种授权造成了保留最终责任(也意味着保护政治合法性)和确保监管机构自主性二者之间的紧张关系。一方面,监管机构需要不受制于政治压力;另一方面,它也需要保持对自身行为的可问责性。

最终,问责机构的定位应该就像法律规范一样,根植于治理政府各分支机构之间关系的一国宪法体系,配置给独立监管机构的公共权力应当被控制在该机构能够实现其法定目的的必要范围之内。按照这个定义,此背景下的问责指向的主要委托人是立法机关和政府行政机关。

(二)维持和提高合法性

唯有在政治委托人、被监管的公司和广大公众都认为独立监管机构的行为具有合法性的时候,该行为才是真正有效的。如果监管机构的行为被认为缺乏合法性,那么它的独立地位就不可能持久。合法性不仅可以通过针对监管机构行为的法律基础地位获得,还可以通过问责机制和问责关系获得。[①] 问责允许监管机构向广大公众解释其对某种重大使命的追求,这对监管机构获得公众对其履行义务的方式的理解和支持至关重要,可以为监管机构提供合法性前提。对于公众的争论,许多决策过于强调技术性,但是公众最需要理解的是监管机构存在的目的和处理具体案例的原则,包括它不得不面对的权衡、取舍与困境。

同时,问责安排提供了一个公共平台,在此平台之上,不同的利益相关者都可以表达对监管政策的看法。通过制造具有高透明度的机会和提高公众影响力,可以减小私人影响力的激励。

问责可以改变公众对于声誉的理解。良好的资质、廉洁和诚信声誉可以使公众由对授予独立性的认同转变为面对既得利益者强烈反对时的决策能力。具有良好声誉的监管机构更有可能获得公众的信任,因此会在有争议案件中获得"无错推定"的好处。

[①] 狭义的合法性是指"依法行事",即若一家机构是依法设立的,那么它就具有合法性,其行为就具有法律拘束力(Lastra 和 Zilioli)。虽然合法性是不可或缺的要素,但我们所强调的要素所涵盖的范围更广。问责可以促进监管机构行为的合法性,比如它们在问责时向所有利益相关者解释的行为往往会赢得利害相关者对监管机构行为的支持,也减少了他们对其行为的诸多非议。换句话说,如果一个机构竭力向公众解释其行为,那么利益相关者更倾向于接受其决定。

问责产生合法性,合法性又必将对独立性构成支撑。一旦这个观点被公众接受,那么问责和独立性之间的关系就会变得愈加清晰,即它们之间根本就不是简单的替代关系,而是互补关系。① 如果该理解是正确的,"问责""合法性""独立性"这三个概念就可以形成一种相互强化的三元互动机制。在制度和治理结构不健全的国家,如果监管机构试图获得公信力,那么问责安排就起着至关重要的作用。

(三)提升机构治理

为了实现良好的治理安排,Das 和 Quintyn(2002)认为,独立性、问责、透明度、操守是监管机构所应当具备的四大制度基石。它们最本质的特征是同等重要的,并且相互增进、相互制衡、紧密相关。这就避免了偏激和功能失调,构成良好治理实践的基础。由此,我们还可以得出以下结论:(1)独立性并不是监管机构的最终目的,而是良好治理安排的根基;(2)问责对独立性可以起到补充和支撑作用;(3)问责和透明度一起可以提升监管机构员工的职业操守,比如降低腐败的几率等。总之,在与其他三个要素的交互关系中,问责是良好机构治理中至关重要的要素。②

(四)增进机构绩效

问责不仅仅关乎监控、责难和惩罚,它往往还能够增强机构的工作绩效。一个有良好建构的监管机构的问责体系要求法院审查其决策和行为。照此而论,对监管行为进行司法审查必将减少过度干预或恣意干预的范围,也可潜在地增进监管机构的工作绩效。例如,一个适当的司法审查制度有理由将监管机构的抉择置于法庭质疑面前,而一项向立法机关呈送定期报告的义务也可以使监管机构高级管理人员免受频繁、蓄意的质疑。因此,设计精良的问责体系对监管机构的独立性建设将是一个有力的支撑。

另外,通过向政府负责,监管机构为政府提供了有关如何制定或重构更广泛的经济和金融政策的意见和建议。在问责过程中,规范往往也得以产生、被内部

---

① 问责和独立性的互补性关系问题是慢慢地获得人们的认同的。学术界有关欧洲中央银行法律地位的讨论首先提及了此问题。Majone(1994)则作出了大体的阐述。Zilioli(2003)提出了此问题的法律观点。Eijffinger、de Haan(1996)和 Bini Smaghi(1998)提出了此问题的经济学观点。de Haan、Amtenbrink 和 Eijffinger(1999)则以中央银行的独立性为例,提出了经验主义的观点。

② Das、Quintyn 和 Chenard(2004)对监管治理对于金融系统稳健性命题给予了经验主义支持。他们以国际货币基金组织和世界银行 FSAP 计划的大约 50 个成员国为例,证实了良好的监管治理实践对于金融系统稳健性有着极其重要的作用。他们还指出,如果有良好的公共治理,那么监管治理会对金融系统稳健性产生更大的影响。

化并通过问责得以调整(Bovens,2004)。同时,监管机构还可以与政府一起分享其专业性监管知识和经验。从这个意义上说,问责有可能促进监管机构和政府之间关系的协调性,进而增强监管机构的合法性。Majone(1993)称之为"政府和监管机构之间的对话模式"。这是问责制的一项经常被忽视的功能,也是一项更有潜在效用的功能。

三、中央银行和金融监管机构问责安排之比较

在设计监管机构的问责安排时,常常以独立的中央银行作为参照系。毕竟,关于中央银行独立地位和问责的讨论比监管机构问责安排的讨论受到的关注更多一些。[1]

在接下来的讨论中,我们将中央银行的职能仅看作履行货币政策义务。当然,在现实中,中央银行拥有更广泛的职能,甚至也囊括了银行监管。然而,在过去的二十多年里,由于对中央银行问责的不断强调,中央银行出现了另一种趋势,开始越来越关注其货币政策职能。[2] 这种不断增长的对通胀目标调控成功与否标准的采纳可以为问责提供一个相对明晰的定量测试方法,近期关于中央银行问责的研究都是以此背景作为参照的。[3]

考虑到中央银行业务和金融(尤其是银行业)监管在历史上的紧密联系,似乎并不需要作太大的变通,就可以将一些相同的机制嫁接到监管机构身上。然而,问题的关键可能在于,中央银行毕竟是作为货币政策当局所发展的问责机制,它并不能简单地被照搬给金融监管机构。事实上,与货币政策制定相比,在监管中更容易发生意外事件,监管目标的确定也就更加困难。这决定了为监管机构订立契约必定是相当不完备的。[4] 监管机构的问责设计应该反映这些额外的复杂性。和中央银行不同的是,监管机构不可能通过缩减其职能范围(像近期货币政策所关注的那样)解决复杂性问题,这是监管程序固有特征的反映。

---

[1] 独立的中央银行问责案例是由 Fischer 和 Briault 等人(1994年)提出的。Eijffinger(2000)等人提出了中央银行问责的理论。Lybek(1998)和 Amtenbrink(1999)则对问责实践进行了很好的综述和研究。

[2] Oosterloo 和 de Haan(2003)认为,在一些国家,中央银行已经失去了一些长久以来遗留的传统职能,比如银行监管和公债管理。这些职能也是货币政策自主权的一部分。英格兰银行就是最明显的例子。当然,与此同时,中央银行也越来越多地拥有与监管机构相重叠的有关金融稳定指令的职能。这种变化也引发了新的关于问责和协调之间如何处理的问题,本文暂不作论述。

[3] 正如 Lastra(2004)提出的,需要注意的是,与银行监管相比,一些中央银行(例如法国银行、西班牙银行)在履行货币政策目标时有更大的独立性。

[4] 换句话说,由 Persson 和 Tabellini(1993)为货币政策提出的 Persson-Tabellini 绩效模型不能适用于监管机构,因为其基础不完全相同。

表1总结了监管机构问责和货币当局问责内涵的不同,其中主要区别有以下几点:(1)衡量监管机构的指令履行能力和绩效通常比衡量货币当局的履行绩效要困难得多,同时监管机构经常要承担多重使命,而且还要在获取指令时与其他监管机构展开竞争;(2)监管机构和货币当局相比,透明度和保密性之间的关系也更加紧张;(3)一般来说,监管机构拥有广泛的规制(规则制定)权力,包括审慎规则、报告、披露要求、组织政策和行为规则,这些都是货币当局所不具有的;(4)监管机构拥有更广泛的监督权和执行权,这种权力要求其与被监管产业和司法机构之间保持一种特殊的问责关系;(5)监管机构大多运行在多委托人环境中。除了诸如立法机关和行政机关这种典型的货币当局委托人,金融服务业的客户也是监管机构的重要委托人。

表1 监管机构和货币当局:问责承担的特点

	金融部门监管机构	中央银行(货币当局)
目标		
单一与多重	多重	单一
可衡量	难以做到	数量目标
衡量成绩的标准	重点可能会改变	有着单一和量化的目标,因此比较简单
保密性与透明度	需要平衡公众知情权和金融稳定的关系	措施的保密性很快就会失去,透明度被认为有帮助
法律保护	必要的	可取的
监管职能	范围广泛	有限(只是货币政策)
监督和强制执行职能		
积极主动的强制措施	可自行采取措施(而非须由法院出面)	没有强制执行职能
广泛的干预和制裁权	须考虑民事权利(尤其是产权)	没有强制执行职能
委托人和代理人关系	多重、复杂	单一

(一)机构目标

监管机构绩效衡量的是一个被良好界定的法定目标的实现程度,这在传统上被看作独立监管机构可问责性的一个关键要件。对于中央银行来说,这个目标逐渐被界定为价格稳定性以及法定目标的可测量性。但是,对于监管机构来说,其绩效的衡量由于如下三个方面的问题而变得更加复杂:第一,法律通常对监管机构目标缺乏明确而具体的界定;第二,监管机构经常面临多重目标,并且通常还要和其他机构竞争性地获取该目标;第三,这些目标通常很难加以定量化衡量。第一个方面的障碍可以通过修订法律克服,其他两个方面的障碍由于关系到监管机构工作自身的本质特征而表现得更复杂一些。

1. 明确目标

法律几乎没有明确规定过监管机构的目标。英国在2000年的《金融服务与市场法》(FSMA)①中,明确将此界定目标的任务授予金融服务管理局(FSA)完成。即使如此,金融服务管理局在制订目标时的努力和过程表明,以问责的方式确定监管机构的目标和职能的确是有困难的。

2. 多重目标

监管机构和货币政策当局的第二个重要区别是,前者需要面对的多是多重目标。在评估监管机构绩效的时候,多重目标会很容易产生优先权和权重大小衡量的问题。其中,保障金融系统的稳健性和保护消息不灵通的零售消费者应该是最明显的目标,而防止市场滥用、打击经济犯罪和洗钱等潜在目标也不容忽视。当然,在一些新兴市场国家,提升市场发展的空间也被看作监管目标之一。

多重目标的存在往往给监管机构造成相互矛盾的角色和责任。例如,监管机构常常需要在到底是采用严厉的市场规则加强监管,还是以促进"市场发展"为名对其采取"睁一只眼闭一只眼"的态度这二者之间作出艰难抉择。尽管如此,即便不存在这种明显的相互矛盾的目标,有关界定多重目标关系的问题也更多地出现于监管机构的场合,而在中央银行就不存在类似问题。这在设计问责安排时是需要给予特别关注的。

3. 可测量性

正如Goodhart(2011)指出的,监管机构的目标是难以衡量的。例如,在判断英国的金融服务管理局是否满足其第四项法定目标——减少金融犯罪目标时,首先需要已有的有关金融犯罪的数据,而这常常很难找到。同样地,提请审判的案件数量减少了,可能是因为监管机构完成了其目标,也有可能是因为到目前为止还没有发现更多的案件。Goodhart认为,金融服务管理局的其他目标也经不起这样的细致分析和推敲。他总结道:"既然绩效无法被衡量,目标的完成就不具有可操作性,因此就不能轻易得出结论。那么,根据此目标而加以问责也在实际上很难办到。"

在某些情形下,与货币政策当局不同,建立监管机构的统一目标往往很困难。我们可以很容易地为中央银行建立一个明确的通胀目标或货币目标,并使其对此目标负责。然而,对于监管来说,却没有这样一个单一的、可测量的目标。

---

① 鉴于《金融服务与市场法》是由英国颁布的,并且英国以其监管目标明确而著称,因此《金融服务与市场法》的目标很明确也就不足为奇了(Blair等,2001)。

事实上，正如 Goodhart 指出的，仅有的比较明显的可量化目标（例如，减少金融犯罪）往往并不具有可操作性。监管所关心的问题主要是事前预防，而不是积极地达成某个具体目标或者对此二者进行兼顾（例如，既保证金融部门的稳定性，又预防犯罪）。

监管不可避免地包含有大量自由裁量的因素，这也阻碍着对监管机构目标的衡量。例如，当监管机构把保护消费者当作其目标时，就会面临一连串的问题：什么是对零售消费者适当的保护程度？以何种复杂程度才能使得个体保护其利益？是否同样的保护应该扩大到自然人和法人？是否专营商期望得到如同个体商人那样的保护？如何区别法人和跨国集团？在法律上，这些判断很难作出，而需由监管机构自由裁量。然而，当我们回到监管机构是否应该被授予解释其目标的自由裁量权问题上时，就很难通过监管目标的衡量而对其问责。

这些考虑表明，监管机构指令在使监管机构承担责任时，要比货币政策当局受到的限制多。为克服这一不利因素，可以考虑以下几点改进措施：

（1）监管目标以预防某种不良后果发生的消极形式做出，这样可以关注监管活动和指导资源利用。

（2）监管目标可以附带运行原理、程序或具体的达成结果等工具，这些工具可以将指令或目标描述得更加精确。如果监管机构在一段时间内为完成目标而发布政策，问责会更具有操作性。

（3）问责关系的建立应当包括所有利害关系人，以增进对监管机构目标和绩效的广泛理解；同时，应当允许所有利害关系人看到监管机构工作的各个不同方面并加深理解，这将有助于其建立声誉。

（二）保密性和透明度

如果监管目标不能为问责提供一个稳固基础，那么是否可以在程序问题上多做文章？一些关于问责的研究已经把透明度看作一项令人满意的问责安排的至关重要的特征（Lastra 和 Shams，2001；Lastra，2004）。

越来越多的人认为中央银行应该拥有更高的透明度（例如，国际货币基金组织 1999 年制定的《货币和金融政策透明化法》）。很多中央银行都在参照美国联邦储备委员会的做法，在适当的时候发布货币政策备忘录。中央银行试图通过该政策解释短期利率设定的程序，由此降低金融市场中的不确定因素，以提供一条利率平稳变迁的路径。同样的政策对中央银行问责安排的设计也很重要。de Haan 等人指出："当某种货币政策的缘由公开的时候，判断就会变得简单，也就容易判断究竟是中央银行还是政府机构对其行为负责。"（de Haan、Amtenbrink 和 Eijffinger，1999）

此类透明度建设很难从货币政策领域转换到监管执行领域。在今后相对短暂的一段时间里,货币政策决策将由于不具有相应的商业敏感性和商业重要性而不适用于监管决策的场合。在执行监管程序的过程中,监管机构必须注意保障所有利害关系人的利益,并保证程序公正。此时,如果政策过于透明,就有可能会对调查行为产生不利影响,从而妨碍监管机构作出公正决策。另一方面,监管也不可避免地会涉及商业敏感性问题。由于银行的经营主要依赖于存款人的信赖,监管机构向来不愿承认银行无法满足最起码的审慎要求,同时要求银行采取纠正行为。如果监管机构将银行曾经的纠错行为(即使是在此后很多年)的相关信息公开,则可能会造成公众对银行的信任危机。基于此原因,公开银行监管决策以更好地纠正其行为就必须慎之又慎。

　　监管机构即使在事后进行了完整充分的信息披露,其背后的决策及缘由也有可能成为公共信息而被记录在案。通过鼓励监管透明化,监管部门的决策可以更好地、更合理地兼顾法律与事实两个方面,并且也更有可能与相似案例中的其他决策保持一致。因此,信息公开减少了肆意、武断的决策,并可以保证其行为与先前的监管政策的一致性,这应当是任何一种问责安排都具有的关键特征。

　　对于监管机构来说,透明度扮演重要角色的一个领域是其自身规则制定程序。① 在制定监管规则时,存在着大量利害相关方,比如授予监管机构规则制定权的立法者、规则最直接影响到的金融服务行业、银行业消费者(包括其他利益受保护的公众)。监管机构在制定规则时越是尊重这些利害相关方的意见,其制定的规则就越具有合法性。因此,在规则制定过程中,一个开放、公开的咨询程序势必可以提升公众对规则目标和目的的更广泛理解,从而保障规则的合理性与适当性,尤其是可以给规则带来更多的合法性。如果这个规则仅仅是肆意、武断的监管裁量权的结果,那么其合法性就会大打折扣。

(三) 强制执行权和制裁权

　　监管机构强制执行权和制裁权的存在和运用是监管问责的另一项特征。该特征不仅将监管机构和中央银行区别开来,而且将监管机构和法院系统也区别开来。总的说来,与监管机构问责安排有关的特征有以下两点:

　　首先,监管机构的强制执行权对违反其规则和管理的行为进行制裁,在授予中央银行有关其货币政策角色的权力类型中,并没有和此类强制执行权相对应

---

① 参见 Key(2003)的观点。

的权力。①

其次,监管机构使用其强制执行权与法院系统适用其类似的权力之间也有重要区别。与司法强制执行相比,监管强制执行具有主动性。根据法定目标所规定的指令,监管机构可以主动地采取强制执行。监管机构的指令本身并不构成强制执行权,而仅仅是监管机构达成其法定目标的一个手段。

监管机构拥有大量的手段以保证其执法和监管,比如各种形式的强化监测、特别审计、现场检查以及正式的制裁权等。制裁权使强制执行程序具有监管机构的单独管辖权,这与其有权向管辖法院提请行政、民事或刑事诉讼的权力是相一致的。② 这同时也给监管机构提供了一个公平的自由裁量空间。比如,在某些情况下,监管机构可能会因为协商一致而放弃正式的强制执行,③而未能协商一致的蓄意违规者则会受到严厉处罚。当在一些关键领域能够协商一致,并且违规者也表现出了足够的诚恳态度时,对一些不太重要的违规行为甚至也可以网开一面。

同样地,强制执行资源的可获得性也会影响自由裁量权的发挥。当面对大范围责任时,监管机构很有可能只在最有可能产生预期结果的情形下,以成本—效能计算的方式采取强制执行措施。因此,监管机构可能会将资源集中在某些备受关注的案件上,以提高威慑效果;或者将一个案例作为有代表性判例,以作为法律适用的明证。对于那些基于风险的快速而高效的强制执行措施而言,其目标往往是骇人听闻的领域,对那些高成本的违法活动予以适当关注。

在决定如何行使大量的强制执行裁量权时,监管机构需要发展出一套设置优先权和政策的监管强制执行策略。这样,监管机构就能将强制执行资源集中在某些非常符合其法定目标的优先领域,并且在可容忍限度内防止违法行为和不当行为的扩大化。这样的一个策略应当考虑监管依从性、以"杀鸡给猴看"的"抓典型"方式提升其震慑力、应对金融风险、保障金融系统机密性以及提高公平竞争等多方面的因素。强制执行措施也会受到某些次级目标——比如维护强制执行机构或者是某个具体的强制执行工具的公信力需求的影响。

监管机构的强制执行策略是问责的一个重要方面。监管机构在行使强制执行自由裁量权的时候,必须做到公开、公正。监管机构需表明,其强制执行措施

---

① 当银行不遵守储备要求时,中央银行通常有权对其处以罚款,除此之外,则更多是通过市场机制而不是强制执行机制达到其货币政策目标。

② 依据法律内在的"不完备性"假设,Pistor 和 Xu(2001)使用"剩余执法权"描述监管机构的执法权力和监管角色,以使法律与金融市场在快速与持续发展方面保持步调一致。

③ 在犯罪案件中,监管机关负有向刑事司法机关移交案件的义务,但是通常由于事实不清而导致大量的案件没有得到适当的执行。

已经在合作导向的执行措施和威慑导向的强制措施之间达成了完美的平衡。与司法机关相反,监管机构的绩效不能用案件和定罪的数量衡量,而是更多地以法定目标的整体遵从和是否达成衡量。

(四)多委托人环境

中央银行通常是在行政机关或立法机关的授权下履行其货币政策职能,因此其主要责任就是指向那个对其作出清晰、明确授权的政府机构。在通胀目标体系下,面对由政府部门而不是中央银行、国会以及财政部设定的数字化通胀目标,监管机构的问责关系尤其清晰。

监管机构也可以在代理授权程序下运行,因此它必须与行政机关或立法机关保持一种密切的问责关系。然而,与中央银行不同,监管程序的本质决定了大量的利益将会受到监管行为的直接影响。[①] 其中,监管机构对股东、经理人、消费者、存款人、投资者和公众都有着潜在的广泛影响。例如,他们可以干预股东的所有权和控制权;干涉公司和消费者之间的合同条款;塑造公众对监管行业的诚信认知等。

鉴于大量的利益会受到潜在影响,按照中央银行的传统,垂直的"单委托人—单代理人"模式不能应用在涉及监管机构的场合。相反,监管机构不可避免地将在一个多委托人环境中运行。在这个环境中,问责机制也是多样化的、多元化的,问责的水平维度构成了问责垂直维度的必要补充。就如 Bovens(2004)所说的,在多委托人环境中,被问责人必须面对的是一个有关"问责的论坛"和 Behn(2001)提出的"360度问责"。

当立法机关、行政机关和司法机关仍然是最重要的委托人或问责人时,问责机制的设计需尽量保证受监管行为影响的广泛利益都能得到适当的反映。因此,与其他群体(比如监管实体、消费者、公众和同仁)相关的直接问责也需要得到促进。[②]

四、建立机制以保障问责

与货币政策当局相比,监管机构运行中的复杂性有所增加。我们在下文将讨论如何在实践中强调这种复杂性,并通过特定的问责安排,在不剥夺其运行的

[①] 货币政策当然可以影响到许多人的利益,比如借款人和存款人,但它不是以直接监管的方式发挥作用。

[②] 监管机构与中央银行不同,还因为有时监管机构是在多代理人的环境中运行的。例如,监管对不同的代理人负责。这种情况下,问责安排应当使互相竞争的机构不能推卸责任。

独立性的前提下,保证该独立监管机构受到必要的审查。

像金融市场监管这种涉及众多委托人的高度复杂和专业化的活动,只能通过工具和安排的巧妙组合进行监控和问责。因此,应建立一套互补和重叠的审查机制和网络组合,以达到这样一种状态:任何人(或机构)都不能控制该监管机构,该监管机构却又仍然处于控制之下。监管工具的设计和选择亦应如此,其最终目的是激励监管机构自律。

因此,本部分探究了对监管机构加强问责的机制,考虑了:(1)建立通过立法可为监管者提供独立性的问责框架的必要性;(2)建立针对主要委托人(立法、行政、司法)和其他利害相关人(被监管行业、纳税人、选民以及金融体系的消费者等)问责的必要性;(3)监管任务的特殊本质。

(一)安排的类型

已有的有关问责文献已经总结了几种不同的问责机制:

(1)事前问责是指在采取措施之前的报告措施,例如与有关利害关系方就监管政策进行磋商;事后问责是指在行动之后的报告措施,例如向议会提交年度报告。

(2)解释性问责要求就采取的行动给出理由和作出解释;补救性问责则要求采取措施对政策或监管规则制订中存在的缺陷予以纠正,以解决监管工作中所带来的问题。

(3)程序性问责指的是应遵守有关工作程序的规定;实体性(功能性)问责则要求监管行为必须符合监管机构的目标。

(4)个人问责是指监管机构的个人责任,比如监管机构主席的个人责任。

(5)财务问责是指适当的财务报表展示。

(6)绩效问责指的是对监管机构履行其职责情况的问责,主要是对一些可测量的目标和标准完成情况的考察。

一个合适的问责框架就是各类型问责的组合,如下表所示:

表 2 可能的问责安排

对谁问责	内容和形式	安排类型
立法部门	定期(年度)向议会或委员会提交报告	事后,解释
	临时咨询或口头报告	事后,解释
	就新法建议作临时说明	事先,解释或修改
	就决算作出说明	事后,财务问责
	审计报告	事后,解释性或修改性的财务问责

(续表)

对谁问责	内容和形式	安排类型
行政部门	定期向财政部或政府提交报告	事后,解释
	临时就部门发展情况做出正式报告	事后,解释,往往纯粹是介绍
	就新的政府条例/条令提供建议	事前,解释或修改
司法部门	司法审查	修改,程序性
	对有问题的监管工作承担监管责任	事后,修改和实质问责
受监管行业	就新条例进行咨询	事前和事后,解释,修改
	监管影响分析和成本效益评估	事前和事后,解释
	在网站、年报、新闻发布会上以及通过金融监管机构代表,公开介绍监管信息	根据具体情况确定是事前还是事后,解释
客户和公众	宗旨陈述	事前和事后,解释
	在网站、年报、新闻发布会上以及通过金融监管机构代表,公开介绍监管信息	事前和事后,解释
	面向消费者的宣传	事后,解释,修改
	监察员制度和消费者投诉委员会(英国)	事后,解释,修改

(二) 与立法机关的关系(议会问责)

1. 目标

通常,监管机构的运作是在议会以立法形式作出明确授权的情形下进行的。对议会问责的目的是:(1) 决定给予监管机构的指令是否适当或者是否需要重构;(2) 决定监管机构被授予的权力是否能有效行使、是否适于达成既定目标或者是否需要进一步修订;(3) 若有必要,提出一个修订立法的沟通渠道。

议会不应该直接行使监管机构的权力,也不应该通过具体的指导直接干涉监管活动。议会对监管活动的影响是通过它的立法权实现的。也就是说,议会可以通过改变法律架构直接影响金融监管机构的行为。

(1) 评估指令。由于监管制度的原则通常是由议会发布的,因此后者应当是接受金融监管问责的主要当事人,目的是评估其是否完成了指令中的目标。

(2) 监督立法实施。作为立法程序的必然结果,特定的监督职能大都来源于立法机关的授权。[①] 监督的目标是保证公共政策与立法目的保持一致。这

[①] 立法监督作为监督行政活动的工具,是非常重要的一种安排。Wilson(1985)曾写道:"让所有行政事务都能够受制于经常性的监督,这样做虽然也可能导致丑闻和各种不幸事件的出现,但其好处也是不容低估的,行政警示与立法权是同样重要的。"(转引自 EGPA Study Group,2001)

样,立法机关就能保持对其通过的法律的控制。通过对实施过程的监督,立法委员们可能会发现缺陷,并采取行动以消除误解或改正不当行为。

(3) 就法律架构的质量保持对话。议会还有权改革监管机构执法所依据的法律,制定新法或修改既有法律的权力,可以以事前或事后问责机制的形式发挥作用。议会还应该给予监管机构表达其所关心的问题的机会,并就监管实践中遇到的问题进行有效沟通,然后由议会以修订法律的形式作出纠正。

2. 安排

为保证能完成目标,法律框架应该在监管机构和议会之间构建一种定期的制度性联系。从监管机构传达到议会的信息是问责的核心,也是议会履行其监管职能的先决条件。在下述五种安排中,前三种是被广泛接受的,后两种若实施不当,极容易超越问责边界而由问责走向干预和控制。

(1) 年度报告。规制监管机构的法律通常规定应定期(至少是年度)向议会提交报告。在部长直接向议会报告的地区,监管机构一般通过财政部长向议会提交年度报告,议会通过部长对监管机构问责(间接问责),例如澳大利亚、加拿大和英国等。

(2) 向议会下属专业委员会报告。向整个议会做报告不是议会监督的最有效办法,政治家通常没有时间和专业能力理解报告内容,也不能对监管机构复杂的金融问题和技术问题作出详细的判断。因此,许多地区建立了议会下属委员会系统。[①] 委员会成员具有良好的专业知识,因此能做出独立的行动。同时,在议会闭会期间,委员会一般仍然在继续工作,因此能够在更大程度上保证监督职能的连续性。

(3) 在议会接受临时质询。解释和问责义务还意味着接受详细审查以及议会的调查与批评。为此目的,一般来说,议会或授权委员会可以召集监管机构的行政长官出席或做报告,以听证和质询的方式口头咨询,有助于发现运行中的问题和缺陷。质询还可以书面方式由议会议员向监管机构发出。

(4) 向监督或监管理事会的国会代表做报告。议会问责可以实行的另一种机制是向监管机构的监督或监管委员会做报告。[②] 在这种方法下,需要建立一种保障措施以防止(政治)干预,保证监管机构工作的保密性。一般来说,这些代表不参与具体运作或策略事务。另一方面,委派利益相关、具有专业知识的代表。这种安排常常会引起不满,因为不能引起议会议员的兴趣而导致议会问责

[①] 例如,英国议会要求 FSA 通过财政选举委员会提交年度报告。瑞士联邦银行委员会的主席和董事在议会委员会讨论年度报告时,也必须在场。

[②] 德国已经在新的金融监管局建立该机制,共有五位行政委员会的代表出现在德国议会中。

不起作用。①

（5）授权财政部长。议会议员常常缺乏时间和专业知识，也没有兴趣深究内容，要么就是容易陷入党派之争的旋涡。因此，在一些国家，议会并没有真正的权力。甚至在某些国家，该监控职能由于某些原因被授权给了财政部长，而不是议会。鉴于监管机构运行的复杂性和技术性，财政部长是否能够基于金融事务方面的专业知识充分行使职权，也是值得商榷的问题。然而，其他议会问责的缺失也会增加政治介入监管活动的风险。因此，除了对财政部长的问责，例如通过听证行为，由金融监管机构和议会的代表直接接触，往往也被看作政府机关相互制衡的一部分。

（三）与行政机关的关系（部长问责）

1. 目标

问责与政府也有着直接的关系，因为政府对金融政策的大方向和发展承担终极责任。然而，监管机构与行政机关的关系和其与司法机关的关系不同。因此，问责安排需要解决以下若干目标：

（1）信息共享。首先，政府通常依赖从监管机构得到信息以履行其自身的职能。政府应当了解金融部门的发展情况，但不能破坏任何保密性安排。经常性报告和正式或非正式接触是建立和保持联系的最有效方法。这是问责在其保密性要求的限制下，支持独立性、取得合法性和声誉的典型例子。

（2）作为规章发布者的政府。在发布金融监管机构所实施的规章或启动法律制定程序的问题上，政府可能成为委托人或被问责人。对于这样的情况，问责与立法者和此前讨论过的问责安排相似，针对法律框架质量的沟通对话是这些安排的重要部分。

（3）作为委任人的政府。在许多地区，监管机构的行政长官或委员会成员都是由政府委任的，所以必然也存在个人问责的因素。

2. 安排

行政机关问责有多种形式。纯粹的问责安排可以包括监管机构的定期报告，也可以包括获得信息的可能性或进行咨询。一些政府有权将独立的质询规定为常规监管事项。然而，这项权力似乎更应该归属于议会，而不是政府。该项权力可为增强独立性而委派监管机构的行政长官或委员会成员，或基于明确的原因而免去其职务，是一项不可或缺的问责机制。

（1）信息报告。政府依靠从监管机构得到的信息履行其职责和规则制定

---

① 关于议会问责的详尽讨论，参见 Graham(1998) 的观点。

权。财政部长需要了解金融系统的发展情况。在大多数地区,政府在金融危机管理中起着积极的作用。基于这些原因,连接监管机构和政府的沟通渠道有必要一直存在。因此,一般来说,政府可以得到所有有关金融监管机构活动的信息。正式的渠道应当包括年度报告和定期报告(月度、季度)。正式报告还包括监管机构和财政部长之间的定期沟通对话。然而,关于监管部门的信息只能以总体的形式披露。在一般情况下,个人信息、保密信息、银行数据都不能公布。

(2)委任和免职程序。在大多数地区,监管机构的高级官员都是由政府或国家首脑根据政府或财政部长的建议委任的。在监管行业,政府委任尤其重要。连任和免职程序被看作个人问责机制,并且原则上官员连任被看作事后问责机制,因为官员可能因为政绩糟糕而被免职。然而,许多监管法律都缺少明确的免职规则。① 因此,法律应当规定明确清晰的免职标准。

(3)作为监管当局的财政部长。在一些国家,财政部长充当的就是金融监管机构的正式监管当局。② 这种关系可能会引发关于金融监管机构独立性的担忧。这是因为,一方面,监管的目的是促进问责和绩效评估,它不应该成为政治家对监管机构施加政治影响的控制机制;另一方面,报告与咨询和对其施加政治影响只有一线之隔,财政部长的角色应当仅限于监督职能,而尽量避免直接干涉监管运行决策和政策决定。③ 换句话说,应当存在一种由监管程序透明化所支持的正常关系,财政部长自身对这种关系的立法处理负责。

(4)管理或监管职能的直接政府干预。在一些国家,监管机构试图通过委任政府代表或内部监管团体建立对行政机关的问责。④ 政府的代表或部门应当是监管委员会中不具有运行或决策职能的非执行人员,一旦涉及政策事宜、独立性等问题(如"巴塞尔核心原则"所界定的),则他们的资质和操守就值得商榷。

(四)司法问责

1. 目标

任何独立的机构都必须对受其决策影响的人负责,后者应当享有寻求法律

---

① 如果免职仅限于渎职行为,那么免职程序有其相对价值。在任何情况下,都不允许出现重大过失行为,包括未适当地根据监管机构的法定目标履行职责(Amtenbrink,1999)。
② 在德国,财政部长有监控权,并必须保证联邦金融管理局依据法律执行其监管任务。
③ 在一些国家,财政部长的角色更加宽泛。比如,在日本,其财政部长负责监管机构的运行;在加拿大,虽然法律将监管权授予可以独立活动的监管人,但财政部长却是金融机构办公室(OSFI)的正式领导。
④ 例如,在德国,财政部长、经济部长和司法部长组成了行政委员会,具有一般性监督职责;在韩国,金融服务委员会由财政部副部长和经济部副部长所组成;在法国,银行业监管委员会主席即为财政部长,该委员会是由法兰西银行的六名官员组成的;而在意大利,则由部际委员会承担直接监管职能,其主席也为财政部长,所有的成员也都是部长级官员。

救济的权利。鉴于大量的法律权力通常都被授予监管机构,监管手段的司法审查就成为其问责关系的基础。① 这种形式的问责多是完全的事后问责,是保障监管机构在法律规定的范围内活动的一种控制机制。它既可以适用于某种过程(程序性问责),在某些情形下(虽然较少)也可以适用于某种结果(实体性问责)。②

自然正义要求监管机构在作出影响个人或企业的决策(比如颁发或者收回执照和实施制裁)时,必须遵循一系列正当程序要求。例如,通知将要做出的行为及理由;提供获得所作决策所依据资料的渠道。一旦作出正式决策,决策指向的一方当事人必须了解其法律救济渠道。这些要求的目的是保证程序尽可能的透明,以得到公平、公正的结果。

对监管机构的司法审查不仅要审查其是否遵守程序性要求,还要审查其结论的合法性。监管者的司法审查受到他们所赖以运行的法律条文的约束。此处的困难是监管机构的自由裁量权通常很大。在实践中,由于法院法官通常不具备专业金融知识,所以其履行职权的行为会受到限制,从而比较容易听取监管机构的专业意见。因此,实质性问责就显得不太重要,司法审查通常仅限于合法性问题,即自由裁量权的行使是否出于恶意或不适当的目的。③ 为了避免影响监管活动效率和效果,司法审查程序需要受到某种限制。

2. 安排

(1)行政复议。除了司法审查,大多数地区在行政框架内提供多种审查形式。在金融监管机构直接对财政部长负责的地区,后者通常拥有审查银行监管决策的权力。④ 审查部门必须保证其在该领域有必要的权限,因为这会涉及监管机构的独立性。由于这些原因,由该领域的专家组成的审查主体可能更适合对金融监管机构进行决策审查,⑤但行政复议不能完全替代司法审查。

(2)司法审查。行政行为的司法审查是一种"司法监督"(Radford,1997)。它提供了一种法院审查公共权力执行的程序。传统上,行政行为的司法审查的目的是保证决策制定者在其权力范围内活动。受制于监管机构决定的个人权利

---

① "司法审查"一词通常只被用在由公共机构所作出的决定或者行为合法性的审查,以此区别于"上诉"一词。然而,这里的"审查"具有更加宽泛的含义,包括所有可以改变或废除监管机构决定或行为的救济办法。

② 学者们对于独立的监管机构和法院之间的关系的看法有所不同。鉴于议会问责和行政问责的内在缺点(缺乏专业知识和时间),一些学者认为司法机关是唯一可以保障监管程序连续性的机关。因此,他们建议建立一种监管机构和司法系统联手合作的机制,而不是问责关系(Shapiro,1988)。更多关于此方法利弊的论述,参见 Majone(1993)。

③ 参见 Hüpkes 的观点(2000)。

④ 例如,根据意大利银行法,意大利银行所作的决定可以上诉至信用和储备部际委员会;在西班牙,西班牙银行所作出的行政行为和制裁都可以上诉至经济和财政部长。

⑤ 《金融服务与市场法》建立了金融服务与市场法庭作为审理监管机构决策的一审法院。

和机构权利被普遍接受。① 司法审查系统在不同的法律制度中各不相同。在一些制度中,行政争议归属于处理民事和刑事案件的普通法院管辖(一元司法体系)。② 在另一些制度中,司法保护是由隶属于行政机关的准司法机关确立的。③ 在西欧最常见的系统中,由独立的行政法院处理行政司法诉讼(二元体系)。④

(3) 监管责任。一旦发生监管失败,原则上监管机构应该对因未能履行监管职责所造成的损失承担责任。主管当局的义务是赔偿其在履行公共职能时的错误行为或过失造成的损失。这项公共责任原则已经被大多数国家编纂进法律并反映在国际性的金融工具中。然而,错误监管行为的责任在许多方面又受到某种程度的限制。监管机构官员出于善意行为就不用承担个人责任,针对官员的法律诉讼一般来说只针对疏忽大意的行为。允许监管者采取迅速有效的行动,以避免承担其行为造成的个人责任。⑤ 因此,大多数地区对于确定金融监管者的责任和给原告判决损害赔偿确立了很高标准。⑥ 监管者的豁免和限定责任规则也是与独立性相关联的,并且已被证明属于比较高效的监管需求。然而,鉴于其深远的影响,它的存在需要有适当的问责安排,包括司法审查和因错误监管行为而导致的行政赔偿程序等。

(五) 对利害关系方(被监管行业、消费者)和公众的问责(市场基础问责)

1. 目标

大部分金融监管机构是通过向被监管机关征收的费用获得全部或部分资金的,因此至少在一定程度上要向那些为其提供资金的人负责。由于消费者保护属于金融监管机构的职责范围,因此消费者投诉的处理是问责的又一领域。最后,金融监管机构还要对一般大众负责。存款者、投资方和消费者也是选民,而选民是民主问责的最终来源。选民通过选举投票行使其权力。透明化、协商、参与和代表权是对利害关系方和公众问责的有力工具,并有助于监管机构获得行为合法性。

---

① 此内容反映在作为大多数国家宪法性法律的《欧洲人权公约》里。在美国,《行政程序法》明确提出监管决定司法审查权。
② 例如,加拿大、丹麦、爱尔兰、英国和美国。
③ 例如,比利时、法国和卢森堡。
④ 例如,奥地利、芬兰、德国、希腊、意大利、荷兰、葡萄牙、西班牙、瑞典和瑞士。
⑤ "巴塞尔核心监管原则"第1条把监管者的法律保护视作银行业监管法律框架的一个必要组成部分。
⑥ 用于限定责任的方法在不同地区的表现有所不同:一种方法是提高疏忽大意或者恶意行为的认定标准;另一种方法是基于政治考量,免除特定行为责任或决策责任,或者以狭义的角度规定诉讼理由,以免除大量的潜在诉讼。

2. 安排

(1) 透明化。即向公众和监管行业披露监管活动的相关信息,是一种市场基础的问责形式。它鼓励公开行政,提升公众对金融监管机构的信任。① 实现透明化的方式包括:公布所有法规、监管做法和重要决定、年报,以及定期举行记者招待会和信息通报活动。在大多数国家,都要求监管机构发布年度报告。

(2) 协商和参与。监管机构应当经常与被监管机构就政策问题进行协商。通过协商程序直接参与,可以提高监管过程的接受度和有效性,并且增强监管机构的合法性。监管机构行使的规章制定权是次级立法权,它不受制于任何形式的议会或政府控制,详细阐述了行业规则,在实践中极其重要。监管机构应有相应的安排,让受影响方的代表有机会评判所提议规则的正当性和可行性。规则制定程序的形式化有助于减少隐性影响和不平等性。应当为监管机构提供一系列规则制定程序的前提,不论是参与到工作组里还是对规则草案发表评论,都应当包括受影响方的代表。② 应当发布规则草案以供评论。规则草案应当合理并附有解释,以表明立法目的及其与立法目的的一致性。在可能的情况下,监管机构应当对监管的有效性和行业成本进行评估。③ 最后,监管机构应当对规则草案的评论和反馈作出总体上的回应。④

(3) 代表权。对行业和消费者的问责可以通过在监管委员会的适当代表权实现。在德国,金融机构的代表存在于行政机构和顾问委员会,顾问委员会由来自于学界、中央银行和消费者协会的代表组成,它的任务是对监管实践的未来发展提出建议;法国的银行和金融委员会也由其成员代表组成;在荷兰,银行理事会对总体政策提出建议,包括银行监管。

(六) 审计(财务问责)

1. 目标

解释性问责的一种常见方式是提交财务报表,以证明支出的正当性。汇报

---

① 国际货币基金组织的《透明化和金融政策良好实践》给出了金融监管机构公开活动的最佳实践准则(IMF,1999)。

② 在英国,这些安排包括建立从业者小组和消费者小组以代表各自的利益,两个小组的成员都由金融服务管理局委派,其主席的委派和免职都由财政部确认进行。如果金融服务管理局支持一方的代表意见,则应当以书面方式向另一方说明拒绝支持另一方的原因。

③ 监管机构应当评估拟监管事项的成本与收益,包括对监管机构、监管体系、公众的执行和遵守成本等。如果监管机构难以对某些成本与收益进行量化,则应当提供一套合理的决策机制以保证收益大于成本。同时,监管机构还应当把所有能够达成监管目标的可能性都考虑在内。

④ 英国《金融服务与市场法》规定了这种程序性问责机制,并要求金融服务管理局征求从业者和消费者关于行使规则制定权的意见。

资金的用途是另一种记账活动。监管机构应当在财务上保持独立自给,以支付其在监管活动中支出的费用。

然而,在某些国家,监管机构的经费部分或者全部来源于政府或财政部的预算,例如匈牙利和日本;在另外一些国家,比如西班牙,西班牙银行的预算由其管理委员会批准后,由政府向议会提出批准申请,再由政府直接划拨;在德国,由联邦金融监管局的主席向行政委员会提出预算草案,再由财政部批准;在法国,财务账户是与中央银行的账户合并在一起的;在芬兰,虽然监管机构的经费来源于监管实体,但其账户也是与中央银行的账户合并在一起的。在这些例子中,监管机构的财务独立性原则上应当以中央银行的财务独立性为保证。

2. 安排

(1) 财务审计。一般来说,财务问责应当被限制在事后预算问责,由独立的审计者审查年度报表和资产负债表,以确定财务管理是否适当、是否有效利用了其资源以及财务报告是否真实公正。在英国,财政部会委托独立的审计机构审查监管机构。在德国,由行政委员会、财政部的主席和联邦金融审计官作出独立的审计。在荷兰,年度审计报告必须由监管委员会和管理委员会全体成员签字后提交给国家(荷兰银行的股东)。

(2) 内部检查。问责的另一种形式是进行内部检查,即定期向委员会或议会做报告。比如美国,《总检察长法》授予总检察长对所有主要机构的任命权,包括监管机构(例如联邦储备委员会)在内。总检察长有权进行独立、客观的审计、调查和机构审查,并向监管机构和国会的领导进行报告。总检察长可以直接得到监管机构的所有记录和资料。

(七) 国家管辖外的监督

1. 目标

国际金融一体化更强烈地要求监管机构实施的标准接受本国管辖权以外的监督,这样可以限制本国金融部门问题跨境蔓延。Foster 在 2000 年指出,具有高度专业化和复杂化的监管机构应该与同行一起建立问责机制。虽然从严格意义上讲,监督、相互评估以及同行审议不能算作问责安排,但它们都要求金融监管机构向外部专家、国际机构以及公众说明其标准和做法,因此增加了合法性。

2. 安排

(1) 金融部门评估规划。根据国际货币基金组织和世界银行的金融部门评估规划(FSAP),外部专家对世界各国监管机构实施的各项标准进行了评估,目的是评估监管框架的质量。其最终的报告和建议为监管机构提供了具有帮助性的指导和改善监管体系的激励机制。该份最终由批准机关向公众公开的报告还对监管体系的绩效和其他问责手段作出了公正的评价。

（2）共同评估和同行审议。其他国际组织和集团，如金融行动工作组（FATF）与其区域机构，在特定领域，如反洗钱立法，进行共同评估和同行审议，目的是保证统一执行国际标准。这种多边监督机制为国际社会提供了一种执行国际标准的问责机制。同行审议也可以在多边层面进行。Goodhart 于 2001 年讨论了同行审议作为对监管机构的问责机制的可能性。他指出，作为金融部门评估规划的一部分，"巴塞尔核心监管原则"的一致性评估可以作为一种问责安排。

五、结　　论

一般来说，对授予监管机构独立性的担忧与不安来源于多个方面。比如，监管机构有可能成为未经选举的第四政府部门，并且不受制于通常的政治审查与宪政制衡机制。"监管俘获"理论则从另一个角度强化了这种担忧。最终，政治家总是倾向于保留这种可以产生政治租金和分配效应的任务，而金融监管正好可以迎合他们的这种偏好。这有助于解释为什么在一些国家政治家们总是竭尽所能地、正式或非正式地涉足监管活动。

与"独立性"这个相对比较容易界定和理解的概念相比，问责要复杂得多。在法律中，通常只有一小部分条文规定监管机构的独立性。另外，在英国下议院特别财政委员会的描述中，问责是一个复杂的概念，难以给出准确且全面的定义。这种复杂性造成了一个广泛的认识，即独立性和问责性水火不容——独立性强了，问责必弱，这就使得对监管机构在将具体可行的问责安排纳入法律框架时显得困难重重。

本文解决了这些问题。文章首先阐述了"问责"概念如何获得操作性内容，并且可能以这种方式促进和支持监管机构独立性；同时从一个授予监管机构独立性的前提展开论证，表明通过适当的问责设计是可以赋予监管机构独立性地位的。

为达成此目标，本文分为三个部分进行了阐述：

第一，基于近期公共行政文献中的主要观点，本文论述了问责的角色和目的，指出问责至少具有四项职能：提供公共监督、提供和保障合法性、提升公共机构管理的诚信以及提升监管机构的绩效。对这四项职能的重新认识使我们认识到，良好的问责安排在独立性和机构治理方面将会发挥不可或缺的作用。

第二，本文认为，监管机构在作为货币政策当局方面与中央银行有着许多不同的特点。诚如我们在上文已经讨论过的，金融部门监管机构需要处理相对重大的意外事件，对其指令（多重的、不可测量的或经常是模糊的）就不是简单地服从，还不得不处理保密性和市场敏感性问题，况且监管又往往是在多委托人的环境中运行的，因此要求监管机构拥有广泛且深远的执行和制裁权力。这些特征一致表明，有必要建立一个比中央银行在履行其货币政策职能方面的问责安排更加复杂的问责体系。

此分析的一个重要结论就是：有必要重新审视中央银行在履行其货币政策和监督职能时的问责安排。问责安排往往更加注重货币政策方面的职能，也往往假定其在该方面相似的问责安排也一定能满足其监督的目标。本文则认为，对于监管职能来说，可能还需要更多、更精巧的安排。

第三，本文详细讨论了保障问责目的的具体机制以及现行法律和实践中的大量问责安排。我们相信，本文对那些想要强化独立监管机构的问责机制的国家会有一些价值。虽然本文主要关注于问责安排，但我们也鼓励对促进问责方法问题的更进一步思考：一种方法是保证监管机构指令尽可能具体，并且界定好其职能以满足指令的要求；另一种方法是在监管层面上进行制度改革，以限制单个机构的目标数量。这也是荷兰监管模式改革中所着重考量的因素（Jonk 等，2001）。

本文重点关注的是金融监管机构的问责安排，这些问责安排设计实际上有着更广泛的应用范围：第一，在全世界范围内，其他经济部门对独立金融监管机构的兴趣也正在上升。第二，越来越多的中央银行正在把实现和维护金融稳定也纳入其职责范围（除货币或物价稳定外），不过其对金融稳定指令的界定也遭遇了与金融监管机构指令的界定一样的困境。2003 年，Oosterloo 和 Haan 的一项研究表明，大部分经合组织成员国央行法律中采用的问责制度设计的效果并不好，无法提供必要的使央行独立实现金融稳定目标的重要保证。第三，根据一些学者（比如 Amtenbrink）的观点，有关欧洲央行（一个没有真正区域政府的区域性机构）问责制度的辩论仍在继续，已经出现了诸如什么样的金融监管机构对欧元区更合适这样的争议，这也涉及其自身问责问题的讨论（Lastra，2004）。我们希望本文能够为这些辩论和其他争议提供帮助。

系统性金融风险监管的立法完善

刘庆飞[*]

内容摘要：尽管系统性金融风险目前尚缺乏一个公认的具有可操作性的定义，人们还是形成了一些共识。防范系统性金融风险应是金融监管立法的一个基本目标。中央银行可以承担系统性金融风险的监管职责，但需要相应增加一些权力。金融机构"大则不倒"现象对金融市场健康运营危害极大，必须通过立法对其加强防范。此外，我国还应该建立复杂金融产品强制许可制度。

关键词：系统性金融风险　监管　立法完善

肇始于2007年美国次贷危机的全球金融危机是自20世纪30年代"大萧条"以来最为严重的一次危机，使全球经济急剧下滑。当危机爆发时，金融监管立法的漏洞暴露无遗，其缺陷完全展现在立法者面前，引发了各国学者的热烈讨论。其中，系统性金融风险是此次金融危机爆发后学者们对金融监管立法的最新认识之一。[①] 有人断定，此次金融危机在某种程度上源于对系统性风险的关注不足。诚如本·S.伯南克（Ben S. Bernanke）所言，经济下滑至少部分源于"私营金融机构的风险管理体系和政府监管没有保障资本得到谨慎投资，进而

---

[*] 刘庆飞：东华大学法学系副教授。
[①] 参见巴曙松：《危机开启金融监管的新时代》，载《金融博览》2012年第1期。

导致投资者严重缺乏理性与信贷市场失灵"[①]。系统性金融风险可能来自金融市场的各个角落,其制造者包括大型银行、银行控股公司、非银行金融机构。通货膨胀、流动性过剩、资产价格泡沫、国际热钱涌入、地方政府债务担保、周期性不良贷款增加等均是我国当前系统性金融风险的隐患。[②] 2013年8月16日的光大证券"乌龙指"事件不仅使我国资本市场遭受了严重损失,也给我们上了一堂现实的系统性风险课。毋庸赘言,我国的系统性金融风险监管立法亟待完善。

一、"系统性金融风险"的立法界定及其监管立法完善的意义

防范系统性金融风险应是金融监管立法的一个基本目标,但世界各国均缺乏具有可操作性的"系统性金融风险"定义。何时实施系统性金融风险监管?哪些事件会导致系统性金融风险?人们都无从得知。缺乏公认的明确定义,将会导致金融监管立法无法得到一致实施,削弱立法的有效性。

(一)模糊的"系统性金融风险"定义

关于系统性金融风险的定义多种多样,对不同定义的理解亦存在诸多困难。艾兰·格林斯潘(Alan Greenspan)揭示了这一状况:"人们通常认为,系统性金融风险具有某种重大系统性混乱的特征。对此,有人可能用'市场失灵'加以描述,有人则可能认为属于自然、健康的市场结果,甚至混乱程度十分严重。"在随后的多次讲话中,他也表示,系统性金融风险的精确界定仍未获得解决。[③] 尽管如此,各种定义都至少含有一个基本要素——导致系统性金融风险的诱发事件。马里·L.夏皮罗(Mary L. Schapiro)——美国证券交易委员会委员列举了一些系统性金融风险情况,指出系统性金融风险有两种:第一种是突发的、短期的崩溃或者系列失败,第二种是较长期的风险。在这种风险中,金融市场无意识地有利于大型的、具有系统重要性的机构,减弱了金

[①] Ben S. Bernanke, Chairman, Fed. Reserve, Financial Reform to Address Systemic Risk, Speech at the Council on Foreign Relations, Washington D. C. (Mar. 10, 2009), http:// www.federalreserve.gov/newsevents/speech/bernanke20090310a.htm, last visited on Oct.15, 2012.

[②] 参见冬晓:《风险监管是金融监管的核心》,载《中国金融家》2011年第2期。

[③] See George G. Kaufman, Bank Failures, Systemic Risk, and Bank Regulation, CATO J. Vol. 16, No. 5, 1996, pp. 17—21 (quoting Alan Greenspan, Remarks at a Conference on Risk Measurement and Systemic Risk, Board of Governors of the Federal Reserve System, Nov. 16, 1995), http://www.cato.org/pubs/journal/cj16n1—2.pdf, last visited on Oct. 10, 2012.

融市场的创新与应变能力。①

因此,我们只能将"系统性金融风险"一般地理解为:突然的、未预料到的事件,该事件对金融市场造成严重破坏,大部分实体经济都将遭受不利影响。其根源可能在于金融市场的内外因素,包括金融市场重要参与者的突然失败、清算或者支付系统在关键阶段的技术故障、政治变动(如外国入侵)、重要金融中心的交易控制等。这些因素破坏了金融市场的信用,打乱了金融市场的正常运营。简而言之,系统性金融风险与传统金融风险有着本质的区别,其最大特征就是具有宏观性和全面性,很难对其进行精确的描述与测量。②

(二)防范系统性金融风险应是金融监管立法的基本目标

通过增强交易、提高储蓄与分配资本,运营良好的金融市场将会推动经济发展。金融机构提供支付服务和各种金融产品,帮助企业与家庭应对经济波动。稳定而高效的金融业降低了投资、生产、商品与服务贸易的成本与风险。③ 金融市场也是重要的经济信息来源,这些信息帮助协调市场中的分散决策。金融市场的收益率引导家庭在消费与储蓄之间分配收入,支配他们的证券财富。企业根据金融市场价格选择投资项目,决定这些项目的融资方式。

鉴于以上重要作用,金融市场的健康运营无疑属于政府公共政策的关注事项,各国中央政府无不注重对金融市场的监管。金融监管立法的总目标应该是:保障金融系统在波动的情形下高效率地促进资源的调动、转移与分配。防范系统性金融风险应是金融监管立法的一个基本目标。正如汤莫斯·库利(Thomas Cooley)和英吉奥·沃尔特(Ingo Walter)所强调的,"恢复金融稳定与安全的关键在于承认、评估由私人金融活动导致的系统性风险"④。丹尼尔·K.塔鲁洛(Daniel K. Tarullo)——美国联邦储备理事会主席在美国银行、住房与城市事务参议院委员会(the U.S. Senate Committee on Banking, Housing, and Urban Affairs)上亦作证,加强系统性金融风险监管的措施包括:更有效、更多的正式机

---

① See Testimony Concerning Regulation of Systemic Risk: Hearing before the S. Comm. on Banking, Housing and Urban Affairs, 111th Cong. 1 (2009) (testimony of Mary L. Schapiro, Chairman, SEC), http://banking.senate.gov/public/index.cfm? FuseAction = Files.View&FileStore_id = 4c3a14d4-ddee-4873-b56d-c7313cd55398, last visited on Oct. 15, 2012.

② 参见高宇:《后危机时代主要国家金融监管改革分析与述评》,载《国际经济合作》2012年第7期。

③ See Allen, Franklin & Anthony M. Santomero, The Theory of Financial Intermediation, Journal of Banking & Finance, Vol.21, No.11-12, 1997, pp.1461—1485.

④ Thomas Cooley & Ingo Walter, Financial Polluters Need to Pay, Bloomberg, Feb. 12, 2009, http://www.bloomberg.com/apps/news? Pid = 20601039&refer-columnist_and&sid = ajotwjbllZSM, last visited on Oct. 15, 2012.

制,帮助识别、监督与应对系统性金融风险。值得注意的是,尽管目前大量的金融监管措施是为了防范系统性金融风险,但研究发现,许多措施缺乏有效性,并可能妨碍金融机构的市场适应性。有些措施[1]可能实际上加剧了对系统性金融风险的易受害性。例如,当利率上限受到约束时,存款者会把银行存款转换成市场收益率较高的资产,这就导致了银行融资困难。

二、确立系统性金融风险监管机构:立法完善内容之一

我国目前实行的是"一行三会"式的分业监管体制,中央银行承担着"在国务院领导下制定和执行货币政策,防范和化解金融风险,维护金融稳定"的职责,银行业、证券业和保险业的审慎监管权分别被赋予了银监会、证监会和保监会。中央银行除了货币政策工具外不拥有任何宏观审慎监管工具,而银监会、证监会和保监会又缺乏充分的系统性安全意识,我国实际上没有一家机构负责监管系统性金融风险。[2] 那么,中央银行能否作为系统性金融风险监管机构? 如果让中央银行负责监管系统性金融风险,它又需要增加哪些职权?

(一) 中央银行承担系统性金融风险监管职责的法理基础

制定、执行货币政策是中央银行的主要职责。大多数国家中央银行并没有金融监管权,金融监管由审慎金融监管机构负责。[3] 特别是近期各国更加强调货币稳定,[4]一些国家(如澳大利亚)的中央银行开始放弃系统性金融风险监管职责。总的说来,尽管设立专门的系统性金融风险监管机构具有较大的合理性,但合并制定、执行货币政策和监管系统性金融风险这两项职责(即由中央银行承担系统性金融风险监管的职责)的理由更加充分。

第一,最为重要的理由是,最后贷款人的职责仅由中央银行承担。中央银行介入金融稳定源于其作为货币垄断供应者的职责,只有货币的最终供应者才能在维护全国范围的流动性中承担稳定职责。英国在北岩银行(Northern Rock)危机中得到的教训是:在金融危机中掌握实时信息非常重要,保障获得实时信息的

---

[1] 如目的在于阻止过度竞争的存款利率上限。
[2] 参见金俐:《关于中央银行金融监管权边界的理论思考》,载《金融发展研究》2010年第3期。
[3] See Charles Goodhart & Dirk Schoenmaker, Should the Functions of Monetary Policy and Banking Supervision Be Separated? Oxford Econ. Papers, Vol.47, 1995, p. 544.
[4] 这是全球20世纪80、90年代中央银行独立的主要推动力。

最有效方法就是让中央银行实施日常监管。①

第二,在这次危机中,我们已经注意到,货币政策不仅影响通货膨胀率,还影响风险承担的代价。乐于实施救助的美国联邦储备委员会让金融机构深信,它将会从自己愚蠢的行为中得到救助,这就导致了金融机构过度冒险。因此,负责货币政策的机构需要知道金融系统风险的大小。同时,市场价格波动会破坏金融系统稳定,导致金融系统脆弱,转而会消极地影响货币稳定。

然而,合并制定、执行货币政策和监管系统性金融风险这两项职责也将面临一些挑战。第一个挑战是,难于对系统性金融风险监管职责进行有效评估。第二个挑战是,如果中央银行需要抑制通货膨胀,人们就难以将这一任务与系统性金融风险监管职责合并。因此,有学者指出,合并制定、执行货币政策和监管系统性金融风险这两项职责需要组织与激励成本,中央银行重点关注的范围应适当狭窄,而不应负责系统性金融风险监管。② 不过,在英国北岩银行的崩溃中,我们发现了中央银行缺乏监管系统性金融风险的重大缺陷。因此,实现制定、执行货币政策与系统性金融风险监管之间的合并,需要人们发现减少这些成本的方法。近期形成的共识是建立一种折中方案,该方案将宏观审慎监管与制定、执行货币政策捆绑在一起,并将微观审慎监管分离出去,使得中央银行可以获得重要的协同功能,同时避免了大量成本。中央银行制定、执行货币政策与宏观审慎监管的关联更加密切,将两者合并,既带来了重大效益,又减少了大量组织与激励成本。

(二) 中央银行监管系统性金融风险的职权设定

为了防范系统性金融风险,中央银行必须有权收集经济发展趋势与金融市场运行的相关信息。加强监管是应对系统性金融风险的必要条件。提高系统性金融风险监管有效性的唯一措施是:赋予监管机构要求金融机构披露详尽信息的权力,即要求金融机构披露它们的资产状况、交易活动与投资组合的具体信息;监管机构也需要有权调查、指导金融机构遵守内部治理规范和风险经营实践,③共享市场稳定分析报告。仅仅是这种强制收集信息权就使得中央银行成为金融监管体制中权力强大的机构。

---

① See Charles Goodhart and Dirk Schoenmaker, Institutional Separation between Supervisory and Monetary Agencies, both in Charles Goodhart (ed.), The Central Bank and the Financial System, MIT Press, 1995, pp. 333—414. Charles Goodhart, Price Stability and Financial Fragility and Charles Goodhart (ed.), The Central Bank and the Financial System, Basingstoke: MacMillan Press, 1993, pp. 263—303.

② See Vasso Ioannidou, Does Monetary Policy Affect the Central Bank's Role in Bank Supervision, Journal of Financial Intermediation, Vol. 14, No. 1, 2005, p. 58.

③ See Joe Peek et al., Is Bank Supervision Central to Central Banking? Q. J. Econ., Vol. 114, 1999, p. 629.

除了强制收集信息权之外,当存在系统性威胁时,中央银行还有权采取必要的措施阻止金融市场崩溃。一方面,中央银行必须拥有宏观审慎监管机构的全部职权,①能够确立资本充足率制度,指导各金融机构调整它们的投资、信贷组合。这种宏观审慎监管对于减轻道德风险是必要的。另一方面,在金融危机发生时,中央银行拥有干预市场的权力。这一权力需要中央银行充当最后贷款人(或者担保人),接管无力偿付债务的金融机构,提供流动资产,扩大信贷规模,或者开拓市场。中央银行有权就系统性金融风险向其他金融监管机构提出建议,它不能也不应该承担防范金融危机的全部职责。优秀的监管机构能够发现系统性金融风险,并将阻止危机的责任分派给那些适当的监管机构。

三、"大则不倒"现象的立法防范:立法完善内容之二

20世纪90年代以来,国际金融业掀起了并购浪潮。一方面,金融业的集中可以提高风险抵御能力。② 另一方面,这些超大型金融机构一旦出现问题,将给金融系统乃至国民经济带来灾难性打击,政府往往会对它们竭力实行援助,但援助增加了道德风险——大型金融机构易倾向于反复过度冒险。③ 这就是所谓的"大则不倒"现象,对金融市场健康运营危害极大,必须通过完善立法对其加强防范。与西方国家不同,我国金融市场直接融资所占的比重较低。④ 大银行是我国防范"大则不倒"现象的首要关注对象。随着金融市场的发展,大型非银行金融机构中的"大则不倒"现象也日益突出。

(一)"大则不倒"的缘由阐释

当大型金融机构的健康状况恶化时,监管机构理应根据审慎监管规则对其提高监管标准。实践中,监管体制的各种结构、政治环境以及预算特点促使监管机构对陷入经营困境的大型金融机构予以容忍或者帮助,而不是进行早期干预。的确,监管机构在历史上并不经常行使早期干预权(这一做法通常被称为"监管宽容")。⑤ "监管宽容"的方式包括非正式的个案决策、监管机构与某一金融机

---

① See Viral V. Achaya, A Theory of Systemic Risk and Design of Prudential Bank Regulation, J. Fin. Stability, Vol. 5, 2009, p.224.
② 参见曹凤岐:《金融国际化、金融危机与金融监管》,载《金融论坛》2012年第2期。
③ 参见〔美〕约瑟夫·E.斯蒂格利茨、联合国金融专家委员会主席:《斯蒂格利茨报告:后危机时代的国际货币与金融体系改革》,江舒译,新华出版社2011年版,第47页。
④ 参见李礼辉:《欧债危机与金融监管改革》,载《资本市场》2012年第1期。
⑤ See Richard Scott Carnell, A Partial Antidote to Perverse Incentives: The FDIC Improvement Act of 1991, Ann. Rev. Banking L., Vol.12, 1993, pp.317—322.

构之间签订宽容协议、实施非正式的监管活动或者适用特定类型金融机构的方案。20世纪80年代,美国大量无清偿能力和勉强具有偿付能力的大型金融机构通过"监管宽容"方案而得以继续经营,国会还认可了向陷入经营困境的大银行提供帮助的"宽容法案"。①

有学者认为,在任何情形下,人们都难以判断"监管宽容"是一种明智的选择还是一种针对外界压力的悖理反应。如安·格尔坡恩(Ann Gelpern)所言:"宽容可以同时作为危机的应对措施和否定方式。作为危机的应对措施,它给其他应对措施带来了喘息时间;作为危机的否定方式,它隐蔽地将稀缺资源提供给监管对象及其债务人。人们往往难以说出两者之间的差别和政策上的区分。"②埃米尔·J.布林克曼(Emiles J. Brinkman)也指出,对于陷入经营困境的大型金融机构,"监管宽容"是出于悖理刺激还是基于"监管者善意相信不作为更加适当",人们还无法从涉及"监管宽容"效果的资料中清楚地辨析。③

不可否认,监管者对于陷入经营困境的大型金融机构不进行早期干预,有时确实是因为他们善意地相信不作为更加明智。例如,"监管宽容"的理由可能是大型金融机构的经营困难仅仅是暂时的,或者大型金融机构的经营环境能够以较隐蔽的措施加以矫正。1986年,美国货币监理署、联邦储备委员会和联邦存款保险公司就联合颁布了一份声明,对"帮助那些基本健康、内部治理良好却陷入短期经营困难的银行"的"监管宽容"政策作了概括。④

然而,之所以发生"监管宽容",更多的原因是,强大的悖理动力阻碍着监管机构充分行使监管权。第一,监管活动是公开的、显而易见的,不作为却具有隐蔽性。当监管变严,遭受损失的人们被激怒,获利的人们却没有注意到。因此,不作为是监管机构希望避免激发公众愤怒与批评的自然反应。鉴于作出错误决策的高风险,监管机构可能会错误地倾向于允许陷入困境的银行继续经营,而不选择早期干预。第二,监管者担心,强制干预陷入经营困境的大型金融机构可能意味着其没有实施监管规则的能力。⑤ 关注自己声誉与职业前途的监管者不愿被人们看到自己履行职责的不足。第三,出于财政开支的考虑,不作为没有立即造成政府费用开支,推迟了经济困难和预算开支报告。第四,监管机构面临着强大利益集团的压力。政治学和经济公共选择理论指出,相对于分散的公众,有组

---

① See The Competitive Equality Banking Act of 1987, Pub. L. No. 100—86, § 404, 101 Stat. 552, 609.
② Anna Gelpern, Financial Crisis Containment, Conn. L. Rev., Vol. 41, 2009, p. 1575.
③ See Emiles J. Brinkman, Forbearance: An Empirical Analysis, J. Fin. Services Res., Vol. 10, 1996, p. 27.
④ See Office of the Comptroller, Banking Circular BC-212, at 1-2 (1986), available at 1986 OCC CB Lexis 11.
⑤ See Arnoud W. A. Boot & Anjan Thakor, Self-interested Bank Regulation, Am. Econ Rev., Vol. 83, 1993, p. 206.

织的大型特殊金融机构集团拉拢政府决策者、成功获取私人利益的可能性更大。① 正如乔纳森·梅西(Jonathan Macey)所言,"该理论最适用于银行业","监管俘虏"在银行监管中发生的概率较高,"每个选区都有自己的监管机构,该机构不负责其他选区的利益。"② 早期干预的懈怠,使陷入经营困境的大型金融机构的资产状况继续恶化,其中多数将最终破产,整个金融市场将由此遭受到严重的系统性损害。于是,监管机构面临着更加困难的两难选择:让它们破产或者实施紧急拯救。

(二) 防范对策建议

对于金融业的"大则不倒"现象,目前各方达成的共识是建立事前、事中和事后的一套机制,包括事前加强风险预警、危机发生时降低风险扩散以及危机后的处置,具体内容可归纳为以下三个方面:

一是降低大型金融机构倒闭的可能性。一定规模或程度关联的金融机构均将被视为系统重要性金融机构。确实,它们仅需要具备一定规模,并与其他机构具有关联程度,就具有系统上的重要性。所有的系统重要性金融机构都将受到中央银行监管。中央银行有权要求系统重要性金融机构提交报告,确立审慎监管标准,限制它们的经营活动,并管理它们的附属机构。同时,审慎监管应严于对非系统重要性金融机构实行的监管标准。具体的政策措施包括:提高大型金融机构资本、流动性和杠杆率等审慎监管要求;加强现场检查和非现场监管,改进并表监管;加强大型金融机构内部治理与激励机制;加强跨境监管合作。

二是提高对大型金融机构倒闭时的处置能力,使大型金融机构能够有序倒闭,而不至于造成系统性影响。具体的政策措施包括要求大型金融机构制订具有实际约束力的破产处置预案。

三是强化中央交易对手结算,完善金融系统基础设施建设,提高金融市场交易透明度。③

当然,如果一些金融机构规模过大或者联系过于密切而不能倒闭,中央银行还可以拆散它们。④ 虽然这并不意味着回到以前的分业经营时代,但有时确实需要采取这种措施。英国金融服务局产生之初,其一项职责就是拆散那些促成

---

① See Anna Delpern, Financial Crisis Containment, Conn. L. Rev., Vol.41, 2009, p.1051.
② Jonathan R. Macey, The Political Science of Regulating Bank Risk, Ohio St. L. J., Vol.49, 1989, p.1278.
③ 参见刘福寿:《国际金融监管改革最新进展及其思考》,载《国际金融》2011年第2期。
④ See George Soros, Do Not Ignore the Need for Financial Reform, Fin. Times, Oct.26, 2009.

20世纪20年代股市投机的公用事业公司。① 国家财政不应该被用以援助金融机构,金融市场的目的是向企业提供资金,而不是创造交易利润。但是,在过去二十多年中,金融监管机构都鼓励交易与投机,强调效率大于公平。②

四、建立复杂金融产品强制许可制度:立法完善内容之三

当代金融市场高度复杂且密切相连,是此次金融危机的一个主要成因。金融机构与监管者均无法理解并管理该成因给金融系统带来的风险。③ 金融工具、市场和机构的复杂化,增大了市场的不透明性、相互影响以及不可预测性,加剧了市场系统性风险与低效率,使得金融机构可以过度实施金融投机与监管套利,对经济发展却毫无意义。对于这一现象,目前各种监管改革方案尚没有找到有效的应对措施。如果不能有效地管理与控制金融市场日益复杂化带来的系统性风险,就应该降低并控制金融市场的复杂程度。这是因为,大量导致系统性风险的复杂产品为金融机构所创造和出售,降低系统性风险最直接而有效的措施就是在该产品处于创造初期而尚未进入市场之前实施监管。建立复杂金融产品强制许可制度即为一种有效方式。

(一)"复杂金融产品"的认定标准

复杂金融产品强制许可制度的主要目的是,对将会带来系统性风险的复杂产品的扩散进行控制,反对过度投机与监管套利。该制度可以排除政府过度家长式干预市场的嫌疑。其核心内容是,从功能、机构与政策的视角对金融产品进行评估。一种"复杂金融产品"只有同时符合以下三个标准才能获得创造许可证:

1."经济目的"标准

首先,金融机构需要提供充分证据,证明其申请的复杂金融产品确实能够促进经济发展,而不仅仅是另一种金融投机或监管套利工具。复杂金融产品强制许可制度的基本作用是,阻止金融机构创造社会经济效益低于系统性风险的产

---

① See SECHistorica.org, William O. Douglas and the Growing Power of the SEC, http://www.sechitorical.org/museum/galleries/douglas/academic.php, last visited on Oct.14, 2012.
② See CME Group, Reform: What Does It Mean? Opean Markets, Feb.22, 2010, http://openmarkets.cmegroup.com/features/reform-what-does-it-mean, last visited on Oct.12, 2012.
③ See Viral V. Acharya & Matthew Richardson, Causes of the Financial Crisis, Crit. Rev., Vol. 21, 2009, p.195; Gary Gorton, The Subprime Panic, Eur. Fin. Mgmt., Vol.15, 2008, p.10; Oren Nar-Gill, The Law, Economics and Psychology of Subprime Mortgage Contracts, Cornell L. Rev., Vol. 94, 2009, p.1073; William K. Sjostrom, Jr., The AIG Bailout, Wash. & Lee L. Rev., Vol.66, 2009, p.943.

品。因此,"经济目的"标准尤其限制这类复杂产品:该产品使得金融机构可以逃避监管,隐藏其举债经营的实情,并进行金融投机。

然而,"不能获得许可的金融投机"的认定存在困难。"投机"是一个含义模糊的概念。① 因为未来收益的固有不确定性,所有的投资都可以被看作一种投机。同时,人们又难以否认这种直觉:不仅就经济动机而言,还体现在道德上,一些投机与传统投资具有根本性差别。鉴于这种界定困难属于法学理论范畴,建立复杂金融产品强制许可制度就不需要界定投机的立法定义。相反,复杂金融产品强制许可制度应该概括出监管机构分析复杂金融产品的关键要素。据此,为了满足"经济目的"标准,申请金融机构必须确定复杂金融产品的市场,并描述该产品的潜在使用者;表明该产品将会满足潜在使用者的具体需求,且现有金融产品没有这一功能;证实这些潜在使用者的需求效益远远大于另一些潜在使用者主要将复杂产品用于投机或者监管套利的消极影响。可见,潜在使用者是"经济目的"标准的一个重要因素。一般而言,属于能够帮助潜在使用者规避现存经营风险,或者提高其经济效益的复杂金融产品,即满足了"经济目的"标准。然而,如果复杂金融产品的潜在使用者仅仅包含通常从事金融风险与管理的机构(如银行、证券、保险、套头交易基金等),设立一种可反驳的否定制度就有必要。例如,通过证明某一复杂金融产品能够促进金融风险与管理机构规避来自其核心业务的金融风险,申请机构即可以推翻这种否定制度。

2. "机构能力"标准

该标准要求申请机构证明其监督、管理复杂金融产品风险的内部治理、运营和融资能力。如果金融机构缺乏理解、评估、监督和管理该产品风险的能力,一种复杂金融产品即使具有经济及社会效益,仍不能获得批准。为了满足这一标准,申请者需要遵守资本充足率制度或者其他类似要求。此外,监管机构可能要求更高的储备金以支持某一金融交易。然而,监管机构不要高估资本监管制度作为机构资产健康的有效标志。其他一些考虑因素还包括:金融机构的整体运营与风险状况;复杂金融产品与金融机构的其他业务、资产的关系;金融机构的内部治理体制;金融机构遵守监管法规的记录和被强制执行的历史。

3. "系统性影响"标准

复杂金融产品的审查也涉及对复杂金融产品可能增大申请机构的系统重要性进行评估。尽管复杂金融产品强制许可制度不能完全解决这个问题,但是它

---

① See Timothy Lynch, Gambling by Another Name? The Challenge of Purely Speculative Derivatives, http://papers.ssrn.com/sol3/papers.cfm? abstract_id = 1788219&1&srcabs = 1785634, last visited on Oct. 15, 2012.

仍有助于限制金融机构扩大规模或者在金融市场中的联系。因此,为了获得批准,申请机构最后需要证明,复杂金融产品不会带来不可接受的系统性风险。此项标准要求监管机构广泛考虑各种相关因素,这些因素没有被明确包含在产品要求中;申请机构必须证明复杂金融产品没有对社会经济政策和政治目标产生消极影响。

(二)"复杂金融产品"的审批豁免规则

针对在交易所积极进行交易的复杂金融产品设立审批豁免规则,是复杂金融产品强制许可制度的一项重要内容。然而,为了防范漏洞的出现,设立豁免规则需要顾及各种政策。分层次的审批方法或许具有可行性。例如,区分各种产品的方法是审查复杂金融产品的货币价值与规模。金融机构出售产品的数量如果超过某一界限,就需要接受完全审查并满足三项标准,方可豁免审批。对此,人们可能担忧,金融机构通过分批出售产品而轻易逃避监管。一种具有可行性的替代方法是,根据金融机构的性质而不是产品进行分层次审批。这样,具有系统重要性的金融机构都将受到最为严格的审查,它们的所有产品均需要获得许可证。因为许多具有系统重要性的金融机构同时也可能具有"大则不倒"的特点,所以加强对它们产品的审查具有合理性。

总之,复杂金融产品强制许可制度并不阻止金融创新,而仅是将评估特定产品效益与潜在风险的信息提供义务施加给最有能力获得该信息却又极不情愿披露的一方。实际上,这一制度将改变金融监管立法的成本效益分析,使之更加注重风险与社会效益。[①] 它能够确保金融创新与复杂金融产品促进经济发展,带来公共效益。通过排除具有消极效应的复杂金融产品,降低金融市场的复杂程度和系统性风险,这一制度也提高了金融市场的效率和传统市场规则的可靠性。

---

① See Steven Croley, White House Review of Agency Rulemaking: An Empirical Investigation, U. Chi. L. Rev., Vol. 70, 2003, pp. 824—826.

金融消费安全的法律规制

钱玉文*

内容摘要:当前,世界范围内金融消费安全的规制改革不断推陈出新,其中以美国、英国、日本为代表。我国金融监管侧重于金融机构安全、效益而忽视金融消费安全,金融消费安全应成为金融监管的重要目标。金融消费安全规制改革的重点在于,设立单一的金融消费安全规制机构,创新金融消费者争议解决机制,保证在线金融服务的安全,建立存款保险和金融服务赔偿制度。组合运用信息规制、契约规制、司法规制等工具,能有效保障金融消费安全。

关键词:金融消费者 安全 法律规制

随着2008年美国金融危机的爆发与延续,各国均在探讨如何通过法律方式对金融消费安全进行有效规制,以促进对金融消费者的保护。随着金融改革的全面展开,相关的立法和监管机制变革正在酝酿和实践之中。如何应对不断变化的现实条件,建立有效的金融消费监管机制,并与面向未来的金融监管体系相对接,是一项重要课题。

---

* 钱玉文:华东政法大学法学博士后流动站研究人员,常州大学文法学院副教授。

一、规制现状与困境

(一) 概念界定

金融消费是人们为了满足自身消费和理财需求,享受金融机构提供的服务,购买金融机构提供的商品或服务的行为。区别于金融投资,金融消费主要关注于由不具有商业融资目的和高度的专业知识技能的个人进行的,主要出于日常消费和理财目的而非规模性融资交易目的,购买金融产品和使用金融服务的行为。一般而言,金融消费较之金融投资风险要小,更加注重财产的保值,且不具有明显的牟利性。例如,因生活消费需要而申请个人耐用消费品贷款与一般用途的个人消费贷款都可以视为金融消费行为。从更广泛的意义上说,购买金融理财产品、接受个人金融服务都属于个人金融消费领域的消费行为。

美国 2010 年 7 月通过的《多德—弗兰克华尔街改革与消费者保护法》(Dodd-Frank Wall Street Reform and Consumer Protection Act of 2010,以下简称《多德—弗兰克法案》)指出,金融消费者为"自然人或者代表该自然人的经纪人、受托人或代理人","消费金融产品和服务的消费者"。"消费金融产品或服务是指消费者主要用于个人、家庭的任何金融产品或服务。"2000 年,英国出台《金融服务与市场法》,首次使用"金融消费者"的概念,从而弱化了金融行业的差异,将存款人、保险合同相对人、投资人等所有参与金融活动的个人都囊括到"消费者"群体中。[1] 英国金融服务局承担英国金融消费者保护和教育的主要职责,它于 2004 年正式启动"公平对待消费者"(Treating Customer Fairly,TCF)项目,使英国成为第一个开展此项目的国家。[2]《巴西消费者保护法》第 3 条规定:"服务为消费市场中提供的有酬劳的任何活动和行为,包括与银行、金融、信贷、证券等行业发生的活动和行为。"在日本,"与生活没有直接关系的投资"也基于"有助于确保将来健全而安定的生活",被包含在消费者问题之中。[3] 2001 年 4 月实施的《日本

---

[1] See Section 5 and 138, Financial Services and Markets Act, 2000.
[2] 始于 2004 年的 TCF 项目主要是在金融零售业务领域开展,项目目标包括六个方面:一是把公平对待消费者作为企业文化的核心;二是根据消费者的实际需求推广及销售产品和服务;三是为消费者提供清晰明确的信息,并确保信息在售前、售中、售后及时有效地传达给消费者;四是向消费者提供满足其个性化需求的咨询服务;五是为消费者提供的产品和服务必须符合消费者的预期;六是不得在产品售后阶段给消费者设置不合理的服务障碍(如消费者需要更换产品、更换服务提供商、索赔或投诉)。参见中国金融业"公平对待消费者"课题组:《英国金融消费者保护与教育实践及对我国的启示》,载《中国金融》2010 年 12 期。
[3] 参见〔日〕铃木深雪:《消费生活论——消费者政策》(修订版),张倩等译,中国社会科学出版社 2004 年版,第 18 页。

金融商品销售法》规定,该法保护的对象为资讯弱势一方当事人。因此,该法适用之对象,不仅限于作为自然人的消费者;即使是法人,只要不具备金融专业知识,也属于该法的保护范围。

2006年我国施行的《商业银行金融创新指引》第4、18条首次提出,商业银行的金融创新应当"满足金融消费者和投资者日益增长的需求","充分维护金融消费者和投资者利益"。这是我国立法机构对个人投资者在金融活动中作为消费者地位的首次正式确认。我国金融和消费者保护的基本立法之中未将金融服务和消费纳入调整范围,对于"金融消费者"概念,可以参考"消费者"的一般概念。仅从条文看,我国现行《消费者权益保护法》的保护对象包括金融服务领域的消费者。我们可以将金融消费者规定为:不具备金融专业知识,在交易中处于弱势地位,为金融需要购买、使用金融产品或接受金融服务的主体。

金融消费安全是消费者在购买金融产品和接受金融服务时享有的资金安全与个人信息不受侵害的权利。这种对财产安全的保护,包括对非风险金融产品中财产估值稳定的保护,也包括风险类金融产品中为消费者提供准确透明的信息和指引,以保证其可以有效地决策以规避风险保护。对金融消费安全的保护并非排除金融产品的风险,而是确保消费者获得可以赖以进行有效决策,维护其正当的财产和权益的信息和指引,并保护其不承担由于金融机构不当行为而产生的额外负担和风险。

(二) 国际实践

以体系性的方式对金融消费者进行保护始于1986年英国"金融大爆炸"的改革。跟随英国的步伐,各国均在一定程度上建立了金融消费者保护机制,通过法律规制手段保障金融消费安全。以下分别介绍美国、欧盟、英国和日本的情况。

1. 美国的实践

在美国,本轮金融危机前即制定了如《社区再投资法》(1977)、《平等信贷机会法》(1974)、《金融服务现代化法案》(1999)等一系列法律,对金融消费安全进行规制,并形成了由联邦储备委员会(FRB)、联邦贸易委员会(FTC)、货币监理署(Comptroller of the Currency)、联邦存款保险公司(FDIC)、国民信用合作社监管局(NCUA)、住房与城市发展部(HUD)六家机构组成的联邦监管体系。针对投资产品和服务这类非一般意义上的金融服务产品,则由美国证券交易委员会(SEC)或美国商品期货交易委员会(CFTC)监管。在监管之外,州和联邦间复杂的司法体系也发挥了重要的作用。然而,这些规制手段仍存在严重的问题。"第一,银行监管部门虽然有监管手段和明确的监管对象,但其对消费者进行保护的职能与审慎监管和促进金融自由之间在一定程度上存在矛盾,当消费者保护与银行监管的其他目标之间发生冲突时,消费者保护容易被忽略。第二,其他监管部门,如联邦贸易委员会,虽然有明确的消费者保护职能,但其监管对象有限,且监管手段也有所不足。第三,虽然并不缺乏相关的法规,但在实际操作中这些法规却没有被有效执行。第四,金融监管机构的制度模式、专业性、监管文化与消费者保护所追求的严格、平衡、创新等元素和理念有较大差异,无法为金融消费者提供更加倾斜的保护。第五,多机构执法产生的复杂体系增加了政策协调的难度,增加了监管套利和权力寻租的机会,降低了应对金融消费实践的响应速度和处置效率。"

奥巴马政府于 2009 年公布了《金融监管改革——新基础:重建金融监管》的改革方案,用大量篇幅对消费者和投资者保护问题进行讨论,并指出:监管部门由于历史原因,缺乏对金融消费者的保护,现有的监管体系无法满足消费者的需求,在很多方面表现欠缺,这是导致金融危机的一个重要原因。针对此次危机,方案有针对性地提出了三方面的措施:一是新成立一个独立的消费金融保护机构,即金融消费者保护局(Consumer Financial Protection Bureau, CFPB),以使消费者不受金融系统中歧视和欺诈行为的侵害。该机构将拥有与其他监管机构相同的权力,包括制定规则、从事检查、进行罚款等惩戒措施。二是从增强金融产品和服务透明度、简单化、公平性和可得性四个方面进行改革。三是加强对投资者的保护,促进退休证券投资计划,鼓励储蓄。①

《多德—弗兰克法案》于 2010 年 7 月生效,该法案主要集中于如何构建一个独立的、高效的金融消费者保护监管机构,不是要制定新的、专门的金融消费者保护法,而是旨在建议设立一个新的监管架构,由该机构颁布实体性监管规则并进行执法活动,从而在根本上改变联邦法律在个体消费者金融保护方面的状况。立法者希望,设立独立的金融消费者保护局(CFPB),结束多年以来消费者保护职能的地位居于金融监管与金融领域调控职能之后的状况,使之受到与其他金融规制目标相当的重视,并且解决当前主要金融机构"大而不倒"的现状造成的诸多问题。

按照该法案,金融消费者保护局将拥有广泛的权力监管消费者金融产品,强制信息披露,以及要求所涉金融机构向消费者提供其所设计的"功能单纯"(Plain Vanilla)的金融产品。该法案允许联邦各州及地方政府拥有比 CFPB 所采纳的限制措施更为严格的措施,以此限制联邦政府强制收购全国性的特许金

---

① 参见中国人民银行西安分行课题组:《金融消费者保护:理论研究与实践探索》,经济科学出版社 2011 年版,第 44—45 页。

融机构。该法案还针对金融企业一些"卑劣"的行业做法增设了新的禁止性规定,允许就那些不公平并带有欺诈性的行业做法目前所要承担的责任进行重新解释。① 该法案允许监管当局对一些概念进行相对较为灵活的解释,并以此重塑联邦层级的金融消费者保护法,并且允许甚至鼓励美国各州及地方政府在金融消费者保护方面采取更为严厉的措施。此外,该法案所建立的监管机构可能自行设计标准化的理财产品,并要求金融机构向消费者推介这些标准化的低风险产品。

但是,该法案也有可能存在一些负面影响。比如,过多的干预可能导致金融创新动力被压抑,而金融机构的监管成本大幅增加会大大改变金融服务市场的利润格局,或许会导致金融业萎缩的情况出现,导致金融服务供应量的减少,尤其使得信用等级较低或生活在金融服务利润率较低地区的消费者很难得到良好的信贷服务,并且最终压抑普通公众的消费热情。这次改革将会有何成效仍需进一步观察,但其制度设计确实可为我国金融监管改革提供重要的参考。

2. 欧盟与英国的实践

作为拥有诸多成员国的超国家政治经济实体,欧盟内部金融服务与监管环境极为复杂。为在欧盟一体化市场的框架之中尽最大可能避免各国金融体系与立法差异性对欧盟金融消费者权益保护造成的影响,欧盟层面先后出台了一系列的指令与规定以规范各成员国的金融服务业行为,并授权欧盟委员会的相关部门具体负责消费者保护事宜。

欧盟法律从法律渊源角度分为基础法、派生法、由欧盟及其工作机构制定的内部规范性文件或签订的外部条约和协定以及欧洲法院的司法解释和判例。其中,基础法是指创建欧共体的三个基本条约及其后续条约,派生法主要包括欧盟部长理事会和欧盟委员会的条例、指令、决定以及建议和意见等。在上述法律系统内,欧盟并未针对金融消费者保护出台一部专门性法律,但内容涉及金融服务领域消费者保护的法律规定却是由来已久、内容繁多。如在基础法方面,《马斯特里赫特条约》(1993)申明消费者保护具有欧共体立法权限,而《阿姆斯特丹条约》(1997)则增加了保护个人关于个人数据的处理和自由移动的权利。现在的《欧共体条约》第153条指出,"共同体致力于保护消费者的健康、安全和经济利益,并促使他们获得信息和培训的权利以及保护自身利益的权利",并规定欧盟在制订其他政策时必须将消费者的利益纳入统一的考量。

---

① 参见涂永前:《美国2009年〈个人消费者金融保护署法案〉及其对我国金融监管法制的启示》,载《法律科学》2010年第3期。

作为欧盟法规起草和实施机构,在欧盟委员会中,主要有两个部门的职责涉及消费者保护,即健康和消费者事务总署(Directorate-General for Health and Consumers)与内部市场和服务事务总署(Directorate-General for Internal Market and Services)。这两个机构构成了欧盟金融消费者保护工作部门的主干。鉴于零售金融服务和产品在欧盟居民日常生活中占据的重要地位,欧盟委员会及其下辖机构的工作侧重于改善金融市场基础设施,开展金融消费者教育,提升金融包容性以改善基本金融服务获得途径,建立跨国性的非诉讼纠纷解决机制网络平台。金融危机后,欧盟金融监管当局更加意识到保护金融消费者权益的迫切性和重要性,并在修改相关法规和设立特别机构[1]两方面进行改革。

欧盟试图在国家层面之上建立协调统一的机制,这一尝试有利于实现欧盟金融服务的均衡发展,同时也敦促各国在对金融消费安全进行法律规制时采用较为一致的更高的标准。在欧盟,统一的市场并不意味着统一的监管。由于欧盟成员国金融体系的复杂性,这一尝试将在中短期遇到很大的困难。困难可能存在于欧盟体系与国内体系的对接中,以及如何在各国形态各异的金融服务之间进行衡量与评估以建立较为一致的标准。针对我国各地区金融服务业发展不平衡的态势,欧盟及其各成员国针对其内部市场复杂性所作出的协调可以提供良好的借鉴。欧盟大部分成员国在政府内并未设置专门的金融消费者保护机构,但政府相关部门的职责划分中确实包含了这方面的义务。各成员国均逐步将欧盟层面有关金融消费者保护的指令转化为国内立法,金融消费者保护也更加充分地体现在立法、行政和司法之中。

在金融消费监管理论的发源地英国,其在欧盟体系内建立的金融消费者保护制度又具有鲜明的英国特色。金融服务业是英国的核心产业,其金融消费环境受到的保护力度也明显强于其他国家。1986 年,英国议会通过了《金融服务法》(Financial Service Act,FSA),启动了被称为"金融大爆炸"的改革。这场改革由撒切尔的保守党政府推动,金融消费安全是其设定的金融监管目标之一。该法案的核心内容是:所有提供金融服务的机构和个人必须得到政府的授权,其经营活动也必须在政府的监督下进行。新的体制在放宽对金融机构的融资和信息披露标准的同时,对消费者权益的保护更加严格,强调要建立金融消费者补偿

---

[1] 即在宏观方面成立欧洲系统风险委员会(European Systemic Risk Board,ESRB),以监测整个欧盟范围内的金融系统风险;在微观方面分别成立欧洲银行局(European Banking Authority,EBA)、欧洲保险与职业养老金局(European Insurance and Occupational Pensions Authority,EIOPA)和欧洲证券和市场局(European Securities and Markets Authority,ESMA),以对个别领域进行监管。

救济制度。① 1997年,英国政府成立金融服务监管局(Financial Service Authority, FSA),统一监管英国金融业。FSA是英国整个保护救济机制的监督者和政策制定者,而金融巡视服务有限公司(Financial Ombudsman Service Ltd., FOS)和金融服务赔偿制度有限公司(Financial Services Compensation Scheme Ltd., FSCS)分别是负责保护救济制度执行实施的机构,这样就形成了多层的执行体系。在这一体系下,金融机构被鼓励利用内部客户投诉处理机制解决消费纠纷。FOS通过金融巡视员制度解决金融机构客户投诉处理机制的未决事宜,而FSCS则依照金融服务赔偿制度开展消费纠纷的相关赔偿工作。

然而,英国20世纪90年代以来实行的由英格兰银行、金融服务局和财政部一同负责金融稳定的"三方体制"(the tripartite system)在本轮危机中被证明了其失败之处。该体系既未能及早识别金融体系中的巨大风险,也未能在金融危机前采取有效措施控制风险,更未能在危机的早期采取有效应对措施。其原因在于,金融服务局一向采取宽松的监管政策;英格兰银行虽然在名义上对金融稳定负责,却不具有能够有效地维护金融稳定的手段;财政部虽然负责维护金融体系的法律和制度框架,却不具有应对危机所需的明确职能。

为解决以上问题,卡梅伦政府于2010年提出了金融监管改革方案,主要的改革措施包括:

(1)废除金融服务局,将其职能交由英格兰银行下新设立的审慎监管署(Prudential Regulation Authority, PRA)负责。这使审慎监管职能集中于央行,以消除职责不清的问题。

(2)成立消费者保护与市场署(Consumer Protection and Markets Authority),专门负责金融消费者保护和金融机构商业行为监管,以改变消费者保护与审慎监管职能混同的问题。

(3)明确授权英格兰银行进行宏观审慎监管,并在其董事会内设立金融政策委员会,新成立的消费者保护与市场署署长为其当然成员。②

在英国,金融消费保护制度形成了一个有机整体,其多层次的机制设计可以提供良好的监管和有效的救济,实现与审慎监管机构间良好的配合和补充,并有利于维护消费者对金融体系的信心。同时,英国市场化的纠纷解决和救济机制,不同于通过"救市"挽救"大而不倒"的金融机构以控制损失的美国模式,更加维护了市场公平原则,使得金融机构这一受益者承担其应有的风险。

---

① 参见中国人民银行西安分行课题组:《金融消费者保护:理论研究与实践探索》,经济科学出版社2011年版,第58页。
② 参见李景农:《英国金融监管改革及立法最新动态》,载《金融发展评论》2011年第1期。

3. 日本的实践

自1996年桥本内阁效仿英国"金融大爆炸"进行改革以来,针对金融消费者受到侵害的现实问题,为强化金融消费者的保护并促进金融创新,在主要借鉴英国《金融服务及市场法》的基础上,日本开始结束"保驾护航"式的监管时代,① 逐步建立起一套能够有效保护金融消费安全的金融管制法律体系。在这一体系内,"诸如金融机构的说明义务、适合性规则、民事赔偿责任等规则被纳入立法,消费者合同法、消费者信用法以及金融服务法三类立法中的金融消费者保护规则得到加强和整合"。其主要立法内容包括:制定《金融商品销售法》,以及对《分期付款销售法》等消费信用立法进行修订。在金融业跨业经营普遍化的现实中,为尽量统筹各种金融业务的法律规范以使其受到统一的监管,日本制定了整合金融法律的计划。改革的目标有三:一是加强对投资人的保护以强化市场信心,二是鼓励国民将更多资金投向投资领域,三是建构符合国际趋势的金融体系。

日本是成功移植外国法为己用的典型。在其立法中,日本吸收了来自多个国家的良法,并加以改进。例如,在2006年《金融商品交易法》中,采纳了美国法例中将金融顾客区分为专家与业余人士的做法,对前者与金融机构间的交易不作过多干预,从而促进了资金融通;而对后者给予倾斜型的保护,从而保证了交易双方的公平。通过整合各方面的立法成果,并且针对本国情况进行充分的修改和制度创新,日本已经开始建立较为完备的金融消费法律体系,并将在未来一段时期内真正实现金融消费法律的统一化和系统化。我国当前的金融体系与日本金融改革前有诸多相似之处,如国内经济发展对信贷的依赖性较强,不良贷款问题严重;国内资本市场不发达,储蓄率较高;银行业、证券业和保险业分业经营;本币升值压力巨大;政府对企业行政干预过多,金融业自主性差;忽视金融机构民事责任和消费者保护。

(三) 我国规制现状

法律手段规制包括正式法律规制和准法律(行政规章)规制两种。我国金融消费安全保护的主要法律依据包括《消费者权益保护法》《合同法》等法律法规以及《商业银行法》《证券法》等相关金融专业法律法规,对争议的解决主要以非诉讼解决方式和民事诉讼为主。中央银行及银监会、证监会和保监会也已经开始在各自职权内对金融消费安全进行关注并做了大量工作,金融机构也更重视金融消费者保护的问题,大部分投诉能得到及时处理。

---

① 参见何颖:《金融消费者权益保护制度论》,北京大学出版社2009年版,第54页。

当前我国金融立法体现了分业经营的原则，这一状况对金融消费安全法律的形态有着重要影响。对金融机构业务的规制始于美国，这种传统的方式可以有效地减少金融体系中的风险，并且易于监管。我国在1995年开始实施分业经营改革时，美国的分业经营体制也是参照对象。在传统的金融业务中，分业经营体制可以使金融产品简单化，资金流向透明度也能得到更好的保证，风险较低且易于监管。在当前金融业混合业务快速发展的情况下，多元化的金融创新改变了传统的金融运作模式。发生在银行业、保险业、证券业之间的诸多业务彼此渗透，使分业监管的成本增加、效率降低，监管者与被监管者之间更容易产生争议。复杂的监管制度之间的漏洞更难以修补，往往能让投机者有机可乘，从而严重影响到金融消费者的权益。多个监管机构并存，也使每家机构缺乏足够的权威。当一家金融机构发生危机而需要解救时，监管部门难以迅速地协调行动，进而威胁到金融系统整体的稳定。通过强化投资者保护规则，扩大和完善现有的金融法律框架，使具备相同功能的金融产品适用相同的规则，使消费者事先可以获得明确的法律规则以保护自己的权利。

从银行、证券和保险三大行业来看，银行业和保险业领域内侵害消费者权益的情况较多，主要存在的问题包括：风险信息披露不充分、对收益率的过分夸大、不公平合约和搭售、产品安全性缺陷、诱导行为、泄露个人信息等。从金融消费者权利受害的角度来看，知情权、自主选择权、公平交易权、人格尊严和隐私权等皆容易遭受侵犯，最终将导致消费者资产受损，甚至身心受到伤害。我国金融消费安全领域存在的主要问题包括：(1) 在立法指导思想中侧重于金融机构安全与效益而忽视金融消费安全，且未将维护金融安全与消费者权益相联系；(2) 尚未设立明确的保护机构，以统一的模式对金融消费安全进行规制；(3) 尚未在具体立法和政策层面上形成金融消费者保护概念并建立制度，使得信息披露和实际监管均有不足；(4) 金融服务机构仍不发达，相关法律法规和政策仍然缺乏，金融机构和金融商品品种选择余地较小的状况使得该领域缺乏竞争，服务意愿不足；(5) 在自律管理方面，依靠金融机构自身的纠纷解决机制的渠道有限，且第三方组织介入困难。[①] 应当在借鉴发达经济体对金融消费安全进行规制方式的同时紧密联系我国客观情况，加快建立金融消费安全法律规制体系，维护好金融消费安全。

我国需要在基本立法层面进行调整，辅以行政法规和规章等制度文件，以建构金融消费安全立法规制的体系。在118个有消费者保护立法的经济体中，

[①] 参见中国人民银行西安分行课题组：《金融消费者保护：理论研究与实践探索》，经济科学出版社2011年版，第61—62页。

48%的经济体既有专门的消费者保护立法,又有金融部门法律框架内的相关立法。[1] 为满足金融消费者权益保护的复杂需求,仍需要制定独立于现行《消费者权益保护法》、专门针对金融消费安全的法律,以使得对金融消费者的保护具有更加统一有效的模式。由于涉及金融领域的消费者保护具有的专业性是普通的消费者保护机构难以达到的,金融消费安全的相关立法可以基于现有的金融立法体系进行建构。为此,应在监管和非诉讼争议解决方面突出金融监管当局的作用,而在诉讼方面仍宜采用已经较为成熟的民事方式解决。由于当前大多数金融消费者保护立法是在最近20年内出台的,随着金融领域的发展,这些法律也需要不断地修订,而且应当允许金融监管当局在制定配套的部门规章则时具有一定的自主权。

二、在线金融服务风险

(一) 网络银行

商业银行在过去三十多年发生了显著变化,消费者现在在家就可以进行各种金融交易,所要做的就是打开计算机并上网。但是,网上银行产生了个人隐私泄露的风险。因此,消费者要求金融机构采取现实的安全措施,以保护个人金融信息。网络银行作为一种迅速发展的技术已被许多银行运用。事实上,许多居民区和商业银行为了满足消费者需求并保持其竞争力,必须提供这种服务。网络银行最大的优势在于能够在线支付各种账单,另一个优势是消费者能在任何地方(只要有一台计算机并能连接网络)随时从事银行业务。但是,网络银行也有不利之处:一方面,消费者必须了解网络银行的特征,确保自己知道按哪个键执行某项特定任务;另一方面,消费者使用网络银行要暴露大量个人身份和金融信息,这就增加了个人隐私和金融安全的风险。

(二) 链接第三方网站

作为增加客户便利的方式,一些银行提供在线商人、零售商、旅游服务机构和其他非金融机构的网址链接。但是,银行并不保证提供产品和服务的公司网站的安全性,也不会承担任何法律责任。与银行提供的网站相比,第三方网站可能有不同的隐私权保护政策和更加严格管理网站的安全标准。更重要的是,链

---

[1] 参见中国人民银行西安分行课题组:《金融消费者保护:理论研究与实践探索》,经济科学出版社2011年版,第211页。

接银行网站的非金融机构网站没有美国联邦储蓄保险公司的担保。

三、规制目标

金融消费安全关乎国计民生和国家金融安全,应通过法律方式对金融消费安全进行规制,建立一个协调统一的消费安全保护机制,使金融消费者权益受到更加高效和完善的保护,并促进宏观经济安全,更好地发展现代金融业。

(一)促进金融产品与相关信息的透明化

在金融理论中,有效市场假说认为,金融产品的价格和条款包括了所需的所有信息,人们可以基于这些信息进行理性的判断。这一基于理性人假说的理论存在严重缺陷。人们并非总是基于理性进行投资,个人偏好、获得信息不充分以及大量的认知偏差是原因所在。第一,市场中存在大量信息,而投资者在短期内无法获得所有相关信息并进行有效分析;第二,发掘已存在但未公布的信息存在一定的智力上和经济上的成本,对于投资者而言,无论是个体还是机构,都可能因为其预期的不经济而放弃发掘;第三,信息可能前后矛盾,被夸大或贬抑,甚至是伪造的。由于现有的体系大多基于理性投资者的有效市场假说而形成,因此必然无法有效克服信息缺陷所带来的非理性交易。

现代金融服务市场中,存在大量的因为信息不对称,或者上述情况下实质上的信息或认知不对称,而有损金融消费安全的行为。本轮金融危机中,美国针对次级客户推出的诸多可调整利率的抵押贷款使资信水平较低的借款人可以初期较低的利率借款,并得以购买住房。但是,这一证券化产品背后复杂且缺乏透明度的运作,以及对于数学模型的依赖,使得人们甚至专业机构对此盲目乐观,并在一定程度上引发了大量潜在不良贷款的出现和房地产及证券市场泡沫的膨胀。然而,这一产品往往在费用和条款方面暗藏玄机,其条款内不乏提前还款罚金和搭售行为,实际上并未真正消除对次级借款人的歧视,更成为本轮金融危机的导火索。

(二)促进金融服务中的反歧视

金融服务中的歧视,是指采用不正当、不透明的标准,使得具有消费需求的金融消费者受到不公正的待遇,阻碍了他们满足金融服务需求的可能。这种歧视常见于信贷业务之中。由于市场失灵以及社会中的一些偏见,贷款机构往往对中低收入社区和借款人的信贷申请产生歧视,他们或者被迫承受更高的利率,或者难以获得充分的贷款。在我国,虽然较密集的信用社网络和民间信贷机构的扩张在一定程度上解决了中小规模信贷存在的问题,但大型金融机构中仍然存在中小规模借款人难以取得贷款,而信贷余额大量流入政府融资平台及大型企业尤其是国有企业的状况。在县域和中西部地区,大量的存款被用于向发达地区发放贷款,而非支持本地信贷需求。因此,有必要通过立法和政策方式,促进信贷供应向欠发达地区和中小借款人倾斜。

美国《社区再投资法》通过立法确认符合一定条件的金融机构有持续和不可推卸的责任,满足经营所在社区,特别是中低收入居民和中小企业的信贷需求,并确保其有效性和可得性。在我国,可要求县域金融机构将更多存款用于本地的信贷投放,并通过制度进行鼓励。通过立法和政策性指引,可有效地解决我国农村地区、中西部地区存款资金外流、中小企业融资难等问题,真正改善县域、中小企业和"三农"的金融服务状态。除了信贷供应外,在其他金融服务合同中,如保险合同等,也存在以不正当原因对消费者进行区别对待的歧视现象,如规定更加严苛的条件以及更加高昂的费用。同时,同一金融机构在不同地区的分支机构为同样的服务所索取的费用差异较大的状况也广泛存在。这些都可能造成金融消费歧视。为促进国民获得金融服务的平等权益,应当通过法律手段,确定金融机构有持续和责无旁贷的义务促进基础金融服务均等化,减少歧视,以促进金融消费的稳健发展,保证消费者获得金融服务的权利。

(三)促进审慎监管和金融消费安全目标的协调

我国现有的金融法律及其相关的法律多着重于对金融风险的控制,而对金融消费安全则很少涉及。在"双峰监管"理念提出之后,各国形成的制度基本上都试图在促进金融业发展和金融消费者保护之间实现平衡。这种平衡应在为金融机构设置充分而合理义务的基础上实现。如果过分忽视消费者的利益,会使得金融机构难以健康有序地发展;若课以过重的义务,则会增加金融机构的成本,使得金融机构丧失金融创新、扩展金融服务的动力。

在英国"金融大爆炸"之后,各国均试图使金融消费者保护与审慎监管的职能互相协调,并为此进行了针对监管机构的改革。一些国家将金融消费者保护置于金融审慎监管机构内部,如金融危机前的英国和美国;另一些国家则建立了独立的机构,负责金融消费者保护,如澳大利亚。其中,金融消费者保护机构的独立与双峰监管存在一定的联系,并且成为2008年金融危机后主要经济体改革的方向。英国经济学家迈克尔·泰勒(Michael Taylor)在其1995年发表的《双峰:新世纪的监管框架》(Twin Peaks: A Regulatory Structure for the New Century)

中提出的"双峰监管理论"①可以避免英美等国实践中产生的两种监管目标的冲突。正如泰勒曾经指出的那样,监管机构如果有太多不同的任务和目标,就容易将事情做糟。双峰监管体系的应用时间仍然较短,改革的效果有待观察。要在审慎监管和金融消费安全两个目标之间实现平衡,仍需更多的研究和实践。

四、规制变革

(一) 金融消费监管的路径选择

发达经济体在实践中主要有两种路径:

第一,将金融消费保护职能置于审慎监管机构内部,将消费者保护作为监管目标。2009年金融监管改革之前的美国和英国就采取此种模式。在本轮危机爆发之前,美国金融消费安全的联邦监管体系主要由联邦储备委员会、货币监理署、联邦存款保险公司等六家机构组成,消费者保护是这些机构的核心任务之一。联邦存款类监管机构一般将消费者保护的合规监督与存款类金融机构的安全和审慎监管以及其他监管目标统一考虑,认为消费者保护与安全和审慎监管之间具有相互促进和强化的关系。例如,审慎监管试图使金融机构具有充足的准备金和加入存款保险计划以备特需,而金融消费者保护也需要通过这些制度减少金融机构倒闭可能带来的损失。在英国,金融服务局也对所有金融机构采取统一监管的模式,其监管目标包括维护金融市场信心、提高金融安全意识、保护金融消费者权益、打击金融违法犯罪。这种统一监管的模式,有利于实现各种监管目标的协调,同时减少了监管机构的数量,节约了金融机构接受监管所带来的成本。但是,当面对的问题较为复杂时,在各个监管目标之间实现平衡是相当困难的。监管机构往往在权衡中忽视金融消费安全保障的重要性,而更加关注审慎监管;或者恰恰相反,过分关注频繁的金融消费纠纷,而忽视了审慎监管。如1995年,英国巴林银行因其新加坡分行投资业务失控,出现数亿英镑的损失而宣告破产。事件发生后,金融衍生品的高风险被广泛认识,英国舆论纷纷指责监管机构监管不力。负有监管职责的英格兰银行也饱受诟病,其中主要的质疑来自于其货币政策与金融监管双重职能是否能够得到妥善协调。② 事实上,英

---

① 迈克尔·泰勒认为,金融监管存在两个目标:一是审慎监管,旨在维护金融机构稳健经营和金融体系的稳定,防止发生系统性风险或市场崩溃;二是保护消费者权利,通过对金融机构经营行为的监管,防止和减少消费者受到欺诈或其他不公平待遇。

② 参见李沛:《金融危机后英国金融消费者保护机制的演变及对我国的启示》,载《清华大学学报(哲学社会科学版)》2011年第3期。

格兰银行主要关注货币政策的稳定,客观上确实存在只注意货币政策而忽视加强金融业务监管的可能。尤其当货币政策与银行的流动性需求目标之间产生冲突时,这种问题更为突出。

第二,金融消费者保护机构与审慎监管机构分立。这是主要经济体在金融消费者保护方面的另一种路径。采用这一模式的国家包括澳大利亚、加拿大等,以及《多德—弗兰克法案》通过后的美国。英国也正在推进这一改革。这一模式基于"双峰监管理论"。根据该理论,一国应建立单一的审慎监管机构(金融稳定委员会)和单一业务金融监管机构(金融消费者保护委员会)。审慎监管机构运用审慎方法,确保金融系统的健全、金融机构资本充足以及进行风险控制;单一业务金融监管机构的职能重点在于,运用规则体系规范金融服务并保护消费者的权益,防止金融消费者受到欺诈或遭受不公平待遇。泰勒认为,在现代金融体系中,传统的银行业、证券业和保险业分离的时代已经不复存在,监管机制应当随之改变。每个监管机构都应有清晰的授权和单一的监管目标。系统重要性机构如何监管、由谁监管是一个硬币的两面,而非孤立的问题。① 审慎监管与消费者保护职能的联合导致严重危机的爆发这一事实已经证明,监管机构难以应付复杂的、冲突的监管目标。

美国金融消费者保护局是依据《多德—弗兰克法案》设立的综合性金融消费者保护规制机构,承担金融消费者保护的单一职责。《多德—弗兰克法案》规定了金融消费者保护局的规制目标:连续稳定实施、运用、执行联邦金融消费者保护法,确保实现所有消费者都能获得金融产品和服务的目标,保证市场上提供的消费者金融产品和服务是公平的、透明的、竞争性的。金融消费者保护局为了实现适当的金融规制目标,可以制定、解释法律,颁发命令和指南;适用法律规制属于不公平和欺诈性的金融产品或服务;有权制定法令,要求金融服务产品实行强制性信息披露。金融消费者保护局存在于联邦储备系统中,但是联邦储备委员会无权停止、拖延或不同意金融消费者保护局的规制政策。金融消费者保护局有大规模财政预算,开始阶段的预算经费为联邦储备系统总运行预算费用的10%。金融消费者保护局有权监管下列消费者事项:吸收存款、抵押、信用卡、延长信贷、贷款业务、贷款担保、消费者报告数据收集、讨债、房地产结算、资金转账、金融数据处理。金融消费者保护局将重点监管资产超过100亿美元的储蓄机构。金融消费者保护局依照金融消费者保护法律授权,享有广泛的监管、执行和法令制定权。《多德—弗兰克法案》授权金融消费者保护局制定法令,明确宣

---

① 参见中国人民银行西安分行课题组:《金融消费者保护:理论研究与实践探索》,经济科学出版社2011年版,第21—22页。

布某些消费者金融产品或服务的运作过程是不公平的或是违法的。金融消费者保护局也有权解释消费者金融产品和服务的信息披露要求。美国联邦储备委员会在消费者法律领域承担许多责任,其主要职责包括颁布、解释、执行消费者规制法律和确保银行遵守法律规制。《多德—弗兰克法案》将许多规则制定权从美国联邦储备委员会转移给金融消费者保护局。①

金融消费者保护的具体路径与各国国情有一定的联系。但是,总体而言,设立独立的金融消费者保护机构以实现消费者保护职能与审慎监管分离是近期的发展趋势。通过对我国金融体系的了解以及对各国实践的研究,可以认为,在我国现行的体系之中,也应以建立独立的金融消费安全保护机构为宜。我国金融机构多为20世纪80年代金融改革时设立的,主要的金融机构,如四大专业银行和中国人民保险公司,虽经过股份制改革,但仍具有鲜明的国有、国有控股性质。其中部分金融机构,如各地的城市商业银行,是从现有监管机构脱钩成立的。当地监管机构在实际操作中可能会倾向于保护金融机构,而忽略消费者诉求。在我国,从总体上看,虽然尚无专门的金融消费者保护立法和争端解决机制,但金融消费者保护的诸多内容已经体现在现有立法和监管部门设立的规章及其工作机制中。中央银行和三大监管机构也通过接受信访等形式接受投诉,并在其职能范围内设立消费安全保护的工作部门和工作机制。但是,这些对于金融消费安全的保障而言明显不足。

1. 设立单一的金融消费安全规制机构

在分业体制尚未得到改变的状况下,可在完善目前"一行三会"在金融消费安全方面分工合作的格局的基础上,在中央银行内设立独立的金融消费者保护局,作为统一监管机构,专门承担保护金融消费安全的职能;而在三家监管机构内设立独立运作的相应的专门性消费者保护部门,在金融消费者保护局的协调下,负责相关专业领域金融消费安全的规制工作。应在"一局三署"的格局下形成总分结合的系统性的消费者保护监管机制,纳入持续的监管框架。这样,既可以充分利用现有"一行三会"的分支机构网络,对基层金融机构进行充分的监督;又可以有效地减少机关规模,防止因金融机构监管成本攀升,阻碍刚刚起步的中小金融机构发展。针对审慎监管与金融消费者保护的目标冲突,需要强化这些专门机构的独立性,并在金融改革完成后使这些机构改组为统一的独立监管机构,以专门实现对金融消费安全的统合监管。

---

① See Lee F. Peoples, Legal Research Guides Consumer Law, Buffalo, New York: William S. Hein & Co., Inc., 2012, pp.35—51.

2. 设立多层次的执行机构

应以金融消费者保护局作为整个保护和救济体制的政策制定者和监管者,在此体系下设立金融监督服务机构、存款保险和金融服务赔偿机制,并促进和要求金融业者在内部解决争议和进行更加严格的集体自律。金融机构应当被要求利用内部客户投诉机制解决纠纷。由于金融机构是金融消费活动的直接参与者,由其自身受理投诉有着极强的便利性,且其具备赖以解决纠纷的较强的专业信息和充分的交易资料。同时,内部受理机制可以将信息以更加快捷的方式反馈到业务部门,促进其业务改进。金融机构必须建立自律机制和客户投诉处理机制,并尽可能地将纠纷在内部解决。这种解决应当包括对消费者的赔偿,且条款应当接受监管机构和第三方机构(如同业协会)的审查。在金融机构内部无法解决的情况下,方提交监管机构解决。金融监督服务机构将是一个会员制组织,对会员金融机构的产品和服务是否合规进行审查,并解决相关争议。作为诉讼的替代机制,争议的解决以ADR(Alternative Dispute Resolution)方式进行,且不排斥诉讼。金融监督服务机构将担负为公众和会员提供相关的资讯和教育服务的职能。

(二) 金融消费者争议解决机制创新

受"双峰监管理论"和英国金融巡视员制度的影响,在澳大利亚,银行和金融服务督察机构、金融行业申诉服务机构和保险督察服务机构于2008年合并为金融督查服务署(Financial Ombudsman Service)。这是一个独立的争议解决机构,由澳大利亚证券和投资委员会批准成立。目前,建有金融服务督察机构的国家有英国、澳大利亚、爱尔兰等。金融服务督察机构并非消费者组织或金融业的自律机构,而类似于仲裁机构。它与仲裁机构不同的是:其一,金融消费者向金融服务督察机构投诉,无须事先的协议,被投诉机构事先加入金融服务督察计划即可,而加入金融服务督察计划在一定程度上成为金融机构提高消费者信心的标志;其二,在金融督察服务中,消费者有权投诉,金融机构无权投诉;其三,在金融督察服务中,如果对裁决不服,仍可向法院起诉。① 因此,可以认为金融督察服务是一种替代性的争议解决制度。这种同时具有灵活性和权威性的制度在我国非常缺乏,值得我们借鉴。

(三) 在线金融服务的安全保障规制

如果银行网站不安全,身份窃贼(具有电脑知识的黑客)可以通过银行网站

---

① 参见邢会强:《澳大利亚金融服务督察机制及其对消费者的保护》,载《金融论坛》2009年第7期。

获得个人信息。由于网络银行涉及大量消费者个人身份和金融信息,因此银行应当认真选择和研发合适的软件系统,使用安全网络服务器处理客户的银行交易。《金融服务现代化法案》(GLBA)于 1999 年 12 月 12 日由克林顿签署而成为法律,它赋予消费者保护个人金融信息的权利。这部法案的内容主要包括:客户个人信息的收集、披露、保护;金融隐私权规则;安全保护规则等。

依据《金融服务现代化法案》,安全保障规则由 FTC 负责实施,FTC 要求金融机构有一个安全保证计划,保障消费者个人信息的完整性和机密性。《多德—弗兰克法案》增加金融消费者保护局作为有权实施《金融服务现代化法案》和相关规制法令的执法机构。金融保障规制应用于所有金融企业,不管规模大小,只要其金融企业显著从事提供消费者金融产品或服务的业务,包括支票兑现业务、数据处理、抵押经纪、非银行贷款、个人财产或房地产评估、个人税收准备金、快递服务和零售业务。金融保障规制也适用于金融公司,例如信用报告机构和 ATM 运营商,它们接收其他金融机构客户的信息。此外,金融公司要发展自己的安全保障系统,采取措施确保其附属机构和服务提供者能在经营范围内保障客户信息。对客户信息管理不善会导致身份窃贼盗取消费者个人身份信息,将其用于非法目的,例如开设新的虚假赊欠账户、采购商品或借贷。安全保障规则要求金融机构形成一份书面的安全保障计划,说明如何保障客户信息安全。计划书必须符合金融机构规模、复杂性、金融活动的性质和范围、处理客户信息的敏感程度。作为安全保障计划的一部分,每个金融机构必须:指定一个或多个职员协调安全保障工作;识别和评价公司运作每个领域的客户信息的风险,评价当前控制这些风险的安全保障工作的效率;设计和实施一份安全保障计划,并经常对之进行监控和测试;选择合适的服务提供者,并和他们合作实施安全保障计划;按照相关环境评价并调整安全保障计划,包括改变公司商业安排和运作模式,或者改变安全保障计划测试和监控的结果。同样地,一个金融企业可能指定一个职员协调安全保障计划,或者可能让几个职员共同负责这项工作。当一个公司实施安全保障计划时,安全保障法律要求它考虑到公司业务运行的所有领域,其中以下三个领域对于信息安全是特别重要的:职员管理和培训、信息系统、管理系统失灵。

(四)存款保险和金融服务赔偿机制

随着大量中小金融机构的建立,我国当前已经开始酝酿建立存款保险制度。建立存款保险和金融服务赔偿机制,可以有效提高社会公众对金融体系的信心,改善金融体系的稳定性;防止挤兑,维持正常的金融秩序;促进金融业适度竞争和淘汰,为公众提供质优价廉的服务。该机制可以通过对有问题的金融机构提供担保、补贴或融资支持等方式对其进行挽救,或促使其被实力较强的银行兼并,以减少损失。应当要求金融机构,尤其是中小规模存款类金融机构购买存款保险,并在金融服务赔偿机构开立储备金账户。在具体的制度建构中,赔偿的范围和额度应当受到一定的限制,并以保障基础金融服务和其他更加关系民生的业务的金融消费者为主,从而确保该项基金的保障性和可延续性。当金融机构停止业务或面临索偿而处于资不抵债的状况时,由存款保险机构和金融服务赔偿机构代为向特定的债权人偿付,并获得债权进行追偿。这一制度的设立可在一定范围内减少金融机构,尤其是中小规模金融机构消费者面临的风险,提高其信用水平,有效地保护金融消费安全。

五、组合运用规制工具

行政规制(信息规制)和司法规制(侵权法规制、消费者契约规制)的优势可以实现互补,因而联合使用两者才是最优的选择。行政规制机关在信息方面的缺陷可以通过司法规制加以弥补,因为私人诉讼的当事人掌握着更多的信息;行政规制的运行成本高昂,而侵权法规制、消费者契约规制及消费者私人诉讼具有自我实施的特点,诉讼当事人有充分的动力将私人诉讼的成本降至最低;司法规制工具存在的激励不足(履行差错现象①)、被告责任财产不足以及逃避追诉的问题,可以通过事前行政规制加以弥补。美国金融消费者保护局为实现金融消费安全规制目标,拥有广泛的规制工具,包括监管、制定法令、执行法令和进行消费者教育。

(一) 信息规制

1. 金融机构强制性信息披露义务

我国现行立法中,《消费者权益保护法》第 19 条规定了经营者的说明义务。《商业银行法》除了第 31 条规定商业银行应当向顾客公告存贷款利率,第 49 条

---

① "履行差错"是经济学上的概念。假设福特公司的平托汽车造成了 N 个消费者损害,在这些消费者中,每 2 个只有 1 个提起诉讼并索赔,那么得到补偿的受害者在全部受害者中的比例——在本例中为 1/2——就称为"履行差错"。由于消费者权益受损的"小额多数被害"特点,一般消费者在消费维权类案件中,在诉讼能力上明显处于弱势地位。消费者权益如果通过普通诉讼程序加以解决,个体消费者支付的律师费或诉讼费用常常超过消费者有可能获得的损害赔偿,还要付出大量的时间与精力的成本,使消费者得不偿失且精疲力竭。因此,许多消费者越来越具有"经济人"特性,不会通过司法途径救济自己权利。许多消费者都有"搭便车"的心理,使"履行差错"现象普遍存在,经营者因此能够获得巨额的非法利润。

要求商业银行公告营业时间之外,没有任何关于说明义务的规定。① 2009 年实行的新《保险法》加强了对投保人和受益人合法权益的保护规则,在第 17 条中强化了说明义务,但由于全面坚持免责条款,即不说明则不生效或对消费者提供过度保护而受到来自保险业的争议。② 相比较而言,《证券法》详尽规定了发行人、上市公司的持续信息披露公开规则。需要明确的是,这些规定仅为金融服务商对监管机构的行政性义务,而非支持民事赔偿的依据。

在我国"一行三会"体系内,现行金融监管文件中有关金融机构说明义务的规定已属常见。就可获得性而言,这些规定大多包括了书面交付和风险提示的要求,但是对信息针对性没有进一步提出明确的要求,因此导致了公开的信息缺乏实用性和关联度的状况。在今后的立法过程中,应加入对信息披露针对性的要求,如:(1) 告知金融商品相关风险,如要求风险提示应当充分、清晰、准确、及时,确保客户能够正确理解风险揭示的内容;(2) 揭示金融商品的基本内容,如资金的投资方向、品种、比例,投资者权益和收益状况,以及有影响的重大事件;(3) 充分说明金融商品的免责事由。③ 美国金融消费者保护局强调金融交易的透明度,要求金融产品或服务提供者简化信息披露方式,使借款者能有更多机会实质上理解承付款项的价格和风险。完整和简化的信息披露方式也能减轻贷款方、中介方和结算机构(许多是小公司)的负担,它们有义务向消费者提供信息。金融消费者保护局正致力于要求抵押贷款服务信息更加透明。例如,要求金融服务提供者告知借款者更多信息,比如每月应还多少钱,并提醒消费者注意可调整支付利率是会改变的。

对于适度营销与劝诱规制,我国现有法律法规并未进行调整,仅在行政规章层面有少量涉及。如 2005 年银监会《商业银行个人理财业务管理暂行办法》中,要求商业银行在推介投资产品时,"了解客户的风险偏好、风险认知能力和承受能力,评估客户的财务状况,提供合适的投资产品由客户自主选择,并应向客户解释相关投资工具的运作市场及方式,揭示相关风险"。适合度规则要求金融业者与客户进行交易的时候,让客户填一些表格,里面会记载客户大概有多

---

① 《商业银行法》第 31 条规定:"商业银行应当按照中国人民银行规定的存款利率的上下限,确定存款利率,并予以公告。"第 49 条规定:"商业银行的营业时间应当方便客户,并予以公告。商业银行应当在公告的营业时间内营业,不得擅自停止营业或者缩短营业时间。"

② 《保险法》第 17 条规定:"订立保险合同,采用保险人提供的格式条款的,保险人向投保人提供的投保单应当附格式条款,保险人应当向投保人说明合同的内容。对保险合同中免除保险人责任的条款,保险人在订立合同时应当在投保单、保险单或者其他保险凭证上作出足以引起投保人注意的提示,并对该条款的内容以书面或者口头形式向投保人作出明确说明;未作提示或者明确说明的,该条款不产生效力。"

③ 参见何颖:《金融消费者权益保护制度论》,北京大学出版社 2009 年版,第 171—173 页。

大的承担力,有多少资产,其希望追求的是稳健、保本的商品还是风险相对大一点的商品。我国在进一步对金融消费安全进行法律规制时,需要在一定程度上和范围内对金融商品与相关信息进行强制透明化处理,确保其资本运作机制、金融机构与消费者关系、风险测试与警示等信息以及金融机构与其代理商的详细资质信息的可得性与易得性,并要求金融服务商采用定期报告与特别报告相结合的动态披露方式。需要注意金融消费者的知识结构、主观愿望、财产状况的个体性差异,通过问卷调查、交易历史统计等方式将金融消费者区分为保守型、稳健型和积极型,并有针对性地给予相应的教育和咨询方面的支持。保守型金融消费者不要求很高的获利,只要求本钱不会有所损失。积极型金融消费者希望追求比较高的风险,愿意追求比较高的利率。各个银行、金融业者还可以进行更细的区分。适合度规则在法律实施中很重要。例如,银行把15年到期的投资性商品卖给已经80岁的人,那这个80岁的人可能没有办法享受他的投资利益。显然,这是违反适合度规则的。

2. 消费者金融教育

金融教育是金融消费者保护的重要组成部分,是维护消费者权益的基础性工作。随着全球金融市场的发展,在复杂的金融环境下,公众的金融知识水平普遍不高,如何使公众得到公平充分的金融教育、促进其福利已经得到了广泛的重视。经济合作与发展组织(OECD)曾在2005年指出,导致金融教育的重要性大增的原因有:(1)科技与电信业快速发展、金融自由化程度和市场开放性提高以及成本降低带来的创新浪潮;(2)金融市场快速发展,消费者难以理解金融产品的具体内涵,增加了选择的困难度;(3)战后"婴儿潮一代"逐步退休,而少子化趋势明显增加了劳动者的财务负担;(4)"福利国家"政策被放弃,新的退休制度将更多压力由雇主转移到雇员身上,也增加了退休计划的风险;(5)各国消费者金融知识水平普遍较低,无法理解合约,也难以作出充分的风险判断,这一问题尤其在受教育程度较低的人群中更为严重。[①]

监管机构应当更加重视金融消费者教育,尤其是针对青少年的教育,审慎规划各种金融教育课程,将其纳入国民基本教育体系并进行教师培训。通过联合学校、社区和社团,建设网站,举办各种模拟交易活动和竞赛,积极扩大金融教育的受众面,尤其是对特殊人群进行特别的金融教育。包括政府在内的公共机构应当对此予以坚定支持,并重视金融教育的相关研究工作和成效评估。同时,监管机构和金融机构应当重视对其内部工作人员的金融教育,以促进员工自身

---

① 参见中国人民银行西安分行课题组:《金融消费者保护:理论研究与实践探索》,经济科学出版社2011年版,第100页。

形成较好的金融知识素养。这既是有效保护金融消费安全的重要手段,也可发挥一定的带动作用,促使更多民众接受金融教育。

(二)契约规制:格式条款规制和金融消费者反悔权

我国《消费者权益保护法》规定了对消费格式条款的法律规制。经营者使用格式条款,应当以显著方式提醒消费者,写明商品或者服务的数量和质量、价款或者费用等内容。经营者不得以格式条款等方式作出排除或者限制消费者权利、减轻或者免除经营者责任、加重消费者责任等对消费者不公平、不合理的规定。

我国消费者退货权利的法律规定主要指《消费者权益保护法》和《产品质量法》中的部分规则以及"三包规定"。但是,这些规则均基于商品出现性能缺陷的情况,并未体现对消费者反悔权的倾斜保护,而仍属于合同和产品质量领域规则的运用。直到 2005 年《直销管理条例》出台,"冷静期"(反悔权)的概念才首次出现在行政法规之中,但其内容仍过于简单,对很多实务中的细节没有进行充分的规定。2013 年修订后的《消费者权益保护法》赋予了消费者网购的七天反悔权。

消费者反悔权(冷静期制度)并不能适用于所有的消费者合同。消费者反悔权主要是为了避免消费者在受到不当引诱之下实施冲动购买行为,导致其合法权益受损,在国外一般适用于标的额较大的消费信用交易、访问销售、网络销售。这些方式被法国学者热拉尔·卡称为"销售的进攻型方式"。为了保护被访消费者的利益,法国于 1972 年作了两项重要规定:第一,经上门推销后签订的合同必须附有一份书面材料,以明了的方式说明供货商和推销员的身份、签约地点、被推荐商品或提供服务的性质和性能。第二,也是主要的,该国法律规定:"自订货或同意购买后七天内,包括节假日,顾客有权通过挂号信寄回回执,取消订货或毁约。合同中所有有关顾客放弃上述权利的条款都一律无效。"此外,法律还禁止在思考期限前收取全部或部分付款。① 针对金融产品的复杂性,我国有必要也通过赋予消费者反悔权,减少和避免消费者由于冲动消费和盲目投资行为而造成的损失。目前,除保险业监管规范中有少量关于冷静期的规则外,我国消费金融领域尚未有冷静期的规定。2000 年保监会发布的《关于规范人身保险经营行为有关问题的通知》在第三章中首次提及"犹豫期"规则,并进行了较为详细的规定。这一经验应被推广至金融消费立法中。应加快我国立法中包括金融服务在内的各种消费行为中冷静期规则的设立,尤其在诸如金融服务等复

---

① 参见〔法〕热拉尔·卡:《消费者权益保护》,姜依群译,商务印书馆 1997 年版,第 26—27 页。

杂商品交易中通过引入该制度保障消费安全。

(三) 司法规制

1. 美国金融消费者隐私权保护规则

《金融服务现代化法案》中的金融隐私权规则已被编在美国法典 15U. S. C. 6801—6809 条中,副标题是"披露非公开个人信息"。金融隐私权规制适用于所有在联邦贸易委员会管辖范围内的金融机构,包括非银行金融公司。金融隐私权规则关注于保护消费者,要求金融机构告知消费者隐私权注意事项,解释金融机构收集信息和使用信息情况。消费者有权限制金融机构对个人信息的使用,金融机构和其他金融公司接收的信息只能在其经营范围内使用。联邦贸易委员会作为联邦机构之一,连同州政府一起,负责建立起统一的规制框架,监管和实施金融隐私权保护法律。法律要求金融机构在建立服务关系时及此后每年都提供给每位消费者隐私权保护声明。隐私权保护声明必须详细说明收集信息的类型、如何使用和分享收集的信息以及如何保护收集的信息。此外,消费者有权决定退出不属于金融机构其他当事人的信息分享条款。如果金融机构修订其隐私权保护政策,必须重新通知消费者,消费者有权再次决定是否退出。[1]

2. 我国金融消费者隐私权保护

中国人民银行西安分行在对陕西省征信异议或诉讼产生原因的调查分析中指出,主要存在的三种情况:第一是因涉嫌伪冒身份办理虚假贷款或信用卡,与开发商或经销商产生纠纷而导致信用报告信息错误,占总数的52%。第二是因商业银行自身原因导致信用报告信息错误,占总数的36%。第三是因消费者对个人信用报告存在错误认识,占总数的12%。这种错误认识一方面是消费者本人因不良信用记录被银行拒绝贷款申请,便以商业银行未在合同中约定、未告知消费者而将不良记录上报为由,起诉商业银行侵犯其"信息隐私";另一方面则是因为消费者逾期还款和欠款后,认为自己已不欠款,不应再有不良记录。[2] 征信业是市场经济中提供信用信息服务的行业。征信机构作为提供信用信息服务的企业,按一定规则合法采集企业、个人的信用信息,加工整理后形成企业、个人的信用报告等征信产品,有偿提供给经济活动中的贷款方、赊销方、招标方、出租方、保险方等有合法需求的信息使用者,为其了解交易对方的信用状况提供便利。征信服务既可为防范信用风险、保障交易安全创造条件,又可使具有良好信

---

[1] See Margaret C. Jasper, Privacy and the Internet, Your Expectations and Rights under the Law, New York: Oxford University Press, 2009, pp. 49—50.

[2] 参见中国人民银行西安分行课题组:《金融消费者保护:理论研究与实践探索》,经济科学出版社2011年版,第145页。

用记录的企业和个人得以较低的交易成本获得较多的交易机会,而缺乏良好信用记录的企业或个人则相反,从而促进形成"诚信受益,失信惩戒"的社会环境。征信业在促进信用经济发展和社会信用体系建设中发挥着重要的基础性作用。

在我国征信领域,金融消费者保护存在几个主要问题:其一,现行法律对信息主体合法权益的保护水平不高,消费者难以得到救济;其二,操作过程中,信息征集、使用和供给环节有失规范,问题存在于个人征信信息的采集范围和质量、保管时间和保管方式之中;其三,征信业务和机构缺乏有效监管,存在立法缺失和职能不明的问题;其四,消费者投诉与受理机制不够完善,在金融机构内部解决机制和诉讼渠道之间缺乏争端介入和解决机制。2013年3月15日实施的《征信业管理条例》(以下简称《条例》)适用于在我国境内从事个人或企业信用信息的采集、整理、保存、加工,并向信息使用者提供的征信业务及相关活动。《条例》规范的对象主要是征信机构的业务活动及对征信机构的监督管理。国家机关以及法律、法规授权的具有管理公共事务职能的组织依照法律、行政法规和国务院的规定,为履行职责进行的企业和个人信息的采集、整理、保存、加工和公布,如税务机关依照《税收征收管理法》公布纳税人的欠税信息、有关政府部门依法公布对违法行为人给予行政处罚的信息、人民法院依照《民事诉讼法》公布被执行人不执行生效法律文书的信息等,不适用《条例》。为在征信业务活动中切实保护个人信息安全,《条例》主要作了以下规定:(1)严格规范个人征信业务规则;(2)明确规定禁止和限制征信机构采集的个人信息;(3)明确规定个人对本人信息享有查询、异议和投诉等权利;(4)严格法律责任。

由中国人民银行组建、中国征信中心负责运行维护的我国金融信用信息基础数据库运行以来,已收录1800多万户企业、8亿多个人的有关信息。为明确金融信用信息基础数据库的运行和监管依据,发挥好其重要作用,保障信息主体的合法权益,《条例》对其作了专门规定。金融信用信息基础数据库由国家设立,为防范金融风险、促进金融业发展提供相关信息服务。金融信用信息基础数据库由不以营利为目的的专业机构建设、运行和维护,由国务院征信业监督管理部门监督管理。金融信用信息基础数据库的运行应遵守《条例》中征信业务规则的有关规定。从事信贷业务的机构有义务向金融信用信息基础数据库提供个人和企业的信贷信息,提供时需要取得信息主体的书面同意,而提供个人不良信息的应提前通知信息主体。金融信用信息基础数据库为信息主体和取得信息主体书面同意的金融机构和其他使用者提供查询服务。国家机关可以依照有关法律、行政法规的规定查询金融信用信息基础数据库的信息。

3. 民事赔偿责任

我国现行金融立法中,虽然也存在有关金融机构民事赔偿责任的规定,但内容极为有限,也难以被引用支持诉讼,依此为消费者提供有效的法律救济仍是困难的。例如,我国《商业银行法》第 73 条列举了因金融机构行为对消费者造成财产损害时应当负担民事赔偿责任的几种情形。① 在《保险法》中,虽然存在关于承担民事赔偿责任的条款,但其内容过于简单,且针对的并非只是保险机构对消费者的赔偿责任,难以对消费者进行有效的保护。② 在我国证券领域,近年来关于民事赔偿责任的规则发展迅速。《证券法》确立了有关虚假陈述行为的民事赔偿责任规则,发行人、上市公司承担过错责任;发行人、上市公司的控股股东、实际控制人有过错的,发行人、上市公司承担连带赔偿责任。③ 可以说,在金融消费领域,针对证券业的赔偿规则已经基本成形,对于其他行业则仍需不断地修改完善。

对于金融服务而言,引入惩罚性赔偿制度确有必要。我国《消费者权益保护法》修订后增加了"三倍赔偿"的惩罚性赔偿制度,但是却具有明显的局限性。首先,《消费者权益保护法》本身的"消费者""商品"和"服务"概念具有滞后性,无法涵盖金融消费的现实需求。其次,惩罚性赔偿的额度相对而言规定得过于有限,对廉价产品和服务的消费者而言可能无法得到充分赔偿,而价格高昂的商品和服务,如商品房,则会导致商家负担的代价过于高昂。

4. 刑罚的运用

行政规制作为命令控制型规制工具,基本都具有强制性,违反规制可能导致刑事惩罚。当然,这是最后的手段。惩罚本身可能就包含在规制工具之中,如果违反规制标准构成了可惩罚的违法行为,从事特定行为必须获得许可,那么未经许可从事此类行为也构成可惩罚的违法行为。大多数规制都以刑罚为后盾。在

---

① 《商业银行法》第 73 条规定:"商业银行有下列情形之一,对存款人或者其他客户造成财产损害的,应当承担支付迟延履行的利息以及其他民事责任:(一) 无故拖延、拒绝支付存款本金和利息的;(二) 违反票据承兑等结算业务规定,不予兑现,不予收付入账,压单、压票或者违反规定退票的;(三) 非法查询、冻结、扣划个人储蓄存款或者单位存款的;(四) 违反本法规定对存款人或者其他客户造成损害的其他行为。有前款规定情形的,由国务院银行业监督管理机构责令改正,有违法所得的,没收违法所得,违法所得五万元以上的,并处违法所得一倍以上五倍以下罚款;没有违法所得或者违法所得不足五万元的,处五万元以上五十万元以下罚款。"

② 《保险法》第 177 条规定:"违反本法规定,给他人造成损害的,依法承担民事责任。"

③ 《证券法》第 69 条规定:"发行人、上市公司公告的招股说明书、公司债券募集办法、财务会计报告、上市报告文件、年度报告、中期报告、临时报告以及其他信息披露资料,有虚假记载、误导性陈述或者重大遗漏,致使投资者在证券交易中遭受损失的,发行人、上市公司应当承担赔偿责任;发行人、上市公司的董事、监事、高级管理人员和其他直接责任人员以及保荐人、承销的证券公司,应当与发行人、上市公司承担连带赔偿责任,但是能够证明自己没有过错的除外;发行人、上市公司的控股股东、实际控制人有过错的,应当与发行人、上市公司承担连带赔偿责任。"

行为人获得巨大的违法收益时,作为附属措施,还可以采取充公令。① 为实现保障金融消费安全的公益目标,应当扩展刑事责任的范围,提高其惩罚力度。对公司犯罪严格实行双罚制,不仅对公司判处罚金,同时对私人违法者追究刑事责任。公司高级管理人员(包括公司董事、监事、经理等)会因为其制定的公司策略所造成的严重危害社会的后果承担刑事责任。普通股东由于权益受损,会要求公司管理层积极执行合规政策。

---

① 参见〔英〕安东尼·奥格斯:《规制:法律形式与经济学理论》,骆梅英译,中国人民大学出版社2008年版,第81—92页。

美国金融衍生品交易立法的嬗变

——兼论 2008 年信用危机的法律根源

陈秧秧[*]

内容摘要：美国 2008 年信用危机的根源可以追溯至一部鲜为人知的法律——《商品期货现代化法》(2000)。传统普通法的"差价合同规则"及《商品交易所法》(1936)将非套期合约视为不可强制执行的赌博，其交易被限制在交易所内，通过私人安排强制执行。这一管制体系有效避免了衍生品投机诱发大规模市场失败。传统法律约束被有条不紊地废除了，以《商品期货现代化法》将投机性 OTC 衍生品交易合法化为极点。衍生品市场的基本法律框架被彻底改变。《华尔街改革与消费者保护法》(2010)旨在重塑场外投机性衍生品交易的法律限制而拨转监管指针，但因许多豁免条款而使其有效性受限。由衍生品交易引发的制度崩溃与重塑仍将受到持续关注。

关键词：金融衍生品　立法　信用危机

一、美国衍生品管制的法律简史：传统视角

普通法明确承认衍生品套期与投机具有不同的社会福利后果，并应用一项名为"差价合同规则"(the rule against difference contracts)的法律原则，将那些非

---

[*] 陈秧秧：华东政法大学国际金融法律学院副教授。

套期目的的衍生品视作不可强制执行的对赌协议以抑制其发展。那些潜在的投机者将衍生品交易转移至有组织的交易所内,以应对法律上的不可强制执行。其中,有组织的交易所提供私人性质的强制执行机制,尤其是"清算所",交易所会员将保证合约得到履行。清算所策略有效限制了衍生品投机风险的社会成本。20世纪,普通法的差价合同规则很大程度上被联邦立法——1936年《商品交易所法》(Commodity Exchange Act)取代。与普通法相似,《商品交易所法》对投机性衍生品交易被限制在有组织且受管制的交易所内产生实际影响,并绝对禁止了交易所外期货等OTC衍生品交易。不论其缺陷如何,数十年来,这一管制体系避免了衍生品投机对更大规模经济体产生显著影响。

(一)普通法视角

从社会福利视角而言,衍生品合约犹如一把双刃剑:当用于套期目的以降低风险时,有助于增加社会福利;当用于投机时,则创造出原先并不存在的新风险,由此降低社会福利。就像衍生品合约可以追溯至现代社会以前那样,管制衍生品交易的法律也历史久远。传统上,英美普通法体系采取了区分套期协议和纯粹投机合同的策略。其中,套期协议指至少协议的一方寻求降低风险,纯粹投机性合同则指合同双方均寻求获取交易利润。法律的关注点在于,合约一方是否事实上拥有或者期望发送赌博的实物资产或商品,即该方是否暴露在标的资产价值变动的风险中。当一方拥有或期望发送标的资产时,衍生品合约可通过法院强制执行。但是,两个既不拥有也不期望拥有小麦的投机者之间的衍生品合约——各方均希望通过预测未来小麦价格获取利润的对赌——则在法律上无效且不可强制执行。投资者可以对赌,但是受公共资金资助的法院将不会执行其对赌协议。这类合同的执行留给投机者们自行解决。

美国最高法院曾在1884年 Irwin v. Williar 一案中作出如下解释:"在这个国家,普遍接受的法律原则是……在未来期间将发送合同所约定商品的商品销售合同是有效的,即便销售方(现在)没有该商品,或者通过到市场上购入商品(以在未来向买方作出交付)。但是,对于后一种情形,只有当合同各方真正有意图并同意由卖方发送商品、买方支付价格时,合同才有效;如果以这类合同为借口,真实的意图则仅仅是对价格的起落进行投机,且商品将不会被交付,而是一方向另一方支付合同价与合同约定履行当日市场价之间的差价,那么整笔交易无非是一个赌博,无法律效力。"①

这一普通法的"差价合同"(衍生品合约19世纪的术语)规则使得投机者很

---

① Irwin v. Williar, 110 U.S. 499, 508—09 (1884).

难利用衍生品合约从事有关商品价格的低成本赌博。除非能够找到某种尽管法律上无效但可确保对手方将对赌博作出补偿的方式,否则投机者将不得不承受现货市场交易的成本及不便利。然而,为了强调法律旨在保护套期而抑制投机交易,针对衍生品合约执行问题的普通法规则适用一项重要例外。即使衍生品差价合约的任何一方均不预期发送合同中约定的商品,但是如果一方对标的商品具有某种事先存在的经济利益,该利益将因与使之从该合同下获利完全相同的事件而受到损害,那么法院无论如何也会执行该合同。①

普通法为何以这一方式区别套期协议与投机合同?简言之,普通法视衍生品交易为某种形式的赌博,而赌博与大量社会及经济弊病相关。19 世纪的判例法清晰地显示,法院视差价合同规则担负若干重要的经济职能。其一,避免宝贵的人力资本浪费。赌博的性质是寻租,重新分配现有财富,而非创造新财富。当寻租耗尽时间、金钱、人类智慧等宝贵资源时,零和游戏变为降低社会福利的负数游戏。于是,普通法的法官们会谴责利用衍生品合约对市场进行投机,因为这类合约"没有推进合法交易",却抑制了资源向稳定的商业企业配置。② 其二,避免投机者为赢得对赌而操纵衍生品交易。购买以某种资产价格或财务指标为基础的衍生品的投机者,可能会被诱使尝试操纵标的市场或计量标准。③ 其三,担心投机扩大风险。法院谴责衍生品合约"引诱人们就金钱或财产冒险"。增加的风险将引发损失,不仅使赌输的投机者及其家庭陷入困顿,也会增加其他社会弊病与破坏行为。关于信用危机,一位 19 世纪的法官曾经带有预见性地指出,执行投机性衍生品合约将导致投机性交易者之间一连串的失败。④ 在法律上强制执行纯粹投机性衍生品合约可能以一种损害更大范围经济活动的方式增加衍生品交易者的风险,这一担忧在 21 世纪得到验证。然而,尽管司法上担心赌博的负面经济影响,普通法并未阻止各方通过投机性衍生品合约进行对赌。立法

---

① 该项对不可强制执行一般规则的"保障性"例外仍然可在现代保险法中找到,即仅执行保险对赌中投保人持有的在被保险资产中的"可保险利益"部分,而承受来自触发保险政策支付条件的任何破坏性事件下抵消性的经济损失。See Lynn A. Stout, Why the Law Hates Speculators: Regulation and Private Ordering in the Market for OTC Derivatives, 48 Duke Law Journal. 701 (1999).

② 这一 19 世纪的观点仍可以在现代社会找到共鸣。截至 20 世纪末,许多美国聪明且富有创造性的科学家和数学家被吸引至华尔街,以其他交易者为代价,肆意发挥其为投资银行和套期基金赚取私人利润的才智。See Colleen M. Baker, Regulating the Invisible: The Case of Over-The-Counter Derivatives, 85 Notre Dame Law Review, 1287 (2010); Scott Patterson, The Quants: How a New Breed of Math Whizzes Conquered Wall Street and Nearly Destroyed It, Crown Publishing Group, 2010.

③ 2010 年 7 月,高盛同意支付 5.5 亿美元,了结美国 SEC 对其蓄意构造 CDO 合同以确保套期基金客户赚取交易利润的指控。See Jean Eaglesham, Banks in Talks to End Bond Probe, Wall Street Journal, Dec. 2, 2010, at A1; Frank Partnoy & David A. Skeel, Jr., The Promise and Perils of Credit Derivatives, 75 University of Cincinnati Law Review, 1019 (2007).

④ See Kirkpatrick & Lyons v. Bonsall, 72 Pa. 155, 158 (1872).

仅仅拒绝其在受公共资源资助的法院上强制执行对赌协议。投机不构成立法意图制裁的某种犯罪。

(二) 普通法下的私人秩序:交易所崛起

事实上,在拒绝投机者使用公共司法资源的过程中,普通法规则(投机性差价合同不可强制执行)没有消除人类试图从预测未来中获利的诱惑。但是,规则确实使那些潜在投机者思考如何以私人方式安排交易而确保对手方对赌约作出补偿。结果便是"私人秩序"逐渐确立:通过将交易转移至可执行其赌博合约的私人场所,衍生品投机者解决了合约强制执行问题。

此类私人场所是商品交易所。交易市场即汇聚商品买卖各方并交易物品的实地场所已经存在上千年。从19世纪下半叶开始,商品交易所不再为那些交易谷物、小麦或棉花等实物的交易者所主导。这一转变开始于交易非实物商品及出现"谷仓收据"(elevator receipts)实务,即假设一定数量的实物商品储藏在某处。① 不久,交易者便放弃谷仓收据交易,而以期货合约取代之。期货合约在形式上要求在未来特定期间以今天的价格发送一定数量的实物商品。然而,合约的结果并非由实际发送商品所决定,而是由购入第二份约定在相同交割日期交付相同数量商品的抵消性期货合约所确定。于是,就经济现实而言,通过抵消方式履约的期货合约不过是差价合同的另外一个名字。这一时期的重要技术发明电报使得美国每一个大城市中投机者利用交易所对商品价格进行对赌成为可能,哪怕是一些他们预计绝不会见到或者可能并不确切存在的商品。期货交易呈爆炸式增长。1888年,美国预计有 2.5×10^{16} 蒲式耳小麦期货合约易手,尽管当年美国农户实际收获的小麦仅为 4.15×10^8 蒲式耳。②

许多在交易所交易的期货是为投机而非套期目的进行的,但是交易者并不担心对手方不履约。虽然投机性期货合约在法庭上不具有强制可执行性,却可以并将由交易所自行执行。因为交易所交易期货只能通过交易所会员的经纪服务实现,会员对履约作出担保。③ 会员受到交易所的严密监督,需要遵循大量规章制度,如会员准则、担保物要求、资本要求以及标准化合同条款等,以确保充当担保人角色。事实上,商品交易所履行的职能类似于私人赌博俱乐部,由精明的

---

① See Jonathan Ira Levy, Contemplating Delivery: Futures Trading and the Problem of Commodity Exchange in the United States, 1875—1905, 3 American History Review 307 (2006).
② Ibid.
③ See 198 U.S. 236, 245 (1905).

商业合伙人所有,后者有动机也有手段确保俱乐部会员对其赌博作出补偿。[①]因为会员集体承担在交易所交易的任何衍生品合约的不履行带来的金融风险,交易所确保其交易客户和会员均能够且愿意履约。

然而,随着有组织交易所的逐渐壮大,它们遭遇店面"投机商号"(bucket-shops)的竞争,后者允许任何随意进入者买卖期货,而无须支付会员费或通过会员经纪人买卖。与提供稳定且可靠交易场所的交易所不同,投机商号经常关门或陷入破产。不久,美国许多州通过了"反投机商号"立法,不仅宣告投机商号担保在法律上无效,也使经营投机商号成为违法活动。同时,有组织的交易所自身开始上演对投机商号的反击。由于投机商号依赖交易所报告的商品价格,交易所便通过主张对报价拥有私人产权而阻止投机商号使用其价格行情。曾经有一家投机商号(Christie Grain & Stock Company)为此向芝加哥交易委员会(the Chicago Board of Trade)下属期货交易点派送间谍以盗取价格行情。在 Board of Trade of Chicago v. Christie Grain & Stock Co. 一案中,投机商号与有组织的商品交易所之间的纷争被诉至美国高院。[②]

在上述案件中,芝加哥交易委员会主张禁止投机商号使用交易所的价格行情,后者则主张委员会对其行市表不拥有合法产权,因为委员会交易的期货无非是法律上无效的差价合同。该案主审法官 Oliver Wendell Holmes 以合同形式为基础,作出了有利于委员会的判决。他认为,在操作层面上,委员会交易的期货合同中只有很小比例事实上通过发送实物进行结算。然而,合同在形式上要求实物交割,并且并非通过支付差价结算,而是采取抵消程序。根据其观点,"抵消具备发送实物的所有效果"。法律对有组织商品交易所的支持为交易所的未来发展提供了有利保证。由此,进入交易所外 OTC 市场的投机性差价合同在普通法下无效,并且很可能构成各州反投机商号法下的犯罪。然而,交易所层面的投机性期货交易不仅是被允许的,期货合约在法律上也可强制执行,因为抵消被视为一种形式的"实物发送"。

(三) 普通法的法典化:1936 年《商品交易所法》

19 世纪后期,期货交易所与在交易所交易的衍生产品均呈现极大增长态势。至 19 世纪末,美国已经出现二十多个期货交易市场。投机者不仅可以交易以小麦和谷物为基础的期货,马匹、骡子、羊、猪、猪油、牛肉、黑麦、奶酪、咖啡、燃

[①] See Lynn A. Stout, Why the Law Hates Speculators: Regulation and Private Ordering in the Market for OTC Derivatives, 48 Duke Law Journal. 701 (1999); Lynn A. Stout, Regulate OTC Derivatives by Deregulating Them, 32 Regulation 30 (Fall 2009).

[②] See 198 U.S. 236.

油、汽油、石油以及其他大量商品均成为期货交易的标的物。尽管这一时期明显为投机的交易活动爆炸式增长,期货交易所仍证明自己是非常稳健的组织机构。许多创设于19世纪的交易所如芝加哥商品交易所(the Chicago Mercantile Exchange)和芝加哥交易委员会至今仍在运营。历史也未表明,以交易所为基础的期货交易增加了系统性风险。19世纪,美国也发生了几次银行业危机,但无一涉及期货交易所。①商品期货交易所也未在"大萧条"中扮演明显重要的角色。然而,这并不旨在表明交易所期货交易没有产生任何政策问题。农场主、小企业主和其他一些实物商品交易者时常抱怨,期货交易者操纵并锁定了市场价格。由此,美国国会分别通过1922年《谷物期货法》(Grain Futures Act)和1936年《商品交易所法》(Commodity Exchange Act)而迈出管制商品期货交易所的第一步。

《商品交易所法》存续的历史相当长且十分复杂。这段历史充斥着美国国会最终设立的执法代理人商品期货交易委员会(Commodity Futures Trading Commission)与其他政府监管机构,如财政部及证监会(SEC)之间的政治斗争。国会也多次修订该法,拓展或限制商品期货交易委员会对多类衍生品交易的管辖权。然而,《商品交易所法》的基本原则十分明确,即授权商品期货交易委员会监督并管制私人商品交易所,由委员会颁布规则,尤其是那些界定与避免市场操纵的规则。法律严格禁止交易所外期货等OTC衍生品交易,将这个国家古老的普通法规则法典化、稳定化。②《商品交易所法》确立的新交易所交易要求意味着,就像州反投机商号立法那样,联邦法律通过使交易所外进行的期货非法且在司法上不可强制执行而超越了普通法。这一严厉的管制方式有显著的制度优势,即避免投机性期货交易和其他衍生品合约对其他经济部门产生重大影响。除了偶尔的市场操纵丑闻外(如50年代的洋葱和80年代的银),20世纪绝大部分时间里,有组织期货交易所运行得非常稳健,极少甚至没有受到任何媒体或公众的关注。③事实上,或许可以这样认为,针对差价合同普通法规则的联邦立法对衍生品投机的管制是如此有效,以至于规则本身和规则旨在解决的投机问题从公众记忆中逐渐消失了。

---

① See United States Financial Crisis Inquiry Commission, The Financial Crisis Inquiry Report: Final Report of the National Commission on the Causes of the Financial and Economic Crisis in the United States, 2011.

② 正如普通法中的情形,1936年《商品交易所法》允许对意在通过实物交割方式结算的套期目的远期合约的OTC交易适用例外情形。

③ See Colleen M. Baker, Regulating the Invisible: The Case of Over-The-Counter Derivatives, 85 Notre Dame Law Review. 1287 (2010).

二、金融衍生品法律的现代发展

(一) 1993年"互换豁免"

《商品交易所法》确保了以小麦、谷物和银等商品为基础的投机性衍生品交易在很大程度上被限制在有组织且受管制的交易所内进行,然而依然存在许多潜在投资者试图从中谋利的市场现象,如债券评级、利率、抵押违约率、住房价格、通胀率甚至天气变化等。于是,华尔街最终产生利用衍生品合约对金融行为进行对赌的念头便不足为奇了。一个最突出的例子是"利率互换"OTC 市场的兴起。至20世纪80年代中期,许多银行与企业交易利率互换,尤其是各方对利率可能的升降进行对赌。最初,熟悉谷物或小麦期货的金融机构没有意识到,OTC 互换可能是普通法下无效的"差价合同"或《商品交易所法》禁止的"交易所外期货"类型。但是,至80年代末,衍生品行业已经充分认识到问题的重要性。

衍生品行业的代表们发起了一场要求给予利率互换"法律确定性"的有组织运动。他们接近商品期货交易委员会,寻求保证利率互换不会适用《商品交易所法》下限制的互换类型。1989年,时任委员会主席 Wendy Gramm 及时发布了一份"安全港"政策声明,宣布商品期货交易委员会将不会试图管制互换交易。① 1992年,国会给予商品期货交易委员会清晰的立法授权,将多种衍生品豁免于《商品交易所法》外。1992年的修订也清晰地表明,联邦法律取代了使 OTC 衍生品不可强制执行的任何州法律,不论其为对赌还是其他性质的合约。② 1993年,商品期货交易委员会利用其新获取的立法授权,正式将 OTC 互换交易豁免于《商品交易所法》之外,并根据1992年的修订,也豁免于各州反对赌与反投机商号法律管制。③

于是,美国历史上第一次将在会员制交易所的严密监视之外进行的利率投机性对赌宣布为合法,且在法律上可强制执行。正如19世纪的法官可能已经预见的那样,最直接的后果将是由系列互换引发的投机性灾难。1994年4月,宝洁公司(Proctor & Gamble Co.)宣布因利率衍生品投机而遭受1.57亿美元交易损失。数月之后,橙县(Orange County)养老金发生非预期破产,亏损25亿美元,刷新宝洁的损失记录。1998年,套期基金长期资本管理公司(Long-term Capital

---

① See Policy Statement Concerning Swap Transactions, 54 Fed. Reg. 30,694 (July 21, 1989).
② See Futures Trading Practices Act of 1992, Pub. L. No. 102—546, 106 Stat. 3590, §§502(a).
③ See Regulation of Hybrid Instruments, 58 Fed. Reg. 5,581 (Jan. 22, 1993).

Management)濒临破产,对银行业造成巨大威胁,致使美联储不得不精心策划近40亿美元紧急援助以拯救该基金。①

(二) 商品期货交易委员会不太成功的管制努力

1996年上任的商品期货交易委员会主席 Brooksley Born 震惊于宝洁与橙县金融灾难以及不透明且不受管制的 OTC 衍生品市场的快速发展,在长期资本管理公司接近破产前的几周即 1998 年夏,发布了一份"概念公告"(concept release),表明委员会可能动用对金融衍生品的监管授权。② 这是政策上的骤变,意味着 OTC 衍生品可能被视为违法的交易所外期货交易类型。

然而,当时 OTC 衍生品行业已经发展为有组织、很权势的利益集团,业界迅速对商品期货交易委员会施予其商业模式的威胁作出反应。行业代表们围堵国会,要求停止联邦管制。国会显然忽视了宝洁、橙县以及长期资本管理公司的客观教训,不得不通过立法限制了商品期货交易委员会对 OTC 金融衍生品规则的制定权限。

Brooksley Born 辞去了商品期货交易委员会主席职务,一个总统工作小组继而成立,旨在对如何以最佳方式实施"现代化衍生品管制"给出建议。这个工作组——委员包括时任联邦储备委员会主席 Alan Greenspan、财政部部长 Robert Rubin 和财政次长 Lawrence Summers——驳回了商品期货交易委员会的决定,并批判其动用 OTC 衍生品管辖权的意图。③ 根据工作组的意见,"近年来美国 OTC 衍生品市场上漂浮着法律不确定的阴云",这片阴云"可能遏制这些重要市场的创新与增长"。工作组进而认为,关键应当修订《商品交易所法》,形成所有交易所外衍生品交易的"法律确定性"和可强制执行性。于是,工作组最终实现了对衍生品合约市场基础法律制度架构具有决定性且剧烈的转变。2000年,《商品期货现代化法》(the Commodities Futures Modernization Act of 2000)④获得通过,几个世纪以来对交易所外衍生品投机的限制就这样被大规模地废除了。

---

① See Frank Partnoy, Infectious Greed: How Deceit and Risk Corrupted the Financial Markets, 261 (2003).
② See Over-the-Counter Derivatives, 63 Fed. Reg. 26,114 (May 12, 1998).
③ See President's Working Group on Financial Markets, Over-the-Counter Derivatives Markets and the Commodity Exchange Act (Nov. 1999).
④ See Commodities Futures Modernization Act of 2000, Pub. L. No. 106—554, 114 Stat. 2763 (2000).

(三) 不受约束的投机:2000年《商品期货现代化法》

与大多数金融立法一样,《商品期货现代化法》冗长、复杂且富含技术性,如果不充分了解衍生品管制历史,则难以理解。这部立法的通过在衍生品行业之外极少受到关注与评论,却使支撑美国金融体系的法律产生根本变动。在美国历史上,《商品期货现代化法》第一次不仅给予投机性利率互换,而且赋予由"合资格的合同参与方"(银行、公司、共同基金、养老金以及个人)进行的投机性交易以法律确定性。仅仅通过将绝大部分金融衍生品交易排除在《商品交易所法》之外并放弃对交易所外交易的禁止,《商品期货现代化法》便实现了这一步。

具有讽刺意味的是,这项变动被吹嘘为对降低系统性风险至关重要。立法通过前,银行业与金融服务委员会(House Committee on Banking and Financial Services)曾经主张,由于"过时的立法引发与银行签订的合同可强制执行性问题和对银行在降低风险方面的创新受到抑制,这些立法已经对金融体系的安全与稳健产生显著威胁。美国银行业监管者警告,与《商品交易所法》相关的不确定性与预期之外的后果可能潜在地将全球体系中的金融破坏演变为金融灾难"[①],因此现代化法是必需的。总统工作组作出了类似承诺,认为金融衍生品的法律确定性"将有助于降低美国金融市场中的系统性风险"。这项立法本身也宣称,其目的在于"通过加强某些期货和衍生品交易市场中的法律确定性降低系统性风险"[②]。

这一引人注目的——尤其是参照其后发生的事件,具有显著的误导性——声明,似乎是建立在一个不言而喻的信念之上:一旦给予法律确定性,OTC衍生品将主要被用于套期目的,而不是增加风险的投机,尽管在立法通过之时,极少甚至不存在任何经验证据支持这个轻率且乐观的假设。相反,1993年互换豁免后接踵而至的宝洁、橙县和长期资本管理公司金融灾难已经非常直接地表明,OTC投机合法化是如何能够并且将会增加系统性风险的。然而,伴随对"现代化"需求明显的、未受到质疑的信念,国会仅用一步便取消了存续几个世纪之久的衍生品投机法律约束。

---

① H. R. REP. NO. 106—711, pt. 2 at 54(2000).
② Commodities Futures Modernization Act, §2(6).

三、《商品期货现代化法》与 2008 年信用危机

(一) OTC 市场的骤然增长

在《商品期货现代化法》确立对纯粹投机性 OTC 金融衍生品交易的法律规则后,OTC 衍生品市场呈现爆炸式快速增长。根据国际清算银行(BIS)的统计,1999 年底即立法通过前,OTC 衍生品(绝大部分为利率互换和其他已经豁免于《商品交易所法》以外的金融衍生品)的名义价值总额将近 88 万亿美元,[①]2008 年的数额则已超过 670 万亿美元。[②]

众所周知,名义价值不是对衍生品市场规模的完美计量,却被广泛采用,理由十分简单,因为不存在比之更好的计量方法。衍生品合约毕竟是或然性赌博。在一份特定合约履行前,即直到确定哪一方赢得赌博且赌资获得支付,衍生品合约的价值经常随着新信息的获取、事件发生的概率等因素而变动,有时甚至是剧烈变动。此外,概率估计通常是内在主观的,理性各方均可能对合约价值产生异议。因此,衍生品合约的确切本质使得我们几乎没有任何可靠方式在事前获知最终将转手多少因衍生品赌博引发的资金。名义价值至少能对衍生品交易所产生的风险重大性和衍生品交易者可能暴露的潜在损失给出一个较弱的感觉。因此,《商品期货现代化法》通过后不久,OTC 衍生品市场名义价值的急剧增长提供了 OTC 交易立法后金融风险增加的证据。

(二) 后《商品期货现代化法》时代市场投机盛行

理论上,如果为套期目的而签订合约,那么 670 万亿美元 OTC 衍生品市场可能降低而不是增加经济中的风险。然而,一些事实却足以令人质疑。截至 2008 年,OTC 衍生品市场由投机性交易所主导。第一,OTC 市场相对于实体经济的规模。我们很难将为一栋价值 25 万美元的房产购买 100 万美元火险的政策视为"保险",因此也很难将规模数倍于基础经济的衍生品市场解释为"套期"。第二,衍生品市场膨胀的时机,仅仅发生在《商品期货现代化法》给予纯粹投机性 OTC 交易"法律确定性"之后。在新的立法通过前,普通法与《商品交易所法》均承认交易所以外由套期各方拟通过发送基础资产结算而签订的"远期"

---

① See Reg. OTC Derivatives Markets Statistics, Bank for International Settlements (Nov. 13, 2000), http://www.bis.org/publ/otc_hy0011.htm.

② See Bank for International Settlements, Semiannual OTC Derivatives Statistics at End-June 2010, Table 19, http://www.bis.org/statistics/derstats.htm.

合约的合法性。恰是新立法所提供的"法律确定性"对潜在投机者至关重要,此后市场的快速发展则提供了间接证据,表明增长来自进入市场的投机者,而非寻求规避风险的套期者。第三,主导 OTC 衍生品市场的机构性质。公司作为衍生品合约的终极使用者(如航空公司寻求对燃油价格套期保值,跨国经营制造企业寻求对冲汇率波动),当然参与快速扩张的 OTC 市场业务。然而,后《商品期货现代化法》时代,衍生品交易的主体则由金融机构主导,如套期基金、养老金、共同基金、投资银行、商业银行新设"产权交易"部和美国保险集团(AIG)等保险公司。投机是上述主体的基本业务模式,其真正目的在于通过"低买高卖"获取交易利润。第四,推断《商品期货现代化法》将 OTC 投机性衍生品交易合法化引致投机交易急剧增加的最具说服力的证据是,立法通过后经济理论所预测的投机增加带来的风险加剧。安然公司溃败的例子很值得关注,因为尽管安然公司最为人熟知的丑闻是其野心勃勃的会计舞弊,舞弊背后的动机却是公司管理层掩盖公司能源衍生品投机所遭致的巨额亏损。[①] 这些最终导致公司破产的重大亏损恰是在《商品期货现代化法》之下才成为可能的。[②][③]

(三) 衍生品投机是否"引发"危机?

仅仅在《商品期货现代化法》将范围广泛的投机性 OTC 金融衍生品交易合法化后的第八年,美国多家具有系统重要性的企业便卷入 OTC 衍生品交易巨亏,引发了自"大萧条"以来最严重的金融衰败。此情景与商品期货交易委员会在 1989 年创立利率互换 OTC 交易"安全港"后爆发 1994 年橙县养老金、1998 年长期资本管理公司破产如出一辙。然而,相关性并不总是反映为因果关系。美国国会任命的金融危机调查委员会(Financial Crisis Inquiry Commission)也只是将《商品期货现代化法》列为引发危机爆发的诸多重要因素之一。[④] 然而,至少两条脉络支持《商品期货现代化法》很可能是 2008 年金融大恐慌的主因。从这个

[①] See Mark Jickling, The Enron's Business Appears to Have Been Dealing in Derivative Contracts Based on the Prices of Oil, Gas, Electricity, and other Variables, http://fpc.state.gov/documents/organization/8038.pdf.

[②] 《商品期货现代化法》甚至包含一项条款,称为"安然漏洞",将安然公司所从事的"安然在线"电子能源衍生品交易系统排除于应当适用《商品期货现代化法》监管范畴的"交易"类型之外。See Mark Jickling, The Anron Loophole, CRS REP. RS22912(2008), http://fpc.state.gov/documents/organization/107208.pdf.

[③] 参议员 Phil Gramm 是《商品期货现代化法》最重要的政治支持者之一。新立法通过时,Phil Gramm 之妻、商品期货交易委员会前主席 Wendy Gramm 刚刚加入安然公司董事会。See David Corn, Who Wrecked the Economy? Foreclosure Phil, Mother Jones(July/Aug. 2008), http://motherjones.com/politics/2008/05/foreclosure-phil.

[④] See FCIC Report, xxiv, xv-xxviii.

意义上而言,危机原本应当受到更多限制,进而牵涉的范围或许会更小,对经济的毁灭性打击也更低一些。甚至可以说,如果没有通过这项立法,金融危机或许可以完全避免。

首先,金融危机或泡沫可能产生于欺诈、价格波动或现货市场投机等诸多经济事件。即便不存在衍生品投机,也可能发生金融危机。然而,猖獗的衍生品投机依然足以触发危机。譬如,长期资本管理公司作为一家私人持有的套期基金,因参与利率衍生品对赌,对美国金融体系的威胁如此之大,以致美联储不得不策划一场金额庞大的紧急救助。因此,任何类型OTC衍生品交易的合法化均可能向经济体加注危险的投机风险。在2008年金融危机中,虽然弱化的银行监管、不适当的信用评级机构以及肆无忌惮的抵押贷款实务确实充当推波助澜的角色,却无一构成危机爆发的必要条件。换言之,不论银行、信用评级机构与抵押贷款实务受到如何严格的监管,逻辑表明,在衍生品投机不存在充分限制的前提下,未来仍将可能发生更多由衍生品引发的危机。

其次,不论2008年金融危机原本是否可以避免,对于《商品期货现代化法》而言,OTC衍生品交易合法化都是解释该场危机严重后果所必需的。没有衍生品及其巨大的杠杆效应,经济震动对实体经济的影响将局限在与现货市场规模及范围相当的程度。然而,不受约束的衍生品投机却放大了基础市场震荡,将风险增强为基础市场自身风险的许多倍。有观点认为,2008年金融危机的根源在于美国住房市场尤其是贷款人向穷困或无资信的个人投放抵押贷款的政策。①这其中虽有真实成分,但次级抵押贷款市场的规模并不能充分解释危机。2007年,美国发行在外的所有次贷价值为1.3万亿美元。② 即便所有次贷均在一夜之间变得分文不值,损失也将局限在这一数字。然而,正是向抵押债券的OTC投机交易授予"法律确定性",才将1.3万亿美元住房抵押贷款市场中的损失扩大为几乎击倒整个经济的投机性危机。这场危机已经要求政府作出3.3万亿美元的援助,③并使将近11万亿美元住房市场财富蒸发。④

概言之,尽管一系列因素引发2008年金融危机,《商品期货现代化法》将OTC衍生品交易合法化仍在解释危机的规模及范围中扮演关键角色。同时,虽然2008年衍生品投机者遭受的损失集中于抵押债券衍生品市场,且主要涉及银行等金融机构,但是其他企业已经卷入的各种类型衍生品投机却导致了类似的

---

① See S. REP. No.111—176.
② See Will the Subprime Mess Ripple through the Economy? Associated Press (Mar. 13, 2007), http://www.msnbc.msn.com/id/17584725.
③ See S. REP. No.111—176 at 43.
④ See FCIC Report, at xv.

系统性风险。因此,可以认为,《商品期货现代化法》"引发"了 2008 年金融危机。在这个意义上,立法解释危机是必要且充分的。

四、信用危机的法律应对:
《多德—弗兰克法案》的承诺与局限

(一)《多德—弗兰克华尔街变革与消费者保护法》(2010)概述及 OTC 衍生品条款

在 2008 年金融危机爆发不久,控制美国参众两院的民主党立法者就必要的法律应对形成广泛的一致意见。然而,基于对危机发生根源的诸多异议,适当的法律行动迟迟未能达成。国会就金融体系中存在的问题形成最终的全面立法用了一年多时间。2010 年 7 月 21 日,《多德—弗兰克华尔街变革与消费者保护法》(the Dodd-Frank Wall Street Reform and Consumer Protection Act of 2010,以下简称《多德—弗兰克法案》)经总统签署后成为法律。

立法因以下诸点而颇受批评:冗长且复杂,增加监管机构及其权限配置,以及为股东激进主义分子推动几乎与 2008 年金融危机无关的保守且从长期看无效的政策建议创造机会①等。然而,通过这一立法的国会清楚地意识到,OTC 衍生品市场在引燃危机的过程中扮演重要角色。因此,《多德—弗兰克法案》第七款(Title VII)便直接针对 OTC 衍生品投机这一棘手问题。即便是熟悉监管规则的专业律师,第七款也是因技术性高而难以理解的。然而,通过立法变革衍生品市场规则的基本策略十分清晰。简言之,与最初《商品交易所法》及差价合同普通法规则一致,第七款允许并保护套期目的的 OTC 衍生品交易,但将投机性交易限制在与私人安排的商品期货交易类似的现代化机构里。事实上,法案通过后 360 天才生效的第七款试图通过推翻《商品期货现代化法》对投机性 OTC 衍生品"法律确定性"的授权而拨转管制的方向。

矫正监管方向主要通过第七款下第 A 项(Subtitle A)"OTC 互换市场管制"实现。② 第 A 项中最重要的部分是 Section 723(a)(2),对所有投机性金融衍生品合约强制施加"清算要求",相当于原先《商品交易所法》限定投机性商品期货只能在有组织的交易所进行交易的条款。具体而言,Section 723(a)通过增加以

---

① 譬如,尽管几乎不存在证据表明股东或 SEC 权利的缺失助长了信用危机的发生,立法 Title IX 仍对所有美国公众公司施加额外的"投资者保护"条款。
② Section 721(a)(2)of Title VII 明确界定,"互换"不过是衍生品的另一个标签,就像"差价合同"与"交易所外期货"曾经是同义词那样。See Dodd-Frank Act §721(a)(2).

下条款修订了《商品交易所法》：除非协议提交至根据本法注册的衍生品清算机构进行清算，否则任何人签订互换协议均是违法的。第七款下 Section 721、723(a)和725(c)均明确规定，向商品期货交易委员会注册为"衍生品清算机构"的组织，必须是一家正式认可的期货交易所或者履行19世纪以来交易所一直承担的交易担保与私人强制执行职能的机构。其中的强制执行职能包括执行交易、确定会员的适格性与资本要求、担保要求、合约日常结算以及合约标准制定等。由此，与最初的《商品交易所法》及差价合同普通法规则一致，第七款对那些不通过交易所或其他清算机构的金融衍生品合约的公开执行设置法律障碍。不过，与传统相似，第七款也包含一项对清算要求的豁免，即互换双方中的一方使用互换的目的在于对冲或降低商业风险，而对"商业风险"的界定与解释权则留给了商品期货交易委员会。不过，立法传递了一个清晰的信号，即不会将利用衍生品合约抵消来自其他投机性投资的金融风险视为值得法律裁决的真正套期。Section 723断然声明，金融主体不能依赖"商业风险"套期豁免条款而规避清算要求。

因此，就像《商品期货现代化法》曾经扮演衍生品市场基础法律规则中一次重大且很大程度上未受到关注的变革那样，《多德—弗兰克法案》第七款标志着立法立场的彻底改变，并重塑了过去两个世纪绝大部分时间里美国管制衍生品交易曾经采用的相同法律架构——套期交易在OTC市场上仍然合法且可强制执行。但是，纯粹投机性交易被限制在那些发挥19世纪私人交易所的合同担保和降低系统性风险功能的清算机构内。

（二）《多德—弗兰克法案》的局限与潜在漏洞

在某种意义上，第七款或许能在很大程度上在未来数十年里阻止衍生品交易创造危险的系统性风险，就像《商品交易所法》与差价合同普通法规则曾经成功做到的那样。但是，从现实角度而言，第七款的某些方面将引发新立法对约束风险性衍生品投机长期有效性的担忧。其中，最重要的一点表现在立法授予商品期货交易委员会降低投机性金融衍生品合约清算要求，甚至在某些情形下完全废止清算要求的权限。立法将界定清算要求豁免条款的"商业风险"交由委员会，由此一定程度上决定套期豁免范围；授予委员会确定清算机构适格条件，进而可履行清算职能的法律权限；允许委员会豁免一些普遍接受的投机性衍生品交易类型遵循强制性清算要求。①

---

① Section 723规定，商品期货交易委员会经过评估，可以"决定，清算要求……不应适用于特定的互换类型或互换组合类型"。

因此,作为降低系统性风险的法律策略,《多德—弗兰克法案》中至为关键的衍生品清算要求最终成功与否,将在极大程度上取决于商品期货交易委员会这一小规模公共机构的执业水准、效率与政治智慧。更重要的是,这个代理机构必须面对由华尔街投资银行、商业银行、套期基金和投资基金组成的强大权利联盟,①所有这些机构均曾经或希望致力于数以亿计的 OTC 衍生品交易。②

五、结　　语

忘记历史,注定将会重历历史。因此,梳理衍生品管制的历史对避免重蹈 2008 年金融灾难的覆辙至为重要。本文提出《商品期货现代化法》直接引发 2008 年信用危机的假说,这一假说与危机爆发的时间、范围及危机展露的基本面一致,也不存在经验证据拒绝这一假说。危机给予我们的另一深刻教训是,所有重要市场包括金融市场必须构建于基础法律架构之上。若缺乏对金融市场法律规则性质与重要性的深刻理解,则洞悉市场并预测其表现无可能。

---

①　See Asjylyn Loder & Phil Mattingly, Under Siege at the CFTC, Bloomberg Businessweek, Oct. 18, 2010, at 39.

②　有媒体称,1998—2008 年,美国金融企业的政治献金估计为 17 亿美元,其他游说开支为 34 亿美元。

论公开主义与实质主义

——我国证券法基本理念的选择

周 珺*

内容摘要:在证券法中,公开主义与实质主义是两种截然不同的基本理念,前者将信息披露制度作为规制证券市场的基本方式和核心手段,后者强调对发行人、上市公司、投资者等市场主体的行为作直接的、实质性的干预。相比较而言,各国似乎更加青睐公开主义。不过,公开主义也有其弊端。为更好地保护投资者的合法权益,维护和促进证券市场的公平、效率和透明,就我国证券法而言,一方面要确立和坚守公开主义,另一方面可在必要限度内、特定领域中采纳实质主义。

关键词:公开主义 实质主义 证券法 基本理念

在我国,无论是立法者制定证券法,还是学者研究证券法,大都采取十分务实的态度。他们着眼于证券市场的实际需求,立足于解决各种具体问题,对于基本理念之类的话题似乎并无兴趣。然而,基本理念反映的是一部法律的核心立场、总体思路和指导思想,正确、清晰的基本理念无疑是实现立法科学性与实效性的一项重要保障。正如有学者所说:"就现代证券市场法制而言,虽然各国证券法中含有大量基本相似或相同的具体法律规范,但因其立法理念不同,对各个具体证券法律规范的功能预设、结构安排和实施机制的立法选择也不相同,从而

---

* 周珺:华东政法大学经济法学院讲师。

决定了不同的证券法有不同的实施状态和适用效果。"[①]

在证券法领域,存在着公开主义(Disclosure Philosophy)与实质主义(Substance Philosophy)这两种不同的基本理念。从国外立法例来看,各国似乎更加青睐公开主义,公开主义也一度成为这些国家证券法最具标志性的特征。[②] 不过,公开主义也有其缺陷,仅仅依赖公开主义还难以完全实现证券法的立法宗旨。为更好地保护投资者的合法权益,维护和促进证券市场的公平、效率和透明,就我国证券法而言,一方面要确立和坚守公开主义,另一方面可在必要限度内、特定领域中采纳实质主义,简而言之,即"公开主义为主,实质主义为辅"。

一、公开主义与实质主义的区分

在证券法中,公开主义与实质主义是两种截然不同的基本理念。所谓公开主义,是指依赖信息披露制度规制证券市场,发行人、上市公司等有关当事人依法公开相关信息即可,法律或监管机构不再对市场主体的行为作直接的、实质性的干预。所谓实质主义,是指不仅有关当事人要依法公开相关信息,而且法律或监管机构会对市场主体的行为作直接的、实质性的干预。

公开主义与实质主义的本质区别并不在于是否认可信息披露制度,而在于如何定位该制度在证券市场和证券法中的功能。公开主义将信息披露制度作为规制证券市场的基本方式与核心手段。在公开主义看来,证券法的任务只是促进和保障信息披露的真实、准确、完整,至于投资者如何投资、融资者如何融资、上市公司如何治理等事项,并非证券法的调整对象。实质主义虽然也承认信息披露制度,但认为仅仅依赖信息披露制度还无法有效完成对证券市场的规制,还难以充分实现证券法的立法宗旨。为此,证券法应当采取更为积极的姿态,对市场主体的行为作直接的、实质性的干预。

关于公开主义与实质主义的区分,可举两例说明:

其一,证券发行审核体制。证券发行审核体制有注册制与核准制之分,前者体现的是公开主义,后者体现的是实质主义。在注册制之下,证券法对发行证券并未规定实质要件,证券监管机构对发行人也不得进行实质审查,发行人依法公开相关信息即可公开发行证券,"即使该证券一点投资价值也没有,证券主管机

[①] 陈甦、陈洁:《证券法的功效分析与重构思路》,载《环球法律评论》2012年第5期。
[②] See Mark K. Brewer, Orla Gough and Neeta S. Shah, Reconsidering Disclosure and Liability in the Transatlantic Capital Markets, 9 DePaul Bus. & Com. L. J. 257(2011); Janis Sarra, Disclosure as a Public Policy Instrument in Global Capital Markets, 42 Tex. Int'l L. J. 875(2007).

关也无权干涉"①。在核准制之下，证券法不仅要求发行人披露相关信息，还在财务状况、盈利能力、治理结构等方面对发行人有实质性要求，其主旨在于通过事前的筛选机制，尽量将"质量差的公司"或者说"垃圾股"拒之于公开发行市场之外。

其二，上市公司治理。如何处理上市公司治理问题，在一定程度上也能够反映出证券法采取的是何种基本理念。一种观点认为，上市公司在证券法中仅仅承担信息披露义务，公司治理问题并非证券法的调整对象。尽管信息披露制度本身可能会间接影响到上市公司的治理状况，②但证券法不应当直接对上市公司治理作出规定。倘若证券法采纳这种观点，便体现了公开主义的基本理念。另一种观点认为，上市公司的治理状况对于保护投资者的合法权益、促进证券市场的健康发展具有根本性的意义，它理应属于证券法的一项重要内容。证券法应当设立相关规则，直接规范上市公司及其大股东、管理层的行为，以提升上市公司质量，完善上市公司治理。倘若证券法采纳这种观点，便体现了实质主义的基本理念。

二、"公开主义为主"的主要理由

在公开主义与实质主义二者中，之所选择以前者为主，理由可从三个方面阐述：

（一）公开主义有利于证券法立法宗旨的实现

证券法的立法宗旨主要包括两个方面，一是保护投资者的合法权益，二是促进证券市场的公平、效率和透明。一般认为，公开主义可以较好地实现证券法的立法宗旨。

其一，公开主义为投资者理性决策提供了基础。无论是在证券发行市场还是在证券交易市场，信息不对称都是一个十分突出的问题。通过贯彻公开主义，推行信息披露制度，能够在很大程度上克服信息不对称的问题，尽力保障投资者获取真实、准确、完整的信息。投资者可基于依法披露的信息对拟投资的证券进行分析、评估，进而作出符合自身利益的投资决策。

其二，公开主义有利于提升上市公司治理水平。上市公司承担着持续的信

---

① 刘俊海：《现代证券法》，法律出版社2011年版，第54页。
② "阳光是最好的防腐剂，灯光是最有效率的警察。"一般认为，信息披露制度使得上市公司及其管理层时刻受到广大投资者和社会公众的监督，在客观上有利于提升公司的治理水平。

息披露义务,其一举一动均被曝光于众。这有利于监管机构、投资者以及社会公众对上市公司进行监督,约束上市公司及其大股东、管理层的行为,进而有利于提升上市公司治理水平。

其三,公开主义有利于促进证券市场的健康发展。公开主义使得市场主体平等地获取真实、准确、完整的信息,这就为投资者和融资者营造了一个相对公平的市场环境。公开主义通过信息披露制度显著降低了发行人的融资成本和投资者的交易成本,有利于提升证券市场的效率。公开主义使得发行人、上市公司的财务状况、盈利能力、治理结构等事项公之于众,保障了证券市场的透明度。

不少欧美学者认为,既然公开主义本身可能较好地实现证券法的立法宗旨,也就没有必要更多地采纳实质主义了。例如,有学者认为:"美国证券法的逻辑基础是,信息披露能够提升投资者的决策水平、促进资本市场的健全、保障资本市场的效率。投资者只要拥有了相关的信息,就能够保护自己免受公司经营管理不善的影响,政府也就没有必要对证券市场进行过多的实质性干预。"①还有学者指出:"信息披露是规制复杂的证券市场的一个极其简便的方法。它使得参与交易的各方当事人都获取了更为充分的信息,因此也就没有必要对交易的实际价值进行监管了。"②

(二) 公开主义更为尊重市场规律和个人选择

许多西方国家笃信自由主义,其主流观点认为,每一个人都是自身利益的最佳决策者,政府不应当也不可能代替个人作出决定。具体到证券市场而言,这些国家普遍强调应依靠市场自身的力量解决市场中出现的问题,投资者应依靠自身的理性和能力为自己谋取利益,普遍对政府的直接干预持警惕、怀疑乃至否定的态度。基于这样的文化背景,这些国家对强调市场主体"自主决策、自担风险"的公开主义更为亲近,对强调政府直接地、实质性地干预市场主体行为的实质主义则难以接纳。对此,可以 20 世纪 30 年代美国制定《联邦证券法》的历程为例予以说明。在制定《联邦证券法》前,美国绝大多数州业已出台了证券法(这些州证券法常常被称为"蓝天法"),各州的证券法在证券发行审核体制上大都采取的是核准制。③ 当制定《联邦证券法》时,最初的草案沿袭了各州的核准

---

① Mark K. Brewer, Orla Gough and Neeta S. Shah, Reconsidering Disclosure and Liability in the Transatlantic Capital Markets, 9 DePaul Bus. & Com. L. J. 257 (2011).

② Michael D. Guttentag, An Argument for Imposing Disclosure Requirements on Public Companies, 32 Fla. St. U. L. Rev. 123 (2004).

③ See Daniel J. Morrissey, The Road Not Taken: Rethinking Securities Regulation and the Case for Federal Merit Review, 44 U. Rich. L. Rev. 647, 649 (2010).

制。草案规定,若发行人的业务或发行的证券缺乏健全的基础,联邦政府可基于公共利益禁止发行人公开发行证券。然而,最终出台的法律(即1933年《联邦证券法》)舍弃了核准制,而改采注册制。对此,罗斯福总统指出,联邦政府审查证券公开发行的目的,不是保证所发行的证券具有一定的价值或获利能力,而是确保投资人获得完整正确的信息,以作为投资判断的基础。国会立法只能禁止欺骗他人的行为,而不能剥夺投资人甘心受愚弄的权利。换言之,发行人如果依规定公开有关资料,投资人明知证券一文不值仍然愿意出价购买,纯粹是投资人的选择,联邦政府不应干涉。[1]

尽管我国与西方国家社会制度、国情以及所处发展阶段不同,但我国也十分强调对市场规律、个人选择的尊重,这也就决定了我国证券法同样应以公开主义而不是实质主义为主。

(三) 公开主义更容易为各方所接受

较之于实质主义,公开主义更容易被包括监管层、融资者、投资者在内的各方接受,主要有两个理由:

其一,公开主义所采取的管理手段更为柔和。公开主义以信息披露作为规制证券市场的基本手段,实质主义则强调对发行人、上市公司、投资者等市场主体的行为作直接的、实质性的干预。相比较而言,公开主义是一种更为柔和、更为中性的管理模式,它既能够保护投资者和社会公众的利益,又不至于对自由市场造成过分的干预,[2]因此容易为各方所接受。

其二,公开主义的推行成本较小。公开主义依赖信息披露制度规制证券市场,相关当事人只需依法披露相关信息即可。相应地,监管机构只需审查披露的信息是否真实、准确、完整。至于发行人发行的证券是否具有投资价值、上市公司的运作是否合乎投资者利益、投资者的投资行为是否合理,诸如此类的问题均不在监管机构的职责范围之内。与之相对,实质主义强调对市场主体的行为作直接的、实质性的干预,其推行成本显然要高出许多。以发行审核体制为例,若实行注册制,监管机构只需审查发行人是否依法披露了相关信息;若实行核准制,监管机构除了要审查披露的信息是否合乎要求,还需审查发行人在财务状况、盈利能力、治理结构等诸多方面是否满足了证券法的实质性要求。显而易见,与注册制相比,核准制的实施要求监管机构有更多的人员、更高的预算,要求

---

[1] 参见赖英照:《股市游戏规则:最新证券交易法解析》,中国政法大学出版社2006年版,第24—25页,第37页。

[2] See Susanna Kim Ripken, The Dangers and Drawbacks of the Disclosure Antidote: Toward a More Substantive Approach to Securities Regulation, 58 Baylor L. Rev. 139, 142, 140, 144 (2006).

发行人付出更多的时间成本和金钱成本。

三、"实质主义为辅"的主要理由

(一) 公开主义的缺陷

公开主义依赖信息披露制度规制证券市场,希望通过信息的公开防范和解决证券市场上的各种问题。但是,公开主义自身也存在一些缺陷,仅仅依赖公开主义还难以完全实现证券法保护投资者合法权益以及促进证券市场的公平、效率和透明的立法宗旨。

1. 信息泡沫

一般而言,倘若不考虑其他因素,证券市场上的信息越充分,就越有利于投资者作出理性的决策。然而,考虑到投资者有限的知识、技能和精力,过多的信息往往会对投资者的决策带来困扰:(1) 投资者难以搜寻、吸收和消化所有的信息;(2) 投资者即便能够搜寻、吸收和消化所有的信息,也不容易从中选取出对自己的投资真正有价值的信息。研究表明,当向决策者提供更多的信息时,决策的质量会上升;而提供的信息的数量一旦到达某一个临界点后,再增加信息时,决策的质量便会下降。换言之,当信息过多时,决策者很有可能作出糟糕的判断。[①] 美国证券交易委员会(SEC)前主席阿瑟·利维特(Arthur Levitt)也曾指出:"太多的信息和太少的信息一样,都是有问题的……信息披露并非越多越好。"[②]

遗憾的是,事实上,证券市场上几乎每天都在增加海量的信息,[③]以至于在某种程度上出现了信息过剩的问题。以招股说明书为例,许多公司的招股说明书动辄数百页,[④]几十万字的篇幅已是司空见惯,不仅一般投资者望洋兴叹,就是机构投资者阅读起来也颇感吃力。证券市场之所以会出现信息过剩的局面,主要是受到了如下因素的影响:

---

① See Troy A. Paredes, Blinded by the Light: Information Overload and Its Consequences for Securities Regulation, 81 Wash. U. L. Q. 417, 415(2003).

② Susanna Kim Ripken, The Dangers and Drawbacks of the Disclosure Antidote: Toward a More Substantive Approach to Securities Regulation, 58 Baylor L. Rev. 139, 142, 140, 144(2006).

③ 据估计,为履行信息披露义务,美国的上市公司每个月都会提供超过 100 万页的信息。See Michael D. Guttentag, An Argument for Imposing Disclosure Requirements on Public Companies, 32 Fla. St. U. L. Rev. 123(2004).

④ 例如,香港的太古地产有限公司 2010 年 5 月 3 日发布的招股说明书多达 734 页。

(1) 证券法对信息披露的要求越来越高

不少国家信奉公开主义,将信息披露作为解决证券市场中各种问题的"灵丹妙药",一旦证券市场出现问题,立法部门或监管机构便会强化对信息披露的要求,规定发行人、上市公司等有关当事人更为全面、细致地披露信息。① 以美国为例,自20世纪30年代制定《联邦证券法》以来,立法机关也曾零星出台了一些措施以减轻当事人信息披露的负担。但是,总的来说,在这几十年里,法律对信息披露的要求越来越高,发行人、上市公司等有关当事人的信息披露义务越来越重。②

(2) 网络手段的运用显著提升了信息传播的数量和速度

网络手段的运用是近些年证券市场上的信息越来越多的一个十分重要的原因。与传统的纸质印刷方式相比,通过网络发布信息更为便利,这就使得发行人、上市公司等信息披露义务人愿意并能够发布更多的信息。传统上,投资者多是通过购买报纸、杂志等方式获取财经信息,而网络手段的运用使得投资者获取信息的成本更低、速度更快、内容更多。

(3) 信息披露义务人倾向于披露更多的信息

各国证券法对信息披露的要求越来越严格,信息披露的违法成本也越来越高,为了避免因违反信息披露义务而遭受调查、承担责任,发行人、上市公司等有关当事人在不损害自身利益的前提下倾向于披露更多的信息,而不管这些信息对于投资者是否真的有价值。有学者形象地指出,以前发行人、上市公司总是会问"为什么要披露信息呢"(why disclose),而现如今他们的想法是"为什么不披露信息呢"(why not disclose)。③

2. 内容晦涩难懂

证券市场上披露的信息应当通俗易懂,唯有如此,才能使投资者较为便利地吸收、消化和理解,进而据以作出理性的投资决策。然而,在实务中,招股说明书、债券募集办法、上市公司年报等资料中有不少内容晦涩难懂,令许多投资者敬而远之,这就使得信息披露制度的实效大打折扣。对此问题,我国台湾地区学

---

① See Susanna Kim Ripken, The Dangers and Drawbacks of the Disclosure Antidote: Toward a More Substantive Approach to Securities Regulation, 58 Baylor L. Rev. 139(2006); David A. Westbrook, Telling All: The Sarbanes-Oxley Act and the Ideal of Transparency, 2004 Mich. St. L. Rev. 441(2004).

② See Paula J. Dalley, The Use and Misuse of Disclosure as a Regulatory System, 34 Fla. St. U. L. Rev. 1089,1092(2007).

③ See Troy A. Paredes, Blinded by the Light: Information Overload and Its Consequences for Securities Regulation, 81 Wash. U. L. Q. 417,415(2003).

者赖英照曾就公开说明书有一番精辟的分析。① 他指出:"为使公开说明书发挥应有的效用,其内容应让投资人易于理解。惟事实上,公开说明书不但内容十分繁杂,而且性质特殊。一方面,它是销售文宣,因此应尽量呈现发行人亮丽的特质,并淡化阴暗的一面,以吸引承销商的参与及投资人的认购;但另一方面,它是法律文件,不论有利、不利的重要事实均应揭露,相关的说明或承诺,如有虚伪不实,应负民事及刑事责任,因此遣词用字必须极为审慎。这两种相互冲突的性质,使许多公开说明书在关键的问题上,使用模棱两可的文字,或附加条件式的免责条款,并大量运用深奥的专业术语,以保持对投资人的吸引力,并努力避开法律责任。这种情形,常使投资人如雾里看花,以致认购股票或其他有价证券之前,先行阅读公开说明书的投资人并不多见,公开说明书的效用因而降低。"②

3. 投资者的非理性

公开主义的一个基本论断是,投资者能够根据证券市场上披露的信息作出理性的决策。然而,不少学者指出,这一论断仅仅是一个理论上的假设,并不符合实际情况。行为金融学的研究表明,在许多情况下,投资者的决策是非理性的,或者说其理性是有限的。即便证券市场上披露的信息真实、准确、完整,即便投资者能够接收、理解全部信息,投资者仍然可能作出对自己不利的决策。③

关于投资者的非理性,可举两例说明:

其一,过于自信。大多数投资者都存在过于自信的问题,他们总是认为自己的水平在平均水平之上,自己要比一般人更为聪明,自己在证券交易中能够顺利做到"低买高卖"。如果投资成功,他们习惯于将其归功于自己高人一等的投资能力;如果投资失败,他们往往会将其归咎于市场环境等外部原因。这种过于自信的心理对投资决策的影响是,投资者在决策时往往会低估自己的行为所面临的风险。

其二,证实偏见(Confirmation Bias)。这是指当我们在主观上支持某种观点的时候,总是倾向于寻找、关注那些能够支持这一观点的信息,而对于那些可能推翻这一观点的信息通常视而不见。证实偏见对投资决策的影响是,投资者在决策时往往无法全面、客观地看待拟投资证券的优劣,当他们准备买入某一公司的证券时,会积极搜寻各种有利于该公司的信息以印证自己的判断,而忽略或低

---

① 我国台湾地区"证券法"中的"公开说明书"大致相当于我们常说的"招股说明书""债券募集办法"等文件。

② 赖英照:《股市游戏规则:最新证券交易法解析》,中国政法大学出版社2006年版,第24—25、37页。

③ See Susanna Kim Ripken, The Dangers and Drawbacks of the Disclosure Antidote: Toward a More Substantive Approach to Securities Regulation, 58 Baylor L. Rev. 139, 142, 140, 144(2006).

估那些不利于该公司的信息。①

(二) 公开主义缺陷的克服

公开主义将信息披露制度作为规制证券市场的基本方式与核心手段,其某些缺陷是可以通过改革和完善信息披露制度予以解决或缓解的。例如,上文曾提及,公开主义存在的一个突出问题是,发行人、上市公司披露的信息中充斥着各种专业术语和繁杂定义,一般投资者难以理解,这就使得信息披露制度的实效大打折扣。针对这一问题,欧美各国证券法如今都十分强调依法披露的信息应当易于理解。② 以欧洲为例,欧盟议会和欧盟理事会于 2003 年制定了新的《招募说明书指令》(DIRECTIVE 2003/71/EC),明确要求招募说明书应当易于理解。该指令第 5 条第 1 款规定:"……招募说明书中的信息应当以一种容易分析、容易理解的方式呈现……"第 5 条第 2 款规定:"……招募说明书应当包括一个摘要。摘要应当以简明的方式、非技术性的语言提供关键性的信息……"

然而,仅仅通过改革和完善信息披露制度不可能完全解决公开主义所存在的各种问题。例如,针对投资者的非理性,信息披露制度本身是无能为力的。又如,针对信息泡沫和内容晦涩难懂,通过改革和完善信息披露制度仅仅可以部分缓解这些问题,却无法根本解决这些问题。既然公开主义不可避免地存在一些缺陷,这些缺陷又无法通过改革和完善信息披露制度得到完全解决,此时就应考虑通过其他途径克服公开主义的缺陷,以更为充分、有效地实现证券法的立法宗旨。所谓的"其他途径",主要是指对发行人、上市公司、投资者等市场主体的行为作直接的、实质性的干预。③ 换言之,证券法除了确立和坚守公开主义,必要时还应辅之以实质主义。例如,按照公开主义的基本原理,证券法的任务只是保障证券市场向投资者提供真实、准确、完整的信息,至于投资者是否有能力正确认识某一证券产品的特性,是否有能力承受某一证券产品的风险,并非证券法的职责所在。然而,实务中,某些证券产品专业性强、杠杆高、风险大,客观上要求参与者具备较高的专业水平、较强的经济实力和风险承受能力,并不适合一般投资者广泛参与。在这种情况下,为保护投资者的合法权益,引导投资者进行理性

---

① See Susanna Kim Ripken, The Dangers and Drawbacks of the Disclosure Antidote: Toward a More Substantive Approach to Securities Regulation, 58 Baylor L. Rev. 139, 142, 140, 144 (2006).

② See Janis Sarra, Disclosure as a Public Policy Instrument in Global Capital Markets, 42 Tex. Int'l L. J. 875 (2007).

③ See Susanna Kim Ripken, The Dangers and Drawbacks of the Disclosure Antidote: Toward a More Substantive Approach to Securities Regulation, 58 Baylor L. Rev. 139 (2006); Miguel Lamo De Espinosa Abarca, The Need for Substantive Regulation on Investor Protection and Corporate Governance in Europe: Does Europe Need a Sarbanes-Oxley? 19 J. I. B. L. R. 419 (2004).

的证券投资,就有必要确立"将适当的产品销售给适当的投资者"的原则,建立投资者适当性制度。投资者适当性制度意味着证券法向某些投资者提供一种"家长式"的保护,属于典型的实质主义的做法。

四、"公开主义为主,实质主义为辅"的基本构造

"公开主义为主,实质主义为辅"主要包括三层意思:其一,我国证券法既不能是纯粹的公开主义,也不能是纯粹的实质主义,而应当是公开主义与实质主义的一个混合体。单凭公开主义或者单凭实质主义都难以充分实现证券法的立法宗旨,唯有将二者结合,方能更好地保护投资者的合法权益,更好地维护和促进证券市场的公平、效率和透明。其二,我国证券法应当将信息披露制度作为规制证券市场的基本方式和核心手段,充分发挥信息披露制度在实现证券法立法宗旨中的基础性作用,将信息披露制度的建立和完善作为解决证券市场上各种问题的首要选择。其三,我国证券法应当科学认识实质主义的基本功能,合理界定实质主义的适用范围。实质主义在证券法中仅仅是发挥一种辅助性的作用,它或者是弥补公开主义的缺陷,或者是配合公开主义效能的发挥。尽管我们不可能完全摒弃实质主义,但对实质主义的运用还是应当十分慎重。当立法者试图对发行人、上市公司、投资者等市场主体的行为作直接的、实质性的干预时,应当有充足的理由和切实可行的方案,这种干预必须适度且符合比例原则。

在证券法中贯彻"公开主义为主,实质主义为辅"的基本理念,主要包括两个方面的内容:一是要坚持和完善信息披露制度,充分发挥信息披露制度在实现证券法立法宗旨中的基础性作用;二是要在必要限度内、特定领域中采纳实质主义,对发行人、上市公司、投资者等市场主体的行为作直接的、实质性的干预。这其中最为棘手的问题是,我国证券法应如何界定实质主义的适用范围,即证券法应当在何种情形下、何种程度上直接地、实质性地干预市场主体的行为。我们认为,对此问题很难给出一个精确的、完整的回答,而只能是具体情形具体分析,并根据证券市场的不断变化作出相应调整。此处我们仅讨论其中较具代表性、较为重要的三项制度,即证券发行审核体制、上市公司治理、投资者适当性制度。这三项制度分别涉及对发行人、上市公司、投资者行为的干预。

(一)证券发行审核体制

证券发行审核体制有注册制与核准制之分,前者体现的是公开主义,后者体现的是实质主义。究竟应选择注册制还是核准制,这在许多国家都是一个引发广泛讨论的问题。例如,有学者认为,美国1933年制定的《联邦证券法》以公开

主义为基本理念,在发行审核体制上采纳注册制,这并不能有效保护投资者的利益。因为许多投资者根本不看招股说明书等发行文件,即便他们愿意看这些文件,也会发现这些文件难以看懂或者说对他们的投资决策并没有太大价值。因此,为保护投资者的利益,应当舍弃注册制而改采核准制,证券法应授权证券交易委员会(SEC)或其他政府机构审核发行人拟发行的证券是否公平、有价值。①

我国目前的证券发行审核体制属于核准制。关于核准制的存废,无论是在学界还是在业界,都一直是一个热议的话题。我们认为,在证券发行审核体制这一问题上,应当贯彻公开主义而不是实质主义,我国证券法应舍弃核准制而改采注册制。主要理由在于:其一,注册制改革有利于完善市场竞争机制,使具有竞争力的发行人得以脱颖而出,并大大降低证券发行的时间与成本;其二,注册制改革有利于减少不必要的权力腐败现象,降低证券监管机构由于错误核准而导致的法律风险和政治风险,避免证券监管机关成为众矢之的;其三,注册制改革还有助于扩大投资者投资品种的选择空间。②

(二)上市公司治理

公开主义认为,上市公司在证券法中仅承担信息披露义务,其公司治理问题并非证券法的调整对象。与之相对,实质主义认为,证券法对上市公司治理应有专门规定,以直接地、实质性地约束上市公司的内部运作和外部行为。我们比较倾向于后一种观点。上市公司治理对于保护投资者的合法权益、促进证券市场的健康发展具有根本性的意义,它理应属于证券法的一项重要内容。正如有学者所说,在传统上,上市公司治理并非证券法的调整对象。然而,这仅仅是路径依赖的结果,并非是基于系统的、理性的法理分析。其实,单单依赖信息披露制度影响公司治理是远远不够的,证券法应当设立相关规则,直接地、实质性地干预上市公司及其大股东、管理层的行为。③

目前,我国在《证券法》中并未专门规定上市公司治理,实务中处理相关问题主要依据的是证监会颁布的《上市公司治理准则》等文件。由于这些文件效力级别偏低,建议我国修改《证券法》时设专门的章节规定上市公司治理。

应当强调的是,证券法规范上市公司治理应以尊重市场规律和公司的自主性为基础,倘若过度干预公司的行为,不仅难以取得预想的效果,有时甚至会适

---

① See Daniel J. Morrissey, The Road Not Taken: Rethinking Securities Regulation and the Case for Federal Merit Review, 44 U. Rich. L. Rev. 647, 649(2010).
② 参见刘俊海:《现代证券法》,法律出版社 2011 年版,第 54、64 页。
③ See J. Robert Brown, Jr., Corporate Governance, The Securities and Exchange Commission, And the Limits of Disclosure, 57 Cath. U. L. Rev. 45(2007).

得其反。例如,有观点认为,我国应确立上市公司强制分红制度。[①] 这种主张的出发点自然是好的(实现投资者的投资回报,维护投资者的合法权益),但对于该制度的可操作性和实际效果我们颇为怀疑,[②]而且从比较法的角度看,极少有国家存在这样的制度安排。又如,针对某些上市公司管理层薪酬过高的问题,有观点认为,证券法应当规定上市公司管理层薪酬的最高限额,并使管理层薪酬水平与公司业绩挂钩。[③] 对于这种主张,我们难以认同。由法律来确定公司管理层的薪酬水平,实际上就是一种特殊形态的"价格管制",而价格管制在市场经济条件下的弊端是显而易见的。

(三)投资者适当性制度

目前,我国在创业板市场、股指期货、融资融券等领域已初步建立了相应的投资者适当性制度。不过,任何制度都是一把"双刃剑",投资者适当性制度也不例外。该制度的一项主要内容是,为避免某些投资者承受过高的风险,限制其参与某些证券产品的交易。然而,高风险与高收益总是相伴而行,投资者适当性制度虽然可以使某些投资者远离高风险,但同时也剥夺了他们获取高收益的可能性。我们并不反对建立投资者适当性制度,只是认为在进行具体的规则设计时务必要仔细推敲,尤其是不能为投资者参与某些证券交易设置不必要的或者说过高的门槛和障碍。

---

① 参见朱宝琛:《建立强制分红制度 增强股市吸引力》,载《证券日报》2011年11月5日。
② 就可操作性而言,上市公司在何种情况下必须分配利润以及上市公司应拿出多少比例的利润进行分配,这两个问题都很难以法律条文直接进行规定。就实际效果而言,上市公司向股东分配利润通常会导致该公司股价的下跌,得(股东分得了部分利润)失(股东持有的股票价格下跌)相抵之后,股东的收益很可能并无实质性变化。
③ 参见褚晓亮:《限薪令背后隐含高管薪酬制度缺陷》,载《中国改革报》2009年2月24日。

上市公司收购法律制度：现状、问题及变革

郑彧*

内容摘要：我国《公司法》第四章"上市公司的收购"及中国证监会《上市公司收购管理办法》虽确立起我国上市收购监管的基本制度，但相较于境外成熟证券市场的监管规则，无论在定义、法律条文、监管措施还是在监管理念、立法技术和制度设计上，现有的监管制度都存在着不少差距，而且存在着监管制度不能适应日趋市场化、复杂化的收购行为的弊端。为此，本文希望以制度分析的方法，通过梳理与审视我国现有上市公司收购监管制度存在的法律问题，根据我国证券市场"新兴＋转轨"的特点，对上市公司收购监管制度提出更为细致的建议，以此推动立法者、监管者在完善我国上市公司收购监管方面的细化研究。

关键词：上市公司收购　监管制度　制度设计

一、现状：上市公司收购制度的监管架构

依据2005年10月27日修订通过的《证券法》第四章"上市公司的收购"和中国证监会根据《证券法》制定并修订的《上市公司收购管理办法》（以下简称《收购办法》），我国对上市公司收购的监管主要是依据对收购方式不同类别的划分而施加不同层次的监管措施。目前，受监管的主要收购行为及监管要求

---

* 郑彧：华东政法大学国际金融法律学院讲师。

包括：

```
                    收购方式                    监管措施
              ┌ 通过交易所交易  ┐ 持股比例达到5%,要求进行权益披露
         权益披露 ┤            ├ 持股比例达到5%以上、20%以下,进行简式权益披露
              └ 协议收购      ┘ 持股比例达到20%以上、30%以下,进行详式权益披露
上              ┌ 自愿发出全面要约(《证券法》第85、88条,《收购办法》第23、24、47条)
市            全 │
公            面 │ 以协议方式持有上市公司30%以上股份,对超过30%部分的收购不申请豁免或
司            要 ┤ 未获得豁免(《收购办法》第47条第2款)
收            约 │
购       要    │ 以间接方式控制达到30%以上股份(《收购办法》第56条第2款、第57条)
及       约    └ 30%以下的自愿要约(《证券法》第85条、《收购办法》第23条)
其       收   ┌ 通过证券交易所持有30%以上股份且继续进行收购的(《证券法》第88条、《收
监       购 部 │   购办法》第47条)(要约比例不低于5%)
管          分 │ 除协议收购或通过证券交易所收购以外的其他原因导致持有上市公司权益超过
方          要 ┤ 30%的(《收购办法》第47条第2款)①
式          约 │
             │ 间接收购超过30%未发出全面要约并减持后,收购人又拟继续增持的(《收购办法》
             └ 第56条第2款)
```

图表1

二、问题：不完善的监管规则

（一）收购监管定义的逻辑冲突

现有上市公司收购制度针对"上市公司收购"的定义只是含糊地规定"收购人可以通过取得股份的方式成为一个上市公司的控股股东,可以通过投资关系、协议、其他安排的途径成为一个上市公司的实际控制人,也可以同时采取上述方式和途径取得上市公司控制权"。在立法者放弃对"收购"进行界定时,②有关收购行动下的行为准则冲突就在以下几个方面凸显出来：

第一,由于《证券法》第四章的标题是"上市公司的收购",同时该章通过第86条、第94条明确将股份比例介于5%至30%之间的交易划入上市公司收购监管的范围(如履行公告、披露及爬行收购的义务等),因此我们不难推知：除了

---

① 例如,法国SEB公司在收购浙江苏泊尔股份有限公司(深市,002032)时,就以先协议转让后定向增发方式取得苏泊尔30.24%的股份,进而依据《收购办法》第47条第2款,以部分要约方式向全体股东进行收购,从而规避了全面要约收购的要求。

② 2002年的《上市公司收购管理办法》以"是否获得控制权"对"收购"进行定义,其第2条规定："本办法所称上市公司收购,是指收购人通过在证券交易所的股份转让活动持有一个上市公司的股份达到一定比例、通过证券交易所股份转让活动以外的其他合法途径控制一个上市公司的股份达到一定程度,导致其获得或者可能获得对该公司的实际控制权的行为。"

通过证券交易所或协议方式取得上市公司发行股份30%以上的交易行为可构成上市公司收购外,那些通过证券交易所或以协议方式取得30%以下股份的行为也构成法定的"收购行为"。一旦构成"收购行为",必须依据《证券法》第98条,遵守"收购行为完成后的十二个月内不得转让"的义务。问题是,《证券法》第47条却存在如下规定:"……持有上市公司股份百分之五以上的股东,将其持有的该公司的股票在买入后六个月内卖出……由此所得收益归该公司所有……"可见,第47条并不明文禁止或限制持有上市公司股份5%以上的股东在收购完成后的6个月内进行相应的股票买卖行为,它只是规定行为人在法定的6个月期限内从事限定性交易的"归入权"后果(即收益归上市公司所有)。由此,当一个已持有上市公司超过5%股份(假设不超过30%的权益,即不涉及控股权的问题)的收购人因放弃收购(或收购失败)而打算出售其持有的收购股份时,在《证券法》第47条的逻辑下,即使其购买股份的行为构成第86条所界定的"收购行为",其在收购完成后的6个月内抛售股份虽违反第98条的规定,但却在理论上吻合第47条规定的交易基础(因为第47条只要求归入权的义务而没有禁止交易,更何况从法律解释学的角度而言,第47条的规定其实可以从侧面被解读为"已持有上市公司超过5%股份在买入或卖出的6个月后进行交易并不违法",而第98条规定的期限是12个月内不能买卖)。

第二,在同样持有上市公司30%股份的持股数量条件下,《证券法》第86条和第96条分别针对持股来源的不同采取了"通过证券交易所的证券交易,投资者持有或者通过协议、其他安排与他人共同持有"和"采取协议收购方式的,收购人收购或者通过协议、其他安排与他人共同收购"的不同表述。从"通过证券交易所"与"采取协议收购方式"、"持有"("共同持有")与"收购"("共同收购")的不同用词是否可以判断立法者是以股份取得的方式(即通过交易所交易还是以协议交易作为区分方式)作为上市公司收购的划分标准?由于《证券法》的条文在对待同一比例股份的购买问题上会因购买场所与购买方式的区别而存在巨大的监管用词差异,因此在"法无明文规定不为禁"的法律理念下,我们是否可以认为"通过证券交易所的交易一次性持有或共同持有上市公司30%以上的股份"自然不属于上市公司收购的范围,并由此推导出"通过证券交易所持有上市公司30%以上的股份"的自然人或组织不构成《证券法》所述"收购行为"而无须遵守《证券法》第四章及《收购办法》的监管规则的结论?但是,现行监管制度要求所有持股比例超过30%的收购人统一适用"要约收购要求"又恰恰与从这个推导过程所获得的结论明显不符,而这种法条定义与法律内在逻辑解释结果互相冲突的问题仍为现有监管法律制度中因对"收购"一词定义不明而给监管带来巨大挑战的集中表现。

（二）被异化的"预警式披露"

预警式披露也称为"大股东报告义务"，其最为基本的监管意义在于，"当投资者直接或间接持有一家上市公司发行在外的有表决权股份达到一定比例或达到该比例后持股数量发生一定比例的增减变动时，其负有向上市公司、证券交易所及证券监管部门披露有关情况的义务"①。预警式披露的目标主要有两个：第一，虽然小比例的股权变化（如达到5%或之后每达到1%的变化）本身不会造成上市公司控股权的转移，一般情况下也不意味着将来一定会因收购发生控制权的转移，但基于其在一定程度上暗示着进一步收购股份，从而发生控制权转移的可能性，而这种可能性会对目标证券的供求关系造成影响，也会影响目标公司资产价值的预判，因此有必要及时提醒公众注意股权变化的动向，让他们对可能发生的收购产生合理预期；第二，由于交易量增大往往引起市场价格的剧烈波动，通过预警式的披露可以让公众及时了解大股东的交易行为，作为防止因收购产生的内幕交易和市场操纵的重要预防手段。② 由此可见，预警式披露的监管意义在于，通过披露制度的要求获得保证投资者公平博弈与鼓励公司收购行为之间的利益平衡。一方面，披露制度应该要求收购方尽早披露尽可能多的情况，使投资者能够掌握更加充分的信息以对证券价值作出判断；另一方面，也要确保披露制度不会导致目标证券价格变动过快，增加收购方的收购难度和收购成本。

表面上，我国《证券法》和《收购办法》在法律条文上呈现出对上市公司收购的"阶梯式披露"要求，如规定："通过证券交易所的证券交易，投资者持有或者通过协议、其他安排与他人共同持有一个上市公司已发行的股份达到百分之五时，应当在该事实发生之日起三日内，向国务院证券监督管理机构、证券交易所作出书面报告，通知该上市公司，并予公告；在上述期限内，不得再行买卖该上市公司的股票。投资者持有或者通过协议、其他安排与他人共同持有一个上市公司已发行的股份达到百分之五后，其所持该上市公司已发行的股份比例每增加或者减少百分之五，应当依照前款规定进行报告和公告。在报告期限内和作出报告、公告后二日内，不得再行买卖该上市公司的股票"③。但是，基于

---

① 吴弘主编：《证券法论》，世界图书出版公司1998年版，第153页。
② 参见王化成、陈晋平：《上市公司收购的信息披露——披露哲学、监管思路和制度缺陷》，载《管理世界》2002年第11期。
③ 《证券法》第86条，与《收购办法》第13、14条的表述大同小异。

"宝延风波"①后中国证监会的监管表态,②法律表述上的"阶梯式披露"在实践中被扩展成了严格的"爬行式收购"要求,即收购人每一次的收购行为均不可以使其收购的股份比例超过5%的"政策红线"。这使得任何意图通过一次性交易直接达成超过5%或低于5%的某个特定比例的收购或出售都可能成为违法、违规事件。③ 监管层虽是希望限制因买方"突然袭击"或卖方大量抛售而给股价带来的暴涨或暴跌,但这种对《证券法》扩大解释的做法同样限制了市场参与各方通过市场手段和供求关系重新评估证券价格合理性的机会,加重了那种不以获得控制权为目的的收购方进行收购的成本与披露的负担,不利于市场正常的、不以获得控制权为目的的收购或出售活动。

(三)下位法对上位法的"严重越位"

我国现行的收购监管制度在参考英式强制性全面要约收购与美式自愿要约收购制度的基础上,形成了全面要约要求与部分要约要求并存的上市公司收购监管制度。《证券法》第85条规定:"投资者可以采取要约收购、协议收购及其他合法方式收购上市公司。"同时,该法第88条、第96条分别针对通过证券交易所的证券交易和采取协议收购方式进行收购确定了全面要约与部分要约并存的收购原则。法律虽如此,但在监管实践中,可被监管层接受的收购方式与《证券

---

① 1993年9月,深圳宝安(集团)上海公司(宝安上海)对上海延中实业股份有限公司("延中实业")的股票进行收购。截至9月29日,宝安上海及其关联公司合计持有的延中实业股份比为10.65%。9月30日,通过一系列的操作,宝安上海及其关联公司合计持有的延中实业达到17.07%。在此之前,深宝安及宝安上海未作出任何披露,直至9月30日才发出持有延中实业发行在外的普通股5%以上的简要公告。由于此前的《股票条例》没有"相关一致行动人"的概念,因此深宝安当时通过二级市场收购延中实业的行为是否属违规行为在当时存在较大的争议。后来,中国证监会确认了深宝安购买延中实业股权行为的有效性。

② 中国证监会基于此案而将《股票发行与交易管理暂行条例》第47条的规定理解为:"自法人直接或者间接持有一个上市公司发行在外的普通股达到5%的那一时刻起,其作出报告和停止买卖该种股票的义务随即产生。"参见《中国证监会发言人就宝安上海公司大量买入延中股票一事发表谈话》,载《中国证券报》1993年10月24日。

③ 最近的一个例子是深圳证券交易所对北京嘉利九龙商城有限公司"违规减持"的处罚。嘉利九龙2008年8月20日通过深交所证券交易系统采用大宗交易方式出售中核钛白股份1742万股,占中核钛白股份总额的9.1684%。当日嘉利九龙通知上市公司中核钛白。8月21日,上市公司中核钛白对股东减持情况刊发公告,嘉利九龙也公布了《简式权益变动报告书》,公告其减持9.1684%比例股份的情况。但是,针对嘉利九龙一次性减持9.1684%的行为,深交所认为依据《上市公司收购管理办法》第13条第2款的规定:"投资者及其一致行动人拥有权益的股份达到一个上市公司已发行股份的5%后,通过证券交易所的证券交易,其拥有权益的股份占该上市公司已发行股份的比例每增加或者减少5%,应当依照前款规定进行报告和公告。在报告期限内和作出报告、公告后2日内,不得再行买卖上市公司的股票",而嘉利九龙在出售中核钛白股份达到5%时,在未及时刊登权益变动报告书情况下继续出售中核钛白股份。上述行为已经违反规定,由此予以公开谴责并限制其减持其余股份3个月的处罚。有关处罚决定可参见《关于对北京嘉利九龙商城有限公司给予处分的决定》(深证上[2008]129号),资料来源:http://www.szse.cn/UpFiles/cfwj/2008-09-04_00214566.doc,2008年9月5日访问。

法》的前述规定还是有所差异,集中体现为《收购办法》对要约收购方式的划分:作为证券监管基本法的《证券法》虽给予收购人全面要约收购与部分要约收购两种选择(如前文提及的第 88 条、第 96 条),但《收购办法》第 47 条第 3 款却规定:"收购人拟通过协议方式收购一个上市公司的股份超过 30% 的,超过 30% 的部分,应当改以要约方式进行;……未取得中国证监会豁免且拟继续履行其收购协议的,或者不申请豁免的,在履行其收购协议前,应当发出全面要约。"这就在监管实践中排除了通过场外协议收购取得上市公司超过 30% 的股份而继续进行收购(无论是通过证券交易所与否)时采取部分要约收购的可能,也即在事实上否定了《证券法》对协议收购的收购人赋予采取部分要约收购的权利。除此以外,虽然不少专家学者认为《证券法》已经赋予收购方进行部分要约收购的权利,但事实上,《证券法》只是在第 88 条和第 96 条中允许收购人在触发强制性要约条件时不进行全面要约,而只以部分要约方式履行强制性收购义务。该法并没有明确允许在强制性要约收购临界点(30%)之下以部分要约的方式进行收购。① 但是,在《收购办法》中,中国证监会却允许"投资者自愿选择以要约方式收购上市公司股份的,可以向被收购公司所有股东发出收购其所持有的全部股份的要约(以下简称全面要约),也可以向被收购公司所有股东发出收购其所持有的部分股份的要约(以下简称部分要约)。……收购人……以要约方式收购一个上市公司股份的,其预定收购的股份比例均不得低于该上市公司已发行股份的 5%"。由此,在监管实践中,下位法的监管措施及解释均直接与作为上位法的《证券法》冲突,这也是《收购办法》对《证券法》严重"越位"的体现之一。

(四)要约收购失败后规制监管的缺失

要约是一种以确定的条件"希望和他人订立合同的意思表示"。因此,在要约收购中,收购要约的发出并不代表收购的完成,它还要依托于被要约方作出承诺的约束后方可达成收购交易。在要约收购中,必然存在一种可能,即收购方无法按照收购要约的条件完成收购(主要体现为无法完成收购要约中的预约收购量),在这种情况下,通常视为要约收购失败。"如果收购失败后再频繁地发生

---

① 《证券法》第 88 条第 1 款规定:"通过证券交易所的证券交易,投资者持有或者通过协议、其他安排与他人共同持有一个上市公司已发行的股份达到百分之三十时,继续进行收购的,应当依法向该上市公司所有股东发出收购上市公司全部或者部分股份的要约。"第 2 款规定:"收购上市公司部分股份的收购要约应当约定,被收购公司股东承诺出售的股份数额超过预定收购的股份数额的,收购人按比例进行收购。"所以,从立法逻辑上看,有关按比例接纳原则是适用于该条第 1 款的强制性要约收购时的部分要约收购,而无法理解为对任意情形下的部分要约收购。

收购与反收购,势必危及市场的稳定与秩序,诱发证券欺诈与过度投机,保护股东利益的宗旨就难以实现。"①为此,在英美法系国家或地区,要约收购失败后,多对要约人在未来特定期间的再次要约、购买或转售进行限定。英国的《收购守则》第35号规则就规定,一次要约失败后,要约人在12个月内不能再次进行类似的要约或相关的购买股份权益活动。香港《公司收购及合并条例》也有类似规定。大陆法系的德国也通过其《证券收购法案》(WpüG)规定,如收购失败或联邦金融监管局(BaFin)禁止公布要约,收购方在1年之内不得提出新的要约。美国虽没有强制要约收购的制度,但1934年《证券交易法》及SEC相应的法规通过对欺诈、操纵、欺骗等的禁止,从衡平法的角度禁止滥用要约收购或委托代理方式操纵股价、内幕交易等非法行为。我国涉及收购后果的规定只是:"收购人持有的被收购的上市公司的股票,在收购完成后的十二个月内不得转让"(《证券法》第98条);"发出收购要约的收购人在收购要约期限届满,不按照约定支付收购价款或者购买预受股份的,自该事实发生之日起3年内不得收购上市公司,中国证监会不受理收购人及其关联方提交的申报文件"(《收购办法》第78条)。除此之外,就再没有对要约收购失败后的行为限制作出详细而有约束力的其他监管规定,这就不利于在收购失败后对收购人持股、转售、再次收购、改组董事会等一系列可能会有的行为的规制,使得我国的上市公司收购法律制度显得残缺不齐。

(五)"强制挤出权"监管理念的不足

从海外上市公司收购制度看,在收购人取得大部分股份的情况下(特别是在通过全面收购要约获得绝大多数股份的情况下),法律授予收购人选择强制收购其余股东股份的权利(即"强制挤出权",squeeze-out),同时授予其余股份持有人强制向收购人出售股权的权利(即"强制出售权",compulsory purchase right)。比如,英国规定,收购人在获得超过标的证券总计90%以上的权益后可以强制收购其余少数股东持有的权益,将少数股东挤出。对于通过协议安排进行的收购,如果可以得到持有超过75%表决权以上的多数股东的同意,则有关合并或挤出安排将约束目标公司的所有股东。② 法国规定,如果要约收购方获得目标证券95%以上的股份及投票权,则其有权行使"强制挤出权",将少数股东挤出。德国规定,如果收购人获得超过目标公司95%表决权的股份,则其在

---

① 王肃元、周江洪:《上市公司收购中股东权的保护》,载《政法论坛》2000年第2期。
② See Companies Act of 2006, § 979—982; Schedule 2 "Squeeze Out and Sell Out" of the Takeovers Directive (Interim Implementation Regulation 2006).

要约接受期结束的三个月内可以向法院提出申请,要求少数股东强制转让附有表决权的剩余股份,经过法院批准的挤出权不需要股东大会的决议批准。除此之外,于任何时间,持有标的公司全部股本95%以上的股东可以要求股东大会以决议方式批准强制收购少数股东的股份,有关强制收购的对价补偿由法院委任的审计师在公司对这些股份价值自我评估的基础上审查确认。[①] 透过上述国外立法,我们可以发现,"强制挤出权"是上市公司收购中普遍存在的监管制度,是法律对收购人收购利益与目标公司其余股东利益平衡的另一种体现,体现了收购制度对收购人收购意图与权利的尊重与保护。然而,在我国现有上市公司收购监管制度下,监管的理念偏向于对中小股东的保护。因此,监管层乐于推动"强制出售权"在收购制度中的地位,充分放宽中小股东在全面收购完成后向收购人要求按照要约价格收购股份的权利(我国规定如果因收购导致上市公司退市,收购人就负有依照其余股东的要求收购其余股份的义务[②])。但是,我国目前的上市公司监管制度却没有对收购人在取得绝大多数股份的情况下按照法律认可的"公平程序"(如要约价格)强制收购剩余股东所持股份的权利进行确认。在西方发达国家,以"挤出式收购"方式获得极少数股东所持剩余股份却是收购人实现上市公司"私有化"(privation)的重要手段,也是收购方成功进行全面要约收购的重要标志。

三、监管变革:完善上市公司收购监管的路径构思

(一)以"控制权变动"作为上市公司收购监管的逻辑基础

我国现行《证券法》将某些不以获得实际控制权为目的购买股份的行为放在了第四章"上市公司的收购"进行规管,这导致将重大交易的"信息披露监管"和为中小股东利益保护的"要约收购监管"混用,引发了对收购的监管对象的范围界定过大的问题。虽然在强制性要约收购临界点之下的重大交易行为不能完全排除购买方获得上市公司控制权的意图,但这并不能说明任何

[①] See Regulation of Public Mergers and Acquisition in Europe, Presented by Herbert Smith Gleiss Lutz Stibbe.

[②] 《证券法》第97条第1款规定:"收购期限届满,被收购公司股权分布不符合上市条件的,该上市公司的股票应当由证券交易所依法终止上市交易;其余仍持有被收购公司股票的股东,有权向收购人以收购要约的同等条件出售其股票,收购人应当收购。"《收购办法》第44条规定:"收购期限届满,被收购公司股权分布不符合上市条件,该上市公司的股票由证券交易所依法终止上市交易。在收购行为完成前,其余仍持有被收购公司股票的股东,有权在收购报告书规定的合理期限内向收购人以收购要约的同等条件出售其股票,收购人应当收购。"国外通常是在收购达到90%以上时,剩余持股人才有权要求向收购人按合理价格出售持有的股份。

重大的交易(如5%以上股份)都可构成上市公司的收购。在商业实践中,我们不能排除投资者以套利为目的而在短期内从事超过特定比例股份的套利交易,如果把这种行为也视作上市公司的收购行为,就会使得收购制度与客观事实严重不符。① 更有甚者,将这类不具备控制权变动的交易行为也归入收购的监管范围,会使得"干预多过自由"的监管实践与保持市场公平与效率平衡的监管目标背道而驰。基于此,本文建议:

第一,根据收购目的与实现控制权的可能性,将现有统称的"上市公司的收购"按证券市场的实际操作划分为大宗交易与控制权变动两个方面的内容,同时将《证券法》第四章的标题"上市公司的收购"相应地修改为"大宗交易与控制权变动"。② 此等划分既可以保持《证券法》第86条对持有5%以上股份的股东变动其股份施加"阶梯式披露"的监管要求,又可以以控制权变动监管为核心勾勒出上市公司收购的内涵与外延。

第二,考虑到"在法律上确定的代表控制权的股份比例和具体个案中该比例是否确定形成控制权没有必然关系……针对每起上市公司股份交易判断其是否构成实际控制权并进而判断其是否构成收购明显缺乏效率"③,为合理界定"上市公司收购",本文建议在《证券法》第87条与第88条之间增加一条有关对"控制权变动"概念的界定,以此将《证券法》中涉及全面要约收购的监管划归到"控制权变动"的概念项下进行规制。比如,建议将"控制权变动"的定义界定如下:"任何人士及其一致行动人持有、通过协议或者其他方式进行的以下交易构成本章所述的控制权变动:(1)通过证券交易所的证券交易,取得或控制一个上市公司已发行的股份达到30%及以上;(2)通过协议方式取得或控制一个上市公司已发行的股份达到30%及以上;(3)通过认购股份方式取得或控制一个上市公司已发行的股份达到30%及以上;(4)通过国有资产划拨④、继承或其他合法方式取得或控制一个上市公司已发行的股份达到30%及以上;(5)虽未取得或控制一个上市公司已发行的股份达到30%,但通过证券交易所交易、购买协议、认购股份、国有资产划拨、继承或其他方式单独或合计持有、控制的上市公司股份数量使其成为上市公司第一大股东。除因上述第

---

① 参见隋艳坤、尚浩东:《上市公司收购概念的界定》,载《经济师》1999年第12期。
② 虽然上海证券交易所和深圳证券交易所已经有以交易金额为标准的大宗交易及大宗交易系统(深交所于2009年1月已将大宗交易系统升级为综合协议交易平台),但是此"大宗交易"是以持股比例为基数的重大交易,而非以交易金额为标准的交易量。
③ 《上市公司收购法律制度若干问题研究》,http://www.sse.com.cn/cs/zhs/xxfw/research/plan/plan20030701j.pdf,2003年12月15日访问。
④ 本文认为,现行的国有资产划拨在大多数情况下应该构成控制权变动,我们不能拿"国家最终所有人"作为挡箭牌,逃避国有企业股权重组中的强制要约收购义务。

(5)项原因而发生控制权变动外,其他控制权变动的交易除按照本法第×条履行披露、报告义务外,实际控制人及其一致行动人应当在该等事实发生之日起的三日内向上市公司所有股东发出收购上市公司全部或者部分股份的要约。因上述第(5)项原因而发生控制权变动应按照本法第×条所述履行披露及报告义务。"

第三,根据大宗交易与控制权变动的性质不同,分别设定不同的法律后果:对于不发生控制权变动的大宗交易,无须对收购方的持股期限设定特别的"限售期",因为交易本身的披露要求已经可以对现有持股股东起到股权结构变动的预警作用。在不存在限定持股人"买入后复卖出"或"卖出后复买进"的条件下,现有股东会更加谨慎评估和分析上市公司股权结构的变动情况以决定是否出售或购买股份。这样,即便暂时出现大额的大宗交易,也会因为市场交易意愿的不确定而制约大宗交易者的交易行为,从而在最大程度上保护"以市场博弈力量主导博弈决定,并由博弈决定反映供求关系变动"的市场规律,此其一;其二,放松对不以获得控制权为要件的大宗交易的持股期限制也能起到鼓励交投,鼓励投资的作用,甚至还有助于通过科学有效的数据模型设计发现、查处内幕交易。①

由于可引发控制权变化的大宗交易会导致持股人成为上市公司的第一大股东或实际控制人,所以无论其是否参与上市公司经营,均应被视为"内幕人士",在监管上就要基于中小股东保护和防止内幕交易的目的而进行制度设计。比如,对于没有达到强制要约临界点但存在控制权变化的股份交易,除上市规则或其可能的持股期限承诺外,法律应至少规定该等控制人在获得控制权股份后的6个月内不得从事目标公司证券的买卖,由此买卖获得的利润收归上市公司(归入权),违反此规定进行买卖的交易金额可作为证券监管机关进行违法行政处罚的"量刑"依据。对于引发强制收购要约的情况,可以延用现有的要约价格保护、要约期限、竞争性要约、预受的撤回、强制出售权等中小股东利益保护措施,规制强制要约收购行为。同时,在归入权方面,可以规定无论强制要约成功与否,要约收购人在收购结束后的12个月内不得买卖目标公司股份,由此买卖获得的利润收归上市公司(归入权),违反此规定进行买卖的交易金额可作为证券监管机关进行违法行政处罚的"量刑"依据。上述监管划分可表示如下:

---

① 我们不必担心因此引发的内幕交易或操纵市场。其实,通过活跃的交投市场,反而可以让交易所和监管部门获得充分的交易数据并设计监管的数据模型,比对异常交易,从而发现内幕交易或操纵市场的痕迹,更加有利于内幕交易的查处与监管。

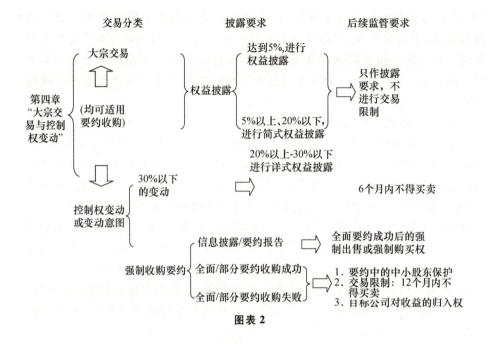

图表 2

(二) 正确理解并执行"阶梯式披露"的预警性监管

如前所述,我国监管层对大宗交易中的"阶梯式"持股披露持相当极端的理解,即要求持股人在达到5%时必须停止收购,履行披露与报告义务后才能继续进行交易。这种监管思维的形成与我国证券市场设立之初的股权结构有关。当时存在流通股与非流通股之分,而且以国家股、国有法人股、社会法人股为构成的非流通股占上市公司已发行股本比例的绝大多数,而流通股比例通常只占上市公司已发行股本的 25%。由于非流通股不可上市流通,其通过协议、合同等方式能够形成的交易价格远低于流通股的价格,形成事实上的"同股不同价"局面,因此监管层对协议收购的监管较少,没有对其采取"阶梯式交易"的要求。但是,对于流通股,由于进行集中竞价交易的股份数量本来就少,在供不应求的股票供应格局下,少数大比例的交易就足以影响目标公司流通股的价格,所以监管层不允许通过证券交易所的竞价交易发动"突然袭击式"的"恶意收购",自然而然地要求持股人必须在通过证券交易所的交易每持有 5% 的股份时立即停止交易,而且必须在"诏告天下"后方可继续收购,从而将法律上的"阶梯式披露"演变成监管实践的"阶梯式收购"。这种"阶梯式收购"的监管传统恰恰是我们所力主摒弃的。

第一,决定原来监管思维所对应的市场结构已经发生变化。在上市公司发行股份全流通的背景下,无论是大股东持有的股份还是通过证券交易所竞价交易获得的股份,都已经是同股同权、同股同价。这意味着市场上对目标公司可流通的股份数远远多过先前的单一"流通股"股份数,而且国家股股东、国有法人股股东和法人股股东都可以以集合竞价、协议、交易所场外大宗交易方式随时交易股份。① 对于不以获得控制权为目的的大宗交易而言,其他证券持有人或市场交易者随时可以通过购买、出售等方式对大宗交易情况作出反应并保持目标公司的价格平衡,不会造成原来在股票流通总量较小的情况下任何"风吹草动"都会影响股票价格的局面。从证券交易系统的发展进程来看,由于资金量、供应量的充足,在交易系统方面并不能排除持股人通过竞价交易方式一次性下单购买超过5%以上股份的可能,沪深两地证券交易所的大宗交易系统和综合协议交易平台也不难满足这种一次性交易超过5%以上股份的需求。所以,再对类似的大宗交易采取严格的"阶梯式收购"已经不符合市场发展的现状。

第二,严格的"阶梯式收购"的监管实践违背了证券市场对大宗交易进行披露的本意。首先,有关收购的监管制度必须是在要尊重市场自由收购的前提下进行规制,而严格的"阶梯式收购"限制了市场主体的交易自由,不利于市场的活跃。其次,预期式披露本身的目的只在于向市场披露大宗交易背后持股人的信息,以便市场对供求关系可能的变化进行预判并进行交易决定,市场必须保持一定的活跃度以承载大宗交易及大宗交易后的市场波动。② 如果人为限定持股人只能在5%的比例内进行"爬行式"的分步收购,则一来不能准确反映市场的供求关系(比如,收购人在竞价交易中意图通过一次性交易获得10%比例的股份,这种购买信息可以在证券交易所的竞价系统中及时得到反映,并会根据当时卖盘情况决定最终的成交数量与成交价格),二来加重了持股人进行收购的时间成本与收购成本。因此,对上市公司大宗交易的监管应回归到原始"阶梯式披露"的预警本质,不应人为限定市场主体在全流通结构下从事大宗交易的意愿与能力,不该在义务人未取得上市公司控制权的情况下对其实施"阶梯式收购"的持股约束。

第三,现行《证券法》将"阶梯式"的预警披露表述为:"通过证券交易所证券交易,投资者持有或者通过协议、其他安排与他人共同持有一个上市公司已发行的股份达到百分之五时……""投资者持有或者通过协议、其他安排与他人共同

---

① 当然,要在满足有关针对国有股的监督管理和限售期要求的条件下。
② 如果市场上出现一次性超过5%的交易变动,市场数据会反映出这样的大宗交易,无论是从交易价格还是成交数量上体现,只要市场有人接盘,说明市场本身对供求关系是有反映的。无论是出售还是购买,只要交易成功,都说明市场具备买盘与卖盘的交易对手方,此时的交易最能反映市场供求关系的实时变化,更加有利于现有持股人与其他投资者对目标公司证券供求关系的判断。

持有一个上市公司已发行的股份达到百分之五后,其所持该上市公司……"我们应该注意到,现行《证券法》已经用"达到"一词替代了原先《证券法》的"持有"一词。① 从"达到"一词的本意上看,"≥5%"的状态都可称为"达到",并不是说严格"=5%"才是达到,这是其与"持有"一词的重要区别。既然《证券法》的修改都已经呈现出放松"阶梯式收购"的要求,那么我们又有何理由在下位法的行政规章或监管实践中对上位法律进行限制性的解释与理解?

(三) 对要约收购的合理分类与对应规制

现行《证券法》在第 88 条第 1 款的前半段用"持有""共同持有"描述强制要约的触发点,并在该款后半段直接引入"继续进行收购的,应当依法向该上市公司所有股东发出收购上市公司全部或者部分股份的要约",提及要约收购的触发条件,但在第 96 条中又以"收购""共同收购"字眼规定"协议收购"下的要约要求。因此,若从行文结构与逻辑上看,《证券法》第 85 条所指的"要约收购"似乎只针对因满足第 88 条和第 96 条的条件而触发的"强制要约收购",而没有涵盖"以受让上市公司 30% 以下股份为目的的自由式要约收购行为"和"在持有上市公司 30% 以下股份的情况下以受让上市公司全部股份为目的的全面要约"这两种要约收购的情形。虽然中国证监会通过《收购办法》第 23 条试图对《证券法》第 85 条规定的"要约收购"概念进行解释,但是《收购办法》中将"部分要约"奇怪地界定为"向被收购公司所有股东发出收购其所持有的部分股份的要约",这样的定义方式会造成"部分要约是要约人先设定若干百分比,然后再按照这个百分比为基数向所有愿意出售的股东计算可被收购股份"②的错误理解。不仅如此,《收购办法》只规定了"以要约方式收购一个上市公司股份的,其预定收购的股份比例均不得低于该上市公司已发行股份的 5%",并没有对触发强制要约收购条件下的部分要约行为和在 5%—30% 区间主动进行的部分要约收购的最低比例作出要求,因此也就无法根据要约收购可能适用的不同情况科学合理地设定不同类型的披露与监管方式。

基于细化监管与改善监管的目的,我们在此建议依据"两个类别、四种方式",分别对要约收购设计监管措施。其中,"两个种类"是指将要约收购分为自

---

① 2005 年修订前的《证券法》规定,"通过证券交易所的证券交易,投资者持有一个上市公司已发行的股份的百分之五时……","投资者持有一个上市公司已发行的股份的百分之五后,通过证券交易所……"。

② 即要约人先设定一个百分比,然后用这个百分比乘以每个受要约股东持有的股份,从而得到每个股东可被购买的股份数。事实上,"部分要约"的准确概念是要约人先确定其要收购的股份数量,根据接受要约的情况计算出拟收购股份的数量与所有接受要约数量的百分比,然后用该比例乘以每个接受要约人接受要约的数量,从而得到要约人应从每个接受要约人处实际购买的数量。

愿性要约和强制性要约;而"四种方式"则是在自愿性要约和强制性要约的分类下将要约类型细分为(1)自愿性要约下的自由要约;(2)自愿性要约下的全面要约;(3)强制性要约下全面要约;(4)强制性要约下的部分要约。无论是在自愿性要约中还是在强制性要约中,"全面要约"均可被定义为"向被收购公司所有股东发出收购其所持有的全部股份的要约";"自由要约"可被界定为"向目标公司股东发出的以收购不高于目标公司发行在外 30% 股份为目标的收购要约";"部分要约"的含义则为"在触发强制性要约收购的前提下,以收购不超过目标公司履行在外 50% 股份为目的的收购要约",由此形成的监管框架示意图表为:

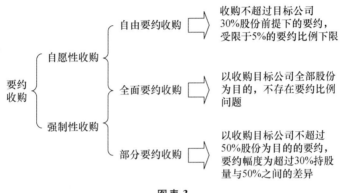

图表 3

在上述分类下,有关监管措施也是依据各个收购类别的不同而"对症下药"。比如,(1)对于低于 30% 以下的自由要约,可以保留"以要约方式收购一个上市公司股份的,其预定收购的股份比例均不得低于该上市公司已发行股份的 5%"的最低收购比例要求。(2)对于强制性要约收购下的部分要约收购,若规定要约比例"不得低于该上市公司已发行股份的 5%"就显得要求过低,因为强制性要约收购的本意就是要保证在控制权变化的情况下,所有股东都有权利与大股东或实际控制人分享控制权溢价(control premium)的收益。① 如果在强制性要约收购中对部分要约的起始比例要求过低,则根本不能达到"中小股东平等享有控制权溢价"的初衷。(3)为了保持与强制性要约制度设计目的的连贯性,在考虑保护收购动机与中小股东利益平衡的前提下,未来的上市公司收购监管制度应允许收购人在不希望全面收购的前提下仅以收购不超过目标公司 50% 的股份作为收购目标。但是,要注意,这里的"不超过目标公司 50% 的股

---

① "控制权溢价"理论是由公司法中的"中小股东保护"问题延伸开来的,由于不是本文的重点,在此不予详述。

份"不是说收购人可以就达到50%以下的任意比例发动要约收购,而是指收购人在触发强制要约收购临界点而必须强制性发出部分要约时,必须以收购达到50%的股份作为部分要约收购的内容。①

(四) 应设置对要约收购失败的规制条件

我国在《股票发行与交易管理暂行条例》(以下简称《股票条例》)中曾对要约收购作出规定:"收购要约期满,收购要约人持有的普通股未达到该公司发行在外的普通股总数的百分之五十的,为收购失败;收购要约人除发出新的收购要约外,其以后每年购买的该公司发行在外的普通股,不得超过该公司发行在外的普通股总数的百分之五"(第51条),以此作为要约收购失败的规制措施。虽然仅仅只有一个条款,但毕竟在监管制度上已经考虑到要约收购失败的可能性,在立法结构上显得比较周全。我们无从得知立法机构是出于什么样的立法初衷与监管目的,在后来的《证券法》(包括历次修订)及《收购办法》中并没有承继《股票条例》第51条的监管思路,反而取消了对要约收购失败应有的监管。对《股票条例》有关要约失败监管措施的取消使得现有的监管制度失去了法律规范原本应有的逻辑的严谨性与周密性。就此,我们认为,还是应在收购法律制度中对要约收购的失败及其规制有所体现,比如可以规定为:"本法所称之要约失败是指:(1)在自愿要约收购的要约期限内,没有足够数量的预约股份满足要约收购的预期数量;(2)在部分要约收购的要约期限内,没有足够数量的预约股份满足部分要约收购的预期数量;(3)在全面要约收购的要约期限内,要约方未能完成对上市公司已发行在外75%②以上股份的控制或持有。"在法律责任上,一旦要约收购失败,则应从以下四个方面限制收购方的以下行为:(1)应禁止要约方及其关联人士或一致行动人在前次要约失败后(以要约到期日为准)的12个月

---

① 在这里,所谓的"部分要约"只是相对于以收购剩余全部股份的全面收购而言的,收购人可以仅以达到目标公司50%的股份进行要约收购。在这类部分要约收购中,收购人必须就差异比例向全体股东发出收购要约,并根据其他股东接受要约的情况全额或按比例接受要约结果;如果没有达到50%的要约目标,就构成部分要约收购的失败,适用要约收购的失败限制规则。

② 多数国家对全面要约收购失败的界定是少于50%的股份,但基于以下的考虑,我们选择75%这个基点作为全面要约收购成功与否的标准:第一,全面要约收购本身就是以获得上市公司全部股份为目的的,因此衡量是否获得上市公司全面股份的标准应该较高,而不是仅仅以绝大多数的50%作为是否完成收购的标准;第二,我国现有的强制要约收购可以选择全面收购和部分要约收购,如果收购人在可以选择部分要约收购的情况下选择全面要约收购,则意味着收购人意图获取最大比例的股份,所以可以适当提升衡量全面收购成功与否的标准;第三,我国《证券法》也规定因收购导致股权分布不符合上市条件的应退市,其他股东可行使强制出售权。基于包括我国在内的证券市场上市规则都是以25%的公众持股量作为股票上市交易的条件,所以将全面收购成败标准定在75%也能与上市规则的股比分布要求衔接,同时保证少数股东强制出售选择权的行使。

内再次发出要约或者通过协议或证券交易所进行购买要约证券及其衍生证券的行为;(2)应禁止要约方及其关联人士或一致行动人在前次要约失败后(以要约到期日为准)的 12 个月内提议改选半数以上的公司董事或对公司董事进行提名;(3)应禁止要约方及其关联人士或一致行动人在前次要约失败的(以要约到期日为准)的 12 个月内对上市公司资产进行重大购买、出售、置换的提议或活动;(4)应禁止要约方及其关联人士或一致行动人在前次要约失败后(以要约到期日为准)的 12 个月内就任何进行公司合并、换股或资本重组的提议。

(五)应赋予收购方在强制性要约成功后的"收购挤出权"

在境外证券市场的收购监管实践和中小股东保护理论中,尽管承认中小股东对其个人持有股份的私人财产权利,但出于对收购行为(特别是全面收购行为)的鼓励,大多数国家都会针对收购方在成功实施全面收购的前提下(全面收购成功的标准通常是成功收购超过目标公司 75% 以上的标的证券),如果收购方已经持有绝大多数比例的目标公司某类证券并实质控制着目标公司,那么法律与证券监管实践都会允许收购方以公平价格强制收购其余未接受要约股东所持有的剩余股份,从而将其余股东"挤出"公司。通常,收购方在全面要约中给出的要约价格可视为公平价格(因为已被绝大多数股东接受),作为强制收购的对价。目前,目标上,收购方可行使强制收购权(挤出权)的起始比例标准通常为 90%(也有国家设定为 95%)。挤出权机制的设立,有助于在综合平衡股东利益的前提下保护收购方进行全面收购的积极性,从而降低收购方私有化上市公司,继而进行公司商业整合的难度。目前,我国只是规定中小股东在因收购导致的上市公司退市中享有要求收购方以收购要约同等条件购买股票的权利,[①]没有规定成功完成全面收购的收购方是否可以在满足特定条件下强制收购其他剩余股东所持的股票。对此,我们相应的建议是在《证券法》中增加一条,以体现促进收购,保护通过收购行动整合商业组织的监管意图:"在收购方以终止被收购公司上市条件为目的的收购中,如果收购方已经持有被收购公司发行在外 90% 以上的股份,收购方可以在收购期限届满的三个月内要求其余仍持有被收购公司股票的股东以收购要约的条件向其出售股票,持有被收购公司剩余股票的股东应当出售。"

---

① 2006 年《证券法》第 97 条第 1 款:"收购期限届满,被收购公司股权分布不符合上市条件的,该上市公司的股票应当由证券交易所依法终止上市交易;其余仍持有被收购公司股票的股东,有权向收购人以收购要约的同等条件出售其股票,收购人应当收购。"

四、结 论

　　自沪深两地证券交易所设立之日起,我国证券市场已走过二十余年的历史,上市公司收购监管制度从《股票条例》算起也有近二十年的历史。不可否认,在此过程中,从单纯的照搬照抄香港证券市场监管措施到结合英美监管制度起草《上市公司收购管理办法》,我国证券监管机关对如何进行上市公司收购的监管进行了大量基础性的研究与工作,监管工作呈现的是一种螺旋式前进的态势。但是,无论是在立法技术、法律条文还是监管理念上,我国在上市公司收购监管制度方面还存在着定义不明、法律逻辑不清、监管越界、监管不明等立法与执法方面的问题。这些监管漏洞在以政府为主导的强制性变迁①②路径下,可能会因为中央政府和监管机关对证券市场强大而直接的管控力而在短期内得以回避或掩盖。但是,随着证券市场日益规模化与市场化,特别是伴随着股权分置改革的基本完成,上市公司股份的大规模流通已成为现实可能,以上市公司股份为标的的收购行为、类型、目的与手段也在经历着翻天覆地的变革,那些因循守旧、故步自封的监管模式已经不能与时俱进地适应新的市场环境与收购监管需求。越来越市场化的博弈结构需要更加理性、更加完善的监管体系,以保障上市公司收购行动的合法化、合理化和效益化(不仅包括收购行动人从事的经济效益,还应包括监管的效率)。基于此等目的,本文在实证研究基础上,通过对我国既有收购监管的制度比较与理论分析,提出了对我国上市收购监管制度的改革之道,并希望以此推动我国上市公司收购监管制度得到更为理性且有序的变革。

---

　　① 所谓强制性变迁,是指由政府通过命令或法律引入的方式实行现行制度的变更或替代。
　　② 参见林毅夫:《关于制度变迁的经济学理论:诱致性变迁与强制性变迁》,载《卡托杂志》1989年第12期;〔美〕R. 科斯、A. 阿尔钦、D. 诺斯:《财产权利与制度变迁》,刘守英译,上海人民出版社2000年版,第384页。

我国证券市场的治理模式与律师角色
——对2006—2012年A股发行人律师的实证研究

程金华*

内容摘要:通过对2006—2012年我国1148家A股首发上市公司所聘任的发行人律师的实证分析,本文认为,我国证券市场已经形成了"品牌律所"。品牌律所的形成不仅证明了证券监管机构放弃对律师准入进行管制的正确性,还意味着我国的律师事务所已经具备条件去迎接更多的证券执业机会和挑战。鼓励并为证券律师承担更多角色设计充分的制度环境,不仅可以满足证券法律人的利益诉求,更重要的是让证券律师摆脱为监管机构充当"政府看门狗"的角色,并最终实现"市场看门人"的本色回归。在更加抽象的治理模式层面,如何让证券律师发挥更大作用也是推动我国证券市场从"行政治理",经由"混合治理",最终走向"市场治理"的具体写照。

关键词:证券市场 治理模式 证券律师 看门人机制 首次发行

实际上,由于律师是直接起草金融合约的人,也是监督合约能够得以执行的人,并且是有能力保护民众不受金融权力滥用伤害的人,所有律师在金融主导的经济体中扮演着重要的角色。如果没有律师,民众可能会先入为

---

* 程金华:华东政法大学国际金融法律学院教授,上海市浦东新区检察院检察长助理。感谢唐应茂教授对本文所提供的巨大帮助——从写作开始提供想法,帮助收集数据,并组织对本文的讨论与批评;感谢沈朝晖博士无私奉献,研究数据并参与讨论;感谢苏盼博士帮助收集文献并参与讨论。此外,本文曾在"北大金融投资和法律论坛"上作过专题发言,并接受过北京大学金融法中心诸多师生的批评与建议,在此表示感谢。署名作者独自完成文字的组织与写作,因此对一切可能的错误负责。

主地认为金融机制总是优先回报那些自私和贪婪的人,再加上整个社会的思潮是没有任何限制因素的,所以我们的社会会变得越来越自私、越来越贪婪。

——罗伯特·希勒:《金融与好的社会》①

我国证券市场的发展具有很多"中国特色",其背后的根本结构性原因是这个市场本身所无可摆脱的"新兴"加"转型"的特点。最近几年的一个显著的中国特色是,尽管国家经济的整体发展呈现了高速增长的态势——至少数据表现如此,而股市却在谷底彷徨。这在人类证券市场发展史上实属罕见而具特色。针对这个现象,一个共识是:中国证券市场的治理结构出了问题。其中,最大的问题在于"行政治理"代替了"市场治理"。本应发挥主导作用的市场逻辑缺失,而掌握治理话语权的行政机构与个人又成为寻租的对象,结果导致整个证券市场变成了寻租与赌博的乐园,绝大多数中小投资者最后沦为赌博利益的输送者,而不是实体经济的投资者。

具体到为公司上市提供专业服务的中介机构,行政治理所导致的问题同样明显且严重。不仅证券监管机构对券商、会计师和律师等中介机构的"紧箍咒"随时会启动,中介机构之间的关系也非常扭曲。鉴于现行新股发行体制以保荐人为主导,学术研究对中介机构的关注也较多停留在券商身上。在为数不多的对证券律师角色的学术研究中,学者们基本上表达了"哀其不幸"的立场。中国证券律师之"不幸"在于,现行监管体制给律师留下的发挥空间很少。对于关心中国证券市场发展的人士而言,如何看待中国证券律师业的动态走向,是一个避不开的话题。但是,现有的关注大多建立在对域外证券市场实践的基础上,而对本土的发展鲜有系统的研究。本文试图对此有所突破。

基于对 2006—2012 年我国 1148 家 A 股首发上市公司所聘任的发行人律师的实证分析,本文试图提出这样一个命题:一方面,尽管舞台狭小,相对丰厚的上市服务费用诱发了中国律所的有限竞争,并促成了一批品牌证券律师事务所的形成;另一方面,根植于现有行政治理模式之下的监管架构给律所展开充分竞争设置了"制度天花板",结果使得律师的法律意见书工作很难为证券市场的良性发展提供真正有意义的贡献。因此,改革的思路不仅仅在于对律师的证券法律业务进一步地规范化并严格执法,更重要的还在于对律师与律所提供正面激励机制以诱导其对证券市场发展提供更大贡献。

---

① 〔美〕罗伯特·希勒:《金融与好的社会》,束宇译,中信出版社 2012 年版,第 19 页。

一、理论背景:证券市场治理模式与市场中介机构

当代证券市场的发展,存在着两种可以称为韦伯意义上"理想类型"(ideal type)的治理模式。一种治理模式以市场主体的自由选择为基调,辅之以公权力对此种自由选择的强力保障与事后救济,我们称之为"市场治理"模式——由于公权力对市场选择的保障通常以法治为核心,因此我们也不妨称市场治理为"法律治理"。另一种治理模式以国家机关的行政指令为基本手段,对证券市场的诸多事项作非常具体的安排,我们称之为"行政治理"模式。[1]

这两种治理模式有着非常不同的运作逻辑。我们可以证券市场运作的一个核心要素——证券发行的有效信息披露——为例,管窥它们的不同逻辑。在市场治理模式中,在保证诚信的前提之下,对证券信息披露的深度与广度通常是由证券买卖双方通过市场博弈决定的。影响发行人进行信息披露决策的不是行政机关的指令,而是市场规律的"无形之手":从长远来看,市场最终会褒奖那些对自身信息进行有效披露的证券发行人,并惩罚那些信息披露无效的证券发行人。包括行政机关和法院在内的国家公权力机关需要通过强力保证的通常是信息披露中不存在欺诈和其他不当行为——或者说披露所体现的"信息质量"问题,而不太关心发行人针对特定证券进行信息披露所表明的证券本身的优与劣——或者说信息披露所体现的"证券质量"问题。对于监管者来说,他们需要保证的是,市场上交易的证券不能是"恶"的,至于是"优质的"还是"劣质的",则由市场主体自行判断。在上市公司的新股发行体制之中,市场治理模式通常表现为注册制。相反,在行政治理模式之中,国家公权力机关(主要是行政监管机构)会事无巨细地、前瞻性地、积极地设定证券信息披露的类别、质量与数量,并试图动用各种手段对个别证券的质量进行鉴别——因此它们同样关注披露所体现的"信息质量"和"证券质量",监管机构甚至关心证券质量多于信息质量。在行政治理模式中,监管机构试图保证市场上交易的证券不仅不能是"恶"的,最好还必须是同类产品中最"优质的"——因此值得公开发行以供投资。在上市公司的新股发行体制之中,行政治理模式通常表现为核准制。[2]

---

[1] See Katharina Pistor & Cheng gang Xu, Governing Emerging Stock Markets: Legal vs. Administrative Governance, Corporate Governance: An International Review, Vol. 13, Issue 1, 2005, pp. 5—10. 另参见吴志攀:《从"证券"的定义看监管制度设计》,载吴志攀、白建军主编:《证券市场与法律》,中国政法大学出版社 2000 年版,第 3—22 页。

[2] 关于股票公开发行中注册制和核准制的一般性介绍,参见彭冰:《中国证券法学》,高等教育出版社 2005 年版,第 92—93 页。

在上述两种典型的治理模式之中,包括律师在内的证券市场中介机构也扮演了不同的角色。在市场治理的证券市场中,由于监管机构不负责审核待上市交易证券的具体信息,但在买方和卖方之间存在严重的信息不对称问题,因此证券律师同其他市场中介一起扮演着重要的市场"看门人"角色。"看门人机制"的要义是,券商、会计师、证券分析师、评级机构和律师等市场中介机构合理分工,通过自己的专业服务,合力针对交易的证券提供准确而有效的信息,为投资者甄别合适的证券产品,并从交易中得到合理的中介报酬。由于中介机构的生存之道在于不断反复地为投资者提供专业服务,并从优质的专业服务中获得回报,因此中介机构——出自理性选择的考虑——必然会爱惜自身的声誉,并通过前期累积的声誉为其今后的专业服务提供担保。①

美国的证券发行与交易的制度安排是一种典型的市场治理模式,包括律师在内的市场中介机构充分地体现了"看门人机制"的特征。在美国,证券市场的"看门人机制"有如下两个明显特征:其一,如上所述,在公权力机关和市场主体之间,公权力机关保持谦抑的姿态,让后者有更多的空间在"无形之手"的指挥下尽情发挥。因此,券商和律师等中介机构是在为市场"看门",而不是为公权力机关"看门"。其二,针对各类市场主体(包括市场中介机构),监管机构也不会为它们设定太多的条条框框,相反是任其发挥。② 因此,中介机构之间存在着自由竞争。在这个治理结构之下,券商也好,律师也罢,都是"天高任鸟飞"。历史演变的结果是,像美国的其他领域一样,证券市场也明显地表现为"法律人之治"。其中,美国模式的最明显特征之一是,在企业上市过程中,律师而非券商牵头起草招股说明书。那么,律师为何能担当如此重任?理论界认为,律师能通过设计合理的交易结构,降低证券交易的成本,是证券市场发展的"交易成本工程师"(transaction cost engineer)。③

在行政治理模式中,中介机构的存在取决于行政机关的安排,而不是市场的选择。从严格意义上讲,券商、会计师和律师等专业机构不能算是中介机构,因

---

① 关于"看门人"的一般性理论,参见 Reinier H. Kraakman, Gatekeepers: The Anatomy of a Third-Party Enforcement Strategy, Journal of Law, Economics, and Organization, Vol. 2, No. 1, 1986, pp. 53—104。关于证券市场中的"看门人",参见 Peter B. Oh, Gatekeeping, The Journal of Corporation Law, Vol. 29, 2003—2004, pp. 735—800;〔美〕约翰·C. 科菲:《看门人机制:市场中介与公司治理》,黄辉、王长河等译,北京大学出版社 2011 年版,第 1—64 页。

② 当然,纵观美国的历史,我们也会发现,美国证券市场的监管机构变得越来越强势,尤其是在一些影响较大的金融市场丑闻或者灾难之后。具体到证券律师的角色而言,其对证券市场及其投资者的公共责任在现有监管框架之下得到了强化。参见〔美〕约翰·C. 科菲:《看门人机制:市场中介与公司治理》,黄辉、王长河等译,北京大学出版社 2011 年版。

③ See Ronald J. Gilson, Value Creation by Business Lawyers: Legal Skills and Asset Pricing, 94 Yale L. J. 286—297 (1984—1985).

为它们并非促成买卖双方交易的掮客。甚至可以说,在极端的意义上,中介机构是不需要的,因为行政机关已经对交易的证券作出了——或许是最好的——质量甄别,并作出了明确的定价,买卖双方只需根据政府定价交易证券即可。在极端的行政治理模式之下,证券市场可谓"无须中介的秩序"。当然,在不那么极端的情况之下,中介机构依然会存在于行政治理的证券市场之中。只不过,此时,大部分中介机构是以专业人士的身份出现,就自己领域的事项发表见解,直接服务于监管的需求,成为监管机构的辅助者,而不是市场的"看门人"。

理论上,我们可以对证券市场作出如上所述两种"理想类型"的描述。同时,在哲学层面,无论是市场治理还是行政治理,都有其理论上的优势。但是,在实践中,各国的制度设计都会或多或少地兼容市场治理和行政治理的要素,并形成自己的特色。① 就证券律师在市场中所扮演的角色和政府对证券律师的监管而言,各国也呈现了明显的差异性。② 根据这些具体的特色与差异性,结合中介机构的角色,本文在前有研究的基础上,提出处于中间的"混合治理"的模型。③

所谓"混合治理",顾名思义,是指混杂了行政治理和市场治理两种治理模式要素的一种市场治理结构。具体就中介机构的角色而言,一方面,它们根据证券监管机构的指令、委任或者规定,按照"指定动作"为来市场提供专业知识与判断;另一方面,它们又在一定意义上是市场的主体,通过"自选动作"给市场提供竞争性的差异服务。根据中介机构的整体性角色、中介行业之间的关系以及中介机构的从业资格与具体业务这三个指标,我们不仅可以把混合治理同纯粹行政治理和纯粹市场治理区分开来,还可以进一步细化混合治理的两种子类型,也就是行政主导之下的有限选择和行政主导之下的不完全竞争。下表列举了纯粹行政治理、行政主导下的有限选择、行政主导下的不完全竞争和纯粹市场治理这四类治理模式及其划分标准。

---

① 参见郑彧:《证券市场有效监管的制度选择——以转轨时期我国证券监管制度为基础的研究》,法律出版社2012年版,第39—52页。
② 参见郭雳:《我国证券律师业的发展出路与规范建议》,载《法学》2012年第4期。
③ 关于中国金融监管的"混合治理"或者"混搭治理",参见吴志攀:《金融法的"四色定理"》,载《金融法苑》2000年第12期;程金华:《中国公司上市的地理与治理——对证券市场行政治理的再阐释》,载张育军、徐明主编:《证券法苑》(第三卷),法律出版社2010年版,第54—85页;沈朝晖:《监管的市场分权理论与演化中的行政治理》,载《中外法学》2011年第4期。

表 1 证券市场治理模式与中介角色

类型		中介机构的整体性角色	中介行业之间的关系	中介机构的从业资格与具体业务
纯粹行政治理		中介机构在证券发行中的作用较弱;整体角色由监管机构明确界定	中介行业(券商、律师和会计师等)之间的分工由监管机构明确;相互之间的地位不平等	中介机构的从业资格全部由监管机构审批;具体的中介业务也通常由监管机构指派或者委任
混合治理	行政主导下的有限选择	同上	同上	中介机构的从业资格部分由监管机构审批;同行业的组织(比如律所)与个人(比如律师)之间就具体业务展开竞争
	行政主导下的不完全竞争	同上	中介行业有自己的核心业务领域;在"灰色地带"或者新业务领域展开业务竞争	同上
纯粹市场治理		监管机构不对中介机构的具体角色设定范围,只保留对违法竞争行为的事后惩罚权力;中介机构通常扮演"看门人"角色	自由竞争	自由竞争

在当代中国,证券市场从诞生开始,行政性干预就无处不在。① 在最近十来年,政府针对证券市场治理模式所实施的改革举措,事实上也仅是对纯粹行政治理模式的改良。就新股发行而言,我国政府已经放弃了监管机构完全主导的审批制,而采取了让中介机构(尤其是券商)扮演更多角色的核准制。在新的治理结构之下,一些市场治理模式的要素也被纳入到监管机构主导的市场秩序中来。

但是,即便如此,我国目前的证券市场治理依然离市场治理模式很遥远。目前的治理结构呈现如下特征:首先,证券市场依然是行政监管机构主导的。行政监管机构主导意味着三个"强势":(1)作为证券市场监管机构的证监会在所有市场参与者面前的强势;(2)证监会在法院面前的强势;(3)证监会在作为律师

---

① See Julan Du & Chenggang Xu, Which Firms Went Public in China? A Study of Financial Market Regulation, World Development, Vol. 37, No. 4, 2009, pp. 812—824; David A. Caragliano, Administrative Governance as Corporate Governance: A Partial Explanation for the Growth of China's Stock Markets, 30 Mich. J. Int'l L. 1273 (2008—2009).

职业监管机构的司法行政部门面前的强势。在这三个"强势"中,第一个的内涵是政府对市场的强势介入,第二个和第三个的内涵是行政对于法治的压倒性权威。其次,尽管中介机构——尤其是券商、会计师和律师——在证券发行中扮演着越来越重要的角色,但是监管机构依然事无巨细地为其角色和功能设定了条条框框。这些条条框框包括入市门槛的从业资格认定、业务范围、执业准则以及执业的事前监督和事后惩罚。再次,我国证券市场改革似乎是朝着市场治理模式前进,其实质依然是优化现有的行政治理模式。最近几年的改革思路和举措表现为,发行体制可能从核准制向注册制转变,①强化证券律师的"把关人"角色,②并且"提倡和鼓励具备条件的律师事务所撰写招股说明书"③。但是,目前已经落实的所有改革步骤都服务于一个目的,那就是帮助证监会更好地监管证券市场的运作,而不是直接为了市场更好地运作。尽管市场中介机构看似承担着类似美国同行的"看门人"角色,④但是中国的中介机构不是为市场"看门",而是为证监会"看门"。⑤

因此,从整体上判断,目前我国证券市场治理大体上是一种混合治理模式,尤其是接近上文所定义的"行政主导下的有限选择"。但是,如同我国股市在最近几年所呈现的反常现象所说明的,这种混合治理的模式并不成功。包括律师在内的市场中介的角色与功能的制度安排既不明确,也不有效。我们有必要对市场中介的运作绩效进行实证性评估,并为下一步的改革提供可行的建议。在接下来的第二部分,本文将结合这部分所归纳的几种治理模式,简要讨论我国证券律师的制度安排及其演变。

二、现实问题:我国证券律师角色的制度安排

我国证券律师的角色安排并没有脱离证券市场整体治理模式的影响。在这

---

① 参见薛玉敏:《传 IPO 备案制获国务院领导首肯 或在十八大后推出》,载《投资者报》2012 年 10 月 22 日。但是,这个说法一直处于传言之中,未经证实。参见邱晨:《IPO 改革尚需时机 投行人士称转为备案制"不靠谱"》,载《21 世纪经济报道》2012 年 10 月 23 日。

② 参见杨颖桦:《证监会两新规力推律师"把关人"角色 IPO 细则明年推出》,载《21 世纪经济报道》2010 年 12 月 29 日。

③ 参见中国证券监督管理委员会《关于进一步深化新股发行体制改革的指导意见》。

④ 在中国证监会有关负责人就《律师事务所从事证券法律业务管理办法》答记者问中,该负责人明确提道:"借助律师法律专业技能和特殊的职业信誉,赋予其市场'守门人'角色,使其担当第一线的监督功能。"参见桂敏杰主编:《中国资本市场法制发展报告(2007)》,法律出版社 2008 年版,第 422 页。

⑤ 当代中国第一批证券律师、现任国浩师集团执行合伙人李淳曾经在《证券法》(1998 年)颁布后不久撰文认为,我国首部《证券法》赋予证券律师新的使命和作用,主要表现包括"清理法律关系,消除法律隐患,替政府核准、审批部门把好第一关口,充当'把门人'的角色"。参见李淳:《证券律师:责任重于泰山》,载《中国律师》1999 年第 4 期。

部分,本文将通过对相关规范性文件的梳理,回顾证券律师在我国证券市场发展中的角色变迁,并着重说明现有制度安排所存在的问题与相关的改革讨论。

(一) 当代中国证券律师形成的背景及其角色变迁

同美国历史上律师参与设计证券监管架构不一样,当代中国证券律师是在全国性证券监管架构形成以后的产物。当代中国的全国性证券市场形成于20世纪90年代中期,与之相伴的是中央对经济监管权力的全面再集权。在80年代,我国曾短暂出现过地方主导证券市场发展的局面。方流芳教授认为,相比后来全国统一监管的证券市场,地方主导的证券市场是更加自由的市场。① 然而,由于法律改革相对于经济改革的滞后性,法律人群体(包括法学学者和律师)基本上没有参与早期的市场化实验,也因此不仅失去了在一个更加自由化的环境中表达自己声音的机会,还失去了在制度设计之时表达自身利益的机会。②

相反,自诞生开始,我国证券律师的角色便是被别人——尤其是中央监管机构——设计好的。李淳曾经撰文指出:"在证券市场起步及发展初期,执业律师的作用并不是像今天这样确定和重要。企业改组、证券发行、股票交易等经济行为,律师步入的机会或者很少,或者虽进入了但作用却很小。……中国执业律师,应当真心诚意地感谢证券市场。是中国还不甚完备和完善的证券市场最早承认、确认和接受了执业律师。……证券律师资格的提出和授予,使得中国律师在当时急需表现和证明自身实力和能力的情况下,终于有了用武之地。以行政规章、规范的方式提出并确立的证券律师体制和制度,使中国最早的'产业律师'得以形成和确立。这在中国的律师发展史和中国证券发展史上都是史无前例的。它不仅为律师介入证券市场提供了法律依据,亦为证券律师发挥作用和作为创造了非常好的环境和机遇。"③

中央监管机构对证券律师的角色安排始于1993年由司法部和证监会联合发布的《关于从事证券法律业务律师及律师事务所资格确认的暂行规定》。此后,监管机构在不同时期出台了专门规制证券律师业务的规范性文件(如表2所列举)。在这些规范性文件中,除了中华全国律协在2003年4月22日发布的《律师从事证券法律业务规范(试行)》只是个行业规范以外,其他的均是由监管

---

① See Fang Liufang, China's Corporation Experiment, 5 Duke Journal of Comparative and International Law, 149—269 (1995).

② 单从数量来看,相比二十余年之后的现在(2013年),当时执业律师的数量是微乎其微的。参见程金华、李学尧:《法律变迁的结构性制约——国家、市场和社会互动中的中国律师职业》,载《中国社会科学》2012年第7期。更不用讲,职业化的"证券律师"是全国性证券市场形成以后才诞生的。

③ 李淳:《证券律师:责任重于泰山》,载《中国律师》1999年第4期。

机构所颁布的规范性文件,均具有法律的约束力。通过这些规范性文件,监管机构对证券律师的角色和功能作了相对清晰的规定。

表2 关于证券律师业务的规范性文件清单

颁布时间	颁布机关	规范性文件名称
1993年1月12日	司法部、证监会	《关于从事证券法律业务律师及律师事务所资格确认的暂行规定》(以下简称"1993年《暂行规定》")
1998年7月3日	证监会	《关于加强律师从事证券法律业务管理的通知》(以下简称"1998年《管理通知》")
2001年3月1日	证监会	《公开发行证券的法律意见书和律师工作报告》
2002年12月23日	证监会、司法部	《关于取消律师及律师事务所从事证券法律业务资格审批的通告》
2003年4月22日	中华全国律协	《律师从事证券法律业务规范(试行)》
2007年3月9日	证监会、司法部	《律师事务所从事证券法律业务管理办法》(以下简称"2007年《管理办法》")
2010年10月20日	证监会、司法部	《律师事务所证券法律业务执业规则(试行)》
2010年10月20日	证监会、司法部	《律师事务所证券投资基金法律业务执业规则(试行)》

梳理这些规范性文件,我们大致可以看出我国证券律师在监管架构之下,在如下几个方面的角色定位与变迁:

第一个关于证券律师的制度安排与变化是监管机构对证券律师的入市门槛所设的标准及其近年来放松管制的改革。1993年《暂行规定》开始对证券律师的进入门槛进行管制,明确了律师个人和律所组织从事证券业务的门槛,即必须取得司法部和证监会同时颁发的从业资格。2002年《国务院关于取消第一批行政审批项目的决定》(国发[2002]24号)取消了从事证券法律业务律师资格确认和律师事务所资格确认两项行政许可项目。在1993—2002年的十年时间内,司法部和证监会分三次一共授予1619名律师、425家律所从事证券业务的资格。① 这些最早取得证券从业资格的律师和律所成为今后提供IPO法律意见书的中流砥柱。

---

① 参见魏现州:《谁能胜任证券法律业务 证券律师资格的过去和现在》,载《中国律师》2003年第6期。

表3 对证券律师入市门槛的管制变化

规范性文件	律师执业条件	律所执业条件
1993年《暂行规定》	有三年以上从事经济、民事法律业务的经验,熟悉证券法律业务;或有两年以上从事证券法律业务、研究、教学工作经验;有良好的职业道德,在以往三年内没有受过纪律处分;经过司法部、证监会或司法部、证监会指定或委托的培训机构举办的专门业务培训并考核合格。	必须有三名以上(含本数,下同)取得从事证券法律业务资格证书的专职律师。
1998年《管理通知》		律师事务所因具有从事证券法律业务资格的律师人数不足三人的,中国证监会将暂停受理其出具的有关法律文件,直至其具有从事证券法律业务资格的律师达到法定人数。
2002年《国务院关于取消第一批行政审批项目的决定》	取消律师从事证券法律业务资格审批	取消律师事务所从事证券法律业务资格审批
2007年《管理办法》	鼓励具备下列条件之一,并且最近2年未因违法执业行为受到行政处罚的律师从事证券法律业务: (一)最近3年从事过证券法律业务; (二)最近3年连续执业,且拟与其共同承办业务的律师最近3年从事过证券法律业务; (三)最近3年连续从事证券法律领域的教学、研究工作,或者接受过证券法律业务的行业培训。	鼓励具备下列条件的律师事务所从事证券法律业务: (一)内部管理规范,风险控制制度健全,执业水准高,社会信誉良好; (二)有20名以上执业律师,其中5名以上曾从事过证券法律业务; (三)已经办理有效的执业责任保险; (四)最近2年未因违法执业行为受到行政处罚。

根据监管机构的看法,之所以在早期对证券律师设定入市门槛,原因之一在于,我国律师和律所从事证券业务的整体素质不高,而且律师和律所之间的水准

也是参差不齐。① 这种顾虑事实上至今并没有消除。也因此,2002 年取消准入管制只是监管机构放松证券律师入市门槛的管制,并不等于证监会和司法部已经对谁能进入证券领域执业持放任态度。相反,监管机构明确提出,"取消行政许可并不意味着不要监督和管理"②。在 2007 年《管理办法》第 8 条和第 9 条,监管机构分别对从事证券业务的律师事务所和律师的资质偏好进行了陈述。其中,律师事务所最好有 20 名以上执业律师,其中 5 名以上曾从事过证券法律业务,并且最近 2 年未因违法执业行为受到行政处罚;而执业律师除了未受类似处罚以外,最好也有与证券法律业务相关的实践或者研究经验。对于这种偏好,监管机构予以"鼓励"。对此,当时主管律师工作的司法部副部长赵大程专门撰文予以说明:"《办法》(指 2007 年《管理办法》——笔者注)贯彻落实了国务院行政审批制度改革的精神,取消律师事务所、律师从事证券业务的审批事项,并不是取消管理,更不是取消监管责任,审批项目取消后,作为审批事项已不存在,但大部分事项的监管职能还在,责任还在。"③赵大程还认为,新办法调整了对律师从事证券法律业务的监管思路和监管手段,取消了证券律师从业资格审批的事前监管,强化了开展业务的事中和事后监管,更加符合市场的需要。④

第二个关于证券律师的制度安排与变化是监管机构对证券律师的业务范围进行了定位,并逐步细化。在目前的监管架构之下,法律规定我国证券律师可以开展的法律服务业务共有 25 项(不包括期货类业务在内),其中行政许可类 22 项(包括上市发行类 13 项、证券公司类 4 项和基金公司类 5 项),非行政许可类 3 项(包括上市公司股东大会见证、股权激励计划方案、基金公司相关报告事项)。⑤ 从中可以看出,为企业上市提供法律意见书是证券律师业务的"重头戏"。相关的规定在上述几个规范性文件中都有体现(参见表4)。

---

① 参见中国证监会、司法部:《〈律师事务所从事证券法律业务管理办法〉解读》,载《中国司法》2007 年第 5 期。
② 同上。
③ 赵大程:《充分发挥律师工作作用 为证券市场提供优质高效的法律服务》,载《中国司法》2007 年第 7 期。
④ 同上。
⑤ 参见郭雳:《中国证券律师业的职责与前景》,载《证券法苑》2012 年第 2 期。

表4　关于律师出具法律意见书的相关规定

1993年《股票发行与交易管理暂行条例》	申请公开发行股票,应当向地方政府或者中央企业主管部门报送下列文件:……经二名以上律师及其所在事务所就有关事项签字、盖章的法律意见书;……
1998年《管理通知》	一、股票发行人、可转换债券发行人和证券投资基金发起人,必须聘请具有从事证券法律业务资格的律师事务所及具有从事证券法律业务资格的律师按照《公司法》《股票发行与交易管理暂行条例》《可转换公司债券管理暂行办法》《证券投资基金管理暂行办法》和《国务院关于股份有限公司境内上市外资股的规定》出具法律意见书。 二、证券承销机构从事证券承销业务,主承销商必须聘请律师,按照中国证监会发布的《公开发行股票公司信息披露的内容与格式准则第八号》的有关规定出具验证笔录。
2001年《公开发行证券的法律意见书和律师工作报告》	法律意见书和律师工作报告是发行人向中国证监会申请公开发行证券的必备文件。 提交中国证监会的法律意见书和律师工作报告应是经二名以上具有执行证券期货相关业务资格的经办律师和其所在律师事务所的负责人签名,并经该律师事务所加盖公章、签署日期的正式文本。
2007年《管理办法》	法律意见是律师事务所及其指派的律师针对委托人委托事项的合法性,出具的明确结论性意见,是委托人、投资者和中国证监会及其派出机构确认相关事项是否合法的重要依据。法律意见应当由律师在核查和验证所依据的文件资料内容的真实性、准确性、完整性的基础上,依据法律、行政法规及相关规定作出。
2010年《律师事务所证券法律业务执业规则（试行）》	律师事务所及其指派的律师,应当按照《律师事务所从事证券法律业务管理办法》（以下简称《管理办法》）和本规则的规定,进行尽职调查和审慎查验,对受托事项的合法性出具法律意见,并留存工作底稿。

关于监管机构对证券律师业务范围的规定,在过去十多年有一些明显的变动。在1998年《管理通知》中,监管机构不仅要求证券发行人聘请律师出具法律意见书,还要求主承销商"必须聘请律师",出具验证笔录。但是,在2001年以后,证监会不再将验证笔录作为申请必备文件,也因此不再有对券商必须聘请律师的规范性要求。① 此外,对于律师出具法律意见书,监管机构越来越明晰地规定出具法律意见书的范围,强调律师针对相关调查事项的"结论性意见",以

---

① 参见彭冰:《证券律师,何去何从》,载《金融法苑》2005年第3期。

及出具法律意见书时所必须遵循的规范化工作机制。

监管机构对律师证券业务的详尽规定对于证券律师拓展业务而言,既有明显好的一面,也有非常不利的一面。从积极面来讲,这种制度安排保证了律师参与证券市场的地位以及可能的市场份额。简而言之,法律为证券律师人为地创造了市场。① 在司法部组织的学习贯彻 2007 年《管理办法》的座谈会上,赵大程副部长对这部规范性文件作了如下的解读:"《办法》……对律师从事证券法律业务的监管思路进行了较大调整,在制度、机制创新和解决实际问题上有许多突破,……一是着眼于律师功能作用的更好发挥,进一步拓展了律师从事证券法律服务的空间和领域。首先,《办法》体现了所有依法设立的律师事务所和依法取得律师执业证书的律师都可以从事证券法律业务的精神,未对律师及律师事务所从事证券法律业务准入方面作出限制。同时,《办法》还从保障律师事务所、律师提供优质高效的证券法律服务的角度,鼓励、倡导具备一定条件的律师事务所、律师从事证券法律业务,这一规定也为委托人委托律师事务所及其律师提供了指引。其次,《办法》凸显了律师在证券法律服务方面的监督功能,特别是明确规定了律师出具法律意见的效力,是监管机构判断相关事项合法性的重要依据,赋予了律师以证券市场"守门人"角色,使其担当第一线的监督职责。再者,《办法》进一步明确了,特别是扩大了律师事务所从事证券法律业务的范围,如将有关证券投资基金活动的法律业务、期货法律业务等纳入了调整范围。这些都为律师在更广领域和更深层次上从事证券法律业务创造了有利的条件。"②

但是,这种通过明确业务范围保障律师参与证券市场地位的监管架构也在无形中为律师业务的拓展设置了"天花板"。正所谓"成也萧何,败也萧何"。目前关于律师能否牵头撰写招股说明书的讨论正是针对这种下设底线而上有"天花板"的制度设计。

第三个关于证券律师的制度安排是对证券律师违规执业的惩罚制度(参见表5)。在所有惩罚举措中,正式的行政处罚包括警告、罚款、没收非法所得、暂停或者取消其从事证券法律业务资格以及认定为证券市场禁入者。同时,证监会通常还采用非正式的"通报批评"。当然,比行政处罚更严格的是刑事责任。不过,颇令人费解的是,尽管惩罚制度是政府对证券律师进行有效监管的重要组成部分,但是中国证监会对证券律师的行政处罚只发生在 2002 年以前,而在最

---

① 参见彭冰:《证券律师行政责任的实证研究》,载《法商研究》2004 年第 6 期;耿利航:《中国证券市场中介机构的作用与约束机制——以证券律师为例证的分析》,法律出版社 2011 年版,第 58—97 页。
② 赵大程:《充分发挥律师工作作用 为证券市场提供优质高效的法律服务》,载《中国司法》2007 年第 7 期。

近的十多年中居然没有证券律师因为违规执业而遭受中国证监会的行政处罚。① 不过,比行政处罚更轻的非正式处罚在2007年《管理办法》颁布以后似乎得到了强化。②

表5　关于证券律师违规执业的处罚规定

1998年《管理通知》	十三、律师事务所及律师违反本通知有关规定,中国证监会将视情节轻重,对其给予警告、罚款、没收非法所得、暂停或者取消其从事证券法律业务资格的处罚;造成严重社会影响的,认定为证券市场禁入者。
2005年《证券法》	第二百二十三条　证券服务机构未勤勉尽责,所制作、出具的文件有虚假记载、误导性陈述或者重大遗漏的,责令改正,没收业务收入,暂停或者撤销证券服务业务许可,并处以业务收入一倍以上五倍以下的罚款。对直接负责的主管人员和其他直接责任人员给予警告,撤销证券从业资格,并处以三万元以上十万元以下的罚款。 第二百二十五条　上市公司、证券公司、证券交易所、证券登记结算机构、证券服务机构,未按照有关规定保存有关文件和资料的,责令改正,给予警告,并处以三万元以上三十万元以下的罚款;隐匿、伪造、篡改或者毁损有关文件和资料的,给予警告,并处以三十万元以上六十万元以下的罚款。 第二百二十六条　……证券登记结算机构、证券服务机构违反本法规定或者依法制定的业务规则的,由证券监督管理机构责令改正,没收违法所得,并处以违法所得一倍以上五倍以下的罚款;没有违法所得或者违法所得不足十万元的,处以十万元以上三十万元以下的罚款;情节严重的,责令关闭或者撤销证券服务业务许可。

---

① 根据笔者对中国证监会官方网站(http://www.csrc.gov.cn/pub/newsite/)所公布的"行政处罚决定"的统计,证监会最近发布的针对证券律师或者律所的行政处罚书是于2002年4月6日发布的《中国证券监督管理委员会行政处罚决定书(孙炜)》(证监罚字[2002]7号)。事实上,该处罚已经于2000年作出。只不过,被处罚人万邦律师事务所及其律师孙炜不服而起诉到北京市第一中级人民法院。经过两审程序,北京市高级人民法院维持了证监会之前所作处罚的内容,但认为证监会对孙炜的行政处罚未履行法定程序。因此,在二审结束之后,证监会于2002年重新发布了对孙炜的行政处罚。关于证监会针对证券律师的行政处罚的研究,参见彭冰:《证券律师行政责任的实证研究》,载《法商研究》2004年第6期。

② 据统计,自2007年《管理办法》实施以来,证监会共对在"胜景山河"等造假上市过程中涉案的15家律所及其律师进行了查处,并对负有责任的7家律所、40名律师分别采取了12个月不受理许可申请文件、限期责令整改、警示函、监管谈话等监管措施。参见郭雳:《中国证券律师业的职责与前景》,载《证券法苑》2012年第2期。

(续表)

2007年《管理办法》	第三十六条 律师事务所及其指派的律师从事证券法律业务，违反《证券法》和有关证券管理的行政法规，应当给予行政处罚的，由中国证监会依据《证券法》和有关证券管理的行政法规实施处罚；需要对律师事务所给予停业整顿处罚、对律师给予停止执业或者吊销律师执业证书处罚的，由司法行政机关依法实施处罚。 第三十七条 律师事务所从事证券法律业务，未勤勉尽责，所制作、出具的文件有虚假记载、误导性陈述或者重大遗漏的，由中国证监会依照《证券法》第二百二十三条的规定实施处罚。 第三十八条 律师事务所从事证券法律业务，未按照本办法第十九条的规定保存工作底稿的，由中国证监会依照《证券法》第二百二十五条的规定实施处罚。 第三十九条 律师事务所从事证券法律业务，有本办法第三十一条第(一)项至第(八)项规定情形之一的，由中国证监会依照《证券法》第二百二十六条第三款的规定实施处罚。 第四十条 律师从事证券法律业务，违反《证券法》、有关行政法规和本办法规定，情节严重的，中国证监会可以依照《证券法》第二百三十三条的规定，对其采取证券市场禁入的措施。 第四十一条 律师事务所及其指派的律师从事证券法律业务，违反《律师法》和有关律师执业管理规定的，由司法行政机关给予相应的行政处罚。 律师事务所及其指派的律师从事证券法律业务，违反律师行业规范的，由律师协会给予相应的行业惩戒。 第四十二条 律师事务所及其指派的律师违反规定从事证券法律业务，涉嫌犯罪的，依法移送司法机关处理。

总的说来，目前的制度设计是确保证券律师在提供法律意见书等方面成为证监会的有力助手。**但是，我国目前的制度安排的特点是，既没有给律师太多的负面激励机制，也没有给律师太多的正面激励机制**。对于证券律师而言，监管机构一方面对企业上市所必需的法律意见书作出了强制性规定，这种规定使得证券律师在我国有天然的需求；另一方面，监管机构又明确地通过"保荐人制度"把券商的地位置于证券律师之上。因此，与美国式治理结构相反，我国的监管架构既为律师参与企业上市提供了"底线保障"，又设置了"上线障碍"。在这种治理结构之下，我国证券律师更像被养在笼子里的鸟，有飞的空间，却不会飞得太高。

(二) 关于证券律师角色的学术问题与学者建议

无论是鉴于对中外证券律师角色安排的比较研究,还是因为当前我国证券市场的不良表现,现有证券律师的角色安排引发了很多的质疑。我们把这些质疑及相关的建议归纳为如下几个方面:

第一个质疑是:既然证券律师的角色安排是由监管机构在法律中人为地创造的,那么这种角色安排到底有没有真正的意义? 如果证券律师等中介机构并没有实质性地促进证券市场的有效信息披露,那么对证券律师的强制性使用又是不是增加了证券发行与交易的额外成本?

在《中国证券市场中介机构的作用与约束机制——以证券律师为例证的分析》一书中,耿利航对我国证券律师的效用提出了尖锐的质疑:"证券市场中介机构传统上多是市场自发的产物,是交易当事人为节约交易成本的需求,中介机构从当事人节约的交易成本中分得利益。而在中国证券市场管制的体制下,政府为市场发展提供全部制度性安排和保障,国家信用为证券市场的发展提供了一种'隐形担保契约'。有了国家的信用,就无须中介机构提供的民间信用。除了增加投资者交易成本,律师等中介机构提供的服务并没有给市场带来更多的有效信息。因投资渠道被严重抑制而对股票买卖不计后果的投资者,以及将某种政治目的和任务作为监管导向的监管者都不会指望依靠律师来甄别或排除公司的不当行为。中国证券市场越是笼罩在'计划'管制的阴影下,市场监管者与政治勾连越紧密,律师等中介机构越是异化成市场'与国际接轨'和掩饰管制的遮羞布。"[①]

第二个质疑是:如果说证券律师给证券发行提供法律意见书还有那么一些价值,那么给定我国证券律师的发展还在"初级阶段",准入管制的取消会不会带来"劣币驱逐良币"的恶性竞争效果?

在监管机构取消对证券律师资格认定之后,有学者对我国证券律师的走向表示了担忧。具有代表性的文章为彭冰的《证券律师,何去何从》(载《金融法苑》2005年第3期)。在这篇文章中,彭冰认为:"与发达国家的成熟证券市场不同,证券法律业务在中国并非出自市场的自发需求,而是政府通过立法创造出来的。1993年颁布的《股票发行与交易管理暂行条例》第十三条和第十四条明确规定了法律意见书为申请公开发行股票必备文件。此后,中国证监会多次发文,坚持将法律意见书和律师工作报告作为申请公开发行文件的必备条件,甚至明

---

① 耿利航:《中国证券市场中介机构的作用与约束机制——以证券律师为例证的分析》,法律出版社2011年版,第284页。

确规定了文件的内容和格式。因此,证券法律业务在中国目前主要是在法律和中国证监会的强制要求下,发行人为了完成公开发行和上市的法定要求而必须支付的一种成本而已,发行人本身并不一定有聘请律师帮助完成公开发行的市场需求。一旦中国证监会取消对法律意见书和律师工作报告的强制要求,发行人是否还会聘请律师从事证券法律业务?……这种没有市场自发需求支撑的市场有着先天的缺陷:其无法建立有效的市场筛选机制。……在这种条件下,证券律师的功能无法为市场认同,只能成为申请公开发行必须承担的一种成本。因此,好发行人并不需要挑选好的律师事务所,只要价格便宜即可。而坏发行人则因为需要律师帮助其欺骗投资者,更倾向于坏律师事务所——好律师事务所因为其市场声誉,不实陈述的成本较高,一般不愿意参与。这样竞争的结果,就是随着价格的降低,好的律师事务所逐步被挤出证券法律服务市场。……到目前为止,以上所述还是一个假设。虽然低价竞争已经在现实中出现,但其是否最终进入上述'劣币驱逐良币'的恶性循环,现在还不清楚。"①

由于这篇文章所提出的问题非常具有代表性,我们不妨把这些问题称为"彭冰之问"。归纳下来,"彭冰之问"有两个方面,一个是规范性问题,一个是事实性问题。规范性问题是:中国证监会会不会取消对法律意见书和律师工作报告的强制性规定?到目前为止,我们还没有看到这种迹象。事实性问题是:证券业法律服务的价格战会不会导致差的律所挤走了好的律所?对于这个问题,个别研究已经有所提及。比如,郭雳指出,2008 年和 2009 年的统计数据显示,我国证券法律服务业优势集中的态势进一步增强。② 直觉给我们的答案是:没有发生。不过,这个问题的反面——证券律师事务所是不是变得更好——至今没有答案。

第三个质疑是:如果说准入管制的取消并没有带来"底线竞争"的恶劣后果,那么在业务安排上,我国证券律师是否应当像外国——尤其是美国——那样扮演更多的角色?

在对这个问题的关注中,郭雳的研究文章具有代表性。③ 针对目前我国企业上市过程中的诸多信息披露问题,以及如何更加有效地发挥"成千上万法律精英"的作用,郭雳提出了改革我国证券律师角色的如下举措:"(一) 在加强市

---

① 彭冰:《证券律师,何去何从》,载《金融法苑》2005 年第 3 期。
② 参见郭雳:《我国证券律师业的发展出路与规范建议》,载《法学》2012 年第 4 期。
③ 参见郭雳:《证券市场中介机构的法律职责配置》,载《南京农业大学学报(社会科学版)》2011 年第 1 期;《证券律师的职责规范与业务拓展》,载《证券市场导报》2011 年第 4 期;《我国证券律师业的发展出路与规范建议》,载《法学》2012 年第 4 期;《中国证券律师业的职责与前景》,载《证券法苑》2012 年第 2 期。

场诚信系统建设的前提下,推动证券律师准入的进一步市场化;(二)对证券律师在市场中的职责明晰化,尤其是要明确证券律师同其他市场中介机构的责任边界;(三)完善证券律师的执业规范;(四)推动证券律师的功能专业化,包括强化律师在公司日常合规中的作用,强化券商律师功能及其与发行人律师的角色分工,以及推动律师牵头起草招股说明书。"[1]就推动律师牵头起草招股说明书而言,郭雳认为:"至于由谁委托的律师来牵头起草,笔者以为,如果从长期来看,我们学习的对象仍是美国,则有理由让发行人律师担当,而如果以券商推荐为核心的保荐制近期不会调整,也可考虑由保荐人律师来做。无论哪种,都需要与前述'严格保荐人牵头责任'模式的改革相结合。当然,业务、责任的洗牌,肯定会伴随报酬的重新划分,应当尊重市场主体之间的这种博弈。律师进入招股书起草市场的另一个变化是,有更多具有国际律所撰写招股说明书经验的律师加盟国内所,或者外所以变通方式开展与内所的合作。类似于'四大'会计师事务所在中国的发展实践,这将有助于带动或刺激中国证券律师行业的成长。综上,有理由支持在适当范围内开展由律师牵头起草招股说明书的试点,以实际测试市场供求关系;最起码的尝试是将招股说明书中非业务和非财务章节的部分纳入律师的工作范围,并在发审委及预审员询问环节,增加由律师参与的解释和沟通。"[2]

(三)监管机构的改革思路

鉴于现有制度架构在监管证券发行上市中的"失灵"以及社会的改革呼吁,中国证监会也有所回应。在2012年4月28日公布的《关于进一步深化新股发行体制改革的指导意见》(下文简称"2012年《指导意见》")中,中国证监会明确指出:"律师事务所应恪守律师职业道德和执业纪律,认真履行核查和验证义务,完整、客观地反映发行人合法存续与合规经营的相关情况、问题与风险,对其所出具文件的真实性、准确性、充分性和完整性负责。提倡和鼓励具备条件的律师事务所撰写招股说明书。"这段百来字的指导意见只有两句话,前面一句话几乎是在重复证监会在过去几年所实施的举措,而第二句话中的"提倡和鼓励具备条件的律师事务所撰写招股说明书"则蕴含了我国证券律师未来业务大拓展并由此影响市场治理结构的巨大空间。

---

[1] 郭雳:《中国证券律师业的职责与前景》,载《证券法苑》2012年第2期。
[2] 郭雳:《证券律师的职责规范与业务拓展》,载《证券市场导报》2011年第4期。

(四) 本文的研究问题与方法

我国目前对证券律师角色的制度安排显然没有实现良好的治理效果。学术界的质疑、困惑与建议都是对当前证券市场治理结果存在重大问题的反应。显然,监管机构自身也意识到了问题的存在。对于我国证券律师角色的未来改革,归根到底,无外乎两个问题:其一,他们目前究竟做得怎样? 这是一个事实问题。其二,他们未来应该做什么? 这是一个应然问题。理想的改革方案是在对前者予以充分回答的基础上对后者的直接呼应。然而,针对我国证券律师的实然问题,现有的研究是非常零碎的,也因此制约了改革的下一步举措。对于证监会"提倡和鼓励具备条件的律师事务所撰写招股说明书"这样一个重大举措,其中"具备条件"的含义非常模糊而主观。换句话说,我国的证券律师事务所是否已经具备了撰写招股说明书的条件? 对这类问题的回答事实上也是对上述学者质疑与困惑的回应。本文的核心目的也正是如此:首先利用2006—2012年A股首发上市股票的系统数据,说明发行人律师在当下中国证券市场发展中所扮演的真实角色,继而讨论证券律师的实然角色对未来改革的含义。

三、我国 A 股发行人律师概况及"品牌律所"的崛起

在这一部分,我们将展开针对我国证券律师角色的实然研究。文章将先对实证研究的数据予以说明,然后描述数据并汇报实证研究的主要相关发现。

(一) 数据来源与选择

在最近十年,我国证券发行上市制度的重大改革举措是从审批制到核准制的变化,并且在核准制之下实现了从"通道制"到"保荐制"的变革。2003年12月,中国证监会发布《证券发行上市保荐制度暂行办法》,标志着保荐制度的正式建立;2005年10月,《证券法》修订时以法律的形式正式确立了这一制度。[①] 此后,发行上市制度并没有发生大的改变。考虑制度的连贯性和案例的可比较性,本文只研究2006年以来证券发行上市过程中的律师角色。为简化研究,也考虑到证券的代表性,本文只研究A股首发上市过程中的律师角色问题。在发行过程中,律师可以担任发行人律师,也可能是券商所聘任的券商律师。然而,由于中国证监会在2001年《公开发行证券的法律意见书和律师工作报告》中不

---

① 参见中国证券监督管理委员会编:《中国证券监督管理委员会年报2007》,中国财政经济出版社2008年版,第25页。

再把券商律师所出具的验证笔录作为发行上市的必要条件之一,券商是否聘请律师变得有随机性,市场上也没有系统的券商律师数据,因此本文所指的"证券律师"仅指发行人律师,不包括券商律师。最后一个限定是:尽管本文的"发行人律师"既包括作为发行人律师的律师事务所,也包括作为发行人律师的律师个人,但主要是指律师事务所,而非律师个人。

根据上述范围界定,我们通过"巨潮资讯网"和其他途径所公布的信息,收集了2006—2012年所有在A股首发上市股票的发行人所公布的"招股说明书"和"上市公告书",并从中摘取了发行人、中介机构(包括券商和律所)、发行费用和募集资金等信息,以此作为本实证研究的经验数据。

2006—2012年,我国股市共公开首次发行股票1157支。其中,1148支股票是通过"网下询价,上网定价"发行的,而余下9支是通过"比例换股"的方式发行的。① 考虑到后者的信息公开方式同前者不一样——或者说,比例换股更像是一种双方合同而非公开招募——并由此导致两者对律师及其他中介机构所要求的工作性质和内容也不一样,因此本文的统计分析不包含上述9家通过比例换股发行的上市股票。这1148支通过"网下询价,上网定价"发行的股票中,139支(占12.11%)是在沪市主板发行的,653支(占56.88%)是在深市中小企业板发行的,余下356支(占31.01%)是在深市创业板发行的。

(二) 发行人律师事务所概况

2006—2012年,共有来自132家律所的律师成为上述1148支首发上市股票的发行人律师。② 这些律所的总部或者住所所在地是在北京、上海、天津和重庆等直辖市、省会城市或者像深圳、青岛和大连这样的沿海开放城市,其中在北京或者上海的占了绝大多数。关于这些律所的详细信息,参见附表《2006—2012年我国A股首发上市发行人律师(事务所)一览表》。

表6描述了上述1148支股票首发上市时发行人律师收费(下文简称"律师费")概况。2006—2012年,发行人律师费共计15.73亿元,平均每家首发上市公司支付律师费(下文简称"律师费单价")为137.05万元。律师费的年度总量随着发行数量的多寡而有所波动。从平均律师费单价而言,大体上是逐年上升的——平均单价2006年为115.95万元,2012年为168.79万元。

---

① 这9家上市公司分别是:2006年发行的上港集团(600018.SH)和潍柴动力(000338.SZ),2007年发行的中国铝业(601600.SH)和太平洋(601099.SH),2008年发行的上海电气(601727.SH),2010年发行的龙江交通(601188.SH)和吉林高速(601518.SH),2011年发行的金隅股份(601992.SH),2012年发行的广汽集团(601238.SH)。

② 所有律所的名称参见文后附表。

表6 我国A股首发上市发行人律师收费概况（2006—2012年）

年份	收费总金额（万元）	IPO件数	平均每件金额（万元）	最大单价（万元）	最小单价（万元）	标准差（万元）
2006	8116.22	70	115.95	1070	28	137.37
2007	14558.49	118	123.38	700	24	142.13
2008	8202.68	77	106.53	550	30	85.93
2009	15618.23	114	137.00	1880	22	181.88
2010	45992.30	349	131.78	1230	30	104.08
2011	40034.60	273	146.65	726.6	16	85.46
2012	24811.81	147	168.79	790	18	119.23
2006—2012	157334.32	1148	137.05	1880	16	118.49

表7与表8分别以服务上市公司数和律师收费总额为标准，对2006—2012年IPO发行人律师事务所20强进行了排序和列举。

表7 2006—2012年我国IPO发行人律师事务所20强（以服务上市公司数为标准）

排名	律所名称	服务上市公司数（家）	百分比	累计百分比	总部住所城市
1	国浩律师事务所	134	11.672%	11.672%	上海/北京/深圳市
2	金杜律师事务所	90	7.840%	19.512%	北京市
3	国枫凯文律师事务所	69	6.010%	25.522%	北京市
4	中伦律师事务所	63	5.488%	31.010%	北京市
5	天银律师事务所	57	4.965%	35.975%	北京市
6	锦天城律师事务所	46	4.007%	39.982%	上海市
7	竞天公诚律师事务所	43	3.746%	43.728%	北京市
8	康达律师事务所	34	2.962%	46.690%	北京市
9	德恒律师事务所	33	2.875%	49.565%	北京市
10	信达律师事务所	25	2.178%	51.743%	深圳市
11	君合律师事务所	23	2.003%	53.746%	北京市
12	嘉源律师事务所	22	1.916%	55.662%	北京市
13	大成律师事务所	21	1.829%	57.491%	北京市

（续表）

排名	律所名称	服务上市公司数(家)	百分比	累计百分比	总部住所城市
14	启元律师事务所	21	1.829%	59.321%	长沙市
15	天元律师事务所	21	1.829%	61.150%	北京市
16	君泽君律师事务所	20	1.742%	62.892%	北京市
17	通力律师事务所	18	1.568%	64.460%	上海市
18	万商天勤律师事务所	18	1.568%	66.028%	北京市
19	天册律师事务所	17	1.481%	67.509%	杭州市
20	瑛明律师事务所	17	1.481%	68.990%	上海市

表8 2006—2012年我国IPO发行人律师事务所20强（以律师收费总金额为标准）

排名	律所名称	收费总金额（万元）	收费金额市场份额	累计百分比	总部住所城市
1	金杜律师事务所	16824.4367	10.69%	10.69%	北京市
2	国浩律师事务所	15653.9818	9.95%	20.64%	上海/北京/深圳市
3	国枫凯文律师事务所	10028.1840	6.37%	27.02%	北京市
4	中伦律师事务所	9909.3626	6.30%	33.32%	北京市
5	天银律师事务所	8757.7998	5.57%	38.88%	北京市
6	竞天公诚律师事务所	7411.2938	4.71%	43.59%	北京市
7	嘉源律师事务所	5442.8174	3.46%	47.05%	北京市
8	锦天城律师事务所	4741.2301	3.01%	50.06%	上海市
9	德恒律师事务所	4491.7181	2.85%	52.92%	北京市
10	君合律师事务所	4425.8672	2.81%	55.73%	北京市
11	通力律师事务所	3695.0567	2.35%	58.08%	上海市
12	康达律师事务所	3316.5000	2.11%	60.19%	北京市
13	瑛明律师事务所	3258.6362	2.07%	62.26%	上海市
14	信达律师事务所	3251.9000	2.07%	64.33%	深圳市
15	天元律师事务所	3229.8376	2.05%	66.38%	北京市
16	通商律师事务所	2980.6478	1.89%	68.27%	北京市

(续表)

排名	律所名称	收费总金额（万元）	收费金额市场份额	累计百分比	总部住所城市
17	万商天勤律师事务所	2899.7003	1.84%	70.12%	北京市
18	启元律师事务所	2856.7415	1.82%	71.93%	长沙市
19	海问律师事务所	2672.0450	1.70%	73.63%	北京市
20	大成律师事务所	2358.9143	1.50%	75.13%	北京市

从表7和表8可以看出——事实上，也可以通过常识推断，服务上市公司数多的律师事务所在律师费总金额上也较多。不过，从下文表9也可以看出来，那些收费总金额和服务上市公司数不是排在最前面的律师事务所的平均收费却是最贵的。这个现象值得关注。

表9　2006—2012年我国IPO发行人律师事务所20强（以律师费平均单价为标准）

排名	律所名称	平均每家收费金额（万元）	收费总金额（万元）	总部住所城市
1	海问律师事务所	381.7207	2672.0450	北京市
2	嘉源律师事务所	259.1818	5442.8174	北京市
3	众鑫律师事务所	258.0000	258.0000	北京市
4	融孚律师事务所	253.0000	253.0000	上海市
5	广信律师事务所	235.4007	1177.0033	广州市
6	金茂凯德律师事务所	206.6667	620.0001	上海市
7	通力律师事务所	205.2809	3695.0567	上海市
8	通商律师事务所	198.7099	2980.6478	北京市
9	君合律师事务所	192.4290	4425.8672	北京市
10	瑛明律师事务所	191.6845	3258.6362	上海市
11	同泽律师事务所	190.0000	190.0000	沈阳市
12	兢诚律师事务所	185.0000	185.0000	长春市
13	金杜律师事务所	184.8839	16824.4367	北京市
14	竞天公诚律师事务所	172.3557	7411.2938	北京市
15	中银律师事务所	168.4037	1347.2293	北京市

（续表）

排名	律所名称	平均每家收费金额（万元）	收费总金额（万元）	总部住所城市
16	邦盛律师事务所	166.5000	666.0000	北京市
17	普华律师事务所	164.0000	164.0000	北京市
18	广发律师事务所	163.8753	1474.8774	上海市
19	琴岛律师事务所	163.0000	489.0000	青岛市
20	万商天勤律师事务所	161.0945	2899.7003	北京市

表10列举了2006—2012年律师收费单价最贵的20家上市企业名录。前20名的律师费单价均超过500万元。造成首发律师费高昂的原因可能有如下几个：(1) 发行之前存在大量的并购重组活动，这些费用被列为发行律师费；(2) 同时在A股和H股上市，两边的费用均列在A股首发上市的律师费中；(3) 日常的法律顾问费和其他律师费用也被列入发行律师费；(4) 公关费用和其他"灰色支出"也被列入发行律师费。

表10 2006—2012年我国IPO发行律师费单价前20名

排名	发行人	国内上市板块	A+H股	发行人律师	发行律师费（万元）	律师费占发行费比例
1	中国中冶	主板	是	嘉源律师事务所	1880.00	3.08%
2	光大银行	主板	否	金杜律师事务所	1230.00	3.25%
3	工商银行	主板	是	金杜律师事务所	1070.00	1.16%
4	宁波港	主板	否	海问律师事务所	1030.00	5.51%
5	日出东方	主板	否	天银律师事务所	790.00	6.45%
6	怡球资源	主板	否	天银律师事务所	780.00	9.05%
7	索菲亚	中小企业板	否	广信律师事务所	726.60	9.56%
8	中国太保	主板	是	金杜律师事务所	700.00	0.72%
9	中国石油	主板	是	金杜律师事务所	691.23	1.24%
10	中国交建	主板	是	嘉源律师事务所	670.00	4.93%
11	中国西电	主板	否	海问律师事务所	662.00	2.09%
12	中海集运	主板	是	竞天公诚律师事务所	638.60	2.59%

(续表)

排名	发行人	国内上市板块	A+H股	发行人律师	发行律师费（万元）	律师费占发行费比例
13	西部矿业	主板	否	君合律师事务所	620.00	4.17%
14	长青集团	中小企业板	否	万商天勤律师事务所	602.00	13.38%
15	中国远洋	主板	是	通商律师事务所	589.14	2.39%
16	中国南车	主板	是	嘉源律师事务所	550.00	3.22%
17	北京银行	主板	否	金杜律师事务所	549.95	1.75%
18	江南嘉捷	主板	否	国枫凯文律师事务所	525.00	8.69%
19	中国铁建	主板	是	德恒律师事务所	520.00	1.00%
20	中国银行	主板	是	君合律师事务所	516.00	0.94%

（三）"品牌律所"的崛起

从上述证券律师事务所的服务上市公司数（表7）和收费总金额（表8）排名可以看出来，在最近几年，尽管有一百多家律所参与了A股的IPO业务并出具了法律意见书，但是业务总量排名前列的律师事务所事实上瓜分了大部分的法律服务市场份额。从服务上市公司数来看，前五名的律所的服务上市公司数的累积百分比接近36%，前十名的累积百分比则接近52%——也就是说，不到8%的律所瓜分了50%以上的市场份额。从律师收费来看，也差不多：前五名的律所的累积份额将近39%，前十名的律所的累积份额则将近56%。这些数据非常明显地说明了我国证券法律市场已经形成了一些声誉相对良好的律所——本文称它们为"品牌律所"。

事实上，对于证券业品牌律所的形成，官方一直在保持关注。在中国证监会主编的《中国资本市场法制报告》系列丛书中，对此一直保持跟踪。在对2007年度证券法律服务业发展的专题讨论中，该报告认为，我国证券法律服务业的市场规模不断在扩大，而且市场集中度也较高。这集中体现在：证券法律服务业务相对集中在证券市场较为发达的地区；部分传统上从事证券法律业务、规模较大的律师事务所业务发展较快、所占市场份额较大；证券法律业务量较大的律师事务所独有其侧重的业务类型。① 此后,在2008②、2009③和2010④年度的报告中,官方编撰者都提到证券法律服务业进一步集中的趋势。部分学者也在研究中引用这些官方的见解,作为支持应当扩大我国证券律师职责的重要论据。⑤

不过,无论是官方的文件还是学术研究,都没有系统地回答:在最近几年,我国A股IPO的法律服务在多大程度上越来越集中于这些品牌律所?这些品牌律所体现了什么样的特征?作为对这些问题的回答,我们统计并分析了2006—2012年不同梯队的律所所占市场份额的变化情况(参见表11)。根据2006—2012年服务首发上市公司的总数,我们把所有的132家发行人律所分为三个梯队:排名前5的律所、排名在第6—20名的律所和排名在第21名以后的律所。从总数看,这三个梯队刚好三分天下,分别占据了总市场份额的36.06%、33.10%和30.84%。

表11 2006—2012年IPO律师业务分布趋势(以服务上市公司数为标准)

排名		年 份							
		2006	2007	2008	2009	2010	2011	2012	合计
前5名	服务上市公司数(家)	21	33	23	43	132	98	64	414
	百分比(%)	30.00	27.97	29.87	37.72	37.82	35.90	43.54	36.06
第6—20名	服务上市公司数(家)	15	29	30	44	115	94	53	380
	百分比(%)	21.43	24.58	38.96	38.60	32.95	34.43	36.05	33.10
第21名以后	服务上市公司数(家)	34	56	24	27	102	81	30	354
	百分比(%)	48.57	47.46	31.17	23.68	29.23	29.67	20.41	30.84
合计	服务上市公司数(家)	70	118	77	114	349	273	147	1148
	百分比(%)	100	100	100	100	100	100	100	100

尽管总数呈现的是三分天下的格局,但是从动态发展的角度看,排名前列的律所的确越来越占据了更多的市场份额。具体而言,总量排名前5的几家律所——金杜、国浩集团、国枫凯文、中伦和天银——在2006—2008年只有30%左右的市场份额,而在2012年则有43.54%的份额。反过来看,排名在第21名以后的100多家律所,其市场份额呈现了明显的下降趋势,在2006—2007年所

---

① 参见桂敏杰主编:《中国资本市场法制报告(2007)》,法律出版社2008年版,第583页。
② 参见桂敏杰主编:《中国资本市场法制报告(2008)》,法律出版社2009年版,第524—525页。
③ 参见桂敏杰主编:《中国资本市场法制报告(2009)》,法律出版社2010年版,第450—452页。
④ 参见桂敏杰主编:《中国资本市场法制报告(2010)》,法律出版社2011年版,第582—585页。
⑤ 参见郭雳:《中国证券律师业的职责与前景》,载《证券法苑》2012年第2期。

占据的市场份额都接近50%,而到了2012年则只剩下20%左右。在中间,排名在第6—20名的律所在2008年以后,比之前增加了不少市场份额,但是其增长态势没有前5名迅猛。从这些数据可以看出来,在最近几年,我国IPO的法律服务市场呈现了优者更优、劣者更劣的态势。我们也因此可以下个判断:品牌律所在我国证券法律服务市场已经形成。为了下文分析的方便,我们不妨把2006—2012年服务上市公司数排名前5的律所称为"第一梯队律所",把排名在第6—20名的律所称为"第二梯队律所",把余下的律所称为"一般律所"。同时,在不那么严格的意义上,把第一和第二梯队的律所称为"品牌律所"。[①]

四、发行人、主承销商声誉与律所品牌

如果说上文的数据说明了包括第一和第二梯队在内的部分律所在与同行的竞争中胜出,并在不同程度上形成了品牌效应,那么接下来的问题是:品牌律所与一般律所在服务客户类型上有没有显著的差异性?律所的品牌效应又是否与券商的声誉相关联?如前所述,在当前我国证券市场的治理结构之下,发行人直接决定选择哪家律所成为发行人律师,而作为牵头中介机构的主承销商间接地——甚至也直接地——影响了发行人律师的选择。在这个部分,我们就这些问题利用数据展开分析。

(一) 发行人与律所选择

直觉上,我们能够猜测,发行人的规模应该会影响其对律所的选择。事实也是如此。根据上文提到的数据来源,我们分别收集了可以衡量发行人规模的如下三个指标:首发上市前的注册资本、发行数量和预计募集资本。表12描述了选择品牌律所与一般律所的发行人规模在上述三个方面的明显差异性。

[①] 以排名定义一个律所是否为"品牌律所"有明显的缺陷。比如,很难说排名第20的瑛明律所事务所和排名第21的通商律师事务所有什么本质区别。但是,这种方式也是常见的定义方式,原因可能在于很难找出更好的标准。在本文中,我们的目的不是严格区分哪些律所是"品牌律所",哪些不是;相反,我们的目的是想说有那么一些律所在竞争中明显地超越了大部分的律所,因此具有品牌效应。

表 12 发行人规模与律所类别

律所类别	发行人规模		
	发行前注册资本（单位：万元）	首发上市发行股票数（单位：万股）	预计募集资金（单位：亿元）
第一梯队	176159.68 (1693305.20)	14455.71 (86797.62)	6.33 (23.97)
第二梯队	245491.17 (2119020.30)	28868.36 (161636.23)	10.06 (31.01)
一般律所	20385.39 (71031.00)	6853.95 (25731.85)	4.82 (10.52)

注：括弧内数字为标准差。另外，"发行前注册资本"和"首发上市发行股票数"这两栏都是全样本1148家，而"预计募集资金"一栏的样本数为1123家。

从表12可以清楚地看出来，选择品牌律所的发行人规模明显比选择一般律所的大。尤其是从发行前注册资本这个标准看，选择品牌律所的发行人的平均规模是选择一般律所的发行人的平均规模的八倍以上。不过，有意思的是，在选择品牌律所的发行人中，选择第二梯队律所的发行人规模比选择第一梯队律所的大。究其原因，可能是因为中央国企选择第二梯队的律所比第一梯队的律所多。

根据发行前企业实际控制人的性质，我们把发行人分为如下几种：国有企业、民营企业、外资企业、集体企业和院校企业。其中，国有企业进一步区分为中央国企、省级国企和地县国企——区分的标准为实际控制人是中央政府的国资委还是地方政府的国资委或者政府。表13描述了发行人性质与发行人律所的关联性。

表 13 发行人性质与律所类别（交互分类表）

律所类别	发行人性质							合计
	国有企业			集体企业	院校企业	民营企业	外资企业	
	中央国企	省级国企	地县国企					
第一梯队	27 30.68%	14 28.00%	12 21.82%	2 40.00%	1 14.29%	342 38.17%	16 34.04%	414 36.06%
第二梯队	42 47.73%	14 28.00%	22 40.00%	0 0%	4 57.14%	284 31.70%	14 29.79%	380 33.10%
一般律所	19 21.59%	22 44.00%	21 38.18%	3 60.00%	2 28.57%	270 30.13%	17 36.17%	354 30.84%
合计	88 100%	50 100%	55 100%	5 100%	7 100%	896 100%	47 100%	1148 100%

注：Pearson chi2 = 25.4183；$P = 0.013 < 0.05$。

同样,部分由于很多大型企业——尤其是大型中央国企——选择了第一梯队和第二梯队的律所,使得在不同板块上市的企业所选择的律所类别也不一样。表 14 描述了发行人上市交易板块与发行人所选择的律所的关联性。总体上看,在沪市交易的发行人选择品牌律所的概率比选择一般律所的概率高很多。反过来,在中小企业板上市交易的发行人选择一般律所的概率高很多。所以,沪市主板发行人的律所选择与中小企业板之间的差距很大——前者多选择品牌律所,后者多选择一般律所。

表 14　发行人上市交易板块与律所类别(交互分类表)

律所类别	上市板块			合计
	沪市主板	深市中小企业板	深市创业板	
第一梯队	51 36.69%	222 34.00%	141 39.61%	414 36.06%
第二梯队	63 45.32%	196 30.02%	121 33.99%	380 33.10%
一般律所	25 17.99%	235 35.99%	94 26.40%	354 30.84%
合计	139 100%	653 100%	356 100%	1148 100%

注:Pearson chi2 = 25.5956;P = 0.000。

(二)主承销商与发行人律师

根据对前述相关资料的统计,2006—2012 年首发上市的 1148 家发行人共聘请了 80 家证券公司担任主承销商。其中,绝大多数的发行人只聘请了 1 家主承销商,而部分则聘请了 2—3 家券商作为主承销商。表 15 列举了 2006—2012 年主承销股票数排名前 10 的券商名单。这 10 家券商单独或者同其他券商共同主承销的股票达 632 支,占了所有 1148 支股票的 55.05%。

表 15　2006—2012 年我国 IPO 主承销商 10 强(以承销股票数为标准)

主承销商名称	承销股票数(单位:支)
国信证券	127
平安证券	126
广发证券	69
中信证券	65

(续表)

主承销商名称	承销股票数（单位：支）
招商证券	58
海通证券	52
华泰联合	40
光大证券	34
中信建投	32
中国国际金融有限公司	29

根据金融学界研究的常用做法，在本文中，我们把进入前10名的券商定义为"高声誉券商"，而余下的则认定为"低声誉券商"。[①] 我们继而关心的问题是：在我国的 IPO 市场中，发行人所选择的券商声誉与其律师的品牌有没有关联？或者说，券商声誉与律所品牌有没有可能形成"扎堆效益"？表15利用交互分类表描述了这两者的关联。不过，从表16所展现的数字来说，主承销商的声誉与发行人律所的品牌之间没有太多的关联性。也就是说，选择高声誉券商的发行人未必会选择品牌律所，反之亦然（$P = 0.089 > 0.05$）。这一点也在很大程度上说明券商在决定发行人律师上并没有十足的发言权，因为数据显示与特定主承销商搭档的律所非常宽泛。

表16　主承销商与发行人律所（交互分类表）

律所类别	主承销商声誉		合计
	高声誉券商	低声誉券商	
第一梯队	228 37.19%	186 34.77%	414 36.06%
第二梯队	213 34.75%	167 31.21%	380 33.10%
一般律所	172 28.06%	182 34.02%	354 30.84%
合计	613 100%	535 100%	1148 100%

注：Pearson chi2 = 4.8344；$P = 0.089$。

[①] 关于如何认定券商声誉，See William L. Megginson and Kathleen A. Weiss, Venture Capitalist Certification in Initial Public Offerings, The Journal of Finance, Vol. 46, No. 3, 1990, pp. 879—903；胡旭阳：《我国首次公开发行市场监管制度研究——变迁·效率·创新》，经济管理出版社2008年版，第151—166页。

（三）发行人律师费与律所品牌

就律所品牌而言，与发行人及承销商声誉相关的重大问题是：品牌好的律所能否从发行人那里获取更多的律师费？品牌律所的律师费是否在整个发行费中占据更多的份额？表17对此进行了归纳。

表17 律所类别与律师费

律所类别	发行人规模		
	平均每支股票收费（单位：万元）	律师费在所有发行费中的比例(%)	律师费与券商收费之比(%)
第一梯队	147.76 (117.93)	3.34% (1.94)	4.58% (3.31)
第二梯队	155.05 (148.15)	3.08% (1.79)	4.13% (2.81)
一般律所	105.21 (65.47)	3.08% (1.75)	4.26% (2.80)
所有律所	137.05 (118.49)	3.17% (1.84)	4.33% (3.00)

注：括弧内数字为标准差。样本数均为1148家。

从表17可以看出来，从平均每支股票收费来看，品牌律所比一般律所的确有所提高——第一梯队的律所比一般律所高40%左右；第二梯队的律所比一般律所高47%左右。第二梯队比第一梯队更高的原因在于，前者服务的上市公司的平均规模更大，而上市公司规模的大小直接会影响其发行费的多少。不过，从律师费在所有发行费中的比例看，律师费的比例非常低，而且品牌律所和一般律所没有本质区别。就律师费与券商收费之比看，道理一样，律师在券商面前显得非常卑微，并且不同类别的律所在本质上也没有差别。

五、我国证券律师的实然角色及其阐释

在上文从不同侧面描述我国IPO市场中发行人律所的基本情况之后，我们有必要对证券律师的实然角色作一番整体性描述，并结合前文的理论与政策探讨，阐释这种实然角色所折射的含义。

（一）证券律师的实然角色：整体性描述

根据上文的实证研究，我们认为当下我国证券律师在现实中呈现如下特征：首先，在监管机构于十多年前取消准入管制之后，证券律师并没有出现"底线竞争"和"劣币驱逐良币"的消极发展，反而是一些声誉不错的律所已经在这个市场站稳了脚跟，并赢得了相当大的市场份额。我们称这些律所为"品牌律

所",认为它们已经在证券市场中崛起。这些律所比较早地进入这个市场,并且拥有一批最早在证券领域执业的律师。尽管存在所际流动,这些证券行业相对资深的律师还是比较固定地服务于品牌律所。① 也因此,品牌律所和资深律师两者实现了叠加效应,并使得律所组织和律师个人都实现了良性循环发展。本文只研究了品牌律所在 A 股首发上市过程中为发行人提供法律意见书的表现,而事实上它们在证券市场的其他领域——比如再融资法律业务和境外发行证券法律业务——也处在领先地位。②

其次,在所有一百多家参与证券市场并提供法律服务的律所中,尽管排在前面的品牌律所和后面的一般律所在整体上有明显差别,但是在品牌所内部,律所与律所之间的差异性不是特别明显,相互之间的竞争也很激烈。从前面的分析看得出来,规模大的发行人更多选择了第二梯队而非第一梯队的律所。同时,从发行人性质等指标看,不同类别的律所在服务客户类别上也没有太多的实质区别——尽管不排除个别律所可能采取了某种比较特定的发展战略。此外,如果说拥有选择决定权或者影响力,不同声誉的主承销券商对律所品牌的选择也没有明显的偏好。因此,在目前的证券市场,品牌律所更是一个整体性概念,而非个体性概念。随着时间的推移,优胜劣汰一定会持续性地存在。当然,律所因此而面临的生存与发展危机对于整个市场的健康发展未必是坏事。如果对证券市场的治理模式进行合理的改革,这种竞争会促成更多的良性竞争。

最后,一个非常关键的负面特征是,相对于券商而言,证券律师的经济收益只占非常小的份额,并且品牌律所与一般律所之间的差距很小。因为对于发行人而言,最重要的是通过券商获取上市的机会,他们一定是把绝大多数的发行费用用于寻求这种机会,包括支付其他非法的寻租费。对于监管机构来说,律师所提供的法律意见书,尽管是发行人必须操作的一道工序,但是工作的质量并不是那么关键,因此费用也不可能高。

结合上面几个特征,我们可以把目前我国证券市场的法律服务行业的状态归纳为"有量无质的市场竞争"。对于律所而言,竞争一定是存在的,只不过大家是尽可能获得更多数量的法律意见书提供机会,而不是提供更好质量的法律意见书。在很大程度上,法律意见书更像是证券监管机构所提供的一篇命题"八股文"。发行人律师只需把这篇八股文按照指定的格式写好,而从其质量本身很难也无须评估其优劣,只需保证质量的底线即可。

---

① 由于篇幅所限,本文没有统计分析律师个人的情况。对此,我们将专门撰文分析。
② 关于证券律所在再融资法律业务和境外发行证券法律业务中的表现与排名,可参见中国证监会主编的《中国资本市场法制发展报告》系列丛书(2007 年以后)。

当然,这不等于说上市法律意见书没有任何实际意义。尽管我国现有监管架构对法律意见书作了法定人为(而非市场选择)的安排,并不能最优地提供市场投资者所需要的有效信息,但是也把相当一部分的劣质企业拦在了门外。从某种意义上讲,上市企业通过购买对自己今后在二级市场上流通没有多少帮助的法律意见书而承担了整个资本市场发展所支付的成本。所以,本文并不同意前述个别学者关于律师等中介机构"异化成市场'与国际接轨'和掩饰管制的遮羞布"的观点。

(二)"品牌律所"崛起的解释:内部与外部视角

在最近的另一篇实证研究中,笔者根据官方统计数据,对我国律师业的收费状况进行了全面的统计分析。2007—2009年,我国律师刑事案件每件平均收费只有0.44万元,民事诉讼代理案每件平均收费0.8万元,非诉讼法律事务每件平均收费1.31万元。在非诉讼法律事务案件中,每件证券法律业务的平均收费最高为12.53万元。① 相比较而言,本研究发现,在为A股首发上市提供法律意见书的服务中,2006—2012年,每件平均收费为137.05万元——最低的也有16万元,最高的更是高达1880万元。

通过上述数据的比较,我们认为,只有同时结合证券律师业的内部视角和外部视角(也就是整个律师业的大环境),才能理解证券律师业并没有出现"劣币驱逐良币"的负面效果。如果只从证券律师业的内部视角看,我们有很多理由认为这个行业不够有吸引力。正如彭冰所言:"在这种条件下,证券律师的功能无法为市场认同,只能成为申请公开发行必须承担的一种成本。因此,好发行人并不需要挑选好的律师事务所,只要价格便宜即可。而坏发行人则因为需要律师帮助其欺骗投资者,更倾向于坏律师事务所。——好律师事务所因为其市场声誉,不实陈述的成本较高,一般不愿意参与。这样竞争的结果,就是随着价格的降低,好的律师事务所逐步被挤出证券法律服务市场。"②但是,如果我们把证券律师业放到律师业的整体环境下看,问题便随之而来:如果"好的律师事务所"不愿意参与证券市场,它们又能去做什么业务?除非退出整个法律服务业市场,否则从经济利益来看,证券律师业还是律所和律师的最优选择。因此,即便没有了准入管制,相对于券商而言律师收费也实在很低,"好的律师事务所"还是愿意留在证券业这个市场。同时,由于提供法律意见书的价格难以拉开距

---

① 参见程金华:《中国律师择业理性分析——以业务收费为核心的实证研究》,载《法学》2012年第11期。

② 彭冰:《证券律师,何去何从》,载《金融法苑》2005年第3期。

离,发行人当然也愿意以相同的价格选择"好的律师事务所"。在这种内外因素同时影响之下,品牌律所在证券市场中形成了。

(三) 治理模式视野之下的改革建议

最后,我们还要回到前文提出的应然问题:我国证券律师应该在未来的市场发展中扮演什么样的角色?坦率地讲,上文的实证研究只提供了有效回答这个问题的部分经验证据。至此,我们只能比较有把握地判断,经过二十来年的竞争与发展,我国证券律师业已经相对比较成熟,其明显的特征是品牌律所的崛起。但是,我们还缺乏实在的证据说明我国的发行人律师,尤其是品牌律所,所提供的法律意见书在多大程度上为投资者提供了有效的证券信息。因此,我们还不得不依赖规范性的论断去辅证律师的参与是必要的。像斯坦福大学法学院教授罗纳德·吉尔森所提出的著名论断,即律师是证券市场发展的"交易成本工程师"。①

结合上述经验证据和理论证据,我们在整体上同意郭雳等学者所作的基本判断,即证券律师应当扮演更多的角色,而且是时候了——部分律所已经成为"具备条件的律师事务所"。在总的思路上,除了准入市场化和执业规范化以外,更为重要的是通过调整治理结构给证券律师更合理的激励机制。一个完整的激励机制应当包括负面激励,也就是利用市场、行政与司法等手段对不良执业者进行有效惩罚的机制。尽管力度还不够,但我国证券监管机构已经比较注重这方面的改革。同时,一个完整的激励机制还应当包括正面激励,也就是让优秀的执业者得到更多的(经济)回报。但是,证券监管部门在这方面的改革力度不大。目前的制度安排的特点是,既没有给律师太多的负面激励机制,也没有给律师太多的正面激励机制,而且后者的问题更为严重。前文的经验证据很好地说明了这一点:不仅律师费在整个发行费中只占非常微小的比例,不同类别的律所之间在收费上也体现不出差距。

问题的根源存在于现有治理模式之下的具体制度安排。作为改革的举措,我们认为,可以通过如下几个步骤改善对证券律师的正面激励:

第一步,给定现有法律强制规定律师提供法律意见书的架构不变,那么监管机构应建立对不同质量的法律意见书进行差别待遇的机制。这样,以类似"行政定价"的方式对品质优良的法律意见书进行正面市场激励,也引导发行人寻找品质更好的律所,并最终引导证券律师之间展开良性竞争。监管机构的具体措施方面,可以考虑:(1)让法律意见书的品质在决定企业能否公开发行上市的

---

① See Ronald J. Gilson, Value Creation by Business Lawyers: Legal Skills and Asset Pricing, 94 Yale L. J. 286—297 (1984—1985).

过程中占有更大的权重;(2)对律师提供的法律意见书的质量进行初步的审核,并提出简单的评估标准;(3)通过市场诚信档案对律师提供的法律意见书作事后评估,并以此作为律所和律师今后提供法律意见书质量的参考标准。当然,这只是"头疼医头,脚痛医脚"的权宜之计。这种改革最多只涉及证券律师之间的竞争,不涉及证券律师与其他中介机构(尤其是券商)的竞争。在治理模式的层面上,第一步的改革事实上就是要推动我国证券市场治理模式全面从"纯粹行政治理"走向混合治理中的"行政主导下的有限选择"模式。

更重要的第二步改革是能够实现证券中介机构之间的竞争。现有的监管架构所树立的"保荐人牵头模式"已经在上述发行费的分配比例上得到了很好的体现。在现行架构之下,由于券商牵头,法律意见书的作用相对于获取上市名额而言微不足道,而律师除签署法律意见书以外没有更大的舞台,这些只能让发行人律师之间的竞争是"保住底线"的竞争,而不是"追求上限"的竞争。如果要让律师发挥更大的作用,除了提升法律意见书的地位以外,还必须给予证券律师更大的舞台。2012年《关于进一步深化新股发行体制改革的指导意见》提出让具备条件的律所牵头撰写招股说明书,也是朝这个方向努力。我国证券律师已经具备了条件去尝试,但是如何引导这种尝试的问题还没有得到解决。就这一点而言,监管部门不妨思考确立"具备条件的律师事务所"的操作指引,可以尝试:(1)根据拥有曾经参与过证券发行上市的签字律师的数量确立标准;(2)根据本所曾经参与的证券发行上市的股票总数确立标准;(3)根据本所参与证券发行上市的年限确立标准;(4)确立某个交易板块用于制度实验。当然,这些标准可以同时采用。除了鼓励律所参与撰写招股说明书以外,证券监管机构还可以尝试让律师承担更多的功能——有些功能可能在传统上是由其他中介机构承担的,有些功能则可能在传统上可以是位于模糊地带的。

在治理模式的层面上,第二步改革是要使混合治理模式更加接近纯粹市场治理,也就是实现所谓的"行政主导下的不完全竞争"。作为实现第二步改革的必要举措,主管(证券)律师业的司法行政部门不仅有责任对律师职业进行有效与合理的监管,更为重要的是,要为律师职业的市场化发展拓展空间。显然,在意愿上,司法行政部门应当乐于看到证券律师的业务拓展。司法部副部长赵大程认为,证券律师"要不断适应要求,进一步拓展证券法律服务的领域,探求新的服务方式,改进服务方法,强化服务措施,提高服务层次和服务质量,以卓有成效的服务促进我国证券业的健康进行"[①]。但是,在我国现有的"割据"监管架构

---

① 赵大程:《充分发挥律师工作作用 为证券市场提供优质高效的法律服务》,载《中国司法》2007年第7期。

之下,①证券律师如果得不到自己的"庇护者"——司法行政部门——的合理、有效保护,这种宣言式的期许只能是一种空话。

当然,上述两个步骤的改革还只是对现有行政治理模式的改良。针对我国证券律师业的改革还必须有更大的视野,那就是在上述两个步骤改革相对"具备条件"之时,跨出一个大步,最终走向市场治理模式,实现监管机构对所有中介机构的合理放权,让中介机构最终成为市场的"市场看门人",而不是证券监管机构的"看门人"。当然,在上述两个更现实、更迫切的制度改革未能有效开展和实现的前提之下,对整个治理模式的大改革只能是一种浪漫的期待。当下的改革理念必须是通由"混合治理"而最终走向市场化。

附表　2006—2012年我国A股首发上市发行人律师(事务所)一览表

序号	律所名称	服务上市公司数(家)	百分比	平均每家收费金额(万元)	收费总金额(万元)	收费金额的市场份额	总部住所城市
1	国浩律师事务所	134	11.672%	116.8208	15653.9818	9.95%	上海市
2	金杜律师事务所	91	7.927%	184.8839	16824.4367	10.69%	北京市
3	国枫凯文律师事务所	69	6.010%	145.3360	10028.1840	6.37%	北京市
4	中伦律师事务所	63	5.488%	157.2915	9909.3626	6.30%	北京市
5	天银律师事务所	57	4.965%	153.6456	8757.7998	5.57%	北京市
6	锦天城律师事务所	46	4.007%	103.0702	4741.2301	3.01%	上海市
7	竞天公诚律师事务所	43	3.746%	172.3557	7411.2938	4.71%	北京市
8	康达律师事务所	34	2.962%	97.5441	3316.5000	2.11%	北京市
9	德恒律师事务所	33	2.875%	136.1127	4491.7181	2.85%	北京市
10	信达律师事务所	25	2.178%	130.0760	3251.9000	2.07%	深圳市
11	君合律师事务所	23	2.003%	192.4290	4425.8672	2.81%	北京市
12	大成律师事务所	21	1.829%	112.3293	2358.9143	1.50%	北京市
13	嘉源律师事务所	21	1.829%	259.1818	5442.8174	3.46%	北京市
14	启元律师事务所	21	1.829%	136.0353	2856.7415	1.82%	长沙市
15	天元律师事务所	21	1.829%	153.8018	3229.8376	2.05%	北京市
16	君泽君律师事务所	20	1.742%	97.6879	1953.7577	1.24%	北京市
17	通力律师事务所	18	1.568%	205.2809	3695.0567	2.35%	上海市
18	万商天勤律师事务所	18	1.568%	161.0945	2899.7003	1.84%	北京市
19	天册律师事务所	17	1.481%	110.8824	1885.0000	1.20%	杭州市

---

① 参见刘思达:《割据的逻辑:中国法律服务市场的生态分析》,上海三联书店2011年版。

我国证券市场的治理模式与律师角色

（续表）

序号	律所名称	服务上市公司数（家）	百分比	平均每家收费金额（万元）	收费总金额（万元）	收费金额的市场份额	总部住所城市
20	瑛明律师事务所	17	1.481%	191.6845	3258.6362	2.07%	上海市
21	通商律师事务所	15	1.307%	198.7099	2980.6478	1.89%	北京市
22	君致律师事务所	14	1.220%	97.9286	1371.0000	0.87%	北京市
23	世纪同仁律师事务所	14	1.220%	98.5714	1380.0000	0.88%	南京市
24	承义律师事务所	13	1.132%	102.4231	1331.5000	0.85%	合肥市
25	金诚同达律师事务所	13	1.132%	90.5608	1177.2900	0.75%	北京市
26	至理律师事务所	13	1.132%	95.4323	1240.6200	0.79%	福州市
27	华商律师事务所	12	1.045%	152.3803	1828.5632	1.16%	深圳市
28	国信信扬律师事务所	11	0.958%	95.5977	1051.5747	0.67%	广州市
29	观韬律师事务所	9	0.784%	118.6198	1067.5780	0.68%	北京市
30	广发律师事务所	9	0.784%	163.8753	1474.8774	0.94%	上海市
31	君信律师事务所	9	0.784%	92.5394	832.8546	0.53%	广州市
32	泰和律师事务所	9	0.784%	111.0256	999.2300	0.64%	南京市
33	天禾律师事务所	9	0.784%	106.8333	961.5000	0.61%	合肥市
34	中银律师事务所	8	0.697%	168.4037	1347.2293	0.86%	北京市
35	海问律师事务所	7	0.610%	381.7207	2672.0450	1.70%	北京市
36	浩天信和律师事务所	7	0.610%	65.4286	458.0000	0.29%	北京市
37	邦信阳律师事务所	6	0.523%	95.9667	575.8000	0.37%	上海市
38	时代华地律师事务所	6	0.523%	153.1667	919.0000	0.58%	北京市
39	星河律师事务所	6	0.523%	86.2833	517.7000	0.33%	北京市
40	德衡律师事务所	5	0.436%	90.5000	452.5000	0.29%	青岛市
41	东方华银律师事务所	5	0.436%	116.5000	582.5000	0.37%	上海市
42	广信律师事务所	5	0.436%	235.4007	1177.0033	0.75%	广州市
43	六和律师事务所	5	0.436%	103.6000	518.0000	0.33%	杭州市
44	尚公律师事务所	5	0.436%	65.4000	327.0000	0.21%	北京市
45	天阳律师事务所	5	0.436%	74.4000	372.0000	0.24%	乌鲁木齐市

（续表）

序号	律所名称	服务上市公司数（家）	百分比	平均每家收费金额（万元）	收费总金额（万元）	收费金额的市场份额	总部住所城市
46	邦盛律师事务所	4	0.348%	166.5000	666.0000	0.42%	北京市
47	华联律师事务所	4	0.348%	71.2500	285.0000	0.18%	北京市
48	法德永衡律师事务所	4	0.348%	67.2500	269.0000	0.17%	南京市
49	华堂律师事务所	3	0.261%	83.3333	249.9999	0.16%	北京市
50	嘉德恒时律师事务所	3	0.261%	56.0000	168.0000	0.11%	天津市
51	金地律师事务所	3	0.261%	131.3333	394.0000	0.25%	深圳市
52	金茂凯德律师事务所	3	0.261%	206.6667	620.0001	0.39%	上海市
53	金茂律师事务所	3	0.261%	66.8567	200.5700	0.13%	上海市
54	京都律师事务所	3	0.261%	68.3333	205.0000	0.13%	北京市
55	精诚申衡律师事务所	3	0.261%	121.3333	363.9999	0.23%	上海市
56	经天律师事务所	3	0.261%	134.6667	404.0000	0.26%	深圳市
57	联合律师事务所	3	0.261%	134.0000	402.0000	0.26%	上海市
58	琴岛律师事务所	3	0.261%	163.0000	489.0000	0.31%	青岛市
59	苏源律师事务所	3	0.261%	100.6667	302.0000	0.19%	南京市
60	文康律师事务所	3	0.261%	111.3333	333.9999	0.21%	青岛市
61	博金律师事务所	2	0.174%	121.0000	242.0000	0.15%	北京市
62	东易律师事务所	2	0.174%	65.2500	130.5000	0.08%	北京市
63	方达律师事务所	2	0.174%	75.0000	150.0000	0.10%	上海市
64	恒泰律师事务所	2	0.174%	99.0000	198.0000	0.13%	上海市
65	华夏律师事务所	2	0.174%	46.0000	92.0000	0.06%	大连市
66	环球律师事务所	2	0.174%	75.0000	150.0000	0.10%	北京市
67	建中律师事务所	2	0.174%	100.0000	200.0000	0.13%	包头市
68	金禾律师事务所	2	0.174%	58.5000	117.0000	0.07%	南京市
69	君立律师事务所	2	0.174%	112.0000	224.0000	0.14%	福州市
70	千和律师事务所	2	0.174%	80.0000	160.0000	0.10%	昆明市
71	深天成律师事务所	2	0.174%	62.5000	125.0000	0.08%	深圳市

(续表)

序号	律所名称	服务上市公司数（家）	百分比	平均每家收费金额（万元）	收费总金额（万元）	收费金额的市场份额	总部住所城市
72	泰和泰律师事务所	2	0.174%	61.5000	123.0000	0.08%	成都市
73	颐合中鸿律师事务所	2	0.174%	95.0000	190.0000	0.12%	北京市
74	中信协诚律师事务所	2	0.174%	127.5000	255.0000	0.16%	广州市
75	中咨律师事务所	2	0.174%	127.5000	255.0000	0.16%	北京市
76	晟典律师事务所	2	0.174%	68.5000	137.0000	0.09%	深圳市
77	柏年律师事务所	1	0.087%	83.0000	83.0000	0.05%	上海市
78	北斗星律师事务所	1	0.087%	120.0000	120.0000	0.08%	贵阳市
79	博鳌律师事务所	1	0.087%	90.0000	90.0000	0.06%	长沙市
80	创远律师事务所	1	0.087%	110.0000	110.0000	0.07%	上海市
81	德润律师事务所	1	0.087%	120.0000	120.0000	0.08%	北京市
82	鼎石律师事务所	1	0.087%	102.0000	102.0000	0.06%	北京市
83	东方昆仑律师事务所	1	0.087%	78.0000	78.0000	0.05%	广州市
84	法制盛邦律师事务所	1	0.087%	85.0000	85.0000	0.05%	广州市
85	共和律师事务所	1	0.087%	50.0000	50.0000	0.03%	北京市
86	光明律师事务所	1	0.087%	45.0000	45.0000	0.03%	上海市
87	广大律师事务所	1	0.087%	80.0000	80.0000	0.05%	广州市
88	国宏律师事务所	1	0.087%	85.0000	85.0000	0.05%	北京市
89	海埠律师事务所	1	0.087%	55.0000	55.0000	0.03%	深圳市
90	海合律师事务所	1	0.087%	78.0000	78.0000	0.05%	昆明市
91	海勤律师事务所	1	0.087%	135.0000	135.0000	0.09%	北京市
92	衡基律师事务所	1	0.087%	114.0000	114.0000	0.07%	北京市
93	恒一律师事务所	1	0.087%	59.0000	59.0000	0.04%	太原市
94	华邦律师事务所	1	0.087%	50.0000	50.0000	0.03%	南昌市
95	金鼎英杰律师事务所	1	0.087%	42.0000	42.0000	0.03%	南京市
96	金开律师事务所	1	0.087%	70.0000	70.0000	0.04%	北京市
97	金鹏律师事务所	1	0.087%	148.0000	148.0000	0.09%	广州市

（续表）

序号	律所名称	服务上市公司数（家）	百分比	平均每家收费金额（万元）	收费总金额（万元）	收费金额的市场份额	总部住所城市
98	兢诚律师事务所	1	0.087%	185.0000	185.0000	0.12%	长春市
99	京衡律师集团	1	0.087%	50.0000	50.0000	0.03%	杭州市
100	经世律师事务所	1	0.087%	53.0000	53.0000	0.03%	呼和浩特市
101	经天地律师事务所	1	0.087%	63.0000	63.0000	0.04%	兰州市
102	经纬律师事务所	1	0.087%	125.0000	125.0000	0.08%	北京市
103	君都律师事务所	1	0.087%	80.0000	80.0000	0.05%	北京市
104	康桥律师事务所	1	0.087%	60.0000	60.0000	0.04%	济南市
105	科贝律师事务所	1	0.087%	120.0000	120.0000	0.08%	太原市
106	科华律师事务所	1	0.087%	35.0000	35.0000	0.02%	北京市
107	兰台律师事务所	1	0.087%	60.0000	60.0000	0.04%	北京市
108	隆安律师事务所	1	0.087%	100.0000	100.0000	0.06%	北京市
109	南国德赛律师事务所	1	0.087%	82.0000	82.0000	0.05%	广州市
110	普华律师事务所	1	0.087%	164.0000	164.0000	0.10%	北京市
111	普世律师事务所	1	0.087%	70.0000	70.0000	0.04%	上海市
112	浦栋律师事务所	1	0.087%	48.0000	48.0000	0.03%	上海市
113	乾丰律师事务所	1	0.087%	103.0000	103.0000	0.07%	北京市
114	任高扬律师事务所	1	0.087%	92.0000	92.0000	0.06%	广州市
115	融孚律师事务所	1	0.087%	253.0000	253.0000	0.16%	上海市
116	赛德天勤律师事务所	1	0.087%	58.0000	58.0000	0.04%	北京市
117	天澄门律师事务所	1	0.087%	80.0000	80.0000	0.05%	成都市
118	天兆雨田律师事务所	1	0.087%	67.0000	67.0000	0.04%	北京市
119	同泽律师事务所	1	0.087%	190.0000	190.0000	0.12%	沈阳市
120	新天伦律师事务所	1	0.087%	155.0000	155.0000	0.10%	苏州市
121	信利律师事务所	1	0.087%	60.0000	60.0000	0.04%	北京市
122	星辰律师事务所	1	0.087%	65.0000	65.0000	0.04%	深圳市
123	亿诚律师事务所	1	0.087%	60.0000	60.0000	0.04%	南京市

（续表）

序号	律所名称	服务上市公司数（家）	百分比	平均每家收费金额（万元）	收费总金额（万元）	收费金额的市场份额	总部住所城市
124	友邦律师事务所	1	0.087%	70.0000	70.0000	0.04%	北京市
125	浙经律师事务所	1	0.087%	41.5000	41.5000	0.03%	杭州市
126	正平天成律师事务所	1	0.087%	150.0000	150.0000	0.10%	广州市
127	正天合律师事务所	1	0.087%	60.0000	60.0000	0.04%	兰州市
128	中伦文德律师事务所	1	0.087%	52.0000	52.0000	0.03%	北京市
129	中瑞律师事务所	1	0.087%	80.0000	80.0000	0.05%	北京市
130	众天律师事务所	1	0.087%	116.0000	116.0000	0.07%	北京市
131	众鑫律师事务所	1	0.087%	258.0000	258.0000	0.16%	北京市
132	纵横律师事务所	1	0.087%	120.0000	120.0000	0.08%	北京市

论受托资产管理之运营行为监管
——以渣打银行与宋文洲纠纷为例

赵意奋[*]

内容摘要:接受客户(投资者)委托,以专业管理人的身份受托管理资产,是目前我国很多金融机构包括银行的重要业务之一。受托资产管理协议本质上是信托。应该对受托资产管理之运营行为进行合理监管,以避免投资者和受托资产管理人之间的纠纷。其一,受托资产管理产品的销售,即投资者和管理人受托关系建立的过程应该受到监管。其二,应对受托资产管理的具体投资行为进行监管,受托人应以投资者的最大利益谨慎投资。

关键词:受托资产管理　信托　运营行为　监管

近几年,我国诸多银行纷纷陷入理财产品纠纷,纠纷的焦点在于银行擅改理财合同确定的投资方向,以及产品销售之时未明确投资风险,而事实上却造成了客户的损失,银行方面要求延长该产品的期限等。这反映出法律对客户与金融机构之间资产管理争议的不明确态度,受托资产管理或者代客管理资产的业务开展在监管制度方面有问题。本文拟以宋文洲与渣打银行之间的纠纷为例,展开具体讨论。

---

[*] 赵意奋:宁波大学法学院副教授。

一、问题的提出:宋文洲与渣打银行纠纷

宋文洲与渣打银行之间关于受托资产管理的讼争在2011年7月26日由北京市第一中级人民法院作出终审判决。2012年,双方关于理财残值的归属再起纷争,直至2013年5月底才以和解结束。但是,对受托资产管理行为监管的法律思考却远没有结束,甚至可以说是刚刚开始。

(一)案情介绍

2008年2月23日,宋文洲与渣打银行中关村支行的工作人员签订了《代客境外理财协议》(以下简称"协议")。当时宋文洲在日本,协议通过电话口头达成。3月11日,基于协议的框架,双方又签订了两份有关具体产品的产品说明书,共投资人民币6000万元。该两款理财产品为"聚通天下代客境外理财系列——股票挂钩可转换结构性投资产品"[1],双方约定主要用于欧美股市投资,具体投资由客户决定。宋文洲最后决定投资四支金融类股票:花旗集团、美国国际集团、高盛和摩根大通。但是,在随后的次贷危机中,这四家金融公司均受重创,股票市值大幅缩水。5月19日,宋文洲要求赎回,却遭到渣打银行方面的拒绝,拒绝的理由是:根据协议,这两款产品在2009年9月之前均不得赎回。因为产品说明书载明:投资被分为A、B两个阶段,其中A阶段为期一年半,在此期间投资不可赎回,只有转到B阶段后才能自由赎回。[2]

美国的次贷危机进一步发展,宋文洲投资的股票还在继续下跌,却不能终止投资。宋文洲最终在2008年9月把渣打银行中关村支行告上北京市海淀区人民法院。宋文洲表示,由于是电话签约,并未看过相关产品说明书,因此自己并不知道在产品说明书中有关于A阶段不能赎回的规定,渣打银行工作人员在电话中有关于随时可以赎回的语句;而渣打银行也没有按照投资者可以理解的方式,向他说明这两款产品可能包含的风险。2009年,海淀区人民法院作出了一审判决,判令渣打银行中关村支行退还宋文洲两款理财产品本金共计约5922万。若双方服从判决,宋文洲的损失可以控制在百万以内。但是,双方不服,宋文洲又诉至北京市第一中级人民法院。

二审中,宋文洲提供了自己和工作人员通话的录音,明确了工作人员曾在通

---

[1] 号码分别为:QDSN08012E(CNY)和QDSN08017E(CNY)。
[2] 参见周政华:《渣打银行理财产品陷巨亏纠纷》,http://www.hi.chinanews.com/hnnew/2012-05-22/233333.html,2012年5月23日访问。

话中作出可以随时赎回的表示,该银行工作人员也出庭作为宋文洲的证人。2011 年 7 月 26 日,北京市第一中级人民法院认为,从合同解释的角度看,A 阶段也可以提前赎回,并作出了终审判决:解除宋文洲和渣打银行中关村支行签署的 QDSN08012E(CNY)和 QDSN08017E(CNY)两款产品合同,判决渣打银行中关村支行赔偿宋文洲的投资损失约 5320 多万元。此时,宋文洲投资的四只股票已经从 6000 万元的最初投资缩水到 450 万元上下的市值。①

2012 年 3 月,宋文洲发现其约 450 万元的理财残值被渣打银行收去,双方关于残值归属各执一词,因为判决书中并没有涉及残值的归属,纷争再现。② 最后,双方以和解结束。③

(二) 问题

渣打银行与宋文洲之间的争议主要围绕着该投资是否可以根据书面合同的约定而提前赎回,但引起思考的问题远不止于此。

1. 渣打银行和宋文洲之间签订的合同属于什么性质?宋文洲处于什么法律地位?宋文洲为什么不能要求渣打银行停止投资?宋文洲和渣打银行之间的纠纷是由于委托理财即接受客户委托进行资产管理引起的。受托资产管理业务是银行、证券公司、信托投资公司、专门的资产管理公司等金融机构的新型业务,各业务之间存在相互雷同的特点。受托资产管理根据客户人数可以分为单一客户资产管理和集合资产管理,本案属于前者。接受客户委托的渣打银行是专业的资产管理人。我国对单一客户的资产管理有着合格投资者的规定,虽然银行、证券公司等金融机构的具体要求有差异,但均要求客户为合格的成熟投资者,主要从受托资产的金额进行区分。宋文洲不仅从投资数目上看是一个合格投资者,而且从其个人经历看也是成熟投资者。尽管如此,宋文洲和银行之间仍然产生纷争,其投资遭受严重的损失。

2. 受托资产管理关系建立过程中,对银行有什么约束规范?宋文洲和渣打银行的工作人员是通过电话签约方式达成资产管理协议的,但是在电话中工作人员表示该产品可以随时赎回,而书面的产品说明书对赎回作出了另外的规定。这说明,销售行为对投资者有不实或故意隐瞒真相的情形。该如何监管销售行

---

① 参见周政华:《渣打银行理财产品陷巨亏纠纷》,http://www.hi.chinanews.com/hnnew/2012-05-22/233333.html,2012 年 5 月 23 日访问。
② 参见夏心愉:《450 万理财残值惹是非 渣打银行理财亏损案升值》,http://finance.people.com.cn/bank/GB/17805615.html,2012 年 7 月 10 日访问。
③ 参见闫瑾:《渣打银行宋文洲巨亏案和解 相关内容未公开》,http://finance.people.com.cn/bank/GB/18022272.html,2012 年 7 月 10 日访问。

为?令人深思的是,电话签约录音是诉讼中最为有力的证据,但银行拒绝提供录音备份,理由是涉及商业秘密。二审中,宋文洲花了两年多的时间收集证据。宋文洲的妹妹在银行听录音合同时,未经银行同意,私自做了录音,这份证据才得以证明当初关于可以随时赎回的约定。

3. 受托资产管理协议达成后,管理人应该如何对客户的资产投资管理?为投资者利益进行资产管理,这是投资者将资产托付给资产管理人的目的。如何监管受托管理行为是否为投资者利益?如果电话中关于可以随时赎回的约定无法证明,本案会如何?在电话签约时,宋文洲明确表示这笔资金只做短期投资。假设没有这个约定,产品中关于 A 阶段不得赎回的规定,其目的何在?宋文洲将 6000 万资金委托给渣打银行管理的目的是通过投资获得利益,那么银行明知所选股票持续下跌,为什么不允许投资者赎回?

二、受托资产管理协议的法律性质

渣打银行与宋文洲的投资管理协议属于银行理财的一种,接受单一客户的资产为其投资理财,属于私人银行[①]的理财范围。渣打银行声称合同条款约定,在 A 阶段不得赎回投资。该合同的法律性质如何?委托合同?信托合同?确立委托人和受托人关系的法律性质,其价值何在?

(一)受托资产管理协议的信托性质

渣打银行用自己的行动明确否定了与宋文洲之间合同的委托性质。因为根据委托法律关系,委托人享有合同解除权,受托人与第三人的行为是否继续取决于委托人的意愿。显然,本案中,渣打银行并没有将宋文洲以委托人对待。从法理上分析,受托资产管理协议从本质上是信托。

1. 委托人设立信托的意思表示

从信托要件来说,委托人有设立信托的目的,是要件之一。除信托投资公司和基金公司之外,资产管理人与委托人之间的法律关系是不能被直接认定为信托性质的。可是,在资产管理活动中,委托人是否有这样的意愿并明示为信托?

---

① 商业银行的资产管理业务针对富有的单一客户私人银行(Private Banking),其目的是通过为富有人群提供个人财产投资与管理拓宽银行的资产管理服务范围。根据中国银监会《商业银行个人理财业务管理暂行办法》的规定,私人银行的客户一般需要拥有至少 600 万人民币以上的流动资产。私人银行不仅提供资产管理服务,同时也可以根据客户的情况以及客户的特殊服务要求为其规划投资。商业银行提供这种服务的目的是收取该种服务的高服务费。

管理人是否明知也明示从事信托业务？

的确，在信托成立要件中，包含了当事人设立信托的意思表示。正如Langbein教授所说，商事信托不仅应该具有商业性的特点，而且商事信托属于明示信托的范畴，受托人有积极的管理职责。① 但是，"明示信托"是形式外观还是实质外观？从法律意义而言，判断一个行为的性质，是以行为人指向的真实目标判断其内心的真实意思，对行为的性质判断应当以行为的客观性为基础，其意思表示是依实质外观判断的。

换言之，实质的信托目的和明示信托的形式外观是存在交叉和分离的。信托目的是指行为期待达到的目标，可以通过明示信托的文字表达并赋予行为的信托特点。明示信托通常应该和行为人的意思表示一致，表达其内心对以信托方式管理财产的选择。当行为人未以语言和文字明示信托时，我们对行为的定性判断就是依据该行为的实质和类型化的法律行为之间的"神合"而作出的。也就是说，即使无明示信托，并不妨碍行为人实质上的信托目的，也就不妨碍对信托性质的认定。

在美国，马萨诸塞州法院最先给出了商业信托的普通法信托界定标准。因此，"马州信托"和"商业信托"是同一个概念。关于是合伙还是信托，马州法院认为："规定受托人为财产受益权可转让证明证书持有人的利益持有财产的信托文件或其他书面文件……其所设立的究竟是信托还是合伙，取决于受托人管理文件约定事务的方式，如果他们以本人身份且不受受益凭证持有人的控制，所设立的是信托；如果他们受制于受益凭证持有人的控制，所设立的是合伙。"② 从中可以看出，信托的确定可能是根据明示为信托的契约，也可能是根据没有明示为信托的其他书面文件；决定是信托还是合伙，关键要看受托人处理受托事务是否受受益凭证持有人的控制。

在我国，非法定信托主体不愿也不能明示自己的行为是信托，委托人亦无利用信托工具达到商事目的的自觉。但是，委托人希望通过管理人的专业知识实现托管财产的保值增值，这一点是非常明确的，管理人接受托管的意思也非常明确。正如本案，宋文洲将自己的资金交由渣打银行投资管理，双方意思表示一致。

同时，受托人处理受托事务是否为受托人所控制的标准，明确地答复了对无信托明示的质疑。因此，我国的资产管理活动中，双方当事人即使没有在契约中

---

① See John H. Langbein, The Secret Life of the Trust: The Trust as an Instrument of Commerce, 107 Yale Law Journal 165 (1997).

② Frost v. Thompson et al., 219 Mass. 360.

列出信托的明示条款,也不说明委托人内心无信托目的,关键要看资产管理活动在实质上是否采用了信托的方式——商业信托中,财产是否为受托人所控制,而委托人(受益人)无控制权。根据本案,答案更为明确,宋文洲在看到自己投资的股票不断下跌的状况下,只能要求渣打银行赎回,意味着该账户由受托人——渣打银行控制,宋文洲完全失去了对自己投资账户的控制,因此只能眼睁睁看着亏损而无所作为。

2. 受托人对受托财产的控制权

信托来自英美法系,信托财产"一物二主",即受托人享有名义所有权,受益人享有实质所有权。若依"受托人无受托财产所有权即无信托"的理论,我国在现实中是绝无信托存在的,信托制度的引进也毫无意义可言,因为"一物二主"的信托在我国无生存的土壤。

英美法系对于信托的权威定义强调,信托财产是为委托人所有,而由受托人控制的财产。[①] 信托是英国的创举,而将信托应用于商业领域并取得商业信托制度成就的应该是美国。美国国内无统一商业信托的界定标准,大致认为商业信托系委托人基于商业目的以信托形式组织的,信托财产是由受托人以商业形式筹集或经营的私益信托。同时,因为法律适用不同,商业信托在美国又可分为普通法商业信托和制定法商业信托,前者是按普通法之普通信托规制组建的商业信托,后者是按制定法规定的条件和程序设立的在制定法规定的范围内享有法律主体地位的商业信托。普通法调整的商业信托受益人具有群体性,受益人仅一人的一人商业信托不在普通法调整范围之内。制定法商业信托只是商业信托中受商业信托制定法调整的商业信托,在美国各州略有差异。[②]

美国马萨诸塞州首先将受益人对受托人有控制权的商业信托与受益人对受托人无控制权的商业信托相区别,强调受托人对受托财产的控制权。其他各州的普通法商业信托对于受托人对受托财产的控制权基本上达成一致。加利福尼亚州法院认为,商业信托赋予受托人管理和控制财产的权利[③];密西西比州最高法院认为,"商业信托的实质特征是为了受益人的利益而由受托人持有和管理的财产"[④];德克萨斯州法院指出,马州信托是由"受托人按照信托文件,为了受益人的利益和利润,持有和管理被转让给受托人的财产"[⑤]。美国联邦最高法院大法官 Sanford 在 1924 年给出了最权威、最经典的普通法商业信托定义,信托

---

① 参见余辉:《英国信托法:起源、发展及其影响》,清华大学出版社 2007 版,第 2 页。
② 参见刘正峰:《美国商业信托法研究》,中国政法大学出版社 2009 年版,第 17—18 页。
③ See Re Green Valley Financial Holding, 32 P. 3d 643 (Colo. Ct. App. 2001).
④ Enochs & Plowers v. Roell, 154 So. 299.
⑤ Hood v. James (1958, Ca 5 Tex.) 256 F. 2d 895.

"实质构成要素是财产转让给受托人,由受托人根据书面文件的规定为受益人的利益持有和管理所持财产"①。

商业信托更强调受托人为了受益人的利益控制和管理财产。我国的资产管理活动中,受托财产由受托人控制和管理。不过,实践中可能还存在这样一种情况,即资产管理人常常用客户的真实姓名为客户资产开立独立账户。这是否证明该财产仍然由委托人而非受托人控制?委托人和受托人之间约定以客户名义开立账号主要是由于我国银行监管机构对银行账户的管理制度限制,但是该账户的控制权仍然由资产管理人掌握,包括账户密码、相关印签,客户是不可能控制和使用该账户的。所以,账户名义为客户并没有改变管理资产具有独立性、受资产管理人控制的事实。

(二) 信托定性的价值:赋予受托管理人忠实谨慎的义务

我国的受托资产管理业务因为性质规范上的模糊,管理人的义务和责任都较低,甚至是不明确的。商事信托制度以规范受托人的行为作为其主要内容,在现代商业和社会中扮演着关键角色。② 对资产管理信托定性,直接地赋予管理人忠实谨慎的信托义务,有利于对管理人的约束和对委托人的保护。

"无论是信托发展早期的委托人基于受托人的人格魅力或者良好的道德品质而设立信托,还是后来日益兴盛的商业信托,委托人基于受托人是具有专业理财经验和能力的商业经营机构而设立信托,委托人相信受托人能够通过管理,处分信托财产使受益人利益最大化,都是其选择受托人的决定性因素,而受托人则以自己的人格或者能力'受人之托,代人理财,忠人之事'。"③资产所有人——投资者将自己的资产交给资产管理人是出于对其的信任,包括对其专业能力和职业职责的信任。换言之,受托人对外彰显的专业理财能力使委托人因对其信任而将资产交由其管理。因此,资产管理关系的建立基于投资者对受托人的信任。

"因为信托是基于委托人对受托人的高度信任而产生的,只有受托人忠实地履行其义务才不会违背信托成立的信任基础。同时由于信托财产由受托人占有,受益人能否得到收益取决于受托人能否忠实地履行义务,因此受信义务是使受益人获得收益的保障。缺乏这一义务,信托目的的实现将受到极大的威胁。"④信托不等于合同,受托人的义务也不等于合同义务,而是忠实谨慎的信托

---

① Hecht v. Malley, 265 U.S. 144 (1924).
② 参见〔英〕D.J.海顿:《信托法》(第4版·中英文版),周翼、王昊译,法律出版社2004年版,第37页。
③ 张丽:《信托与合同之比较研究》,载《湖北经济学院学报(人文社科版)》2007年第5期。
④ 李铮:《信托关系与合同关系之比较研究》,载《中国科技信息》2006年第18期。

义务。

资产管理人对投资者的义务不是全部来源于协议的约定,而是基于管理人的身份和管理业务本身的特点而产生的。正如何宝玉教授所言:"受托人的投资责任是严格的,一定类型的投资是信托文件或制定法授权的,这个事实本身并不意味着,在任何案件中这类投资都肯定是恰当的。当信托基金投入一项授权的投资,搞不好也会构成违反信托。受托人总是有责任考虑,一项建议的投资在性质上是不是谨慎的,是否适合于他作为受托人进行投资。不管一项明示的投资条款规定的范围是多么广泛,都不能免除受托人的这项责任。"[1]我国的资产管理关系建立中,协议签订一般采用格式合同的形式,如果发生争议,受托管理人不能因为合同约定而免责。这将极大地约束和规范我国当前的资产管理行为。

受托管理人接受投资人的主动委托之后,利用其专业的知识为投资人提供服务,在业务开展中始终要为投资人的保值增值目的尽到谨慎、忠实的善管人义务。所以,我国的受托资产管理人不管是由什么性质的机构担任,其在管理职责上有共同性,其目的都是为投资者管理资产或账户。唯有将这种义务上升为一种法定义务——信托义务,而非约定义务,才可以对处于弱势的委托人予以更好的保护。

三、受托资产管理协议关系建立监管

建立受托资产管理法律关系的过程包括销售环节,销售的目的就是建立受托关系,是营业行为的一部分。如果销售时资产管理人就存在不当行为,则难以保证其在未来的管理和投资中能够很好地履行信赖义务。日本的做法对我国有一定的借鉴作用,其《金融商品交易法》被定位为金融商品销售与劝诱的一般法。就涉及金融商品交易的业务行为而言,它不分业务形态,适用统一的销售和劝诱规则。具体而言,该法针对广告规制、合同缔结前的书面交付义务、书面解除、禁止行为(提供虚假信息、提供断定的判断、未经邀请劝诱)、禁止填补损失、适合性原则等方面确定了行为规范,其他行业法(如银行法、保险业法、信托法等)均准用这些行为规范,接受同样的行为规制,以保证行为规制的统一性。[2]

---

[1] 何宝玉:《英国信托法原理与判例》,法律出版社 2001 年版,第 252 页。
[2] 转引自杨东:《论金融法制的横向规制趋势》,载《法学家》2009 年第 2 期。

(一) 对劝诱方式的监管

对受托资产管理业务的信息披露进行监管,应注重对信息传达方式的监管。这主要是针对文字的表述和解释的方式。其中,在解释的方式上,包含了资产管理人宣传产品和销售产品时的口头解释。

宋文洲是一个相对成熟的投资者,在日本获得土木结构博士学位,学历很高;毕业后,在日本成立了自己的公司,并在日本创业板和主板上市,具有投资实业市场的经验;公司上市后,出售所持该公司 1/3 的股票,套现数亿美元。因此,可以证明宋文洲对证券市场具有比一般投资者更为成熟的判断能力。但是,他仍然声称对自己所投资产品的风险并不是非常明白,更何况一般的投资者。资产管理人在推销其产品时,其实也认为自己进行了详细解释,但关键是这种解释常常带有倾向性——劝诱和误导的宣传方式。比如,宋文洲表示只做短期投资,销售人员即承诺该产品可以随时赎回,目的在于劝诱其购买产品,而宋文洲并不知道产品说明书中关于赎回的规定。明显的信息不对称使投资者面对众多的资产管理产品时,根本无从识别和判断产品的真实情况。此时,资产管理人的推介手段成为达成交易的决定手段。披露是一种客观描述,应该避免主观性,如果资产管理人在信息披露时带有主观性评价和推荐,那么投资者作出的最后决定一定是不理性的。所以,要在投资者理解信息和充分认识风险的基础上,对资产管理人提出资产信托或者购买资产管理产品。

那么,应如何规范和监管劝诱方式?韩国在《证券市场与金融投资服务法》中针对金融服务者的劝诱行为进行了明确的规定:(1) 强化金融服务者的说明义务。规定金融投资公司在推销金融投资商品时应负有说明商品内容及风险的义务,并需要以投资者理解该说明事项的书面确认意见证明自己的义务履行情况。(2) 设立"不邀请"的投资劝告及再劝告监管制度。禁止金融投资公司未经投资者的同意,通过信函、邮件、访问等手段进行推销活动。(3) 规定投资广告监管制度。必须标明金融投资商品的风险负担事项,而且只有根据法律规定设立及受到经营许可的金融投资者才能做金融投资广告。[①]

我国对规范劝诱方式的规定并不完善,且没有涵盖所有资产管理人的受托管理业务,主要是在中国银监会 2006 年发布的《关于商业银行开展个人理财业务风险提示的通知》中,在提到产品发行的名称时,规定禁止使用"诱惑性、误导性"的方式。同时,该通知第 4 条进一步规定,"高度重视理财营销过程中的合

---

① 参见朴淑京:《韩国〈资本市场统合法〉与证券市场的发展》,中国人民大学 2008 年硕士论文。

规性管理",对大众化推销、误导性推销、欺诈式推销等行为予以禁止。① 这些禁止规范可以推广到所有的资产管理业务,以对销售行为起到监管作用。

(二)销售文件误导性宣传监管

销售文件不应该存在误导性内容。《关于商业银行开展个人理财业务风险提示的通知》中有关于广告的合规性审核要求:商业银行应对现有理财产品的广告或宣传材料的内容、形式和发布渠道进行一次全面的合规性审核,并将审核和整改结果报告监管机构。

我国《商业银行理财产品销售管理办法》对销售文件误导性宣传的描述非常详细,并对这类行为予以禁止,主要包括:(1)禁止虚假记载、误导性陈述或者重大遗漏,力求销售文件的内容包括所有产品的所有信息;(2)禁止违规承诺收益或者损失,主要是针对金融机构为了提高销售业绩,劝诱投资者投资,以利益进行诱惑的不当行为;(3)禁止违规宣传,应合理使用"安全""保证""承诺""保险""避险""有保障""高收益""无风险"等与产品风险收益特性匹配的表述;(4)禁止登载单位或者个人的推荐性文字,主要是利用在业界有声誉的单位或有关专家的观点,对投资者起到鼓动的作用,任何推断式的观点都是不当行为;(5)在未提供客观证据的情况下,使用"业绩优良""名列前茅""位居前列""最有价值""首只""最大""最好""最强""唯一"等夸大过往业绩的表述。②

对这些不当行为的禁止和监管,旨在使产品宣传销售文本能够全面、客观反映产品的重要特性和与产品有关的重要事实,语言表述能够更为真实、准确和清晰,最终有利于投资者作出正确的选择。

(三)确立"了解你的客户"原则

"了解你的客户"是为了投资者利益管理受托资产的基础。对于不同的投资者来说,利益需要也是不同的。比如,有些成熟的、开放的投资者有能力承担比较高的风险,其对利益的需要是高回报率;而有些能力有限的或者比较保守的投资者希望获得一定的回报,但是不愿承担过高的风险。针对不同的客户,投资品种显然是不同的。因此,受托资产管理人在产品销售时就应该遵守"了解你

---

① 《关于商业银行开展个人理财业务风险提示的通知》第4条规定:"高度重视理财营销过程中的合规性管理。商业银行应禁止理财业务人员将理财产品(计划)当作一般储蓄产品,进行大众化推销;禁止理财业务人员误导客户购买与其风险认知和承受能力不相符合的理财产品(计划);严肃处理利用有意隐瞒或歪曲理财产品(计划)重要风险信息等欺骗手段销售理财产品(计划)的业务人员。商业银行应对现有理财产品的广告或宣传材料的内容、形式和发布渠道进行一次全面的合规性审核,并将审核和整改结果报告监管机构。"

② 参见《商业银行理财产品销售管理办法》第13条。

的客户"原则,否则作出的判断就违背了投资者的愿望。有时候,投资者对自己的情况未必能作出理性判断,管理人就有义务帮助投资者分析客观状况,以利于其正确认识自身并作出科学的选择。

韩国的《证券市场与金融投资服务法》规定了金融服务者的"了解你的客户规则"义务,要求金融投资公司及其中介经纪人在推销金融商品时,通过与投资者的面谈了解、掌握投资者的投资目的、财产状况、投资经验等情况,为适宜性要求奠定基础。该法继而强调适宜性原则,即推销金融投资商品时,在了解投资者的基本情况后,以适宜投资者的特点而推销的原则。[①]

我国商业银行的理财服务规定也确定了"了解你的客户"原则,要求金融机构做到以下几点:(1)充分了解并评估客户的财务状况、风险认知和承受能力;(2)由客户确认评估意见,双方签字;(3)定期跟踪和了解原有客户评估状况的变化情况;(4)妥善保存与客户相关的资料和服务记录;(5)及时纠正或停止不恰当的销售行为。这是保持受托资产管理人和投资者沟通、信息通畅的方式。

四、受托人的投资管理行为监管

在我国,开展受托资产管理业务一般受到各金融监管机构的门槛限制,即准入制度,以达到对受托资产管理的监管。但是,准入之时具有资格不能保证受托人的管理能力和信用行为在从业过程中能一直保持,监管层由此所作出的选择往往并不准确。[②] 也正因为如此,英美等国家开始放松受托人的市场准入条件,监管机构将更多的注意力转移到对从业行为的监督和检查上。[③] 对投资管理行为的监管成为必要,受托人应该为了投资者利益谨慎投资。

(一)为投资者最大利益管理受托资产

正如宋文洲购买理财产品的目的是获得资产最大程度上的增值,受益人的利益是财产管理的根本目的,资产管理都是围绕着受益人的利益展开的。忠实义务要求受托人只为受益人的利益管理信托。

在受托关系中,受托人为受益人唯一利益的规则(以下简称"唯一利益规则")被公认为信托法最基本的规则。唯一利益规则禁止受托人将其自身置于

---

① 参见朴淑京:《韩国〈资本市场统合法〉与证券市场的发展》,中国人民大学 2008 年硕士论文。
② 参见杨辉:《对基金管理人约束机制的若干思考》,载《河北法学》2003 年第 1 期。
③ See Technical Committee of IOSCO (1994): Standard Rules for the Operation of Institutions for Collective Investment in Securities, available at www. iosco. org.

其个人利益与委托人利益可能发生冲突的境地。此规则不仅适用于受托人挪用信托财产的案件，而且适用于没有这样的事情发生的案件，即与冲突受托人交易中信托财产"没有任何损失"的情况或者有"实际利益归于信托"的情形。忠实义务的根本目的是增进受益人的最大利益。"信赖义务要求受信赖人为了委托人之利益而将个人或第三人的利益置于该委托人的利益之下。"[1]

但是，唯一利益规则在信托中逐渐被放弃。国外有学者认为唯一利益规则应该转为利益最大化原则。公司法中处理董事之间利益冲突的做法给我们提供了一个相较于信托法中唯一利益规则的富有启发性的对比。在美国，公司法用规制取代了禁止性规定。一开始，公司法将信托法中的唯一利益规则适用于与董事之间的交易行为。之后，按公司的意愿，这个交易行为是可以取消的。然而，19世纪末期至20世纪，美国公司法改变了方向，不适用信托法的解决方法，形成了一个适于解决公司法中利益冲突的制度。美国法律研究所的公司治理原则放弃了"忠诚义务"这个术语的使用，以"公平交易义务"代之。[2]

在现代社会信托模式中，受托人和受益人之间的冲突比较多，因此禁止成本也比较高。但是，"在传统信托管理中，尤其是在机构受托人产生之前，受托人很少有理由形成个人参与信托财产的类似模式，因此禁止冲突的成本更低。"[3]我们应该认识到，资产管理业务是一种商业运作的信托模式，受托资产管理人（大部分是金融机构）作为商人，其盈利是得到法律保护的。金融机构的从业行为带有盈利的动机，这是理所当然的事。所以，如果要求金融机构作为受托人保持绝对的无私，这是不可能也是不现实的。受托管理人追求的是一个双赢的结果，这是其最期望的结果。但是，当两者利益发生冲突时，就存有自身利益最大化的不当行为。即使是自身利益最大化，受托管理人仍然是希望为投资者带来利益的。因此，受托管理人的从业行为不可能完全遵守唯一利益规则，而应该要求其遵守投资者利益最大化原则，所有信赖义务都应该在这个原则上规范和监管。"当信托关系是基于名誉而不是商业活动而产生时，受托人没有理由与信托财产纠缠不清。"[4]

如果受托人能够证明交易是为了受益人最大利益谨慎采取的，那么对有利

---

[1] G. m. d. Bean, Fiduciary Obligations and Joint Venture, London, Clarendon Press, 1995, p. 23.

[2] See John H. Langbein, Questioning the Trust Law Duty of Loyalty: Sole Interest or Best Interest? Yale Law Journal, 2005, Vol. 114. p. 960.

[3] Ibid.

[4] Ibid., p. 960.

益冲突或重叠的交易行为必须予以维持。① Langbein 教授认为,承认以最大利益作出抗辩,将会影响忠诚义务的明确和最大利益标准首要地位的确定。美国《信托法重述(第二次)》规定,受托人有义务对受益人仅以其唯一利益管理信托。如果允许最大利益的抗辩,则应该对上述规定作出修正:(1)受托人有义务以受益人最大利益管理信托;(2)如果是不以受益人唯一利益管理信托的受托人,可推定其已以受益人最大利益管理信托。受托人可能通过证明一个不以受益人唯一利益进行的交易是以受益人最大利益而谨慎采取的行为,去反驳这个推定。

相比较唯一利益规则,最大利益更能准确确认唯一利益所要服务的政策。如果一个规则更专注地服务于其真正目的,则使用这个规则的那些人(在这种情况下,是受托人、法律顾问和法院)有更大的可能性适用这个规则,以更好地实现这个规则所要达到的目的。② 当然,忠诚义务仍然要求受托人不能置其自身利益于受托人利益之前。因此,即使法律排除唯一利益规则的使用,当决定是否使用附属资金时,受托人还是有义务以受益人的最大利益从事信托行为。从信托原理出发,受托管理人的管理行为应以投资者最大利益为原则。这是因为,"信赖义务在衡平法中通常被划分为忠实义务和注意义务。忠实义务要求受信赖人行使代理权履行职责时,无论在何种情形下都必须以谋求委托人利益最大化为目标,不能为自身利益而损害委托人的利益。"③

根据"最大投资者最大利益"原则,宋文洲和渣打银行之间的纠纷可以轻而易举地解决。换言之,无论是否口头应承随时赎回,当宋文洲投资的股票不断下跌,并根据整个金融形势判断将继续下跌时,渣打银行应该果断答应中断该投资的请求。渣打银行不同意赎回是缘于产品说明书的规定,这个理由不能成立。合同条款的设计应以投资者利益最大化为前提,但凡损害投资者利益的规定在效力上都是值得怀疑的,更何况合同条款本就存在随情势变更的可能。

(二)谨慎投资原则

"只要委托人对受托人委以信赖,受信赖人就应该为了信赖人或受益人的利益全力以赴,而不得有任何欺骗。"④在投资者最大利益原则下,以信赖义务为标准,资产管理人作为受托人,在管理资产时应受"谨慎小心人规则"的约束。

---

① See John H. Langbein, Questioning the Trust Law Duty of Loyalty: Sole Interest or Best Interest? Yale Law Journal, 2005, Vol. 114. p. 931.
② Ibid., p. 981.
③ 陈斌彬:《证券投资基金管理人不当行为的法律规制》,厦门大学出版社 2009 年版,第 58 页。
④ G. m. d. Bean, Fiduciary Obligations and Joint Venture, London, Clarendon Press, 1995, p. 26.

根据该规则,受托人应像一个谨慎小心的人用自己的财产投资那样进行投资。受托人应该考虑保持受托财产价值并产生合理的增值。受托人具有高于一般投资人的技能和谨慎标准。虽然本案中宋文洲的投资去向是由其自己决定的,但是我国大多数的资产管理协议都授予管理人极大的投资决策权,尤其是集合资产管理,协议中会注明投资范围,却不会规定明确的投资去向。因此,受托人是有极大的选择权的。

在美国,受托人应按照信托文书或法院裁定所规定的时间与方式将所收到的信托资金进行投资。除信托文书与裁定另有规定外,应使用与按照本州法律担任同样信托的个人能使用的相同的投资方式。信托资金不得被用来投入银行自己或其所属集团的其他银行购买的有价证券或其他不动产、动产。在大多数情形下,信托文书给银行极大的投资决策权。银行往往要求在设定信托文书上列入授予银行无限制投资权力的条款。如果客户坚持信托必须限于特定种类,则银行信托部应经常核对信托项下的投资有没有超过这些规定。因为不按照信托文书进行投资将构成违反被信托者的义务,从而向信托受益人承担责任。银行监督机关的审查员也会作同样的核对。如果他认定银行一贯不顾设定文书的规定行事,银行将丧失它的信托权利。①

管理人在履行其受信义务时,应该对投资人即委托人高度忠实。忠实义务的内涵包括受托人在合法范畴内为投资者的利益穷尽一切办法。这不仅要求受托人利用其专用知识和专业技能,在理论上应该也指利用一切可能获得的合法信息和合法权利。当然,这也可能陷管理人于两难。因为一些金融机构除了接受资产管理业务外,还有其他业务,而这些业务之间的关联既使其处于优于其他管理人的地位,同时也使他们面临身份的矛盾。例如,银行作为受托人从事资产管理业务,若甲公司在银行的存款部门开立账户,银行是存款接受人;如果乙公司在银行的贷款部门贷款,银行是债权人;如果银行的理财部门因为替客户理财而持有这两家公司的股票,那么从公司法理论而言,银行同时是这两家公司的股东。这些关系都是正常的法律关系,一般不发生冲突。但是,如果甲、乙两家公司为一家公司,就存在发生利益冲突的可能性。如果银行的理财部门持有这家公司的大量股票,银行就有权迫使该公司与它的存款部门做交易。这项权利使银行控制该公司的董事会,或者在对该公司来说关键的时候以倾销其股票作为威胁。同时,银行作为该公司的债权人,能得到有关该公司的内幕信息。作为债权人和股东,银行不应该泄露这些内幕信息。但是,作为投资人的受托人,如果银行不利用这些信息,就违背了受托人的受信义务——对投资人的不忠实。

---

① 参见沈达明编著:《美国银行业务法》,对外经济贸易大学出版社1995年版,第239—240页。

从管理人就受托资产替客户进行投资的角度而言,可以将其视作机构投资者(institutional investors),情况尽管没有银行这样复杂,但是问题同样存在。他们的资产管理业务其实就是收集他人的资金进行投资。他们可能把大量资金用于购买在几个证券交易所上市的有价证券。这些资产管理人认为自己的任务限于有价证券投资,通过这种方式为投资者的资产增值保值,因此一般对控制发行股票的公司的业务不感兴趣,也不会对该公司的管理部门提出异议。即便该公司管理部门的决策可能会使股票价格受到影响,管理人一般也会投赞同公司管理部门的票。如果它们对公司管理部门的经营管理不满意,就会出售这家公司的股票,而不会通过争取对该公司的控制权或者在投票中发言而改变管理部门的决策,使股票朝良性方向发展。按照美国州法,受托人对是否行使其作为受托人持有的股票的投票权以及任何其他投票权,应作出判断。如果受托人试图回避这些问题而不参加投票,或者不顾受益人的利益而为自己的利益行使投票权,则可能向受益人承担责任。① 那么,在我国,这样的情况是否属于管理人没有履行受信义务? 本文认为,管理人的受信义务是穷尽任何有效的法律方式,以利于管理资产增值保值,如果在卖出股票和投票之间作出选择,标准应是哪种选择更有利于投资者。

如果受托人按照公司管理部门的意图行使投票权,直接或间接地从公司得到报酬,则应该承担"自我交易"(self-dealing)的责任。所谓自我交易,是指受托人的利益与投资者的利益发生冲突的交易。事实上,受信义务是受托人对投资人的绝对忠实,即使是在受托人利益和投资者利益之间选择。我们应该认识到,受托人如果是自然人,则很容易看到自己的利益与其对委托人所承担的忠实义务之间的直接冲突;相反,非自然人身份的资产管理人的高级职员不仅应该对投资者负有忠实义务,同时应向管理人的股东负责,这也是公司法中高管的受信义务的内容。因此,管理人是否向投资者尽到忠实义务的判断在操作上其实是比较难的。

如何解决这个问题? 美国的做法值得借鉴。美国银行过去无限制地使用从信托部、贷款部和商业银行部得到的信息。这些信息对银行信托部履行其受托人义务很有用处。投资受益人从银行凭"内幕信息"作出的投资决定中得到好处。法院并不谴责银行使用这些信息,甚至认为如果信托部不利用这些信息,将构成违反受托人的义务。因此,人们能够期待银行的信托部与商业银行部之间进行信息的交换。诚然,正常的信息交换可以说是银行向其信托部的客户承担的,可以申请法院予以强制执行的义务,除非所交换的信息属于"重要的内幕信

---

① 参见沈达明编著:《美国银行业务法》,对外经济贸易大学出版社1995年版,第242页。

息"。1968 年,Merrill Lynch 为陶格拉斯飞机公司准备发行公募债券,调查了该公司的财务,发现该公司资产大幅度地下降。当时,该公司尚未公布它的季度报告。Merrill Lynch 把消息传递给从事投资咨询的客户,这些人出售了陶格拉斯公司的股票。证券与交易所委员会为此处罚了 Merrill Lynch。第二巡回上诉法院以为,Merrill Lynch 与其客户没有向投资公众披露内幕信息并从事买卖触犯了《证券交易所法》10b-5。这一案件中,证券与交易所委员会公布了"政策说明书"。这项政策被称为"隔离政策"。对银行来说,这是指在银行的商业银行部与信托部之间应筑成墙壁,不让重要的内幕信息通过。①

我国对受托人处理这些信息时是否违背受信义务宜采取的做法是,如果是重要内幕信息,应该从监管上下功夫,防止重要信息在部门之间穿过;如果是一般性的信息,受托人应该首先履行对投资人的忠实义务。

不管渣打银行拒绝宋文洲赎回投资的真正理由是什么,其做法一定是违背了为投资者最大利益原则的,完全置委托人的利益于不顾,这在我国的受托资产管理业务中应该被禁止。至于理财产品的残值归谁所有,由于篇幅有限,本文不作详细分析。

---

① 参见沈达明编著:《美国银行业务法》,对外经济贸易大学出版社 1995 年版,第 240—242 页。

论非正规金融监管的理念与界限

姚一博[*]

内容摘要:非正规金融作为正规金融的有效补充,常年以来满足了数量巨大的融资需求,为我国的经济发展做出了巨大的贡献。但是,受制于传统意识形态观念的约束,官方与民间都没有对非正规金融角色有过正确的认识。非正规金融是金融社会化的产物,体现了金融的社会价值属性。对非正规金融的全面抑制会造成金融体系的畸形发展,所以如何推进非正规金融的"法制化"是应当思考的命题。互联网金融的出现使得对非正规金融监管的理念与界限进行研究更有了现实意义。只有对非正规金融采取适度的监管,进行最小化的干预,以社会个体融资权的公平实现为评价机制,才能使得金融体系协调发展。

关键词:非正规金融 适度监管 金融社会化

以是否受到金融监管当局的监管为标准,一般将金融分为正规金融和非正规金融。依照亚洲开发银行的定义,非正规金融是指不受中央银行(或其他金融监管部门)对于资本金、储备和流动性、存贷利率限制、强制性信贷目标以及审计报告等进行约束的金融部门。[①] 我国对正规金融的一贯"母爱主义"式监管不仅会间接导致对非正规金融的无理抑制,更为金融业的发展埋下了危机。"宠坏的孩子多败家","6·20"钱荒事件中,央行一改往日积极"注水"的态度,

---

[*] 姚一博:中国人民大学法律学院硕士研究生。

[①] See ADB, Informal Finance in Asia, Asian Development Outlook 1990; Prabhu Ghate, Informal Finance Some Findings from Asia, Oxford University Press, 1992.

为那些伸惯了手的银行家们上了生动的一课。国家对存款保险制度的积极研究与推进,也说明了对以政府信用背书的国家金融主义模式的摒弃。中国银监会主席尚福林在"2013陆家嘴论坛"上表示,为推进中国银行业转型发展,要调动民间资本进入银行业,尝试由民间资本发起设立银行、金融租赁公司、消费金融公司等民营金融机构。可以预见,未来的金融业发展中,市场机制将在配置资源方面发挥更为重要的作用。与此金融市场体系结构转型相伴,我国金融监管的理念与制度也要相应地发生转变,对不同的金融体系采取不同的监管模式。对于非正规金融具体的制度设计与监管措施,已有大量的研究成果。[①] 笔者仅对常年以来我国对非正规金融的抑制与歧视进行再思考,并构建与之相适应的监管理念与界限。

一、中国语境下的非正规金融

(一)社会金融化、金融社会化与非正规金融

"金融"的概念,可简单理解为货币的借贷与资金的融通,核心是跨时间、跨空间的价值交换。所有涉及价值或者收入在不同时间、不同空间之间进行配置的交易都是金融交易。[②] 在市场规则、信用保障体系均不发达的社会里,人们主要以依靠血缘建立的家庭、家族为跨时空利益交易的场地,或者说家族内部就是隐性的金融市场。血缘是信用基础,"三纲五常"是安全保障。刑法在维护"孝道"等儒家伦理的同时,也有效防范了各种可能发生的风险。另外,道德伦理、宗法习惯、乡规民约等约束力量在以"熟人社会"为组织架构的传统社会中,对风险也起到了很好的控制效果。但是,随着货币化、城市化、工业化、资本化的发展,人口流动的增加,养老负担的加重,以及个人自由价值观的生发,原来靠血缘与亲情实现的风险控制方式已越来越失去了其存在的基础,而逐渐被现代金融交易方式取代。证券市场的出现使得企业有了将未来现金流变现,进而做大做强的机会;花样繁多的保险产品又使得保险功能走出了亲情,走出了友情。现如今,不仅个人的生活与金融发生了全方位的融合,整个社会的资源也要通过金融的作用在社会各部门间进行配置。这一社会行为遵循金融方式和规则的过程,即为"社会金融化"。与之相对,"金融社会化"则是指金融机构和社会成员共同形成有助于经济社会发展的金融环境和金融行为的过程。尽管这两种过程方向

[①] 参见岳彩申、袁林、陈蓉:《民间借贷制度创新的思路和要点》,载漆多俊主编:《经济法论丛》(2009年上卷);岳彩申:《民间借贷规制的重点及立法建议》,载《中国法学》2011年第5期。

[②] 参见陈志武:《金融的逻辑》,国际文化出版公司2009年版,序言第2页。

相反,但二者在反映金融与社会之间的共生关系上却存在异曲同工之处。①

社会金融化集中地凸显了金融这一现代社会最活跃的经济要素对社会运作的决定性作用。现在,人们已经认识到,金融不仅仅是一种配置资源的手段与方法,其本身就是一种十分重要的稀缺资源。事实上,金融兴起与发展的历史更彰显了其蕴含的超越经济意义的政治与社会意义。金融对西方世界的崛起、资本主义的发展、个人权利自由的保障乃至一国民主宪政的发展都有着巨大的推动作用。② 社会金融化是历史演进中不可否认的事实,但是反过来,作为天生带有逐利本性的金融,是否也具有社会性的价值属性? 如果金融不具有社会性,会带来什么样的后果?

考察金融的社会性,应当从现代金融诞生的源头说起。12 世纪之前的西欧与中国一样,以某种有价物或收入流为抵押的私人借贷是主要的金融贸易。意大利的城邦国家由于战争开支的不断上升,必须拿未来的政府税收做抵押,向民间借债。到 13 世纪中期,当短期借债已经无法满足政府庞大的基础设施建设和战争开支时,就需要推出长期债以把利息和本金的支付压力平摊到未来许多年。③ 按照杰弗里·伯伊崔(Geoffrey Poitras)在《金融经济学早期历史:1478—1776》中的介绍,1262 年,威尼斯政府第一个把众多短期债券合并,由一只长期债券基金持有,然后再将该基金份额按股份证券的形式分售给投资者,它可以在公众市场上随手交易。可以看到,现代证券技术的前身是为了满足基础设施建设与战争融资的需要,而并非一种完全脱离社会实际需求的体系。只有建立在社会需求之上的金融,才不会制造虚假繁荣。金融服务于实体经济,这是金融经济学的常识。美国经济强大的资本化与证券化的能力,大大地增加了流动性和货币供应量,却不一定带来通货膨胀,原因就在于股票、债券、按揭贷款等产权型金融资本都与具体的资产或未来收入流相对应。也就是说,金融的运行都有相应的社会实体提供资本保障。大多数情况下,金融是虚拟化运行的,但虚拟的金融却生发于社会实际的根基,无法摆脱其社会价值旨向。金融从来不是脱离社会价值的孤立存在,金融也只有回归到社会化轨道才能彰显其制度正义价值。④

脱离了社会性的金融,就缺乏了制衡疯狂逐利性的社会责任感,变成不断催化人性贪婪之恶的药剂,使得金融面临合理配置市场资源功能的失灵,进而成为权贵与精英集团攫取社会财富的利器。通货膨胀成了金融精英们最得心应手的

---

① 参见邹力行:《金融社会化和社会金融化》,载《科学决策》2011 年第 3 期。
② 关于金融对社会、文化、艺术、政治发展促进作用的更为详细的论述,参见陈志武:《金融的逻辑》,国际文化出版公司 2009 年版。
③ 参见陈志武:《金融的逻辑》,国际文化出版公司 2009 年版,第 41 页
④ 参见冯果、李安安:《民生金融法的语境、范畴与制度》,载《政治与法律》2012 年第 8 期。

武器,转瞬之间就可以将老百姓毕生的积蓄转到自己的腰包里。对发展实体经济没有任何意义的金融创新越来越多。有学者将这一结果形象地称为"金融服务的富贵病":金融服务越来越"嫌贫爱富",金融成了富人的专利、穷人的痛苦。① 刚刚过去的金融危机,从某种意义上来说就是金融脱离社会化,得了"富贵病"的症状,是华尔街的"大鳄"们贪婪无度、滥用金融权力而忽视了金融的社会价值所导致的金融伦理悲剧。

回到中国语境下,社会金融化已是一个不争的事实,但是金融社会化的发展程度却不容乐观。以金融机构的设置为例,城市地区的银行机构远远多于农村地区。从融资方面看,金融资源配置大规模向城市地区、国有企业倾斜,而农村地区、民营企业的需求却无法得到满足,作为基本人权的融资权从政策层面就被剥夺了。② 据统计,截至2011年底,全国中小企业共有将近5000万家,占全国企业数量的98%以上,为全国新增就业岗位贡献85%,为GDP与税收分别贡献60%与50%。这样一支对发展国民经济、改善民生和缓解就业压力如此重要的力量,却常年主要依靠自有资金、企业留存和民间融资的方式挣扎着,几乎无法从国家正规金融体系中获得资金援助。当国有银行每年把数万亿元的贷款发放给国有大型企业时,当资本市场成为大股东的提款机、中小投资者资金流失的集散地时,金融体系的社会性正一点一点地消失。最新的调查结果显示,我国有33.5%的家庭参与了民间借贷,借贷总额达8.6万亿元,用于农业与工商业的有3万亿元,用于购房消费的达3.8万亿元。这充分说明,现有的正规金融体系不仅无法满足中小企业的营业性需求,连普通家庭的基本生活需求也无法满足。金融资源配置的失衡,严重践踏了社会的公平正义,加重了收入分配改革的阻力,背离了金融法制的人文主义精神,势必诱发更大的社会矛盾冲突。金融的社会价值意义如此重大,而在正规金融体系没有担此重任之时,非正规金融的发展承担起了金融体系的社会责任,有效地弥补了金融的社会性角色空缺,缓解了资源配置失衡所导致的可能的利益冲突。

(二) 金融抑制、高利贷与非正规金融

在解释非正规金融广泛存在并发展的原因的理论中,美国经济学家麦金农和爱德华·肖提出的"金融抑制理论"虽然存在无法解释发达国家非正规金融发展的问题,但对于分析我国非正规金融的相关问题却很有意义。金融抑制通常是指存在一系列繁杂的行政控制或税收机制,从而阻碍金融体系正常、健康发

---

① 参见邢会强:《金融法的二元结构》,载《法商研究》2011年第3期。
② 参见冯果、李安安:《民生金融法的语境、范畴与制度》,载《政治与法律》2012年第8期。

展的状况,这种状况使得金融与经济之间陷入一种恶性循环。两位学者通过调研发现,发展中国家由于经济相对落后,往往采取抑制政策以集中力量发展民族经济。这种政策造成了正规金融的垄断和整体金融的效率低下,致使正规金融内累积的风险增加,但是却为非正规金融提供了条件。① 非正规金融是对政策扭曲和金融抑制的理性回应。②

我国长期以来也奉行着重国有、抑民间的金融政策。虽然没有基督教中视有息放贷为恶的文化传统,但长期以来过度的意识形态化渲染使我们普遍认为"高利贷"是一个和资产阶级剥削相等同的概念,放贷者即为"万恶的资本家"。于是,为了消灭这种"剥削",我们采取的办法是禁止民间金融,由国家垄断金融市场。但是,我国银行业的盈利手段较为落后,80%的利润来自存贷款的息差,靠贷款赚钱导致银行必须保证把钱借给风险更低、盈利更多的借款人,也就是大型国有企业。③ 这样,一方面,大大减少了借贷资金的供给;另一方面,政府对利率的控制、过高的贷款标准也增加了民营企业从正规金融融资的成本。但是,老百姓的融资需求绝不会因为政策的禁止而消失,对非正规金融的抑制只不过是增加了金融交易的风险和成本,抬高了非正规金融的利率。

对非正规金融尤其是民间金融的一个主要的批评意见是高利贷问题。甚至有学者认为民间借贷是缩小的美国次贷危机,因为它的利息太高,往往达到年息100%至200%。这样的论断未免危言耸听。如前所述,高利贷的出现本身即是正规金融体系的缺陷所导致的,正是由于政府对借贷资金和利率的控制,才间接推高了民间借贷的利率。如果有充足的资金供给和健全的融资体系,利率自然就会降低。欧美国家没有采取简单的抑制政策,而是通过放开市场竞争、构建现代银行体系满足各种金融需求,以打击并淘汰高利贷。另一方面,对于高利贷的"高"利率,我们也不能完全不顾借贷双方的具体情况及通货膨胀率的高低而主观臆断。如果市场主体基于意思自治而愿意支付高利息,我们就有理由相信他通过高利贷所得到的好处一定比付出的高利息多,而风险与结果应该交给他自己判断并承担。事实上,对于许多中小企业来说,它们的资金周转率很快,可以通过多次周转而将高利息分摊。另外,借贷的时间也多集中在一周、半月或一个月,实际压力却并不大,所以通过计算年息衡量利率的方法对高利贷来说没有实际意义。

---

① 更为详细的论述,参见〔美〕罗纳德·麦金农:《经济发展中的货币与资本》,卢聪译,上海三联书店1988年版;〔美〕爱德华·肖:《经济发展中的金融深化》,邵伏军等译,上海三联书店1988年版。

② See Anders Isaksson, The Importance of Finance in KenYan Manufacturing, the United Nations Industrial Development Organization Working, paper No. 5, May, http://www.Unido.org, 2002.

③ 亦有观点认为,银行家决定把大笔资金借给国有企业或地方融资平台,即使面临着违约的风险,从其个人角度说,却不存在政治风险。这种"政治正确"的意识也为我们分析银行贷款机制提供了新视角。

二、传统非正规金融监管理念的反思

(一) 非正规金融合法化命题的反思

应当说,对于非正规金融的理论研究,近些年已经得到了法学界的广泛关注并形成了许多的研究成果。如前所述,长期由国家垄断的金融体系导致了严重的金融排斥,致使我国一直没有正确看待非正规金融的社会地位和功能。虽然现在对于非正规金融在观念上有了松动,但从法律和政策上来说并没有什么改观。我国1997年《刑法》对于金融犯罪的专门规定本身占了"破坏社会主义市场经济罪"1/3的部分,在随后的几个决定和多部修正案中,又对金融犯罪作了大量的扩充,尤其是"非法吸收公众存款罪"和"非法集资罪"等罪名,更是成为非正规金融的"紧箍咒"。一方面,正规金融体系谢绝民营资本的进入;另一方面,层出不穷的"扰乱金融秩序"的刑事案件又加深了政府部门以及老百姓对非正规金融的误解。随着认识的不断深入以及相关案件的披露,[①]要求为非正规金融正名的呼声越来越高,于是"民间金融合法化"的命题随之而来。这一命题不仅成为许多法学研究的前提,金融学的相关学者有时也不自觉地采纳了这一命题。

但是,从法学角度考察,"非正规金融合法化"是现行法律对非正规金融法律关系的价值判断,隐含的前提是"非正规金融的非法性"。这一前提无疑等于承认了过去我们对于非正规金融的错误认识。另外,这一命题也忽视了在非正规金融中存在着的既不合理也不合法、对社会有害的"黑色金融"的部分。[②] 法律具有保护与惩罚的双重功能,我们应当区分非正规金融中性质不同的部分,对于"黑色金融"应当毫不犹豫地打击,而非笼统地"合法化"。国外研究中,仅仅将非正规金融视为一种可以产生后果的行为或活动,并认为只有得到法律评价的行为才产生后果,在此前提下,重点讨论的是非正规金融是否需要规制与需要什么样的规制,而没有讨论合法化的问题。[③] 所以,与其说"非正规金融合法化"是一个学术命题,不如说它是一种感性的情绪化的态度宣示。相比之下,"非正规金融法制化"的命题更为严谨,不仅蕴含了对非正规金融预设前提的正确理解,而且为我们对非正规金融的监管指明了方向,即是否需要规制和需要什么样

---

① 早期比较典型的是"孙大午案",近年如"吴英案"等都引起了人们对金融体系的反思。
② 参见杨颖:《我国民间金融发展的制度缺陷与思考》,载《求索》2006年第8期。
③ See E. Aryeetey, 1997, Informal Finance in Afica: Filling the Niche, AERC/East African Educational Publishers, Nairobi.

的规制。①

(二) 非正规金融监管的理论基础

科斯定理认为,几乎所有可能的福利目标都是可以通过私人间的交易而达到的。如果一个人知道对他来说什么是有利的并理性地追求效用的最大化,就应当被赋予订立合同的自由。但是,为了交易而谈判、形成以及实施合同或者交易对象繁多时,交易的成本就可能非常高。法律体系却可以通过制定有效的措施帮助减少此类交易成本,即所谓的"替代合同":成文法或者判例法可以规定一套适用于特殊情况下的权利义务机制,除非当事人有明确约定。②

这一理论建立的前提是信息的完全化,即个人被认为拥有足够的信息以支持其作出一个效用最大化的选择,并且个人是理性的。但是,现代经济学的研究早已表明人类的行为受制于"有限理性",充分的信息也是不可能存在的。另外,非正规金融也存在一定的外部性问题。所有的这些问题,简单地说即为"市场失灵",单纯地依靠私法体系无法提供一个有效的解决方案,"表面上即具备了规制干预的公益正当性"③。非正规金融作为经济体系的一部分,在发展中也存在着市场经济所包含的上述属性,所以也需要适当的规制以克服失灵的状况。

三、非正规金融监管的界限

经济学理论认为,当一个产业处于"完全竞争"状态时,分配效率最大,社会资源被充分有效地使用。"完全竞争"存在于"当供应同类商品的生产者数量很大,而每一个生产者所占有的市场份额又很小,以至于没有任何一个生产者有能力通过改变产出来影响商品的价格"④。金融业同样如此,单一的资本结构只会导致集体的垄断,进而引发效率的低下。所以,首先要逐步调动民间资本进入银行业,使得金融业充分竞争起来。这样的竞争有利于弥补现有金融市场的空白,倒逼银行业加快经营改革,促进利率水平归于合理标准。

但是,如上所述,"市场失灵"的存在又要求我们对非正规金融必须施以必要的规制。"非正规"或"民间"都意味着法律在此领域应保持最小的干预,这是

---

① 参见胡启志、高晋康等:《金融领域法律规制新视域》,法律出版社2008年版,第10页。
② 参见〔英〕安东尼·奥格斯:《规制:法律形式与经济学理论》,骆梅英译,中国人民大学出版社2008年版,第17页。
③ 同上书,第30页。之所以说是"表面上",是因为规制也会出现"规制失灵"的状况。
④ 〔英〕安东尼·奥格斯:《规制:法律形式与经济学理论》,骆梅英译,中国人民大学出版社2008年版,第22页。

社会对非正规金融的期望和对法律的要求。被纳入法律规制范围内的对象应当是那些对社会具有较大影响的组织形式,而大量影响甚微的非正规金融可以使其享有充分的自由,因为有刑法作为最后一道屏障,所以在制度设计上隐含着非正规金融自由的法律取向。既然非正规金融在很大程度上是为了弥补正规金融的不足,满足多元化的金融需求,那么以弱势领域金融服务的可获得性作为非正规金融的制度评判机制应当是合理的。根据"木桶理论",一个国家社会弱势群体金融服务的可获得性可以作为评判这个国家金融发展水平的重要尺度,确保弱势领域金融服务的可获得性在某种程度上就意味着实现了金融法的实质公平。这里的"弱势群体",应当指的是所有在既有金融体系下被无理剥夺融资权的主体。在准入制度上,应当主要从资本充足率和信息披露两个方面作出限制。

需要特别注意的是,"互联网金融"的出现为我们思考正规金融与非正规金融的关系提供了一个现实的案例。以阿里巴巴为首的互联网巨头们作为金融"搅局者",正在尝试运用互联网技术缔造一个全新的线上的"非正规金融帝国",其惊人的盈利能力引起了银行业的极大震动,也反映了非正规金融所积蓄的巨大能量。但是,互联网金融的每一项改革创新几乎都受到了监管部门和利益集团的巨大阻力,这些阻力或来自于陈旧的监管理念和落后的监管技术,或来自于对垄断利益的维护。与此类似的还有P2P网络借贷业务。对于非正规金融的创新,应当在充分保障金融自由的前提下贯彻"适度监管"的理念,而非将其视作"洪水猛兽"。全面禁止和全面支持的态度都是不可取的。

第二代保险偿付能力监管体系建设初探

李媛媛[*]

内容摘要:我国保险偿付能力监管始于1995年的《保险法》,到2007年底,基本搭建起具有中国特色的第一代偿付能力监管制度体系,其在保险业发展过程中立下汗马功劳,弥补了我国市场不成熟、市场机制不完善的缺陷。但是,随着我国保险业的不断发展和国际保险监管改革的不断深化,第一代偿付能力监管制度逐渐显现出不足甚至是桎梏。在此背景下,中国保监会发布了《中国第二代偿付能力监管制度体系建设规划》。本文梳理了关于保险偿付能力的法律规定,在讨论第一代偿付能力监管体系不足的基础上,提出构建第二代保险偿付能力监管体系的几点思考。

关键词:偿付能力 保险监管 风险

一、我国保险偿付能力监管体系现状

(一)我国关于保险公司偿付能力的法律规定

我国有关保险公司偿付能力的法律为《保险法》,行政法规主要是《外资保险公司管理条例》,部门规章主要有:《保险公司管理规定》《保险保障基金管理办法》《保险公司偿付能力管理规定》,部门规范性文件主要有:《保险公司偿付

---

[*] 李媛媛:浙江农林大学法政学院讲师。

能力报告编报规则——问题解答第 15 号:信用风险评估方法和信用评级》《保险公司偿付能力报告编报规则——问题解答第 14 号:城乡居民大病保险最低资本》《关于保险公司加强偿付能力管理有关事项的通知》《中国第二代偿付能力监管制度体系建设规划》《保险公司偿付能力报告编报规则——问题解答第 13 号:次级债和股东增资》《保险公司偿付能力报告编报规则——问题解答第 12 号:变额年金、农业保险、季度报告预测信息》《保险公司偿付能力报告编报规则——问题解答第 11 号:动态偿付能力测试的第三方独立审核》《保险公司偿付能力报告编报规则——问题解答第 10 号:无担保企业(公司)债券、不动产、未上市股权和保险资产管理公司创新试点投资产品》《保险公司偿付能力报告编报规则——问题解答第 9 号:偿付能力报告编报规则与〈企业会计准则解释第 2 号〉的衔接》《保险公司偿付能力报告编报规则第 16 号:动态偿付能力测试(财产保险公司)》《保险公司偿付能力报告编报规则——问题解答第 8 号:临时报告》《保险公司偿付能力报告编报规则第 15 号:再保险业务》《关于实施〈保险公司偿付能力管理规定〉有关事项的通知》《保险公司偿付能力报告编报规则第 14 号:保险集团》《保险公司偿付能力报告编报规则问题解答(3—6 号)》《关于保险公司偿付能力报告编报工作有关问题的通知》《保险公司偿付能力报告编报规则——问题解答第 2 号:次级债、可转换债券、股票和境外外汇投资资产》[①]《保险资金运用风险控制指引(试行)》《中国保险监督管理委员会关于下发有关精算规定的通知》[②]。

(二)我国保险偿付能力监管体系存在的问题

我国保险偿付能力监管始于 1995 年的《保险法》,第一次提出了"偿付能力"概念。中国保监会于 1998 年成立后,高度重视偿付能力监管,不断推动偿付能力监管工作。2003 年之后,我国偿付能力监管进入全面建设阶段。到 2007 年底,我国基本搭建起具有中国特色的第一代偿付能力监管制度体系。2008 年 9 月 1 日,中国保监会修订后的《保险公司偿付能力管理规定》正式实施。此后,

---

① 本法规中有关负债的规定被 2005 年 12 月 19 日实施的《中国保险监督管理委员会关于印发偿付能力报告编报规则(第 6—9 号)的通知》停止执行。本法规中有关投资资产和现金及流动性管理工具的规定已被 2007 年 1 月 17 日实施的《中国保险监督管理委员会关于印发偿付能力报告编报规则的通知》停止执行。本法规中有关保险公司在子公司、合营企业和联营企业中的权益的规定也被《中国保险监督管理委员会关于印发偿付能力报告编报规则的通知》停止执行。

② 本法规已被 2006 年 1 月 1 日实施的《中国保险监督管理委员会关于修订精算规定中生命表使用有关事项的通知》修订。本法规中"意外伤害保险精算规定"第三部分"法定责任准备金"已被 2008 年 7 月 1 日实施的《中国保险监督管理委员会关于修订短期意外伤害保险法定责任准备金评估有关事项的通知》废止。

偿付能力不足的保险公司确实减少了。但是,仔细分析一下不难看出,大多数保险公司都是通过增加资本金这种治标不治本的方式解决其偿付能力不足的问题。只有当保险公司内控管理能力大幅改善,对业务结构进行充分、合理的调整,监管部门完善保险法律规范体系,建立健全保险监管指标体系和风险警报系统,保险业偿付能力不足的问题才能得到根本改变,企业的经营风险才能不断降低,从而促进保险业正常、健康发展。①

我国第一代保险偿付能力监管制度体系在保险业发展过程中立下了汗马功劳,弥补了我国市场不成熟、市场机制不完善的缺陷。但是,随着我国保险业的不断发展,保险公司不断壮大,保险市场逐渐成熟,保险基金投资的渠道拓宽,混业经营出现,保险创新需求增强,第一代偿付能力监管制度逐渐显现出不足甚至是桎梏,这也是《中国第二代偿付能力监管制度体系建设规划》中涉及的主要问题,如下:

1. 现有的偿付能力报告体系涉及定性之行为监管和信息的披露监管,而重点仍是基于资产负债表和损益表等财务数据的实际资本计算和最低资本评估,偿付能力充足率的高低是衡量保险公司偿付能力是否达标的最主要标准。因此,从某种程度上讲,现有的监管体系更多体现为对保险公司经营结果的报告和管理,过程干预远远不够。② 保险公司治理和内部风险控制等对偿付能力的影响没有被考察。

2. 在现行的偿付能力监管体系中,中国保监会对保险公司偿付能力要求采取统一模式,采用相对简化、粗糙的方法和比例,一律适用偿付能力充足率(实际资本/最低资本)低于100%为不足类公司的规定。但是,实际上,不同险种面临的风险结构是不同的。

3. 《保险公司偿付能力管理规定》及相关编报规则仅将保险公司承保风险列为重点监管内容,尤其是最低资本的计算,而对保险公司同样面临的投资风险、信用风险、资产负债匹配风险等其他风险监管不足,没有对保险公司面临的风险全面评估。

4. 目前的偿付能力监管体系主要是对保险公司作为独立法人机构的监管要求,并不直接涉及分支机构。但是,实际上,对各分支机构的风险管控在可容忍范围内有重要意义。金融业的监管中,银行业是以《巴塞尔协议》为标版,保险业以偿付能力监管体系为核心。随着国内金融保险集团的出现,同一金融保险集团通过下设不同的子公司,分别经营银行、保险、证券等相关金融产业的情

---

① 参见连婧:《浅析保险公司偿付能力及风险管理》,载《前沿》2012年第5期。
② 参见刘兵:《构建偿付能力监管体系需处理好六大关系》,载《中国金融》2012年第13期。

况更为普遍。由于银行、保险、证券等分属不同的监管机构,其资本监管体系的具体要求也不尽相同,容易造成对于相似的交易或风险、不同的行业采用不同的监管标准。这一方面带来不公平的监管成本,另一方面也容易造成监管套利和逆向选择,不利于加强对金融业的整体风险管控。因此,加强金融保险集团的资本充足率监管已经成为刻不容缓的现实需求。

5. 我国现行的偿付能力监管体系还存在规定不协调、有空白和不符合国情等问题。不协调的情况如:2008 年 6 月中国保监会颁布的《保险公司偿付能力管理规定》,第 7 条规定:"保险公司的最低资本,是指保险公司为应对资产风险、承保风险等风险对偿付能力的不利影响,依据中国保监会的规定而应当具有的资本数额。"从中可以看出,保险公司的最低资本是基于风险的。2008 年 10 月中国保监会发布的《中国保险监督管理委员会关于实施〈保险公司偿付能力管理规定〉有关事项的通知》,对于最低资本仍然借用了欧盟的规定,即对最低资本的要求只考虑保费或赔款等承保风险,而没有考虑保险公司面临的资产风险等其他风险。有空白的如:对保险公司的市场退出机制规定不明确。不符合国情的如:目前我国的偿付能力额度计算方法的关键指标——保费系数、赔款系数和拐点都是直接采用欧盟的指标,这些指标并不适合我国的实际情况。有学者根据过去几年国内一些保险公司的赔付情况,计算得出适合我国的保费系数为 40%、赔款系数为 54.16%。[①] 我国在金融危机后出现偿付能力问题的保险公司数量增加,而其中很多保险公司并没有预警。

二、保险偿付能力监管体系发展的国际经验

(一) 美国、欧盟和国际保险监督官协会的保险偿付能力监管简介

美国于 1994 年提出了以风险资本为基础的偿付能力监管要求,并制订了一系列量化监管指标等。美国在州监管的基础上,设置联邦保险局,统筹协调跨州的保险监管问题,发现并纠正州立法对外资保险公司的不公待遇。[②] 以此为鉴,保监会可在全局部署的基础上,以效能监察的形式间接引导、调节、激励派出机构履行相关工作。[③] 国际金融危机爆发之后,改革保险监管制度的呼声一浪高过一浪。2008 年 6 月,全美保险监督官协会(NAIC)对各州保险监管体制展开

---

① 参见孙祁祥、于小东:《制度变迁中的中国保险业》,北京大学出版社 2007 年版。
② 参见徐逸凡:《发达国家保险监管经验对我国保险业的启示》,载《淮阴工学院学报》2012 年第 5 期。
③ 参见田帆:《美国保险监管制度沿革及对我国的启示》,载《中国保险报》2012 年 5 月 7 日。

全面审查，随后开展了"偿付能力现代化工程（SMI）"，对偿付能力制度进行改革。SMI的内容主要集中在五个方面，即资本要求、公司治理和风险管理、集团监管、法定会计和财务报告以及再保险。偿付能力现代化的目标，一方面是使美国监管制度与国际审慎监管标准相适应，另一方面是避免联邦政府插手保险监管。①

欧盟偿付能力监管制度从发展之初就呈现出的"大一统"特点是欧盟一体化进程的必然要求。欧盟偿付能力制度的演变可以划分为四个阶段：第一阶段是初创时期（1964—1988年），主要由再保险指令和第一代保险指令组成，提出了寿险和非寿险的偿付能力监管标准，主要根据保费或者赔款的特定比例，设定最低保证金和法定偿付能力额度，其主要框架和基本标准沿用至今。第二阶段是发展时期（1988—2002年），主要由第二代和第三代保险指令组成，欧盟取消了对产品和费率的管控，代之以偿付能力监管。第三阶段是偿付能力Ⅰ时期（2002年至今），主要是由第四代保险指令组成，修改和完善了第一代寿险和非寿险偿付能力监管标准，推出统一的偿付能力监管标准，即"偿付能力Ⅰ（Solvency I）"，2004会计年度正式生效。第四阶段是偿付能力Ⅱ时期（2014年正式实施），欧盟借鉴《巴塞尔资本协议Ⅲ》的有关经验，克服偿付能力Ⅰ时期的不足，旨在建立以"三支柱"为核心、基于原则导向、涵盖所有风险的动态偿付能力监管制度。偿付能力Ⅱ时期的建设主要分为两个阶段：第一阶段讨论新偿付能力制度的总体设计，第二阶段阐述新偿付能力制度的详细设计情况。第一阶段工作已于2003年完成。但是，第二阶段工作进展较为缓慢，预期实施时间一拖再拖。最新预计偿付能力Ⅱ在2014年正式实施，目前正在进行第五次量化影响分析（QIS5）。②

金融危机之后，国际金融改革持续快速推进，国际保险监管规则也正在进行一场重大变革，强化全面风险管理要求，并推进各国保险监管规则的一致性。除上面提到的发达国家的经验以美国和欧盟最具影响力外，国际保险监督官协会（IAIS）于2011年10月出台了新的26项核心监管原则，未来将作为G20金融稳定评估（FSAP）对各国保险监管评估的依据。同时，IAIS正在制定全球统一的保险集团监管共同框架，将偿付能力监管作为核心内容之一。虽然IAIS致力于建立全球统一的监管模式，但欧美之间的分歧和博弈将长期存在，全球统一的偿付能力监管模式短期内难以形成。

---

① 参见熊志国：《欧美保险偿付能力监管制度比较》，载《中国金融》2012年第13期。
② 同上。

（二）有选择地借鉴美国和欧盟两种最有影响力的偿付能力监管制度

进入20世纪90年代以来，金融混业日渐深入，推动了西方保险监管模式的变革，主要有：从分业监管向混业监管的转变，从市场行为监管向偿付能力监管的转变，从机构监管向功能监管的转变，从严格监管向松散监管的转变。[①] 以国际保险业监管发展演进的历史为视角，市场行为的监管属于初级监管模式，而偿付能力监管作为一种相对宽松的监管模式，随着保险市场的不断发展和成熟以及法律的日益健全而逐渐得到认同和采纳。[②] 有些学者认为，采用偿付能力监管的国家就一定是松散监管。这种认识是错误的，从实践上看，采用偿付能力监管的国家也有采取严格监管模式的，典型的如美国。当然，这与对严格监管、松散监管、偿付能力监管的理解不同也有直接关系。与其他金融行业相比，保险业都是严格监管，这是由保险业的特点所决定的。仅就保险业来说，市场行为监管一定是严格监管，偿付能力监管则既有松散监管也有严格监管模式。无论怎样，有一点共识就是：现代国家无论是严格监管还是松散监管，都把监管重心放在了偿付能力监管上。笔者认为，把重点放在偿付能力监管上和偿付能力监管体系不是一回事，我国第一代偿付能力监管也把监管重心放在偿付能力监管上，但却不是真正的偿付能力监管体系，第二代偿付能力监管才是真正的偿付能力监管体系。真正的偿付能力监管体系，首先是一个系统化策略；其次是以风险为核心的系统化策略；再次是一个和其他金融业能够统一进行资本管理的系统化策略；最后是能够适应混业经营的系统化策略。适时采纳松散监管理念，放松对产品和费率的监管，构建新一代偿付能力监管体系，可以使我国抓住国际改革的机遇，促进保险行业发展，增进保险企业实力，为保险行业下一个五年规划打下坚实基础。

从本质上讲，美国的偿付能力体系是一套财务指标监管系统，其主要服务对象是保险监管机构。该系统的关注重点是保险公司整体财务指标的健康，而RBC（即偿付能力标准计算）只是组成部分之一。欧盟的偿付能力Ⅱ（SolvencyⅡ）在为监管部门提供监管抓手的同时，也为保险机构提供了一套全面风险管理框架，表现出了更大的灵活性和实用性。美国侧重于规则导向，欧盟则侧重于原则导向。SolvencyⅡ考虑到银行业与保险业同为金融机构，所面临的风险类似，其监管方式也具有一定的内在一致性。特别是近年来金融综合经营日益深

[①] 参见林宝清、施建祥：《论西方保险监管模式变革与我国保险监管模式选择》，载《金融研究》2003年第6期。

[②] 参见尹伟民：《论我国保险偿付能力监管模式的选择与完善》，载《北京工商大学学报（社会科学版）》2012年第3期。

化,金融风险跨行业、跨地域传递日趋明显,建立一个与《巴塞尔资本协议Ⅱ》《巴塞尔资本协议Ⅲ》相协调、相适应、更加科学完善的国际保险监管新框架,全面推进银行业监管和保险业监管协调统一势在必行。Solvency Ⅱ 在全球保险业监管中首次采用与银行业监管趋同的"三支柱"监管框架,实现了监管理念、标准、方法和手段等多方面趋同,不仅能够促使各专业金融监管机构在同一监管平台上对话、交流和沟通,而且能够将银行、保险和证券等不同领域的金融风险统一到同一个监管框架下予以监测、考量,成为国际保险监管改革的典范。Solvency Ⅱ 代表了国际保险监管的改革方向,体现了国际保险监管的先进水平,满足了国际保险集团监管的内在需求。Daniela Laas 和 Caroline Siegel 也指出,《巴塞尔协议》与 Solvency Ⅱ 在后危机时代的资本标准下的监管具有充分性和一致性。美国也讨论借鉴 Solvency Ⅱ,虽不是全盘接受,但也显示了 Solvency Ⅱ 的先进性。IAIS 则分别对保险监管和偿付能力监管提出了两个"三支柱":保险监管的"三支柱"包括财务要求、公司治理、市场行为,偿付能力监管的"三支柱"包括资本定量要求、与偿付能力相关的公司治理要求、与偿付能力相关的市场行为要求,其实质内容与《巴塞尔协议》和 Solvency Ⅱ 基本相同。

因此,我们在构建保险公司第二代偿付能力监管体系时,应该前瞻性地借鉴 Solvency Ⅱ 的框架,并吸收美国偿付能力监管体系的合理部分,使之既有一定的开放性,可以随着发展容纳、更新;又立足现实,注意制度的衔接和适用性。还应注意美国、欧盟的偿付能力体系也各有不足,逐一分析这些不足,并针对我国具体情况统筹考虑,进行制度安排。另外,美国和欧盟都不是统一市场监管,对两种模式中关于不同监管主权的考虑和技术规则,我国可以在构建新的偿付能力监管体系时予以剔除。最后,美国和欧盟都是在市场成熟和大量数据积累的情况下构建的偿付能力监管体系,我国却是在新兴市场条件下构建新的偿付能力监管体系。因此,我们不应盲目追求"国际先进",而应注重以新一代偿付能力监管体系的构建促进保险公司的内部管理和风险防范能力,并以此促进整个保险市场机制的完善,既要守住风险底线,又要避免保险公司负担过重,力求提高我国保险业的行业实力和国际竞争力,待时机成熟再赶超,以此实现保险业发展的良性循环。

三、第二代保险偿付能力监管体系建设的思考

无论从世界贸易组织对我国市场经济的要求来看,还是从我国保险行业发展中表现出的第一代偿付能力监管不足的实际情况来看,我国保险监管都应向着逐步市场化与开放化的方向发展,逐步与世界相接轨。也是在这一背景下,中国保监会提出了构建第二代保险偿付能力监管体系,并于 2012 年 3 月 29 日发

布了《中国第二代偿付能力监管制度体系建设规划》。自此,新一代偿付能力监管体系建设工作全面展开。

(一) 合理设计第二代偿付能力监管体系中的风险识别类型

部分国家和地区要求保险公司识别的风险[①]如下表所示:

风险类型 \ 国家(地区)	保险监管							银行监管
	美国	加拿大	百慕大	澳大利亚	英国	瑞士	欧盟	巴塞尔II
承保风险	✓	✓	✓	✓	✓	✓	✓	
巨灾风险						✓		
市场风险	✓	✓	✓	✓	✓	✓	✓	✓
资产负债管理风险	✓	✓	✓	✓	✓	✓		
信用风险	✓	✓	✓	✓		✓	✓	
运营风险	✓	✓	✓	✓	✓		✓	✓
特有风险分类	利率风险	法律与监管风险 策略风险	法律与监管风险 策略风险 组织风险 市场行为风险	治理风险			对手违约风险	

我国目前的偿付能力体系主要考察的是承保风险。除表中所列风险类型外,笔者认为还应该纳入顺周期风险、系统重要性机构风险。如何减轻偿付能力监管中的顺周期效应,如何对系统重要性机构进行资本监管,已经成为各国偿付能力监管的重要内容。[②] 另外,对于小微保险公司的风险应作科学合理的考察和识别。必要的时候可作出例外规定。关于巨灾风险是否应被纳入的问题,是一个难点问题。目前,我国保险业多把巨灾算作除外责任,少数人身保险把自然灾害作为附加险种,而暴乱及核爆炸(核辐射)等情况仍属于除外责任,巨灾保险法律制度的建设仍处于探讨阶段。所以,巨灾风险是否应被纳入新一代偿付能力监管体系,有赖于各法律制度的配合和协调。虽然目前巨灾保险仍然缺位,但对于第二代偿付能力体系的建设,这却是不可回避的问题。国际上对此无非

---

① 参见邢彬、黄俊星:《国际保险业偿付能力监管制度比较及发展趋势研究》,载《保险研究》2011年第7期。
② 参见项俊波:《保险业偿付能力监管:国际格局与中国道路》,载《金融监管研究》2012年第8期。

是分开监管和统一监管两种模式。笔者认为,巨灾保险属于政策性保险,包括农业保险(虽然我国《农业保险条例》对其定位不清,但不可否认其政策性保险的性质),都应该单独监管。这也是大多数国家的选择。

(二)确立"三支柱"监管框架,实现偿付能力监管体系结果与过程的统一

从单纯注重结果到结果与过程并重,在很大程度上是我国保险业目前所处的发展阶段的必然选择。我国保险业面临各类风险,从当前的实际情况看,操作风险尤其是各种违规舞弊行为,是保险业需花大力气予以重点管控的领域。在操作风险尚不能被有效纳入第一支柱定量资本监管的情况下,[①]将其纳入定性之行为监管和信息之披露监管,既是对操作风险进行有效管控的解决之道,也是必由之路。因此,偿付能力监管体系结果与过程的统一,尤其是加大操作风险等不可量化风险的过程管理,实际上就是实现偿付能力监管与保险公司内控合规管理整合并统一到偿付能力的监管体系之中,避免内控合规管理与偿付能力监管"两张皮",也避免全面风险管理与偿付能力监管"两张皮"。[②] 在新一代偿付能力监管体系中,第一支柱的定量资本评估应采用更为科学的计量模型和计量方法,尤其是最低资本的计量模型。各国和地区的偿付能力体系建设都是从风险识别和分类开始,然后进行资本量的评估,主要有美国 RBC 模式、加拿大模式、百慕大模式、澳大利亚模式、英国模式、瑞士模式和欧盟模式。[③] 在选择计量模型时,我们应注意不能盲目拔高,要认识到各种模型都不成熟,都有不足,并非先进的就是最好的,应树立"适合的才是最好的"的观念,而不是刻意为了追求国际标准而超越国情。另外,按照我国《保险法》的要求,保险公司自留保费不得超过其实有资本金加公积金总和的四倍,在构建新一代偿付能力体系中,应注意与此协同,避免出现矛盾。

其次,新一代偿付能力监管体系正式引入"第二支柱"和"第三支柱"的概念,管理那些不能通过量化评估纳入第一支柱的各类风险,并与第一支柱的量化指标监管相得益彰。上海财经大学谢志刚教授提出:"三支柱"只是对监管要求及措施的一种分类和表达形式,并非实质,不能用它来区分我国第二代和第一代监管制度体系。事实上,我国保险业过去多年以来所制定和颁布的一系列监管规章制度也都可以按三条支柱分类。比如,关于准备金评估的各项"精算规定"

---

① 在欧美偿付能力监管体系中,操作风险被纳入第一支柱。但是,考虑到我国属于新兴市场,缺乏准确计量操作风险的基础,学者们更倾向于将其纳入第二支柱。
② 参见刘兵:《构建偿付能力监管体系需处理好六大关系》,载《中国金融》2012年第13期。
③ 参见邢彬、黄俊星:《国际保险业偿付能力监管制度比较及发展趋势研究》,载《保险研究》2011年第7期。

属于第一支柱的内容,而"保险公司风险管理指引""内部控制规范"等规定则属于第二支柱的内容,也有不少与信息披露有关的规定。照此理解,我国第一代偿付能力监管制度体系也符合"三支柱"框架。① 笔者并不同意这种观点,第二支柱包括监管分析和检查、保险公司内部风险管理要求、偿付能力综合评价和监管措施、追加资本要求等内容。把我国过去的监管规定牵强附会地塞到"三支柱"中不能让人信服,而且以往的规定并不能与《巴塞尔协议》相融。推出以"三支柱"为核心的新的偿付能力监管体系的目的除了提高保险监管效率外,还有一个就是统一银行、保险、证券业的资本管理,以适应混业经营。我国过去的监管规定相对于新一代偿付能力监管体系只能算作零星规则,既不成体系,也不可能实现与《巴塞尔协议》相融、适应混业经营的目的,所以根本不是真正的"三支柱"。

最后,新一代偿付能力监管体系应进一步完善信息公开披露,建立市场约束机制。但是,在我国,保险监管存在浓重的中国特色,并非如西方一样是先有市场、后有监管,而是有了保险就有了监管行为,不是自下而上,而是自上而下。因此,我国的市场约束机制的建立会以自上而下牵头指导的形式展开。

(三) 加强对综合金融保险集团的资本充足率监管

20世纪80年代以来,保险业开始走上集团化发展道路,各国保险监管机构面临集团偿付能力监管的新问题。尤其是美国次贷危机以来,很多知名国际保险集团纷纷出现偿付能力不足甚至破产的情形,暴露出金融集团监管存在巨大隐患,保险集团偿付能力监管的改革成为世界瞩目的焦点。

2011年10月,IAIS正式发布了新修订的核心原则,即《保险监管核心原则、标准、指南和评估方法》(ICPS(2011)),在其每一部分后面几乎都有"关于保险集团和集团旗下保险法人的附加指南"或是"保险集团及成员公司监管指南"。② 各欧盟成员国也针对"三支柱"监管模型的提出,对保险集团偿付能力监管进行了深入思考与总结。其中,最为典型的是英国金融服务管理局(Finance Service Administration, FSA)于2006年11月公布的 SII 体系下保险集团监管的讨论稿(Supervising Insurance Groups under Solvency Ⅱ),以及2008年4月公布的关于在 SII 体系下加强集团监管的讨论稿(Enhancing Group Supervision under Solvency II)。这两篇讨论稿详细阐述了以英国为代表的欧盟保险集团偿付能

---

① 参见谢志刚:《我国第二代偿付能力监管制度体系建设中的几个关键问题》,载《保险研究》2012年第8期。

② See Insurance Core Principles, Standards, Guidance and Assessment Methodology, October 2011 (revised October 2012), http://www.iaisweb.org/Insurance-Core-Principles—795, last visited on 2012-6-25.

力监管理念和欧盟保险集团监管框架体系。[①] 美国保险监督官协会成立了集团偿付能力问题工作组,专门研究如何加强对保险集团的偿付能力监管。虽然目前工作组还没能对保险集团偿付能力改革给出最终方案,但从一系列讨论中能看出 NAIC 的一些改革思路。

我国在构建新一代偿付能力监管体系的过程中,要加强不同监管部门之间的沟通和协同,在银行、保险和证券业之间统一资本监管,避免监管套利,加强保险集团整体风险管控。结合我国的实际情况,保险公司一般分为总公司、省级分公司、市级分公司、县级分公司,是把整体监管目标分解为各级的目标,还是由保险公司内控机制实现整体目标的问题,实为规则监管和原则监管之争。笔者认为,应为后一种。我国各级保险公司情况差别大,应发挥原则监管优势,以偿付能力监管体系的构建为契机和杠杆,加强保险公司的内部管理,促进保险公司经营管理模式转型,促进微观市场行为规范。另外,不能定量监管的应强化定性监管。市场监督机制是我国的薄弱环节,这源于监管权的配置问题。

(四)第二代偿付能力监管体系应改革不符合国情及不协调的规定并注意弥补空白

我国现行偿付能力监管体系,即第一代偿付能力监管体系,在最低资本方面直接沿用了欧盟 20 世纪 70 年代制定的偿付能力标准,在实际资本方面则主要采用了美国 RBC 的方式。我国在两种制度的衔接及与国情适应方面存在很多问题,在构建新一代偿付能力监管体系的过程中应注意解决;同时,还应注重监管的成本效益分析,力求适合我国的实际情况。

另外,对于问题保险企业退出的规定不明确一直是我国的痛处,现行法涉及问题保险企业的主要有:(1)《保险法》第 135 条赋予中国保监会对问题保险公司监管的规章制定权;第 139 条明确了对偿付能力不足的保险公司,国务院保险监督管理机构应当将其列为重点监管对象,并可以根据具体情况采取措施;第 154 条规定,保险公司在整顿、接管、撤销清算期间,或者出现重大风险时,国务院保险监督管理机构可以对该公司直接负责的董事、监事、高级管理人员和其他直接责任人员采取措施。(2)《企业破产法》第 134 条规定:"商业银行、证券公司、保险公司等金融机构有本法第二条规定情形的,国务院金融监督管理机构可以向人民法院提出对该金融机构进行重整或者破产清算的申请。国务院金融监督管理机构依法对出现重大经营风险的金融机构采取接管、托管等措施的,可以向人民法院申请中止以该金融机构为被告或者被执行人的民事诉讼程序或者执

[①] 参见韩亮、陈欢:《国际保险集团偿付能力监管改革及启示》,载《保险研究》2011 年第 10 期。

行程序。金融机构实施破产的,国务院可以依据本法和其他有关法律的规定制定实施办法。"此外,《保险公司管理规定》也有对问题保险公司重点监管和监管方式的零星规定,《保险公司偿付能力管理规定》也规定了对偿付能力不足的保险公司的监管措施。但是,对问题保险企业的退出机制规定不明确、配套措施不完善一直是一大问题。在构建第二代偿付能力监管体系的过程中,应把问题保险企业的退出机制整合在其中,通盘考虑,全面设计,否则新一代偿付能力监管体系必将是不完整的。

市场监管法律制度理论研究综述

平娜 薛晟[*]

一、当前市场监管体制的形成与反思

（一）我国市场监管发展的历史沿革[①]

到目前为止，我国经历了社会主义过渡时期、社会主义经济制度建立和曲折发展时期以及社会主义经济体制改革新时期三大历史阶段。每一阶段，市场监督管理工作的任务和侧重点都有所不同，并形成了各自的特点。

1. 社会主义过渡时期的市场监督管理

这一时期包括国民经济恢复时期和社会主义改造时期两个阶段（1949—1956年）。

（1）国民经济恢复时期（1949—1952年）

市场监督管理的任务主要是，稳定市场物价，打击投机商业，逐步控制批发环节，增强国家对市场的领导权，组织和活跃城乡物资交流，保证国民经济的迅速恢复和发展。

（2）社会主义改造时期（1953—1956年）

市场监督管理的主要任务是，围绕党在过渡时期的总路线和总任务，适应大规模经济建设的需要，稳定市场，活跃流通，维护市场秩序，维护国家计划，取缔投机等违法活动，限制城乡资本主义的发展，促进非社会主义工商业的改造。

---

[*] 平娜、薛晟：华东政法大学经济法学院 2012 级硕士研究生。
[①] 参见陈世良：《我国经济转型期社会主义市场监管研究》，华中师范大学 2008 年博士论文。

2. 社会主义经济制度建立和曲折发展时期的市场监督管理

这一时期包括社会主义十年建设和"文化大革命"时期两个阶段（1956年—1976年）。

（1）社会主义十年建设时期（1956—1966年）

市场监督管理的中心任务是，围绕国民经济调整和发展的方针，恢复、搞活和管好城乡市场，促进市场活泼而有序地发展。

（2）"文化大革命"时期（1966—1976年）

这十年是我国政治、社会大动乱的十年，经济处于崩溃边缘，刚刚繁荣起来的城乡市场遭到无情的摧残，市场监督管理工作也处于消亡状态，负责市场监督管理的机构大多被撤销、合并，人员遭遣散。在极"左"路线的指导下，市场监督管理工作成为专门打击投机倒把和限制资本主义发展的工具。

3. 改革开放时期的市场监督管理（1977年至今）

改革开放之后，我国的商品经济与社会生产力都有了极大的发展，市场交易繁荣活跃，市场体系基本完备。市场监督管理工作不但得到了恢复，而且其地位和作用正随着市场的发展而不断地提高和增大。较之改革开放前各个时期，新时期的市场监督管理工作取得了巨大的成就，并在许多方面发生了显著的变化，呈现出一些新的特点。

（1）市场监督管理的观念在不断更新

市场监督管理实践的发展，推动了市场监督管理观念的转变。

（2）市场监督管理的体制背景发生了变化

新时期的市场监督管理工作是在社会主义经济体制改革的过程中和市场经济体制已初步建立的背景下开展的，它的主要任务是培育和完善市场体系，建立和维护市场秩序，促进市场有序运行和健康发展，为社会主义市场经济体制服务。

（3）市场监督管理内容复杂化

新时期的市场监督管理内容大大增加了，从规范市场主体、市场行为到监督管理交易活动，从监督管理各种商品生产经营者、各类商品到制止不正当竞争和垄断行为，从微观交易活动的监督管理到宏观市场秩序的建立和维护等。

（4）市场监督管理的范围有了很大的拓展

新时期的市场监督管理的范围随着各类市场的建立和形成而不断扩展，实现了从市场所有参与者及其运行过程和交易行为的全过程监督管理，并实现了由有形向无形、由国内市场向国外市场的延伸和发展。

（5）政府市场监督管理的职能进一步强化

新时期的市场监督管理紧紧围绕建立和维护市场秩序这一目标，通过登记注册手段,规范和确认市场主体资格,监督其市场进出,制止不正当竞争,禁止垄断,保障和促进市场公平竞争等国家赋予市场执法和监督管理机关的一系列职权,强化市场监督管理的职能,有利于管理目标的实现。

(二)我国市场监管体制的现状

就我国当下的市场监管法律制度,人们基于不同的立场和视角,作出了一些富有启迪的阐释和反思。比如,针对市场监管,尤其是在竞争性市场中的监管范围、监管行为的方式,一种代表性的观点认为存在"管制过度"的倾向,市场诸多问题恰是"过度管制导致的挫折"。① 此言一针见血,富有洞见。另有学者对于我国目前是否真的建立了市场监管制度提出了怀疑,认为"我国的政府管制,实际上还称不上是严格意义上的政府管制,目前的管制到底是市场经济条件下的政府管制还是原来计划体制下政府管理经济的遗留,对整个经济而言、对具体行业而言,还都应作具体分析"②。还有的学者干脆从基础上完全否定了现行监管制度,指出"现在的管制不是因为市场失败,而是源自计划经济的惯性和本能"。换言之,"中国管制的成因与经典管制理论的分析相去甚远,很难在教科书中找到现成的解释。中国经济生活中到处存在着的管制,与其说是为了解决'市场失败',不如说是政府为了消灭市场"。因此,"要像戒毒一样戒除管制"。③ 这种结论虽然极端了些,但论者的敏锐视角与犀利言辞仍然为我们进一步准确、深刻而全面地把握问题提供了借鉴和启示。④

有学者认为,市场监管体制主要分三种:一是美国式的市场监管。在这种监管体制下,实行完全的自由市场机制。二是德国式的市场监管。在这种监管体制下,既有政府的主导作用,同时也积极利用行业组织的力量参与市场管理。三是日本式的市场监管。在这种监管体制下,政府完全主导市场地位。我国采用的是政府干预主导型,通过政府对市场经营主体进入市场进行审批和登记的方式,严把市场准入关;同时,在市场经营的过程中,适时采用经济手段、行政手段和政策手段,对市场的发展进行引导、调控,使市场经济在政府的指导下稳步推进。

我国现行的市场监管体制是在传统市场监管体制的基础上建立起来的,随着人们对社会主义市场经济体制认识的深化,市场监管体制的构成也在发生着变化。就现状而言,我国的市场管理体制还处在逐步形成的动态之中。随着近

---

① 参见方流芳:《过度管制导致的挫折》,载《经济观察报》2001年12月6日。
② 参见王学庆:《垄断性行业的政府管制问题研究》,载《管理世界》2003年第8期。
③ 参见赵晓、张维迎:《中国政府管制的特殊成因》,载《21世纪经济报道》2001年3月26日。
④ 参见盛学军:《监管失灵与市场监管权的重构》,载《现代法学》2006年第1期。

年来的机构调整和行政职能转换,国务院各有关部委相继成立了专门的市场监管职能机构,市场监管主体被分为三大部分:第一部分为行业市场监管主体。各经济行业主管部门,如建设部、交通部、农业部、水利部、信息产业部等,随着行政职能的转换,开始把过去直接对行业的具体管理和干预转化为注重于对本行业市场的导向和调控,设置了相应的职能机构,收集和分析市场动态,制定行业市场的管理政策和规章。同时,不断建立起来的行业协会等行业组织已程度不同地直接或间接参与对该行业的市场管理。第二部分为分类市场监管主体。除原有的各专门市场监管部委外,根据市场监管需要,分类成立了各专业监管机构,如中国证监会、中国银监会、国家安监局等。这些专门领域的行政管理部门分别承担起了对各专业市场监管的工作,初步构成了分类市场监管主体的体系结构,承担起了组织专业市场形态的任务。第三部分为综合市场监管主体。以工商行政管理机关为主,加上经贸、发改、物价、税务、技术监督、进出口检验检疫、卫生、医药、文化等部门,其监管领域目前得到进一步明确,职能进一步加强。总体来说,各行业主管部门、分类市场主管部门和综合市场监管部门在确定市场调节参数,制定相关的市场政策、规章和法规方面,都有了各自的职责分工或设置了专门的职能机构,从而使总体层次上的市场监管体制有了较为明确的构架。①

也有学者认为,从目前承担市场监督管理职责的部门和组织的分工来看,我国市场监管体制由四部分构成:一是综合市场监管部门,如工商行政管理局;二是专项市场监管部门,如质量监督检验检疫局、物价监督管理机构;三是专业市场监管部门,如食品药品监督管理局、证监会、保监会、粮食局、烟草局、新闻出版管理部门等,从某一市场领域出发,对该领域的市场行为进行监督管理;四是各种行业组织,如钢铁协会、皮革工业协会、棉纺织行业协会等,是业内人员组织的社会团体,属于行业自律组织。②

有学者认为,当下我国的金融市场监管体制强调的是基于金融机构的类型划分而确定监管权力的边界,即银监会负责监管商业银行和信托投资公司,证监会负责监管证券公司和基金管理公司,保监会负责监管保险公司。在这样的体制下,监管者的权力行使主要不是针对金融机构的某项业务或某种产品,而是金融机构本身。例如,对于银监会而言,只要是商业银行的经营活动,都被纳入其监管权力的覆盖范围之内,而不问商业银行具体的业务或其产品在法律定性上

---

① 参见余源:《中外市场监管比较研究及启示》,载《学术论坛》2010年第11期。
② 参见陈世良:《我国经济转型期社会主义市场监管研究》,华中师范大学2008年博士论文。

属于存贷款还是证券或保险范畴。①

（三）我国市场监管体制存在的问题

1. 单一主体监管模式与新的社会发展形势的不适应

我国当前的市场监管体制脱胎于计划经济时代，它以政府为单一的监管主体，带有明显的历史痕迹。市场监管强调监管的单一主体作用，强化监管手段的纯强制性，而忽略被监管者的能动性和监管手段的多样性。由于我国的改革还不到位，这种市场监管模式到目前仍表现得很明显。现代市场经济的发展赋予了市场监管以新的内涵，即市场监管的目的不再只是单纯地管制被监管者，而是通过对市场主体在市场规则体系影响下所形成的行为状态依法进行服务、引导、监察和管理，在双方互动中实现监管者与被监管者行为的有序和规范。②

也有学者认为，市场监管主体应当包括五大类：行使市场监管职能的有关政府机关；政府机关的一些附属机构；非官方的社会团体；市场组织本身，即交易所等；属于中介组织领域的会计师事务所、律师事务所、资信评级机构甚至媒体等中介服务机构。③

2. 我国市场监管权体制的缺陷

与发达国家相比，我国市场监管制度存在的问题较为复杂，监管权自身机体的不足往往与隐藏其后的体制弊端纠缠在一起，成为制约其改进的制度障碍。如果缺乏对我国市场监管制度的深入研究与彻底改革，市场监管不但不能发挥治理市场失灵、实现社会公正的作用，反而会阻碍市场经济体制和竞争秩序的建立和完善。其表现为："政企不分"在转型经济环境中蜕变为"政企同盟"，此等体制痼疾严重混淆了监管者与被监管者之间的角色界分，成为侵蚀市场监管的中立性、窒碍监管权合理设立并公正行使的根源；权力文化的深厚传统不利于形成制约监管权的法律机制，同时也窒碍了权利自济和市场自治等市民文化的生长。④

3. 我国市场监管组织结构体制所存在的问题

当前我国市场监管体制的整体运行状况和我国市场经济呈现出一种既相适应又不相适应的矛盾。一方面，这种组织结构体制基本适应了我国当前的市场发育水平，对推动市场经济体制的形成和发展，维护正常有序的市场秩序起到了

---

① 参见黄韬：《我国金融市场从"机构监管"到"功能监管"的法律路径》，载《法学》2011年第7期。
② 参见钱冰、刘熙瑞：《构建以政府为核心多元主体共同参与的市场监管网络》，载《中国行政管理》2007年第8期。
③ 参见陈世良：《我国经济转型期社会主义市场监管研究》，华中师范大学2008年博士论文。
④ 参见盛学军：《监管失灵与市场监管权的重构》，载《现代法学》2006年第1期。

积极的作用。另一方面,这种组织结构体制也表现出与当前经济发展不相适应的地方,甚至在某些方面暴露出弊端,主要有:

(1) 市场监管主体之间的职责划分不细,某些监管主体之间的业务重叠交叉,使得一些监管主体出现了运行中的职能错位,导致大量相互扯皮、相互推诿现象。① 在这一问题上,也有学者认为,我国现行市场监管体制下监管机构过多、分工过细,造成公共资源浪费。②

(2) 市场监管主体之间缺乏应有的协调机制,处于一种不正常的信息交流状态。特别是归属于不同部门的管理主体之间,没有一个系统的信息传递程序,导致运行中出现不协调的状况。③ 在这一问题上,也有学者认为,相关部门权责不清,造成政出多门、多头管理,效率低下。④

(3) 市场监管主体缺乏一种角色定位。传统的监管体制使得市场监管主体只能按部就班,通过现存的体制发挥一种监督与制衡作用,而无法对市场监管主体的角色进行一种能动性的定位。

(4) 管理思想和管理方式滞后,突出存在着重事后查处、轻事前监督,重微观管理、轻宏观调控的问题。市场监管主体把大部分精力用于市场监管的具体事务工作,对于宏观管理和服务型监管的思想理念认识不到位,基本上仍停留在以直接管理为主的模式上。

(5) 监管的法规不健全。我国现行的市场监管法规虽然经历了几次大的清理,但仍不适应社会主义市场经济发展的需要,亟待修订和完善。更为迫切的是,新的商品交换方式和各种新型市场出现以后,亟需新的法规进行相应的规定。在这种情况下,市场监管法规的完善也是当前的迫切工作。⑤ 市场监管活动缺乏强有力的法律约束。到目前为止,我国还没有一部统一的市场监管的法典,有关市场监管的法规散见于各种经济、行政方面的法律、法规、规章和规范性文件中。法律规定的内容大多不具体、不详尽,更多地要靠行政规章和规范性文件加以说明和规范。

(6) 各部门组织体系发展不平衡,造成不同领域监管能力迥异。在现有的监管部门中,有的组织体系发达完备,从中央到乡镇都有机构,如工商行政管理部门;有的则比较薄弱,乡镇没有机构,县以上的机构没有专门的执法办案人员,如旅游管理部门。

---

① 参见佘源:《中外市场监管比较研究》,载《学术论坛》2010 年第 11 期。
② 参见陈世良:《我国经济转型期社会主义市场监管研究》,华中师范大学 2008 年博士论文。
③ 参见佘源:《中外市场监管比较研究》,载《学术论坛》2010 年第 11 期。
④ 参见陈世良:《我国经济转型期社会主义市场监管研究》,华中师范大学 2008 年博士论文。
⑤ 参见佘源:《中外市场监管比较研究》,载《学术论坛》2010 年第 11 期。

（7）各部门纵向分权不合理,造成监管能力弱化。除了国税、海关等少数几个部门由中央政府直接领导外,我国多数市场监管部门由地方政府按行政区划分层领导。

（8）各监管部门大都采取"议行合一"制,造成制度层面的腐败。所谓"议行合一"制,是指市场监管部门既制定市场规则,又负责落实执行这些规则,将规则制定权、执行权与监督权集于一身。①

（四）我国市场监管体制的完善

1. 改变单一主体监管模式

我们应当改变现阶段以政府为主体的单一监管模式,建立行业协会等自律组织、消费者组织以及消费者共同参与的监管模式。行政体制改革的不断推进,尤其是政府职能转变和机构改革的深入,为单一主体监管模式的变革和多元主体监管网络的建立创造了良好的制度环境,而民间行业自律组织的成长为多元市场监管网络的形成打下了基础。市场经济的发展和经济全球化的形势迫使单一主体的市场监管模式发生改变,迫切要求多元的市场监管主体的共同参与。作为一种对市场监管新模式的探索,以政府为核心的多元监管网络意指在我国当前的环境下,对市场的监督治理应以政府为核心,政府协同各监管主体并同时对其他主体进行监管,最终形成政府、自律组织以及公民等多个监督主体共同协调运作的格局。②

有学者认为,建立并完善我国市场监管体系的目标模式应是:以政府宏观调控为基础,行政执法、行业自律、舆论监督、群众参与相结合,实施政府主导、多主体分层监管、社会广泛参与的市场监管模式。这一模式的特点包括:政府在市场监管中发挥主导作用;多主体参与市场监管;非政府主体在市场监管中的作用明显;市场监管的方向分散、效能提高。③

还有学者认为,我国要建立市场监管新体制。首先,必须以政府监管机构为主体,充分发挥政府监管的职能作用。这包括:调整市场监管部门之间的横向权力配置,归并相关部门的职能,组建职权相对集中的市场监督管理机构;调整市场监管部门的权力配置,理顺各自内部的管理体系。其次,发挥社会自主管理的积极作用,以商会、协会专业化的自律监管为补充。再次,建立现代企业制度,以

---

① 参见陈世良:《我国经济转型期社会主义市场监管研究》,华中师范大学2008年博士论文。
② 参见钱冰、刘熙瑞:《构建以政府为核心多元主体共同参与的市场监管网络》,载《中国行政管理》2007年第8期。
③ 参见唐立军、李书友:《建立和完善我国市场监管体系的思路、目标与措施》,载《北京工商大学学报》2008年第1期。

企业内部自控为市场监管的微观基础。最后,让消费者广泛参与到市场监管中,构建以社会化为基础的群众监督大环境。①

2. 明确市场监管主体的角色定位

(1)对市场监管主体进行角色定位,明确市场监管的职责要求,从而有效杜绝市场监管中各种不负责任的行为。英国政府在20世纪80年代对此给予高度重视,认为这样才具有创新性、灵活性、低成本和高效益。

(2)有效保证市场监管权力的公共性,明确市场监管主体的角色定位,使市场监管主体积极履行"行政人"的主体职能,从而把市场监管权力的行使作为一种为公众服务的手段,避免以权谋私,产生公共权力的异化。②

(3)培养市场监管主体的高尚行政人格。有学者指出,整个20世纪公共行政的理论与实践的根本缺陷在于放弃了伦理向度。③因此,市场监管主体行政人格的培养的关键在于强化这种伦理向度。由于市场监管角色明确,从而使得市场监管主体更负有一种责任感和使命感,使市场监管主体的行政人格在这种道德力量的作用下不断得以完善,从而有效促使市场监管目标的实现。

3. 加强监管立法并同国际接轨

随着社会主义市场经济的发展,我国现行的市场监管法律法规已远远滞后于市场经济发展的需要。因此,市场监管必须根据实际情况,对现行的管理法规进行重新审议清理,该废除的废除,该修订的修订,需要制定的法规尽快地制定出来,从而使市场监管有法可依。

从本质上讲,市场经济是一种开放型、外向型的经济。随着经济的发展,国家与国家之间的经济往来将会更加普遍化和经常化。这就要求我国的市场监管工作必须同国际上通行的市场监管保持一定的趋同性,以利于形成国际上统一的市场监管模式,实现世界大市场的监管要求。④

4. 监管体制改革路径的选择

以深圳市市场监管体制改革为例,该市将工商局、质量技术监督局、知识产权局整合成市场监督管理局,实现了多部门市场监管职能的有机统一,是对市场监管体制改革的一次积极探索。在改革的过程中,也需要注意推进机构改革的深入化、市场监管职能履行的整体化、市场监管手段的信息化、市场监管工作的法制化。⑤

---

① 参见陈世良:《我国经济转型期社会主义市场监管研究》,华中师范大学2008年博士论文。
② 参见余源:《中外市场监管比较研究》,载《学术论坛》2010年第11期。
③ 参见张康之:《寻找公共行政的伦理视角》,中国人民大学出版社2002年版。
④ 参见余源:《中外市场监管比较研究》,载《学术论坛》2010年第11期。
⑤ 参见邝兵:《关于深圳市市场监管体制改革的思考》,载《决策参考》2010年第7期。

5. 建立和完善我国市场监管体系的措施

有学者认为,若要建立和完善我国市场监管体系,需要做到:转变市场监管的观念,逐步建立符合社会主义市场经济运行与管理要求的市场监管体系;加强调控,完善职能,综合监管,建立统一、协调、高效的政府监管市场机构;进一步制定和完善市场监管的法律体系,为以政府为主导的多主体、分层次市场监管提供法律依据和制度保证;建立健全行业协会、商会等中介自律组织,积极发挥行业自律组织监管的作用;建立完善舆论监督和群众参与市场监管的机制,切实发挥舆论和社会公众在市场监管中的作用;加大行政执法力度,规范行政执法行为,增强政府监管市场的有效性;完善市场监管手段,实施重点监管,增强市场监管的安全性;充分估计市场监管体系改革与发展的风险性,积极稳妥地推进我国市场监管体系的改革与完善。①

二、政府职能转变背景下的监管创新

(一) 监管目的与内涵的发展

我国当前的市场监管体制脱胎于计划经济时代,它以政府为单一的监管主体,带有明显的历史痕迹。市场监管强调监管的单一主体作用,强化监管手段的纯强制性,而忽略被监管者的能动性和监管手段的多样性。现代市场经济的发展赋予市场监管以新的内涵,即市场监管的目的不再只是单纯地管制被监管者,而是通过对市场主体在市场规则体系影响下所形成的行为状态依法进行服务、引导、监察和管理,在双方互动中实现监管者与被监管者行为的有序和规范。②

(二) 多元化监管体制的构建

1. 进一步转变政府职能

涉及宏观、决策、规划等方面的事务由政府承担,而一些微观的、执行性的与技术性的事务则由行业协会来承担,并由政府按照任务的性质和难易程度支付一定的报酬。

2. 健全内外机制,增强行业协会的市场监管能力

应完善立法,优化行业协会发展的法律环境。市场经济是法治经济。在行

---

① 参见唐立军、李书友:《建立和完善我国市场监管体系的思路、目标与措施》,载《北京工商大学学报》2008年第1期。

② 参见钱冰、刘熙瑞:《构建以政府为核心多元主体共同参与的市场监管网络》,载《中国行政管理》2007年第8期。

业协会发展中,加强法制建设,为行业协会的活动提供一个稳定的环境,已是当务之急。针对当前行业管理的法制不健全、合法性不足等问题,我国应尽快制定《行业协会法》等相关法律法规,将行业管理纳入法制化轨道。

3. 培育消费者维权组织的市场监管功能

要完善消费者权益保护的相关立法,同时在举证责任方面进一步扩大涉及具体消费领域的举证责任倒置的范围,切实保护消费者的利益,并真正发挥消费者维权组织的监管功能。

4. 鼓励和强化公民个人的参与

重要的是,要提高公民的权益维护意识。当然,消费者维权意识的觉醒和提高并非一日之功,这有赖于法律意识的提高,需要全社会法律知识的宣传、消费者运动的发展以及全民文化素质的提高。我们现在必须进行相关工作。[①]

(三) 监管思路的革新

随着社会主义市场经济的发展和政府职能的转变,特别是实行政企分开以后,各专业经济主管部门的机构将随之进行相应的调整。在这种情况下,市场监管部门必须依据市场经济发展的客观要求,适时转变监管思路,探索新形势下的新监管思路。

首先,要实现从以直接管理为主向以间接管理转变,不直接干预市场主体的生产和经营行为,通过监督、备案、审查的方式达到维持市场正常秩序的目的。

其次,要实现从事后查处向对经营过程的监管转变,把事前的宣传教育、事中的指导和事后的查处三个环节贯穿到市场监管的全过程中,以最大限度实现监管的目的。[②]

再次,要实现对市场经营秩序的综合监管,即在市场监管相关职能部门相互协调的基础上,对市场及市场经营主体的行为进行整体性、全过程、多方位的监督和管理。[③]

最后,要提倡市场监管的效益最优化原则,以最小的成本产生出最大的行政效益。也就是说,市场监管就是要选择、创建既能最大限度地实现既定的市场监管目标,又能使监管成本支出达到最小的市场秩序监管体制和方式、方法,通过

---

① 参见钱冰、刘熙瑞:《构建以政府为核心多元主体共同参与的市场监管网络》,载《中国行政管理》2007年第8期。
② 参见佘源:《中外市场监管比较研究》,载《学术论坛》2010年第11期。
③ 参见陈奇星:《完善市场秩序综合监管的对策思考》,载《中国行政管理》2003年第9期。

市场监管效益的最优化,有效克服不计成本的盲目的市场监管行为。①

(四)监管方式的创新

1. 从集权到分权:公共治理主体多元化的趋势要求实现市场监管领域的"多主体监管"

政府是公共事务和公共服务供给的主体。但是,并非所有的公共事务都由政府来提供。现代市场监管需要由政府单一主体向政府、行业、企业、舆论、公众等多元主体的监管体系转变,即建立行政执法、行业自律、舆论监督、群众参与相结合的、四位一体的市场监管体系,发挥多元主体监管市场的整体效能,不断提高市场监管的效果。

2. 从垄断到开放:公共治理过程中权力开放的趋势要求实现市场监管领域的"协商式监管"

我国目前市场监管主体众多,监管权力过于分散。这并不是公共权力开放的结果,也不是市场监管改革的方向,而是传统体制所致。因此,在我国当前监管主体众多、职能分散的情况下,要协调工商行政管理、技术监督、商品检验、物价管理、商务管理、证券管理、金融管理等主体的职能职责和执法行为,共同合作监管市场,实行协商式监管。即便是将来过于分散的市场监管执法权适当归并后,为避免各执法主体职能交叉、重复执法,促进市场监管行为统一、规范、高效地开展,更需要实行协商式监管。

3. 从管制到服务:公共治理服务化的本质要求实现市场监管领域的"服务式监管"

现代公共治理采取"顾客导向",把权力中心主义转变为服务中心主义,实现了从管制到服务的转变。公共权力社会化,公共管理变成公众服务,服务成为政府公共管理的主题。因此,市场监管方式也需要改革,要在执法过程中体现服务,将服务贯穿于管理的全过程。

4. 从法治到善治:公共治理人性化的趋势要求实现市场监管领域的"人本化监管"

所谓"善治",就是使公共利益最大化的社会管理过程。善治的本质特征在于,它是政府与公民对社会生活的合作管理,是政治国家与公民社会的一种新型关系,是两者结合的最佳状态。善治的基本特性即人性化和以人为本,在市场监

---

① 参见金明路:《论社会主义市场秩序监管的改革与创新》,载《中国工商管理研究》1999 年第 4 期。

管领域要实现人本化的管理。①

三、政府监管机构的设置与监管权的配置

（一）政府监管机构的设置

我国现行的市场监管模式是以政府为单一主体，以工商行政管理部门监管为主，商业、物价、质量技术监督等多部门分工监管，社会各方面适当参与的监管体系。这种监管模式最突出的矛盾和问题是：市场监管主体和监管手段单一，监管幅度、力度、效度小、弱、低，与市场经济体制下市场监管要求的适应性较差。即使在政府监管的内部体系中，政府各部门间的监管职能交叉，又受监管权力和利益制衡的影响，市场监管的缺位、越位、不到位等问题在所难免。为加强对市场的有效监管，市场监管的行政体制应按照加强调控、完善职能、综合监管的要求，逐步建立形成统一、协调、高效的政府综合市场监管机构。近期可强化政府市场监管综合协调机构的作用，以工商行政管理部门为主，商业、物价、质量技术监督等部门分工负责、共同参与的模式实施市场监管；完善有关制度体系，着眼于建立适应市场经济需要的市场监管体系；以工商行政管理部门为主，集中政府相关职能部门的市场监管职能，组建具有政府监管市场综合职能的市场监管委员会；在一定时期内，发挥政府在市场监管中的主导作用，并与行业监管、舆论监督和群众参与形成有机协调的市场监管体系，为在成熟市场经济条件下逐步淡化政府主导功能，实施行业监管为主、社会监督和广泛参与的监管模式体系打好基础。②

我国金融监管机构的设置采取"一行三会"制度，即中国人民银行、银监会、保监会和证监会。随着我国金融混业经营的出现，以及国际金融混业监管的发展趋势，很多学者提出了混业监管的要求，并建议设置统一的金融监管机构或以中国人民银行为龙头加强统一监管等。监管机构的设置取决于每个国家和地区的传统、历史习惯、运作效率和监管理念。就我国而言，混业经营的发展程度、大国经济发展的差异性以及监管权力的制约水平等尚未达到立即实施统一监管的程度，同时还要考虑现有的监管信息共享机制和监管联席会议机制的改进与完善能否达到同样的监管功效，并权衡其与统一监管的效率差异。进一步推动行政机构改革，实现政府职能的市场转型，保障中国人民银行、银监会、保监会和证

---

① 参见杨松：《公共治理视野下的市场监管边界和监管方式》，载《商场现代化》2008年第11期。
② 参见唐立军、李书友：《建立和完善我国市场监管体系的思路、目标与措施》，载《北京工商大学学报》2008年第1期。

监会的独立性、中介性和自治性,乃是当前的重中之重。同时,要改进和完善监管联席会议机制和监管信息共享机制。将来条件成熟时,再考虑是否设立独立的统一金融监管机构。①

也有学者就国外政府监管机构的设置进行了介绍,世界各国金融监管机构的设置采取了类型各异的方式,既有以英国金融服务局和日本金融厅为代表的单一监管机构模式,也有以美国为代表的伞形监管模式和以荷兰、澳大利亚为代表的双峰模式。② 对于我国而言,考虑到金融混业经营的发展方向,有学者提出建立"统一的大金融监管体制"。③ 这种设想与国金融市场的现实发展需要相距甚远,没有意识到当下金融监管中存在的问题主要不是源于监管机构的设置,而在于监管机构在现实制度的约束下没有以最有效的方式发挥其应有的职能。目前,真正应该着手做的恰恰应当是在"功能监管"理念的引导之下,调整《证券法》《商业银行法》《信托法》《证券投资基金法》等基础性法律制度的内容,以扩展"证券"法律概念的范围,在此基础之上厘清"公募"与"私募"的法律界限;同时,还需要调整法律对"信托"的理解,不再把它视作一种特定的金融行业,而是将其界定为金融机构面向公众客户的一项功能性业务。④

(二) 监管权的配置

1. 我国市场监管权配置的缺陷

有学者认为,市场监管权在我国的确立是在国家从计划经济向市场经济转型的短短二十余年间发生的,我们对于监管的知识是极其有限的,无论政策制定者还是立法者,对于政府在市场经济中的职能以及应当被赋予的职权,都存在相当模糊的认识。我国市场监管权存在的缺陷主要表现在:

(1) 市场监管制度的确立缺乏合理而科学的考量,监管权存在滥设的趋向。从根本上看,市场经济条件下的监管制度是一项特定的制度,监管权的设立必须符合特定的市场条件(市场失灵)并经过严格的程序审议。滥设的监管权不仅无助于市场秩序的建立,反倒扭曲市场机制,破坏游戏规则。

(2) 监管权在政府职能及行政权力中的定位模糊。目前,从理论到政策、立法本身,对于监管权与宏观调控权以及资产管理权的界分并未形成十分明晰、统

---

① 参见李昌庚:《美国〈金融监管改革法案〉的中国启示》,载《西部法学评论》2011年第4期。
② 所谓"双峰模式",是指一国设立两个监管机构,分别负责金融业的审慎监管和金融机构的商业行为规范监管。例如,澳大利亚分别成立了金融稳定委员会和消费者保护委员会,荷兰则由中央银行和金融市场管理局分别扮演"双峰"的角色。
③ 参见郭锋:《推动金融体制改革 提升金融体系安全性》,载《中国证券报》2009年4月21日。
④ 参见黄韬:《我国金融市场从"机构监管"到"功能监管"的法律路径》,载《法学》2011年第7期。

一的观念,因此对于哪些属监管权限范围而非其他政府权限染指的事项,以及各自的政策目标乃至手段的差异,还未必了然,更不用说坚持。

(3)监管权的配置呈现分散化。其一,监管机构设置过于狭窄,缺少综合性与全局性,彼此有内在关系的领域或者行业往往被人为地分割在不同的监管机构。其二,监管权的各项权能分散在监管机构和政府综合政策部门,造成监管责任主体不明,监管低效。

(4)监管权的行使者缺乏公信力和权威性。现代意义上的监管者必须独立、中立、专业、权威和可信。但是,我们的监管机构往往从过去的产业主管部门改头换面而来,造成监管者既无法在政府体系中取得相对独立的法律地位,也难免与作为被监管者的企业保持计划经济下固有的千丝万缕的联系。

(5)监管权自身所受约束不足,权力存在被滥用的趋向。我国法律在赋予监管者以一定范围的规章制订权、执法权以及相当程度的自由裁量权的同时,缺乏对监管行为设置相应的事前控制程序和事后补救的羁束制度。这为监管者自觉和不自觉地越权、不作为、程序瑕疵和不公正行使等滥用监管权的行为提供了可乘之机。①

2. 如何正确配置监管权

首先,在策略上,针对我国数次政府机构改革收效有限的教训,为了摆脱政府自查自纠的窒碍,可学习韩国关于政府管制改革的经验,设立比较权威而独立的"政府监管改革委员会",全面评估既有监管制度的合理性,废除不合理的监管权,重新界定监管权的范围和领域,确保未来监管权的设立必须经过包括成本—效益方法在内的专门评估。②

在重新界定政府经济职能的基础上,应明晰市场监管权的内涵和范围。其关键在于,在政府公权力的内部准确把握市场监管权与宏观调控权、资产管理权的界限,而在外部则需厘清政府监管行为与市场行为各自的限度,以便合理设定市场监管权。③

其次,重塑独立、中立、专业的监管机构。监管机构的独立性、中立性、专业性是确保监管权公正行使的基本条件,也是有效摆脱既往的部门偏好或者其他政府部门不当干预的必要前提。

在这方面,也有学者认为,虽然我们不能照搬美国式的独立管制机构模式,但就我国市场监管制度以及政府架构的特点而言,应当注意这样几点:第一,通

---

① 参见盛学军:《监管失灵与市场监管权的重构》,载《现代法学》2006年第1期。
② 参见李秀峰、陈晔:《韩国行政规制基本法的制定与实施》,载《国家行政学院学报》2003年第1期。
③ 参见盛学军:《监管失灵与市场监管权的重构》,载《现代法学》2006年第1期。

过组成人员的任期设计、确立立法机构的监督等途经,逐步强化监管机构在政府体系中的独立性。尤其需要指出的是,应当放弃过去沿用的监管机构设立上的"三定方案"模式,改采"一事一议"的原则,将监管机构的设立纳入赋予监管权的立法构架之中。第二,必须按照"政企分开"的基本方针,坚决要求一切政府监管部门与其所监管行业的任何企业实现人、财、物完全脱钩。政府和政府部门从一切直接的市场活动退出,是监管中立、政府现代化的基本标志,①也是消除转型时期腐败发生的重要措施。第三,完善监管机构的人员构成。应当适时调整监管部门官员的素质和知识结构,以便形成一批谙熟特定监管领域的专业人士及相关的法律、经济、技术人才,从而能够对该监管活动作出权威的专业意见。

再次,在监管机构之间合理配置监管权。应当在合理规划的基础上,减少各类监管机构之间横向和纵向监管权的不合理重叠和交叉,促进监管权的相对集中。同时,对于分散在其他综合政策部门的监管权,应该进行清理和回收,迅速解决多头执法问题,保证监管机构监管权的统一。②

最后,确保将监管权的设立和行使等行为纳入立法控制、司法审查、行政公开、行政救济等更广泛意义上的法律控制机制之中。同时,逐步确立司法审查制度,则有利于进一步实现权力制衡,防范监管权的滥用。当然,一套完整的、科学的行政程序制度,包括行政公开、告知、听取陈述和申辩、职能分离、不单方接触、回避、记录和决定、说明理由、时效和救济等制度,也是监管权规范化的必要架构之一。③

四、行业组织参与市场监管的理论依据与路径选择

(一)行业组织参与市场监管的理论依据

行业组织通过自律管理参与市场监管。行业自律是非市场规则的选择形式,是政府规制的有效补充。菲利普·埃吉兰德认为,自律可以被看作所谓的"指令—控制"管制模式的一种替代,纯粹的自律可以被定义为由社会领域的组织或协会实施的监管。④ 行业自律包括管制规则自我规定、行为自我监管、规章

---

① 参见周其仁:《市场竞争与反垄断》,载《上海改革》2003年第4期。
② 参见盛学军:《监管失灵与市场监管权的重构》,载《现代法学》2006年第1期。
③ 参见姜明安:《行政的现代化与行政程序制度》,载《中外法学》1998年第1期。
④ See Philip Eijlander, Possibilities and Constraints in the Use of Self-regulation and Co-regulation in Legislative Policy: Experiences in the Netherlands—Lessons to be Learned for the EU0, Electronic Journal of Comparative Law, 2005, 9(1). 转引自常健、郭薇:《行业自律的定位、动因、模式和局限》,载《南开学报(哲学社会科学版)》2011年第1期。

自我执行。具体而言,行业协会等社会中介组织的权力包括制定自治规章权、许可批准权(现正处于由政府掌管向社会转移的改革中)、日常管理权、制裁权(根据法律和自治规章追究被管理者责任)等。①

1. 行业自律管理的动因分析——行业组织存在的合理性理由

自从科斯用"交易费用"这个概念解释企业的性质之后,众多经济学家都对"交易费用"的内涵和外延进行了界定,并从交易费用的角度解释企业和其他经济组织的性质和成因。有学者提出,行业组织的产生是企业、政府经过成本收益分析之后作出的减少交易成本的选择。通过加入行业组织,企业能获取完整的市场信息,防止信息传递过程中的"失真",有效降低信息搜寻成本和企业经营过程中的交易成本;同时,从一致性集体行动中得到直接和间接的好处,规避市场风险,减少不确定性。政府将不应由其行使的管理职能下放给行业协会,不但节约了交易成本,节约了建立新的组织架构和雇用雇员的成本,而且减轻了政府的财政负担,提高了工作效率。② 更有学者认为交易成本因素具有唯一性,指出行业协会是一种特殊的社会团体,它作为市场交易主体利益服务的社会组织,在本质上与企业的性质相同,也是企业等市场交易主体为了减少交易成本而达成的一系列合约安排,减少交易成本是企业组成行业协会的唯一动机。③ 也有学者持相反观点,认为设立行业协会的目的不是节约交易成本,实际上是行业成员放弃原先各自面临的市场治理结构,转向创造和分配租金的制度安排。行业协会通常是基于行业内非交易关系——同行企业之间横向关系的单边治理结构,而不是基于交易的一种双边治理结构。④

也有学者从制度动力学的角度认为,相对于法律制度等"公序"而言,行业协会作为一种组织化的"私序",它的产生和运作有利于交易费用的节约,是社会个体基于自动形成的个人关系或自愿加入组织化的团体,在长期交往中达成的一种自我约束机制。⑤

行业自律的动因大体可以概括为六种,即"成本收益说""风险规避说""保护公地说""制度驱动说""市场失灵说""创新驱动说"。⑥ 具体来看:(1)"成本收益说"认为,行业自律是有成本的,这些成本包括行业成员制定和实施自律规范的投入和花销。同时,行业自律也是有收益的,制定和遵守自律规范能够为行

---

① 参见王云骏:《论行业协会权力的获取和权利的保障》,载《江海学刊》2005 年第 5 期。
② 参见何俊峻:《行业协会产生与发展的经济分析》,载《生产力研究》2004 年第 4 期。
③ 参见王名、贾西津:《行业协会论纲》,载《经济界》2004 年第 1 期。
④ 参见郑江淮、江静:《理解行业协会》,载《东南大学学报(哲学社会科学版)》2007 年第 6 期。
⑤ 参见余晖:《行业协会组织的制度动力学原理》,载《经济管理》2001 年第 4 期。
⑥ 参见常健、郭薇:《行业自律的定位、动因、模式和局限》,载《南开学报(哲学社会科学版)》2011 年第 1 期。

业成员带来一定的好处。行业自律的预期收益与付出成本的比率,决定了行业成员要求自律的动机。与政府管制不同,行业自律制度的需求和供给源于同一利益团体,并且供给和需求能够以具体的方式加以评定。因此,这种制度安排成本更低、收益更大。(2)"风险规避说"认为,行业自律是为了防止产生消极的企业形象,是由防御性因素(期望抢在政府实施规制之前实行自我规制)和声誉性因素所驱动的。(3)"保护公地说"认为,现代行业中的企业共享一种"无形公地"(intangible commons)。保护"无形公地",限制可能会损害全行业整体利益的个别企业的行动,这种需要促使了自律制度的形成。(4)"制度驱动说"认为,企业参加自律体系是为了维护这种制度的运行。企业更可能受制度动机的驱动而加入志愿自律体系,以提高其与管制机构的联系,进而减轻来自于管制机构的规制压力,获得企业合法性。(5)"市场失灵说"认为,行业自律缘于某种形式的市场失灵,特别是市场的外部性、信息不对称或私法的不健全,以及纠正市场失灵的过高成本。(6)"创新驱动说"认为,尽管自律实际上降低了市场透明度,但是它在总体上通过创新提高了社会福利,来自于更高创新的收益一般会超过更低的价格透明度所带来的损失。在这个意义上,创新是自律的驱动力。

2. 行业组织监管权力的来源——行业组织存在的合法性理由

有学者认为,行业组织存在的合法性可以从社会合法性和法律合法性两个层面来看。只要某一个行业或职业的从业者在竞争中存在着共同的利益,对调整其自身行为的规制能够达成共识,并且相信合作行动能够带来自身的发展和经济效益,那么由他们建立的协会组织就具备了最基本的合法性,这个组织也就具备了最本质的生命力和最强烈的发展动力。这种社会合法性为行业协会发挥其组织性网络的经济功能提供了一个合法化的基础。但是,协会组织来源于其成员认可的权力,还必须得到统治者或国家法律的承认及制约,使得这种权力既具备足够的权威,而又不致被滥用。这种法律合法性实际上是对社会合法性的追认和界定。①

以我国的具体实践为例,有学者认为,行业协会的权力来源主要有:第一,通过法律授权而取得;第二,通过政府委托而取得,这是当前我国社会中介组织获得权力的主要渠道;第三,通过契约而形成。行业协会等社会中介组织的有些管理权力是由其成员通过一定机构和程序赋予该组织对成员进行管理的权力,这种权力归根到底是因其内部的民主机制产生的。② 关于第三种途径,有学者从现代合约理论的角度进行了具体的阐述。他认为,任何交易都是通过合约关系

---

① 参见余晖:《行业协会组织的制度动力学原理》,载《经济管理》2001年第4期。
② 参见王云骏:《论行业协会权力的获取和权利的保障》,载《江海学刊》2005年第5期。

组织完成的。从合约实施的机制来看,一份合约既可以内化到企业内部实施,也可以由市场力量自我实施,还可以外化为第三方治理机制(主要由政府和行业组织)强制实施。政府的监管权力来源于政治合约,而行业组织自律机制的权源则是市场合约。行业组织实质上属于一种"关系型合约"。行业组织合约依靠博弈论意义上"共同信念"的维系和共享,紧密地构建了成员企业之间的平等性关系。[1] 这种市场合约是由行业协会的成员通过协会章程的形式予以授权认可的。[2]

就上述三种权源,有学者提出,有必要根据行业协会权力的性质加以区分。其中,行业协会的自治权仅仅来源于契约方式,而行业协会的行政性权力则来自行政委托或行政授权。[3] 行业协会自治权的来源可以借用社会契约理论进行解释,即当自然状态中不利于人类生存的障碍超出了人类个人所拥有的力量时,人类就必然要寻找出一种结合的形式,使它能以全部的、共同的力量护卫和保障每个结合者的人身和财富,行业组织的产生也基于相似的原因。行业组织与成员之间通过民主程序制定行规行约是全体成员的自愿选择,而共同遵守则是自愿选择之后必须执行的强制后果。可以说,民主本身就是产生权威的一种机制。[4] 但是,也有学者认为用"法人行动者理论"可以更好地解释。科尔曼的"法人行动者理论"认为,个人行为具有目的性,权利最初由个人掌握,但个人并不永远保留这些权利。在一定条件下,个人行动者把控制自身某些行动的权利转让给法人行动者,其目的或者是得到某些额外的补偿,或者是期望从建立的法人团体中获得单个人无法获得的利益。这样,数个人创造了一个新的行动者,这个行动者有权力控制他们的行动。这个新行动者被定义为"法人行动者",它是一个拥有权利和权力的法人实体。商会、工会、股份公司等法人行动者都是在这种情况下创建的权威系统。商会作为一种社会组织、一种法人团体,其产生的根本原因在于,单个的市场主体因无法获得某些利益追求,为追求自我利益的集体保护而自愿结合。商会成员通过契约条款(商会章程)让渡部分控制资源的权利于商会,商会通过获得成员企业让渡的权利而树立一种权威,形成一种权力。通过这种权力的行使,商会控制集中起来的资源,不仅实现商会的整体目标,亦增进个体成员的利益。[5]

---

[1] 参见柳劲松:《行业组织参与市场监管的理论依据与目标模式——基于现代合约理论的视角》,载《湖北社会科学》2010年第5期。
[2] 参见甫玉龙、黄凤兰:《行业协会权能的法律规范探讨》,载《中国行政管理》2006年第3期。
[3] 参见汪莉:《行业协会自治权性质探析》,载《政法论坛》2010年第4期。
[4] 参见黎军:《试论行业组织管理权力的来源》,载《当代法学》2002年第7期。
[5] 参见魏静:《商会自治权性质探析》,载《法学评论》2008年第2期。

(二) 行业组织参与市场监管的路径选择

我国的行业协会组织具有较强的"官民二重性"。但是,有学者认为,政府明晰自己"何所为"和"何所不为","积极"而"有限"的定位是非常重要的。在此基础上,随着行业协会自身组织的健全,政府在组织与制度上逐渐退出,使行业自治组织承担起行业自治的作用,才是行业协会功能发挥、行业管理模式实现的可行途径。[①]

学者们普遍认为,不论现在的行业协会为"官"属性还是"民"属性,都需要与政府合作,参与市场监管。有学者认为,社会管理是一种上下互动的管理过程。治理的实质是合作,是建立在市场原则、公共利益和共同认识之上的合作。政府、市场、行业协会中的每一方既是调控主体,又都是受控主体,任何一方都是不可缺少的。它们相互制衡,通过合作协商确立共同的目标,实现对社会公共事务的管理,实现社会公共利益的最大化。[②] 有学者提出,在短期内我们不可能建立起如同美国那样的"行业自律型"市场监管模式,未来的目标是建立行政执法与行业自律并重的"二者兼顾型"监管体制。[③] 在英、美等市场主导型国家,商会等经济团体都是由企业自发组织起来的,入会自由、活动自主、经费自理,具有较强的独立性,政府一般不干涉商会活动。在法、德等大陆型国家,商会由传统的同业行会等发展而来,具有完备的法律体系,与政府是一种合作关系。在日本等政府主导型国家,商会的独立性受到了一些影响,但仍能保证依法成立和独立运作,只是接受政府的指导和监督。法国商会不但可以通过与政府直接对话、向政府提供行业建议,协调企业与政府以及商会与政府的关系,还起到协调商会与社区、社会党团之间关系的作用。[④] 有学者提出,较之西方国家,合作主义对于我国而言可能更具现实意义。我国改革开放的一条宝贵经验就是在转型过程中维护和保持了政府的权威。可以预见,我国政府治理的改进目标只能朝着合作主义道路前进。同样,我国的社团组织也必须在政府权威的容许下才能获得生存和发展的空间。社会团体为分享公共权力必须寻求政府的认可,而政府为稳定权力也需要主动培育社会团体,如此形成政府主导下"官民合作"管理公共生活的治理模式。[⑤]

[①] 参见王名、贾西津:《行业协会论纲》,载《经济界》2004年第1期。
[②] 参见汪莉:《论行业协会的经济法主体地位》,载《法学评论》2006年第1期。
[③] 参见郭跃进:《论市场监管的几个基本理论问题》,载《福建论坛(人文社会科学版)》2006年第4期。
[④] 参见郁建兴:《行业协会:寻求与企业、政府之间的良性互动》,载《经济社会体制比较》2006年第2期。
[⑤] 参见谢思全、丁鲲华:《我国行业组织现状及发展态势分析》,载《江西社会科学》2006年第12期。

因此,行业组织参与市场监管的前提是与政府合作。在此前提下,有学者认为,促进行业协会参与市场治理的过程暗含了三条动力路径:第一条是通过政府从行业外部给予行业协会激励惩戒,以增强行业协会进行市场规范的动力;第二条是通过行业协会从行业内部给予企业激励惩戒并加强自身建设,获得会员的认同和依赖,从而推动行业自律的实现,进而达到进行市场治理的目的;第三条动力路径是政府保留市场治理的终极权力,在某些关键领域或极端情况下(如价格联盟、市场分割等共谋行为),直接从行业外部给予企业或某一行业激励惩戒,以强制性实现行业协会的市场治理。具体地说,从行业协会自身这一层面而言,通过行业协会促进行业自律、进行市场治理的现实路径在于完善行业协会的自身建设;同时,使各行业成员的单边自律收益大于双边投机收益,促进行业自律的最大化,进而达到行业协会参与市场治理的成功实现。①

五、公众参与市场监管的困境与对策

(一)公众参与市场监管的困境

有学者从监管的权威性角度否定了公众作为监管主体的可能,认为监管主体一般只能是政府机构。监管机构要有效地监管市场主体,它们能代表社会、政府为维护社会公益而对市场进行监管。因此,监管主体要具有公共性、公益性、公正性。由于市场主体不会轻易服从监管,监管主体必须享有必要的强制权力,具有相当的正当性、权威性。监管主体要有规范性、制约性。任何监管都是有成本和副作用的,因此监管主体必须从严设立、谨慎设立、依法设立,其存在要有法律根据和合法性。所有这些方面都决定了监管主体一般只能是政府机构,如国家工商行政管理局、国家食品药品监督管理局、国家质量技术监督局、国家反垄断委员会等。②

然而,更多的学者是肯定公众在市场监管中的积极作用的。例如,有学者提出,现代民主制度在西方政治制度上的表现形式之一就是管理手段,即把民主定义为"人民的权力",强调人民是自己的主人,理应有自己管理自己的权利,任何专制都是违背人民主权的。人民作为市场监管的相对一方,为实现并达到其自身利益,渴求民主管理的更加社会化以及参与市场管理制度及规则的决策和执行,并期望在参与的过程中得到其人格尊严的满足和自我主张的实现,这一过程

---

① 参见郭薇、秦浩:《行业协会参与市场治理的内生障碍、外部条件及动力路径分析》,载《前沿》2012年第12期。

② 参见邱本:《论市场监管法的基本问题》,载《社会科学研究》2012年第3期。

充满了民主伦理精神的主张。① 也有学者指出,舆论监督和公众参与是加强和改善市场监管的有效力量。②

然而,公众参与市场监管存在着许多难解的困境。较多学者从具体领域提出了公众参与市场监管时存在的困境。例如,有学者认为,在公众参与食品安全市场监管时存在以下三种困境:(1) 对市场监管多元主体的认识不足。长期以来,学术界和实务界对到底是依靠政府监管还是依靠社会共管并无统一的认识,导致目前食品安全市场由谁监管、由谁负责的问题纠缠不清。现行的体制仍然延续了政府职能部门作为监管主体的思维,社会性主体的力量并未受到足够重视。(2) 行政体制外部多元主体有效参与不充分。行政体制外部的市场组织和社会力量在市场监管领域的力量没有受到足够的重视,行政性力量和非行政性力量之间尚未形成平等、协商、合作的关系。大量的食品安全问题是首先由公民举报和媒体曝光的,甚至是企业为维护自身信誉和坚持社会责任而自动召回或处理的。但是,这种社会性监管并未得到有效的机制激励和制度保障,不仅行业组织、社会团体有效参与的力量明显不足,而且有些部门和组织对于媒体的控制和干扰未曾减弱。政府管制观念和行政力量强大,干预市场活动和社会力量监管的现象依然存在,中介力量和行业组织的发展空间依然局限,各主体尚缺乏充分的尊重、信任和良好的沟通。(3) 多元共治模式治理能力的现实局限。多元主体之间的协调能力,达成共识的成本消耗,多元主体的不稳定性、外部环境的不确定性,都是对这一模式治理能力的严峻考验。即使体制内部和体制外部的力量全部被动员起来,这一框架也难免仍然要面对内部利益冲突不断调整、效率持续提高的难题。再者,政府职能部门过多的权力让渡导致的国家空洞化和社会力量过于分散导致的社会碎片化都将使这一模式的治理能力大打折扣。分散化的社会力量同样不能承担起社会公众对政府责任的要求。③

有学者提出了在水资源管理中公众参与存在的困境:(1) 公众参与的社会文化环境贫瘠。长期以来,我们对经济生活和公共事务实行计划管理、集中管理的体制。这种体制虽有其优越性,但长期作用的结果造成从下到上的服从、精英管理等传统。公众对很多事情是"事不关己,高高挂起";即便是"关己",也主要是依靠精英代言人反映,造成公众参与的社会文化环境贫瘠。(2) 在制度安排中没有很好地将公众参与和水资源管理相连接。要想让公众积极参与农业用水管理事务,就要让公众参与用水管理的多项决策与事务管理,而当前的现实是:

---

① 参见余源:《以民主伦理推进我国当代市场监管》,载《贵州财经学院学报》2010年第1期。
② 参见唐立军、李书友:《建立和完善我国市场监管体系的思路、目标与措施》,载《北京工商大学学报》2008年第1期。
③ 参见陈季修、刘智勇:《我国食品安全的监管体制研究》,载《中国行政管理》2010年第8期。

要么没有公众参与,要么公众的参与仅仅流于形式。(3)公众参与的法律不健全。虽然我国关于公众参与的法律有很大的进展,但还存在很多问题。法律法规的效率层次偏低,缺乏有效的程序规定和制度保障,没有公众参与的具体规定和实施程序,且未明确公众在活动中应有的地位,对公民的水资源权、知情权、监督权等权利的规定具有狭隘性和不明确性;对违反法律、不征求公众意见以及不吸收公众参与水资源管理的行为所应该承担的法律责任都没有具体规定。相关法律不完善的这一漏洞不利于公众参与的落实。(4)公众参与的媒介——民间组织稀缺和低效。在国外,用水者协会等民间组织得到法律的许可、政府的支持、民众的拥护。这些民间组织的经费有些来自于捐助,有些来自于政府的优惠,还有些来自于这些组织的经营活动。在我国,用水者协会等民间组织少,而且这些组织的合法性在很长时间内得不到认可;即使认可了,它们的活动也得不到政府的大力支持,它们也不能像国外那些组织一样得到充裕的捐款。因此,公众参与的民间组织变得稀缺和低效,这不利于公众参与农业用水管理。(5)管理信息缺乏。(6)现有参与方式存在许多问题。(7)公众缺乏参与热情。(8)公众参与的必要知识有待提高。①

(二)公众参与市场监管的对策

有学者认为,需要从以下三个方面改善公众参与市场监管的困境:(1)政府有关部门自身改革是公众参与的前提。政府的集权管理与公众参与往往是一对矛盾,政府组织架构的严密性和权力运行的统一性决定了矛盾的主要方面在政府。培植公众参与意识,必须建立在政府自身改革上,实现以下三个转变:第一,变重权利轻义务为重义务轻权利;第二,变重自身经济利益为重公众利益;第三,变重上轻下为上下并重。(2)培养团体意识是公众参与的基础。团体以其广泛的社会代表性激发了公众的自主自治要求,并由此强化了全社会的团体意识。它通常被理解为基于某种共同利益、目的或志趣,相互依赖和作用的多个人的集合体。社会团体的产生和发展是市场经济发展到一定程度的产物,是实现社会成员与国家政府之间信息能量的动态交流和互换的中介桥梁,并成为包括土地市场管理在内的各种公共管理中极为重要的力量。(3)建构参与程序是公众参与的关键环节。公众参与制度既有实体上的内涵,更重要的是有程序上的功能和意义,从程序法方面保证公民及其团体参与公共行政的权利,构建公民参与式

---

① 参见刘红梅、王克强、郑策:《水资源管理中的公众参与研究——以农业用水管理为例》,载《中国行政管理》2010年第7期。

的行政体制模式和行政运作模式。①

有学者提到,要增强社会化的监督理念,努力拓宽公众与社会监督的渠道与方式。政府市场监管职能部门通过定期在相关媒体上公布市场监管的法律法规,设立互动式市场监管信息反馈平台,让广大社会公众根据国家法律法规对各类市场交易行为进行广泛的监督,及时受理社会公众的投诉并处理各种市场交易纠纷,将各类市场交易行为置于全社会的公开监督之下,更好地维护市场秩序。②

也有人认为,第一,应强化民主参与。民主的实现需要人民的参与,市场监管同样需要民主的参与。应赋予那些长期被动执行的基层管理者参与权与执行权,主张给服务对象以更多的权利,共同商讨社会管理之事。第二,注重民主监督。市场监管权力的权源在于人民,人民是这种权力的委托人、授权人,因此人民有权对这种权力进行监督。第三,落实执法为民。③

就具体市场领域的公众参与困境的改善而言,多位学者就食品安全监管问题提出对策和建议有重要的意义。有学者认为,在我国目前仍处在市场经济体制初步确立、公民社会尚未成熟的阶段,多元共治的实现主要靠政府自身的改革和对公民社会的扶植、培育,尤其是平等、合作、协同互动的关系和环境的营造。这就需要在不断改革和调整政府行政体制,改进食品安全监管机制、方式和方法的同时,做好如下几个方面的工作:(1)充分重视社会力量在食品安全监管领域的重要作用,尤其是其在食品安全危机预防工作中的优势;(2)培育、指导社会中介组织,特别是食品行业组织、各种协会组织的快速成长,发挥其行业监督和自律作用;(3)采用各种物质刺激和精神激励形式和手段,建立良好的激励机制,解决不同社会主体的动力问题;(4)建立透明的社会监督和问责机制,将食品安全市场监管链始终置于"阳光监督"之下;(5)成立专门的协调议事的权威机构,以协调各方冲突,维护公共利益;(6)维护法律、制度的刚性,营造多元共治的制度环境等。④

还有学者认为,可以从六个方面进行改进:(1)建立信息公开制度,为公众参与食品安全监管提供前提条件。我国食品安全监管执法充分说明,没有公众的充分知情和有效参与,食品监管将是"大海捞针"。(2)依法确定公众广泛的食品安全监管范围,确立有效的受理制度。所有食品监管主体都应当成为公众举报的主体范围,接受社会公众的监督。(3)建立多样化的食品安全监管参与

---

① 参见周滔、吕萍:《土地市场管理的公众参与研究》,载《经济体制改革》2007年第6期。
② 参见戈世平:《转变政府职能 加强市场监管》,载《江淮论坛》2003年第1期。
③ 参见佘源:《以民主伦理推进我国当代市场监管》,载《贵州财经学院学报》2010年第1期。
④ 参见陈季修、刘智勇:《我国食品安全的监管体制研究》,载《中国行政管理》2010年第8期。

形式。现代信息技术具有方便、安全、快捷等特点,已成为现代商业、金融和政府间进行信息沟通和交换的主要手段。与传统纸质信息交换方式相比,现代信息技术有不受时间、空间和人数限制等特点,也给食品安全的公众参与监管提供了可能。(4)建立接受公众意见和建议的专项制度。对国家机关及其工作人员提出批评和建议的权利,是公民的一项基本权利。我国《食品安全法》第10条明文规定了这一权利。因此,有必要建立接受食品安全监督管理工作意见和建议的专项制度,专门负责处理公众对监管机关及其工作人员提出的意见和建议,并为建议者严格保密。(5)建立法律保护和奖励制度,为公众参与食品安全监管提供保护。针对我国目前对举报者、证人的法律保护严重不足,国家应及时研究制定出台有效保护举报人的专门法律,并采取有效措施,切实保护好公众举报者,并根据举报查处的实际情况,给予相应的精神和物质奖励。(6)整合社会力量,建立和完善食品安全监管的全程公众参与机制。要把仅仅依靠政府干预解决食品安全问题的工作思路,转变为由全社会共同承担食品安全监管的解决途径。①

六、具体行业监管制度的完善

(一)食品药品行业监管制度的完善

市场上,经济行业五花八门,包括生产、消费、分配、流通领域的各个行业,其行业监管制度各不相同。其中,有较多学者着墨于关系国计民生的食品药品行业监管制度的完善。

有学者认为,我国食品安全监管制度体系不完善具体表现在:第一,食品安全监管体制的缺陷,表现为食品安全法律法规体系不健全、体制调整不到位、部门分工不清且缺乏协调、部门监管技术资源重复交叉且缺乏整合;第二,监管运行机制设计不科学,表现为缺乏地方食品安全监管综合评价、监管部门绩效评价不合理、激励不足;第三,监管机制与保障体系不完善,表现为监管机制设计不科学,标准体系、认证体系、检验检测制度、风险分析手段及条件等有待完善,改善监管绩效和完善监管手段的具体措施缺乏。

该学者进一步认为,完善我国食品安全监管需要从以下三个方面入手:(1)针对食品安全监管缺位问题,应切实推进食品安全监管体制调整,具体措

---

① 参见王永华:《贯彻〈食品安全法〉推进公众参与食品安全监管制度化建设》,载《中国工商管理研究》2009年第8期。

施包括:调整和协调目前多部门分段监管体制;有效整合各监管部门食品安全监测检测能力;理顺中央与地方食品安全监管分工,发挥地方食品安全监管的积极性和创造性。(2)针对食品安全监管失范问题,需要优化食品安全监管机制,具体措施包括:将地方食品安全综合评价纳入地方政绩考核体系,建立以履职状况为依据的监管部门政绩考核机制。(3)针对监管低效问题,需要完善食品安全监管保障体系,具体措施包括:树立科学的食品安全监管理念,完善和优化各项食品安全监管手段体系,完善食品安全基础教育和诚信体系。①

就食品安全问题,还有学者认为,我国食品安全存在的首要问题是监管问题,完善的食品安全监管责任机制的缺失是食品行业问题频发的罪魁祸首。我国是一个行政本位主义比较严重的国家,在这一观念影响下,存在食品安全监管权力过于集中、监管者缺乏监管创新能动性、消费者的权利不受重视、市场信息不灵、缺乏内在的制约机制等问题。在现有的监管体制下,由于没有刚性的责任机制约束,监管主体履行监管职责时趋利避害,重处罚而轻整改,有利则管,无利不管,甚至还与民争利,同时,还存在条块分割和地方保护主义的问题。对于我国食品安全出现的一些重大事故,监管者应当勇于承担法律责任。

该学者继而指出,改革与完善食品安全监管责任制度是十分紧迫的,可以从三个方面着手:(1)明确食品安全监管公共利益标准,合理平衡各方利益。基于食品安全监管中的公共利益判断,首先,我们要明确为什么对食品安全进行监管。在以资源稀缺为特征的市场中,市场主体为了尽可能占有和获取有限资源,甚至会不惜损害其他社会主体的利益,从而造成重大食品安全事件。此时,政府理所当然地应予以监管。其次,要明确谁来确定公共利益。应当将界定公共利益的权力交给立法机关。明晰食品安全监管的公共利益,不仅能够确定监管者的监管范围,而且有利于保护广大消费者的利益。(2)明晰监管责任的内涵,完善食品安全监管法律责任机制。监管责任与监管权力密不可分,权责利相统一原则决定了被追究责任是公共监管者行使监管职责时必须承担的角色义务。监管责任的实现机制是实体规范和程序规范的统一。在规范层面上,首先,要确定追究责任的主体,即问责主体。对监管者的责任追究除了包括监管机关内部机制外,更为重要的是外部力量对监管者的监督和问责。其次,要明确追究责任的对象及其职责内容,应当在谁主管谁负责、谁负责谁承担责任的前提下,划清有责和无责的界限,不可权责不清。再次,要明确规定问责事由。在我国食品行业,由于地方利益冲突、监管多头、分段监管等原因,监管问责事由难以落实,导致相互推诿,责任虚化。所以,从未来食品安全监管责任制度的完善要求考虑,

---

① 参见周应恒、王二朋:《中国食品安全监管:一个总体框架》,载《改革》2013 年第 4 期。

必须在立法上明确问责事由。又次,要明确责任内容和形式。目前行政责任追究制度广受诟病的主要原因之一是,责任内容不清,责任形式流于空泛,缺乏可操作性。未来在对《食品安全法》有关监管责任的法律规定进行完善时,应在职权和责任相一致的基础上,对各种责任形式进行合理的设计,不可盲目追责,也不可隔靴搔痒。最后,要完善行政监管问责程序制度。要给予责任承担者申诉和辩解的机会,让被问责主体有救济机制。(3) 实现监管问责和市场化约束机制的对接,保护受害人的合法权益。监管问责是对行使监管职责的相关国家机关和国家工作人员的惩处,不应承担民事责任。但是,如果因为监管者故意或者重大过失造成被害人受到损失,则应当承担相应的民事责任。在我国当前食品安全行政主导模式下,一方面,要进一步改革食品安全监管法制,落实责任机制;另一方面,要建立监管者和社会民众之间有效的沟通机制。①

就药品监管问题,学者认为,我国政府的药品行政监管与市场公平竞争存在冲突,需要:第一,完善相关立法,在竞争法中明确确立公平竞争权。第二,政府的职能定位需要由行政取向向市场取向、从主管型政府向监管型政府转变,实现药品监管的专业化、独立化和协作化。第三,实现监管的透明性、民主性、科学性,因此要健全信息公开机制、完善公众参与机制、引入监管影响评估机制。第四,明确药品监管主体的法律责任,完善对行政垄断的惩罚机制。② 还有学者提出,要构建绩效导向型的独立高效的药品安全监管体系,建立集立法、行政、司法三权于一体且跨地区、跨部门、跨行业的绩效导向型药品安全监管机构,不受药品行业利益和地方利益干扰,以中立的身份在生产者、消费者和政府之间保持均衡,使监管力量作用于各方,充分发挥秉公监管的专业化和规模化优势。通过药监机构职能和权力的合理配置,提高机构设置和权能发挥的同一性,克服药监职责尤其是地方药监职责的分离性。③

(二) 金融市场监管制度的完善

1. 银行业监管制度的完善

就监管主体问题,学者们有不同的看法。有学者认为,银监会和央行分设的模式并没有使我国的银行业监管更具有专业性、高效率性与有效性,也没有真正解决央行原有的双重角色冲突问题,只是使原有的内部冲突外部化;同时,由于银监会的弱势,银行业监管的有效性正潜伏着可能失灵的危机。这种不彻底的

---

① 参见刘道远:《食品安全监管法律责任研究》,载《河南大学学报(社会科学版)》2012 年第 4 期。
② 参见熊进光、齐传楠:《药品行政监管与市场公平竞争的冲突与平衡》,载《江西财经大学学报》2011 年第 5 期。
③ 参见曹阳、徐丽华:《中国药品安全监管制度变迁的路径选择》,载《南京社会科学》2009 年第 1 期。

分离已给我国银行业监管的有效性埋伏下了监管失灵及监管成本扩张的风险。他认为,中国人民银行抽空了中国银监会独立监管的基础,中国银监会的有效监管基本上呈现为一种相对的真空状态,且在监管实践中还摆脱不了中国人民银行的制约,这在一定程度上使其在监管中成为中国人民银行的"影子"或"化身"。同时,分立后,原有的"双重角色冲突"问题并没有全部得以解决,这种矛盾只不过是借助机构的外设而被外部化了。机构的专门设立并不必然意味着金融监管的专业化。从中国银监会目前的情形来考察,不难发现我国只是在机构上进行了有形的变动,机构的分立并没有触及一些金融监管专业化所要求的实质内容。

对此,该学者提出三点对策:第一,调整目前的金融监管协调机制。可以考虑由国务院出台一部《金融监管协调机制条例》,所涉当事方应包括中国人民银行、中国银监会、中国证监会、中国保监会及财政部五方。第二,明确央行与银监会之间的职责分工。有必要将一些现在由央行所把持的、《银行业监督管理法》规定不明确的权力自央行再次剥离,以实质增强银监会的监管权力。第三,构建银行监管法律规则平台。监管规则是金融监管法治化与专业化的核心所在,它直接指引着监管行为的走向,左右着被监管者对自我行为的评价与预期,并引导着金融可能的创新及展现一个国家金融法治化的质与量。①

就监管理念和定位,有学者提出从准公共物品角度界定银行业利益相关者,从而对政府的监管职能进行重新定位。他认为,在企业利益相关者分类研究的基础上,考虑到银行业的经营特点以及在整体经济中发挥的作用,除去股东,另将银行业利益相关者分为公共利益相关者、劳动利益相关者和间接公共利益相关者三类。作为银行业重要的利益相关者,政府有着多重身份特征,排序是——首要身份特征是公共利益的执行者和代理人,履行社会经济的公共管理职能;次要身份是作为银行业监管者;第三身份是作为银行的重要股东,负有使国有资产保值增值的责任。政府的上述三种身份使其成为银行业的重要利益相关者,是银行业利益共同体的重要成员。因此,基于不同的身份特征,政府会表现出与其身份特征相对应的差异化的利益诉求。作为全民"代理人"的政府,以银行业"善治"为目标;作为银行业监管者的政府,希望银行依法运作;作为股东的政府,则追求国有资产的保值增值。为体现多重身份的利益诉求,政府必须改变传统意义上单边监管的模式,将政府监管以及外部代理机制与内部治理机制协调

---

① 参见黎四奇:《我国银行业有效监管的瓶颈与对策——以"中国银行业监督管理委员会"为视角的分析》,载《国际经贸探索》2007年第1期。

起来,即既要深化现有的监管创新,还要将监管机制植入银行内部治理机制之中。①

就具体监管制度,有学者认为,我国商业银行的监管现状存在监管法律体系不完善、现行法规操作性差、监管过程缺少法律依据、同业互律监管和内控监管法制化机制尚未建立等问题。在此基础上,他提出了强化商业银行依法监管的五个对策:②

第一,构建既符合国际规则又适合我国国情的商业银行监管体系。一方面,要与国际规则接轨,遵循《巴塞尔协议》的要求,以有效监管核心原则为依据;另一方面,必须充分考虑我国社会经济的特殊性和运行环境。因此,构建适合我国国情的商业银行监管体系,应做到由行政性监管向市场性监管转变,由主观监管向依法监管转变,由重视内部监管模式向既重视内部监管模式也重视外部监管模式转变,由单一式监管向多元化监管转变,由各自为政的监管向加强监管合作转变,由传统监管方式向现代监管方式转变,由事后监管向事前监管转变,由侧重短期效果向侧重长期效果转变,由重视监管数量向重视监管质量转变。

第二,加快完善我国商业银行监管的法律体系。要制定银行业监管法,强化监管的权威性和独立性;及时修改《中国人民银行法》,重新界定中国人民银行的法律地位,取消其对银行业的监管职能;制定《银行业监管法》,明确中国银监会的职能、机构设置;完善银行机构法;修改《商业银行法》,以适应我国经济发展的客观要求,明确商业银行的概念、性质、法律地位、经营范围、组织形式和会计制度,明确商业银行设立、变更、接管、关闭和终止的原则、程序与要求;修订《外资金融机构管理条例》,制定《外资银行法》;构建银行业务法。

第三,建立和完善商业银行依法监管的制度体系。根据《银行监管法》,完善监管的检查制度;根据《银行监管法》和《商业银行法》,建立商业银行信息披露制度,增强信息披露的规范性和强制性;根据《银行监管法》《商业银行法》和银行业务法律体系,建立商业银行违规处罚制度;建立起中国银监会、中国证监会、中国保监会联合监管的制度;健全商业银行同业公会制度,加强行业依法互律监管。

第四,完善商业银行依法自律的监管机制。应按照现代企业制度的要求,对国有商业银行的产权制度加以改革,构建产权明晰、权责分明、政企分开的现代商业银行产权制度,进一步完善股份制商业银行的产权制度;建立商业银行监事会监管制度;完善商业银行依法内控监督制度。

---

① 参见彭金辉:《准公共品视角下银行业监管模式的探讨》,载《国家行政学院学报》2011年第3期。
② 参见杨春林:《商业银行依法监管的现状评析与改革设想》,载《金融论坛》2003年第6期。

第五,建立商业银行创新的监管机制。监管部门要坚持以效率与安全相结合、规范性与灵活性相结合、短期性与长期性相结合、放松管制与加强监管相结合的原则开展适度监管,不断进行制度创新,建立适合商业银行创新的监管模式。同时,要制定电子化业务、中间业务、新兴业务的监管办法,合理处理监管目标与商业银行经营目标之间的关系。

2. 证券业监管制度的完善

有学者认为,我国目前的证券市场是不成熟的,体现在:以往高度干预与迅速市场化之间的矛盾;经济的高速增长具有强烈的资本需求,可能导致政府的监管目标错位;投资者的非理性因素更容易引发过度投机和市场泡沫;存在更为严重的信息失灵问题;证券中介机构体系缺乏稳定性;监管者本身缺乏必要的经验和监管能力。为此,需要对我国证券市场监管目标进行再定位:建立一个高效率的证券市场,即一个运作有序、公平竞争、信息公开透明,同时能充分发挥市场机制的资金配置功能,促进国民经济平稳发展的证券市场。可以将具体目标分解成以下几个方面:促进社会资本的有效配置,提高整个社会的资金使用效率;消除市场信息的不对称,避免信息不对称带来的交易不公平性;培育理性的机构投资者和个体投资者,提高投资者的投资素养;减少整个证券市场的系统风险。[①]

有学者着重强调我国证券市场监管实践中存在的监管"越位"与"缺位"并存问题。他指出,一方面是政府管得过多,对本应由市场发挥作用的领域进行了干预;另一方面是违法违规行为大量发生,监管没有起到应有的作用。对此,需要建立证券市场的民事赔偿制度,使证券市场上的行为主体负有法定的民事赔偿责任,对自己的行为给投资者造成的损害进行补偿;进一步完善股权分置改革,稳妥解决改革后的非流通股东减持问题,既增强证券市场的流动性,促进国有资产的保值增值,又保护投资者的利益;开展投资者教育,提高投资者保护权益的意识;加强对上市公司违规行为的处罚,完善处罚机制,提高处罚的公开性,加大处罚的力度,增加上市公司的违规成本。[②]

关于我国证券监管制度的完善路径,有学者从公共利益理论出发,提出三条途径:第一,在我国现有政治与经济体制下,必须重视监管机构、国家和政府、市场投资者、企业之间多重利益的冲突,在制度设计运行的前提下,放弃监管者当然代表公共利益的假设,将监管者纳入监管制度约束的范围,承认监管机构自身的利益和监管机构对政治的依附,从制度安排上强化监管者的中立地位,消解监

---

① 参见尹海员、李忠民:《我国证券市场监管目标研究——基于国外监管制度的考察》,载《海南大学学报(人文社会科学版)》2011年第3期。

② 参见韩嫄:《我国证券市场监管的加强与完善》,载《中央财经大学学报》2008年第9期。

管者与市场投资者的利益冲突。第二,将监管者的利益纳入监管制度设计模型之后,应当适当限制监管机构的官员到证券经营机构任职,消除监管机构被证券经营机构"俘虏"的条件与机会。第三,建立相应的激励制度,实现市场与监管者的互动机制,在互动中提高监管的效率,具体措施包括:(1)提高监管的信息披露程度,增强市场激励;(2)完善绩效考核制度,增强制度上的激励。可考虑成立非政府性质的绩效考评委员会,定期对证券监管机构进行考评。考评的范围包括职能发挥的状况、目标的完成情况、对证券市场环境的影响、执行与遵守法律的情况等。考评结果将作为国家拨款、任免、升迁及处罚的依据。考评委员会可以设在人大,适当吸收专家与业内人士参加,以保证考评的客观性与公正性。[①]

就监管体制结构,有学者认为,我国现有证券监管体制结构存在三大问题:职能错位问题、市场自律问题以及监管立法和执法上的障碍问题。他认为,证券监管中存在的首要问题是证监会监管与市场自律的职能错位问题,这也是造成政府监管效率低下和行业自律作用薄弱的症结所在。为此,需要对政府监管职能进行重新定位:政府必须在法律规定的职权范围内依法管理,尽量保持中立;政府监管应综合运用市场、法律等多种手段,改变以行政命令方式过多地干预市场的做法。在自律监管体系建设方面,我国可以建立证券交易所市场监管与证券业协会监管相结合的自律管理体系,由证交所负责制定市场运作规则,实施场内监管,对上市公司进行一线管理,以保证证券市场的公平、安全、效率;而证券业协会则侧重对从业机构及其人员的管理,使之遵守有关证券法律法规的规定,加强证券行业的管理。[②]

另外,也有学者提出从机构框架角度重塑证券市场监督体制。我国证券市场实行统一监管模式,即由中国证监会实施对所有证券机构、上市公司和证券市场的监管,不仅要对证券市场安全和稳定负责,还要防范和化解系统风险,对上市公司的信息披露、股本经营、公司行为进行全面的合法性监管。证监会的监管任务重、责任大、权力大,也构成将其职责分解的原因。因此,从立法、执法、行政相制衡的角度出发,建议分别建立健全行使上述职能的机构:(1)立法方面,设立国家证券业政策制定委员会,直属国务院,机构单设,待金融混业经营后,与其他金融业政策制定机构合并,共同组建新的国家金融业政策制定委员会。(2)监督方面,设立国家证券业再监督委员会,负责对证券市场监管政策的执

[①] 参见岳彩申、王俊:《监管理论的发展与证券监管制度完善的路径选择》,载《现代法学》2006年第2期。

[②] 参见李昊:《中国证券市场监管模式创新研究》,载《南开经济研究》2005年第2期。

行进行评估及监督,以及对监管从业人员、监管机关的实际绩效进行监督,并对一切违法、违规机构、人员依法进行处罚。该委员会直属国务院,机构单设,待金融混业经营后,与其他金融业再监督机构合并,共同组建新的国家金融业再监督委员会。(3)行政执法方面,行政执法职责由现存的中国证监会承担。可保留中国证监会的现存机构,但须改变其内部机构设置,以适应职能改变的需要。改革后的中国证监会应是一个完全的执法机构,负责对监管对象进行监督及作出处罚,以及就监管政策向国家证券业政策制定委员会提出反馈意见。在行政监管执法中,应注重市场准入管理、日常性技术性监管,以避免行业性普遍违规行为的发生,在监管中将自由裁量权控制到最小。①

3. 期货业监管制度的完善

中国期货业协会的成立,标志着我国期货市场形成了中国证监会、中国期货业协会和期货交易所监管的三级监管体制,即以中国证监会对市场宏观调控为主,以期货交易所内部的一线市场监控、中国期货业协会的行业自律管理为辅,集中监管和市场自律管理相结合的三级监管体制成立。但是,有学者认为,这种三级监管体制自身仍然存在不足。首先,中国证监会的法律地位模糊,既没有任何正式的法律法规规定中国证监会的地位及权利,也没有任何正式的法律法规表明中国证监会的期货部与国务院期货监督管理机构之间的关系。其次,中国证监会的权力配置不当。国务院期货监督管理机构对上市品种的批准权虚置,其应有的权力缺失。最后,期货交易所仍实行行政管理体制,已不能适应新形势的发展需要,亟待变革。②

有学者则通过将美国和中国的期货业监管制度进行对比,发现改进的空间。他认为,两国监管制度存在如下差异:(1)美国是行政监管和行业自律监管并重,而中国则偏重于行政监管。(2)中国期货市场是一体化的单一监管机构模式,而美国期货市场则实行多头监管。(3)两国监管机构权限不同。美国CFTC除拥有独立的决策权、行政权外,还有准立法权和准司法权;中国证监会不享有准立法权和准司法权,却有包括任免期货交易所总经理、制定期货交易所和期货从业人员管理办法在内的行政权。美国期货市场对期货上市的要求不像中国限制得那么严格;而与美国CFTC相比,中国证监会还缺少对违规者起诉的权力。他指出,应当从四个方面完善我国期货业监管制度:③

第一,充分发挥自律监管的作用,进一步完善现行三级监管体制。必须充分

---

① 参见周国友:《完善证券市场监管体制探讨》,载《证券市场导报》2007年第5期。
② 参见陈世伟、王珏:《我国期货市场监管体制演进:回顾与展望》,载《江西社会科学》2008年第8期。
③ 参见叶萍、陈世伟:《美中两国期货市场监管体制比较——兼论金融危机背景下中国期货市场监管体制改革方向》,载《浙江学刊》2009年第5期。

调动一切可以调动的力量,进一步发挥协会、交易所等行业自律组织的作用。中国期货业协会应尽快完成自身的体系建设,减轻政府监管机构的直接监管负担。期货交易所的市场监管由于受行政管理体制的束缚,存在先天的不足,政府要尽早转变六家交易所的行政性质,以克服其市场创新动力不足、监管效率不高的弊端。我国目前虽然实行三级监管模式,但主要是以中国证监会的行政监管为主,行业协会和交易所自律监管的作用没有充分发挥,以至于中国证监会在市场监管工作中显得很被动,过多地依赖于监管对象信息披露。因此,应考虑政府与市场的经济职能分工,激发市场自律主体的创新动力,让其充分发挥合理配置资源的作用。

第二,金融创新的同时,要注重监管创新,做好期货监管与期货产品创新之间的平衡。我国目前面临的问题不是金融创新过度,而是人为地抑制金融创新,导致创新不足。因此,我国应在有效监管的前提下促进金融创新。

第三,中国证监会要注重与其他监管机构之间的合作。总体上说,我国处于分业经营、分业监管状态,在混业经营趋势下,应建立金融监管协调机制。这种协调一方面是我国内部的银行业、证券业、期货业、保险业监管者之间的协调;另一方面,也包括不同国家的期货监管机构之间的协调。

第四,要注重监管效率。在期货业、证券业和银行业混业经营趋势下,我国仍实行分业监管模式,各监管机构之间相互制约,影响监管效率,已经不能适应新形势。待混业经营成为主流后,我国应选择以金融安全与金融效率并重或为增强本国金融机构的竞争力而实施监管,作为金融监管的既定目标或根本行为准则,建立统一的信息共享平台,实行统一监管,从而降低监管成本并提高监管效率。